Walter Warlimont

Im Hauptquartier der deutschen Wehrmacht 1939 bis 1945

Band 1

Walter Warlimont

Im Hauptquartier der deutschen Wehrmacht 1939 bis 1945

Grundlagen · Formen · Gestalten

Band 1

September 1939 – November 1942

Weltbild Verlag

Genehmigte Lizenzausgabe
für Weltbild Verlag GmbH, Augsburg, 1990

Umschlaggestaltung: Peter Engel, München
Gesamtherstellung: May + Co, Darmstadt
Printed in Germany
ISBN 3-89350-086-3

INHALT BAND 1

Teil IV
In der Zeit des Umschwungs der Kriegslage
Dezember 1941 bis November 1942

September 1939 – November 1942

Abkürzungen

I^a	= 1. Generalstabsoffizier einer höheren Dienststelle (von Division an aufwärts) – Leiter der Führungsabteilung
I^c	= Nachrichtenoffizier (Feindbild)
II^a	= Adjutant
Abt.	= Abteilung
Ag	= Amtsgruppe (Dienststelle über 2 oder mehr Abteilungen)
Abw.	= Abwehr (Nachrichtendienst)
A.K.	= Armeekorps
A.O.K. (AOK)	= Armeeoberkommando
Ausl.	= Ausland
Ausw. Amt (AA)	= Auswärtiges Amt
Befh. (Bfh.)	= Befehlshaber
Bev. (Bevollm.)	= Bevollmächtigter
BRT	= Bruttoregistertonnen
Btl. (Batl.)	= Bataillon
Chef	= Leiter eines Stabes (außerdem: „Kompanie- usw. Chef“)
Chef GenSt (Chef d Gen.St.)	= Chef des Generalstabs einer höheren Dienststelle (vom Generalkommando an aufwärts) – in der Wehrorganisation anderer Staaten auch Oberbefehlshaber eines Wehrmachtteils
Chef GenStdH	= Chef des Generalstabs des Heeres
Chef GenStdL	= Chef des Generalstabs der Luftwaffe
Chefs.	= Chefsache (Bezeichnung für den höchsten Grad der Geheimhaltung im militärischen Bereich)

d.E.	= des Ersatzheeres
d.G.	= des Generalstabs (angewendet für Generalstabsoffiziere außerhalb der Dienststellen des Generalstabs, z. B. im Stabe des OKW)
Div.	= Division
Dok.	= Dokument
d.R.	= der Reserve
dt.	= deutsch
Feldm.	= Feldmarschall = Generalfeldmarschall
FHQu	= Führerhauptquartier
Fl.	= Flieger
Fla (Flak)	= Fliegerabwehr
franz. (frz.)	= französisch
Fschjg.	= Fallschirmjäger
Geb.	= Gebirgs-
geh.	= geheim (Bezeichnung für den geringsten Grad der Geheimhaltung)
Geh.Feldpol.	= Geheime Feldpolizei
Gen.Adm.	= Generaladmiral (entsprach dem Dienstgrad des Generaloberst)
Genltn.	= Generalleutnant (in der Wehrmacht Div.General — ein Stern)
Gen.d.Artl. (Fl., Inf., Kav., Nachr.Tr., Pz.Tr., Pi.)	= General der Artillerie (Flieger, Infanterie, Kavallerie, Nachrichtentruppen, Panzertruppen, Pioniere) — Dienstgradbezeichnung für einen Korps- (in der Wehrmacht „Zwei-Sterne"-, heute und im Ausland „Drei-Sterne"-) General, die gleichzeitig die Waffengattung angibt, aus der er hervorgegangen ist
Gen.Feldm. (Gfm.)	= Generalfeldmarschall
Gen.Kdo	= Generalkommando (im allgemeinen Befehlsstelle eines Armeekorps)
Gen.Major	= Generalmajor (in der Wehrmacht der niederste Generalsrang — ohne Stern)
Gen.Oberst	= Generaloberst („Vier-Sterne"-General)
Gen.Qu.	= Generalquartiermeister (Leiter der Dienststelle eines Wehrmachtteils für Versorgungs- und Verwaltungsfragen)
GenStdH (L)	= Generalstab des Heeres (der Luftwaffe)
g.Kdos. (g.K.)	= geheime Kommandosache (Bezeichnung für einen höheren Grad der Geheimhaltung, oft verbunden mit dem Wort „Chefsache")

g.Rs. (g.Reichss.)	=	geheime Reichssache (entsprach für den zivilen Bereich der „g.Kdos.")
H	=	Heer
H.G.	=	„Hermann Göring" (Bezeichnung eines Truppenverbands)
H.Gr. (Hgr.)	=	Heeresgruppe
HPA (H.Pers.A.)	=	Heerespersonalamt
HQu (Hqu)	=	Hauptquartier (Befehlszentrum und Sitz einer höheren Dienststelle im Felde, im allg. vom Korps an aufwärts)
Inf.Div. (I.D.)	=	Infanterie Division
i.G.	=	im Generalstab (angewendet für Generalstabsoffiziere in Dienststellen des Generalstabs)
IMT (IMG)	=	Internationales Militärtribunal (-gericht), Nürnberg 1945/46
ital.	=	italienisch
Jg.	=	Jäger
Kdr(eur)	=	Kommandeur (Bezeichnung für einen Befehlshaber von der Division an abwärts bis zum Bataillon)
Kdr. (Kom.) Gen.	=	Kommandierender General (eines Armee- bzw. Fl.- oder Fla-Korps)
Kdt.	=	Kommandant (einer Festung)
KTB	=	Kriegstagebuch
L (Abt. L)	=	Abt. Landesverteidigung (im OKW/Wehrmachtführungsstab) – L IH Gruppe Heer, L IM Gruppe Kriegsmarine, L IL Gruppe Luftwaffe in der Abt. L – sämtlich nur bis Ende 1941.
Luftfl. (Kdo)	=	Luftflotte (Luftflottenkommando)
Luftw. (in Zusammensetzungen auch nur L)	=	Luftwaffe
Mar.	=	Kriegsmarine
mech.	=	mechanisiert
Mil.Att.	=	Militär-Attaché, – im engeren Sinne nur derjenige des Heeres
Mil.Befh.	=	Militärbefehlshaber (Dienstbezeichnung für militärische Befehlshaber in militärisch verwalteten Gebieten)

Min. = Ministerium
mob. = mobil (im Kriegszustand)
mot. = motorisiert

NSFO = Nationalsozialistischer Führungs-Offizier

OB (Ob, Obfh.) = Oberbefehlshaber
Ob d H = Oberbefehlshaber des Heeres
Ob d L = Oberbefehlshaber der Luftwaffe
Ob d M = Oberbefehlshaber der Kriegsmarine
Ob d W = Oberbefehlshaber der Wehrmacht (bis Februar 1938)
OKH = Oberkommando des Heeres
OKL = Oberkommando der Luftwaffe
OKM = Oberkommando der Kriegsmarine
OKW = Oberkommando der Wehrmacht
Op.Abt. = Operationsabteilung
OQu = Oberquartiermeister (Dienststelle zwischen Chef des Generalstabs und Generalstabsabteilungen – nur beim Heere)
Org.Abt. = Organisationsabteilung
O.T. = Organisation Todt

Pak = Panzerabwehrkanone
Pol. = Polizei
Pz. = Panzer
Pz.Gr. = Panzergruppe
Pz.Gren. = Panzergrenadier
Pzkw. = Panzerkampfwagen

Qu Abt. = Quartiermeisterabteilung

RAM = Reichsaußenminister
RdL = Reichsminister der Luftfahrt
Rgt. = Regiment
Res. = Reserve
Rf.SS = Reichsführer SS

SD = Sicherheitsdienst
Skl. = Seekriegsleitung (Bezeichnung für die oberste Führungsstelle im Oberkommando der Kriegsmarine)
SP = Sicherheitspolizei

Stellv.	= Stellvertretender (Chef WFStab usw.)
U-Boot	= Unterseeboot
verst.	= verstärkt
VO (Verb.Offz.)	= Verbindungsoffizier
V-Waffen	= Vergeltungswaffen (Raketen)
Wehrm.	= Wehrmacht
Wehrm.Befh.	= Wehrmacht Befehlshaber (in besetzten Gebieten ohne militärische Verwaltung)
Wehrwirtsch.	= Wehrwirtschaft
WFA	= Wehrmacht Führungsamt (im OKW) – bis August 1940
WFStab	= Wehrmacht Führungsstab – ab August 1940
Wi Rü Amt	= Wirtschafts- und Rüstungsamt (im OKW)
WNV	= Wehrmacht Nachrichtenverbindungen (Abt. des WFStabs)
WPr	= Wehrmacht Presse- und Propaganda-Abt. (im WFStab)
Wtle	= Wehrmachtteile (amtlich vorgeschriebene Schreibweise)
z.b.V.	= zu besonderer Verwendung.

Vorwort

Das deutsche Hauptquartier des zweiten Weltkriegs hat ganz unter dem Zeichen des Mannes gestanden, dessen Titel es trug. Zeitweilig als Ursprungsort genialer Feldzugspläne und Hort überlegener militärischer Führung angesehen, blieb es für viele auch noch lange über die Wende des Krieges hinaus der stille Rückhalt ihrer unbeirrbaren Zuversicht, um schließlich von allen — in und außerhalb der Wehrmacht — mit dem Fluch der Niederlage belastet zu werden. Selbst heute noch scheint es ein Wagnis, das „Führerhauptquartier" vor zeitgenössischen Augen und Ohren zu berufen.

In weit überwiegendem Maße galten und gelten diese Regungen einer deutschen Öffentlichkeit sicherlich der Person Hitlers als dem „Obersten Befehlshaber der Wehrmacht". Neben und unter ihm trägt jedoch auch der Offizier, der dem Hauptquartier in gehobener Generalstabsstellung angehört hat, einen Teil der verbliebenen Last — nicht so sehr, weil sie ihm von anderen aufgebürdet wird, sondern weil sein Erleben von dem Bewußtsein besonderer Verantwortung nicht zu trennen ist. Mochten die damals gültigen Dienstvorschriften es anders besagen und die sogenannte „Mitverantwortung" des höheren Generalstabsoffiziers, die noch für einen Ludendorff Gesetz war, expressis verbis ausschließen, — mochten Recht und Unrecht jener Jahre eine wirksame Einflußnahme gerade im Hauptquartier der obersten deutschen Führung nur ganz vereinzelt ermöglichen, — sind schließlich auch die alliierten Nachkriegsgerichte hinsichtlich der Verantwortlichkeit von Generalstabsoffizieren zu einander völlig entgegengesetzten Urteilen gelangt, so bleibt doch ein Rest, mit dem das eigene Gewissen zu ringen nicht aufhören wird. Denn niemand, der dorthin gestellt war, kann es — von allem menschlichen Irren und Versagen abgesehen — verkennen wollen, daß die gefürchteten Schicksalsmächte der Alten auch an ihm nicht spurlos vorübergegangen sind: der Koros, der die Seelen blendet im Erfolg, die Hybris, die den Geblendeten mit dem Verlust des geistigen und seelischen Gleichgewichts bedroht, und die Atae schließlich, die ihn bei solcher Verfassung meinen läßt, das Unmögliche erzwingen zu können[1].

1 Nach Arnold Toynbee's „Study of History". — Es sei dazu aber auch auf die

Wenn der Verfasser es trotzdem unternommen hat, diesen Bericht zu schreiben, so folgt er einmal den Wünschen und Bedürfnissen geschichtlicher Forschung. Zum anderen möchte er eine persönliche Verpflichtung denen gegenüber einlösen, die einst an seiner Seite gegangen sind. Hat doch die Nachkriegszeit, begünstigt durch den gewaltsamen Tod der in erster Linie zur Klärung berufenen, höher gestellten Offiziere, bislang ein allzu einseitiges Bild vom Wesen und Wirken des deutschen Hauptquartiers und – mit ihm – des Stabes des Oberkommandos der Wehrmacht entstehen lassen.

Diese besondere Zielsetzung des Buches soll jedoch – wenn es denn eigens gesagt werden muß – den unbedingten Willen zur Wahrheit nicht beeinträchtigen. Allein das Bestreben, die Geschehnisse weiter aufzuhellen und ihnen ein besseres Verständnis zu erschließen, haben dem Verfasser die Feder geführt. Schwächen und Versäumnisse wollen dabei nicht als Anklage, Leistungen und Verdienste nicht als Rechtfertigung gewertet werden. Deutlicher als in anderen Nachkriegswerken wird allerdings zum Ausdruck kommen, daß die Möglichkeiten zu eigenem Entschluß und zu selbständigem Handeln einem Hitler gegenüber im gleichen Verhältnis abnahmen wie die Distanz, in die der einzelne Offizier zu ihm gestellt war. Galt dieses Gefälle schon in beträchtlichem Maße zwischen den beiden Generalen an der Spitze des OKW, Keitel und Jodl, und den ihnen nachgeordneten Generalstabsoffizieren, zu denen der Verfasser gehörte, so hat sich nach vielen Beobachtungen auch kaum einer der Frontbefehlshaber, wenn er zu Vortrag und Bericht im Hauptquartier erschien, dem Zwang der Nähe Hitlers entziehen können. Insoweit ist eine „Rechtfertigung" der hohen Offiziere des OKW nicht mehr als ein Stück der Wahrheit. Was darüber hinausgeht, sollte dem Urteil der Geschichte überlassen bleiben.

Es liegt in der Natur der Sache, daß vielfach das eigene Erleben als Quelle dient. Dem Zweifler sei dazu gesagt, daß dieses Erinnerungsgut in den meisten Fällen durch eine größere Zahl von Offizieren der früheren Wehrmacht, von denen einige auch heute noch hohe militärische Stellen innehaben, nachprüfbar ist. Außerdem werden bisher teilweise unveröffentlichte Befehle und andere Schriftstücke, dienstliche und persönliche Tagebücher, als zuverlässig erkannte Zeugnisse aus Memoiren und anderen Nachkriegswerken und schließlich die Stenogramme der Hitlerschen Lagebesprechungen das Bild ergänzen und be-

sehr eindringliche Darstellung des geistigen Erbes preußisch-deutschen Soldatentums verwiesen, wie es Gerhard Ritter in „Staatskunst und Kriegshandwerk" (Band I, S. 70 ff.) von Wesen und Werk des Generals von Clausewitz ableitet, und wie es auch zu Beginn des zweiten Weltkriegs noch weithin lebendig war, gipfelnd in den Sätzen: ... „gemeinsam ist allen diesen Patrioten (der Zeit von Clausewitz) der heroische Kampfwille, der auch das augenscheinlich Unmögliche wagt, weil er es durch moralische Anstrengung zu ertrotzen hofft. Das ist beste soldatische Überlieferung; sie hat die preußisch-deutsche Armee zu vielen Siegen – aber auch weit darüber hinausgeführt. Wo sie zu politischer Maxime wurde, wie am Ende des ersten Weltkriegs und in der Hitlerzeit, führte sie rettungslos ins Verderben. – Denn was für den Soldaten höchste Tugend ist, kann für den Staatsmann verantwortungslose Vermessenheit bedeuten."

stätigen. Über der Sammlung und Sichtung der Unterlagen sind mehrere Jahre vergangen, ehe im Sommer 1960 die Niederschrift des Buches begonnen wurde. Angesichts dieser Quellen konnte auf eine Auseinandersetzung mit „Legenden" und auf die Berichtigung der zahlreichen „Tatsachenberichte", die sich um das deutsche Hauptquartier ranken, verzichtet werden. Ebenso sind Randerscheinungen, die nicht zum militärischen Bereich gehören oder in Beziehung dazu stehen, außer Betracht geblieben.

Erläuternd sei noch bemerkt, daß in diesem Buche das Wort „Hauptquartier" entsprechend dem deutschen militärischen Sprachgebrauch einmal als Inbegriff der Führungs- und Befehlstätigkeit an oberster Stelle der Wehrmacht, zum anderen als Bezeichnung für den Aufenthaltsort der obersten Führung benutzt wird.

Rottach-Egern am Tegernsee

TEIL I

Grundlagen

Bei Beginn des zweiten Weltkriegs gab es kein geschlossenes, arbeitsfähiges Hauptquartier der obersten deutschen Führung. Nachdem der Wille eines einzigen Mannes an der Spitze des Reichs entgegen allen Widerständen und letzten Hoffnungen am 1. September 1939 den Krieg entfesselt hatte, trat am Abend dieses Tages im Wintergarten der Alten Reichskanzlei in Berlin – ganz improvisiert – ein bunter Kreis von Offizieren und der Wehrmacht nicht angehörigen „Würdenträgern" zusammen, um den Lagebericht zu hören. Dem hierzu herbeigerufenen Berichterstatter des Wehrmachtführungsstabes[1], Oberst d. G. Warlimont, wollte die Szene, an frühere Bühnenbilder von Wallensteins Lager erinnernd, fast die Sprache verschlagen. Er kam mit seiner Meldung auch nicht weit: Hitler interessierte sich hauptsächlich für die Zahl der Kilometer, die im Vormarsch über die polnischen Grenzen zurückgelegt worden wären und die ihm dann auch von beflissenen Adjutanten schnell und laut zugerufen wurden; Göring wußte aus Meldungen „seiner" Luftwaffe alles viel besser und hielt sich außerdem in seiner Verachtung jeglicher Generalstabsarbeit noch höhnend über die ihm kurz vorher vom WFStabe zugestellte „Weisung Nr. 1 für die Kriegführung"[2] auf, wobei er – trotz Hitlers Unterschrift – die unvergessenen Worte gebrauchte: „Was soll ich mit dem Wisch? – Das weiß ich doch alles längst." Besucher und Ordonnanzen kamen und gingen. Unbemerkt ging auch der Berichterstatter – tief betroffen von dem Gegensatz zwischen solchem Treiben und dem Ernst der Stunde.

1 Als „Wehrmachtführungsstab" („WFStab") wird hier und im folgenden die Dienststelle im Stabe des „Oberkommandos der Wehrmacht" („OKW") bezeichnet, die bei der Neugliederung des OKW am 7. Februar 1938 – zunächst (bis zum 8. August 1940) unter der Bezeichnung „Wehrmachtführungs*amt*" – aus der Abteilung („Abt.") „Landesverteidigung" („L"), der Führungsabteilung des OKW, und der Abt. „Wehrmacht-Nachrichtenverbindungen" („WNV") gebildet und im Frühjahr 1939 noch durch die „Wehrmacht Presse- und Propaganda-Abteilung" („WPr") ergänzt worden war. Der „Chef des Wehrmachtführungsstabs" („Chef WFStab") war dem „Chef OKW" unterstellt und Vorgesetzter der genannten Abteilungen. Die Stelle des Chefs WFStab war nach ihrer Einrichtung nur kurze Zeit von einem General (Generalmajor von Viebahn) mit 1 Generalstabsoffizier als Adjutanten besetzt gewesen und dann von Frühjahr 1938 bis zum 23. August 1939 von dem jeweiligen Chef der Abt. L (bis November 1938 Oberst d. G. Jodl, anschließend Oberst d. G. Warlimont) in Personalunion „wahrgenommen" worden (vgl. auch die Skizze, S. 23).

2 Gedruckt bei Hubatsch, „Hitlers Weisungen für die Kriegführung" (im folgenden „Hubatsch, Weisungen"), S. 19.

Am nächsten Tage ließ Keitel ihn als seinen – seit Herbst 1938 – ersten Mitarbeiter in Führungsfragen wissen, daß Hitler im Sonderzuge, dem sogenannten „Führerzug", den Truppen in den polnischen Grenzbereich folgen werde, daß im Zuge aber nur Platz für noch einen höheren Offizier der Wehrmachtführung sei; es entstehe daher die Frage, ob Warlimont selbst mitfahren oder dem Generalmajor Jodl, der seiner Mobilmachungsorder gemäß eben in die Stelle des Chefs WFStab zurückgekehrt war, den Platz überlassen wolle[3]. Ohne einen Augenblick zu zögern, verwies der Verfasser, inzwischen noch durch weitere Eindrücke von Hitlers militärischer Führungstätigkeit stark betroffen, auf Jodl, dem ohnedies der höhere Anspruch zustand. Am 3. September setzte sich dann der „Führerzug", vorwiegend belegt von der sogenannten „persönlichen Umgebung", in der das nicht-militärische Element weit überwog, mit noch unbestimmtem Ziel nach Osten in Bewegung. Die Bezeichnung „Führerhauptquartier", die dieser Zug während des Polenfeldzugs für sich in Anspruch nahm, stand ihm in Wahrheit schon deswegen nicht zu, weil den mitfahrenden „Köpfen" selbst der einfachste Arbeitsapparat fehlte; blieb doch der Stab der Wehrmachtführung in Berlin zurück[4].

Es erhebt sich die Frage, wie es zu diesem ungeordneten Zustand hatte kommen können und wo die Ursachen dafür zu suchen waren. Zur Beantwortung ist es notwendig, kurz auf die Probleme einzugehen, die seit langem mit der sogenannten „Spitzengliederung" der Wehrmacht verbunden waren und die auch in der Folge, und zwar in ständig steigendem Maße und bis in die letzten Tage des Krieges hinein, das Wesen und Wirken des deutschen Hauptquartiers entscheidend beeinflussen sollten.

3 Jodl war am 23. August 1939 (vgl. sein Tagebuch — „Tgb" — von diesem Datum) zurückgekehrt; vom gleichen Tage ab wurde Warlimont auf die Stelle des Chefs der Abt. L beschränkt (s. auch im Text, S. 60).

4 Als historisches Unikum sei erwähnt, daß kein Geringerer als der damalige Generalmajor Rommel nach seiner Mobilmachungsbestimmung zum „Kommandant" des Führerhauptquartiers ausersehen und in dieser Stellung für dessen Sicherheit, aber ebenfalls für die Ordnung des inneren Dienstes verantwortlich war. Er hat diese Stelle auch angetreten, noch ehe ein rechtes Hauptquartier begründet war.

Kapitel 1

Die Spitzengliederung der Wehrmacht

Der Oberbefehlshaber und sein Stab

Schon mit seiner Berufung zum Reichswehrminister im Jahre 1933 war der spätere Generalfeldmarschall von Blomberg gleichzeitig zum „Oberbefehlshaber der Wehrmacht" („ObdW") ernannt worden[1]. Hatten auch bereits den Wehrministern der Weimarer Republik ähnliche Rechte und Befehlsbefugnisse zugestanden, so war Blomberg doch im Unterschied zu ihnen, dem Leitbild einer zentralisierten Staatsführung folgend, berufen und entschlossen, das Schwergewicht seiner Tätigkeit auf die „Kommandogewalt" zu verlegen. Vermehrt noch seit der Verkündung der „Wehrfreiheit" im März 1935, war der nunmehrige „Reichskriegsminister und Oberbefehlshaber der Wehrmacht" daher bemüht, der neuen militärischen Kommandostelle Inhalt und Autorität zu leihen. Über Heer, Marine und Luftwaffe gesetzt, unternahm er es, die gesamte Wehrmacht in allen ihren Zweigen einheitlich nach den Richtlinien des Staatsoberhaupts zu führen. Mit dem „Waffenkrieg" sollten auch die anderen Mittel des „Totalen Krieges"[2], wie besonders die Wehrpropaganda und der Wirtschaftskrieg, aber auch die zusammenfassende Leitung der „zivilen Reichsverteidigung" auf allen Gebieten des öffentlichen Lebens in seiner Hand vereinigt werden[3].

1 Dokumentarisch belegt u. a. durch das sogenannte „Keitel-Memorandum" von April 1938, gedruckt bei Görlitz, „Keitel", S. 154 ff. (vgl. besonders den Abschnitt C).

2 Der „Totale Krieg" ist hier und im folgenden nur im militärischen Sinne dieses Begriffs zu verstehen, d. h. als die Einspannung aller lebendigen und materiellen Kräfte eines Staates zu dem Ziel, den Krieg zu gewinnen (vgl. auch Beck, „Studien", „Die Lehre vom Totalen Kriege").

3 Soweit der Reichskriegsminister und Oberbefehlshaber der Wehrmacht nicht in seinem eigenen Stabe, dem OKW, über Dienststellen für diese Aufgaben verfügte, leitete er sie unter Einbeziehung der übrigen Reichsministerien usw. als ständiger Stellvertreter des Staatschefs gemäß dem Reichsverteidigungsgesetz vom 21. Mai 1935. Nach dem Abgang Blombergs trat für diesen Bereich Göring an seine Stelle.

Mit diesem straff und scheinbar folgerichtig bis zur Spitze durchgeführten Aufbau der militärischen Befehlsorganisation beschritt das Deutschland jener Tage einen Weg, den noch keiner der großen Militärstaaten gegangen war, — und auf dem ihm, wie hier gleich hinzugefügt sei, auch keiner folgen sollte[4]. Viel bedeutsamer war es jedoch, daß die neugebildete Kommandostelle auch im eigenen militärischen Bereich keineswegs als willkommen oder auch nur als notwendiges Übel angesehen wurde. Lediglich der Reichspräsident hatte bis dahin, wie nach jedweder anderen demokratischen Verfassung, so auch seit 1918 im Deutschen Reich, als der „de jure" oberste Vorgesetzte der bewaffneten Streitkräfte gegolten und die daraus erwachsenden Befugnisse gewöhnlich nur auf begrenztem, meist personellem und repräsentativem Gebiet ausgeübt. Ein neuer Oberbefehlshaber der Wehrmacht mit einer das Ganze umfassenden Befehlsgewalt mußte daher erst seinen Platz zwischen dem Staatsoberhaupt und den Oberbefehlshabern der drei Wehrmachtteile finden. Nach der Natur der Dinge konnte das nur bedeuten, daß die bis dahin in ihren Bereichen, vor allem in der eigentlichen Truppenführung selbständig waltenden Befehlshaber von Heer, Marine und Luftwaffe einen wesentlichen Teil ihrer Befugnisse an den neuen Zwischenvorgesetzten abtreten sollten. Als weitere Folge ergab sich, daß sie sich, noch ehe eine solche Teilung der Gewalten und damit der Verantwortung auch nur eingehend auf ihre Durchführbarkeit geprüft werden konnte, um eine ganze Stufe in der militärischen Hierarchie herabgedrückt sahen.

Besonders deutlich prägte sich ihnen der damit verbundene Wandel noch dadurch aus, daß der ObdW, wenngleich mit aller Behutsamkeit, ab 1934 daran ging, die Kopfbehörde seines Ministeriums, das bis dahin vorwiegend nur für Verwaltungsaufgaben tätige „Ministeramt"[5], durch erste Elemente eines Stabes für die einheitliche Führung der Wehrmacht zu ergänzen. Diesem Stabe mußte dann aber ebenfalls eine übergeordnete Rolle im Verhältnis zu den Führungs-

Seine Aufgaben wurden in dem 2. Reichsverteidigungsgesetz vom 4. September 1938 neu geregelt. Beide Gesetze sind s. Z. nicht veröffentlicht worden, aber in den Nürnberger Dokumenten erhalten.

4 General Beck sah 1940 das Vorbild einer zweckmäßigen Spitzenorganisation in Frankreich verwirklicht (Studien, S. 138). Die angelsächsischen Staaten haben das Problem der einheitlichen Wehrmachtführung auf der Grundlage der Gleichberechtigung der Oberbefehlshaber von Heer, Marine und Luftwaffe unter Leitung eines primus inter pares gelöst.

5 Dieses Amt wurde ab Februar 1934 als „Wehrmachtamt" bezeichnet. Für die Fälle, in denen das Wehrmachtamt im Namen des Oberbefehlshabers der Wehrmacht nach außen in Erscheinung trat, führte es die Bezeichnung „Oberkommando der Wehrmacht" (vgl. z. B. die „Akten zur Deutschen Auswärtigen Politik, Bd. III, Dok. 138, wo Keitel am 2. Dezember 1936 an das Auswärtige Amt schreibt und das „Oberkommando der Wehrmacht" als eine offenbar damals schon allseits anerkannte Dienststellenbezeichnung benutzt). Die in der militärischen Literatur weithin vertretene Meinung, die Bezeichnung „OKW" sei erst im Februar 1938 eingeführt worden, ist irrig. Lediglich die Bezeichnung „Chef OKW" — anstelle „Chef WA" (Wehrmachtamt) — ist damals neu aufgekommen.

Spitzengliederung der Wehrmacht

Tabelle 1

Stand bei Kriegsbeginn — Einteilung nach Wehrmachtteilen

Die oberste Führung
Oberkommando der Wehrmacht
(OKW)

„Der Führer und Oberste Befehlshaber der Wehrmacht"
Chef des Stabes des OKW (Chef OKW): Keitel
Chef des Wehrm.Führ.Amts bzw. Stabs (Chef WFStab): Jodl
Chef der Abt. Landesverteidigung (Chef L): Warlimont

Landkriegführung Oberkommando des Heeres (OKH)	Seekriegführung Oberkommando der Kriegsmarine (OKM)	Luftkriegführung Oberkommando der Luftwaffe (OKL)* * als amtliche Bezeichnung erst 1944 eingeführt
Der Oberbefehlshaber des Heeres (Ob d H): von Brauchitsch Generalstab des Heeres, Chef: Halder	Der Oberbefehlshaber der Kriegsmarine und Chef der Seekriegsleitung (Ob d M): Raeder Stab der Seekriegsleitung, Chef: Schniewind	Der Reichsminister für Luftfahrt und Oberbefehlshaber der Luftwaffe (Ob d L): Göring Generalstab der Luftwaffe, Chef: Jeschonnek
Heeresgruppenkommandos Armeeoberkommandos Generalkommandos Divisionen	Marinegruppenkommandos Flottenchef Seebefehlshaber Küstenbefehlshaber Führer der U-Boote Führer der Zerstörer Führer der Torpedo („T")-Boote Führer der Minensuchboote Führer der Vorpostenboote	Luftflottenkommandos Fliegerdivisionen Aufklärungs-, Kampf-, Jagd-, Zerstörer-, Sturzkampf („Stuka")- und Schlachtverbände Luftgaukommandos, diesen unterstellt Jagd- und Flakverbände

stäben der Wehrmachtteile zufallen, – eine Form der Organisation, die unter deutschen Verhältnissen vor allem für den Generalstab des Heeres als des bei weitem wichtigsten und stärksten Wehrmachtteils kaum annehmbar sein konnte, nicht viel weniger aber auch den in Seekriegsfragen an eine unabhängige Führung gewöhnten Kommandostab der Kriegsmarine und den aufstrebenden Ehrgeiz des jungen Generalstabs der Luftwaffe behinderte. Auch in den Zeiten königlich-kaiserlicher „Kommandogewalt" hatte ein über Heer und Marine hinausgehobener Führungsstab nie bestanden, um so mehr hatte damals aber der „Große Generalstab" des Heeres, im ersten Weltkrieg später als „Oberste Heeresleitung" bezeichnet, die gesamte Kriegführung maßgeblich bestimmt[6].

Um die äußere und innere Einheit der Wehrmacht

Es war infolgedessen auch das Oberkommando des Heeres („OKH") mit seinem Generalstab, von dem der schärfste und nachhaltigste Widerstand gegen Blomberg und den „Wehrmachtführungsstab" ausging. In dem Bewußtsein, daß für Deutschland und seine kontinentale Lage auch in Zukunft, ungeachtet der neu aufkommenden Luftkriegstheorien, das Heer der ausschlaggebende Teil der Wehrmacht bleiben werde, beanspruchte der Oberbefehlshaber des Heeres („ObdH"), Generaloberst Freiherr von Fritsch, den maßgeblichen Einfluß auf die Führung der gesamten Wehrmacht im Kriege für das Heer. „Der ObdH ist der ‚Anführer im Kriege'", hieß es in seinen in der Mitte der 30er Jahre mit dem OKW gewechselten Denkschriften. „Er muß daher der erste Berater des Staatschefs in allen Fragen der Kriegführung – einschließlich der beiden anderen Wehrmachtteile – und sein einziger Berater in Fragen des Landkriegs sein"[7]. Fritsch fühlte sich um so mehr zu diesem Standpunkt gedrängt, als das neue, übergeordnete Wehrmachtkommando in allen seinen maßgeblichen Stellen mit Generalen und Generalstabsoffizieren des Heeres besetzt war, die ganz naturgemäß ihre Tätigkeit vornehmlich dem Heere zuwendeten. Fielen für die beiden anderen Wehrmachtteile schon diese besonderen Besorgnisse fort, so konnten sich deren Oberbefehlshaber und Stäbe gegenüber dem OKW auch noch auf andere Gegebenheiten stützen, um ihre Selbständigkeit zu wahren: Großadmiral Raeder als Oberbefehlshaber der Kriegsmarine („Ob d M") darauf, daß die Marine bei den dem Reich von der Natur gesetzten, kontinentalen Verhältnissen durch den einheitlichen Oberbefehl nur wenig berührt wurde, – Göring als Reichsminister der Luftfahrt und Oberbefehlshaber der

6 Siehe dazu Beck, Studien, „Der Anführer im Kriege", S. 24/25, sowie W. Hubatsch, „Großes Hauptquartier 1914/18".

7 Wiedergegeben nach Beck, a. a. O., S. 33–36.

Luftwaffe („Ob d L") auf seine überlegene Stellung in Staat und Partei und zudem seine enge persönliche Verbindung zu Hitler[8].

Die Anerkennung Blombergs und nicht minder diejenige seines Führungsstabes blieben unter diesen Umständen aufs schärfste umstritten. Neben den niemals abreißenden Gegensätzlichkeiten im täglichen Dienstbetrieb der obersten Wehrmachtstellen führten Kriegsspiele und -studien des OKW, Rahmenübungen und das – einzige – „Wehrmachtmanöver" des Jahres 1937, bei denen die neue Befehlsorganisation erst erprobt und eingespielt werden sollte, stets zu neuer Kritik von unten und militärisch ungewöhnlicher Art der Auflehnung.

Der Ob d W verfolgte demgegenüber, nach außen unbeirrt, den einmal eingeschlagenen Weg und wurde dabei – ab 1935 – geradezu leidenschaftlich unterstützt von Oberst Jodl, dem Chef seiner Führungsabteilung[9], der im Drange dieser Aufgabe sogar die Stelle des Chefs des Generalstabs der Luftwaffe ausschlug[10]. Neben den Fernzielen eines „Wehrmacht-Ministeriums", das auch die dem Luftfahrtministerium Görings zugehörige Luftwaffe einschließen sollte, und eines allumfassenden „Wehrmacht-Generalstabs" stand u. a. schon im Jahre 1937 die Frage zur Entscheidung, als nachgeordnete Organe des OKW sogenannte „Wehrmachtbefehlshaber" einzusetzen. Sie sollten an die Stelle der Wehr*kreis*befehlshaber des Heeres treten und in ihrem Befehlsbereich alle einheitlich für die Gesamtwehrmacht zu lösenden Aufgaben übernehmen, darunter die territoriale Hoheitsgewalt, innerpolitische und Abwehrfragen, Wehrwirtschaft und Ersatzwesen[11].

Die dienstlichen Spannungen, die aus diesen Gegensätzen erwuchsen, gingen selbst in die persönlichen Beziehungen ein. Auf diese Weise wurde außerdem – und auch dies ist für die späteren Entwicklungen im Hauptquartier höchst bedeutsam – eine bis dahin unbekannte Spaltung unter den aus dem Heere hervorgegangenen führenden Generalen eingeleitet, die, ihre nächsten Mitarbeiter kurzerhand eingeschlossen, nicht viel weniger als einer politisch be-

8 Es sei hier aber auch auf die folgende Stelle aus den Erinnerungen Blombergs verwiesen, wo er im Jahre 1943 rückschauend geschrieben hat: „Sicherlich ertrug es Göring schwer, nicht der erste Soldat der deutschen Wehrmacht zu sein, sondern mit zwei Gleichen auf einer zweiten Rangstufe zu stehen."

9 Vgl. besonders sein Tagebuch aus der Zeit des Abgangs von Blomberg Ende Januar 1938 mit den folgenden von ihm verzeichneten Wendungen:
„Mag der Mann auch fallen, sein Werk muß bleiben" (Jodl zu Keitel);
„Die einheitliche und geschlossene Führung der Wehrmacht ist mir heilig und unantastbar" (Hitler zu Keitel);
„Die Einheit der Wehrmacht ist gerettet" (Keitel zu Jodl);
„Alle Schatten werden überstrahlt durch die Gewißheit: das Werk des 1. Feldmarschalls des 3. Reiches, die Einheit der Wehrmacht und ihrer Führung lebt, und wenn uns ein gütiges Geschick weiter gnädig ist, so wird sie nicht mehr zerstört werden können" (Jodl).

10 Nach seinem Tagebuch vom 10. April 1937.

11 Nach Tgb. Jodl 27. Jan. (dort auch der Vermerk, daß der Ob d H auf die erste Erörterung dieser Pläne hin um seine Entlassung nachgesucht habe) und 15. Juli 1937, wonach Hitler die Neuordnung für den Friedenszustand ablehnte.

stimmten Zweiteilung des hohen Offizierkorps gleichkam: Hie nationalsozialistisch-revolutionäre Neuerer, dort das konservative Heer.

Trotz dieser Erscheinungen ist anzunehmen, daß Blombergs militärische Einsicht letzten Endes nicht nur die weitere organisatorische Entwicklung in der Spitze der Wehrmacht vor dem bald entstehenden Chaos bewahrt, sondern daß er auch — weit wichtiger — seine übergeordnete Stellung und seine militärische Autorität benutzt hätte, um einen maßgeblichen, zumindest hemmenden Einfluß auf die Kriegspolitik und, wenn nicht auf diese, so doch sicher auf die militärische Führung Hitlers zu nehmen. Zu solcher Erwartung berechtigen einige beispielhafte Vorgänge, die Blombergs damalige Haltung kennzeichnen. So befanden sich Ob d W und Heer in völliger Übereinstimmung, als sie Einspruch gegen die kriegerischen „Lebensraum"-Thesen erhoben, die Hitler einem engen Kreise am 5. November 1937 enthüllte[12]. Gleichfalls dürfte es dem Widerstand gegen solche Gefahren gedient haben, wenn Blomberg am 13. Dezember desselben Jahres in seinem Vortrag über die von Hitler geforderten militärischen Vorbereitungen gegen die Tschechoslowakei eingehend und nachdrücklich auf das noch völlig unzureichende Kriegspotential der Wehrmacht, besonders in der Munitionsversorgung, hinwies[13]. Ein Jahr vorher hatte er außerdem schon, wie nur wenig bekannt, eine stärkere Beteiligung des Heeres am spanischen Bürgerkrieg mit solcher Schärfe abgelehnt, daß dem Ob d H kaum etwas zu sagen übrig blieb[14]. Nicht zuletzt drängt sich hier aber auch die Erinnerung an jene Worte auf, mit denen Hitler noch lange in die Kriegszeit hinein seine immer wiederkehrenden Ausstellungen an führenden Generalen, am Generalstab und dessen Ausbildung wie überhaupt am Geiste des Heeres beschloß: „Das stammt noch aus der Zeit", pflegte er dann zu sagen, „als Blomberg mit seinem breiten Rücken zwischen mir und der Wehrmacht stand"[15].

12 Veröffentlicht u. a. bei Jacobsen, „Der 2. Weltkrieg in Chronik und Dokumenten" (im folgenden: Jacobsen, „Chronik"), S. 97 ff.

13 Vgl. Tgb. Jodl von diesem Tage; diese Deutung liegt dem Verfasser besonders nahe, weil er selbst im Sommer 1939 angesichts der Verwicklungen mit Polen auf einen ähnlichen Gedanken verfallen ist (s. im Text, S. 39).

14 Nach eigenem Erleben des Verfassers, der, eben von seiner mehrmonatigen Verwendung als Militärischer Bevollmächtigter bei General Franco zurückgekehrt, zu dieser Konferenz der Oberbefehlshaber bei Hitler zugezogen worden war.

15 Nach eigenem Erleben; vgl. dazu auch Tgb. Jodl 2. Febr. 1938 mit den einer Auseinandersetzung Hitler-Keitel über die Nachfolge des Generaloberst Frhr. von Fritsch entnommenen Worten: „Personalveränderungen ... sind eine conditio sine qua non. Führer hat sie schon immer gewünscht, Blomberg versprochen, es Fritsch zu sagen, aber nichts sei geschehen."

Aus gleichem Geiste äußerte Keitel sich dem Verfasser gegenüber nach diesem vorliegenden Aufzeichnungen am 8. November 1939 dahin, daß Blomberg in erster Linie dafür verantwortlich zu halten sei, wenn die Wehrpflichtigen der Jahrgänge 1901—1914, der sogenannte „Weiße Block", nicht zum Wehrdienst herangezogen worden wären und deswegen zu Kriegsbeginn die ausgebildeten Reserven in großem Umfang fehlten.

Am 4. Februar 1938 hat Hitler, dem sich ein leider nur zu geeigneter Anlaß bot, dieses „Hindernis" dann bekanntlich beseitigt, indem er selbst auch de facto die Führung der Wehrmacht als „Oberster Befehlshaber" übernahm. Ein Zwischenglied zwischen ihm und den Oberbefehlshabern von Heer, Marine und Luftwaffe gab es fortan nicht mehr, es sei denn, daß man dies in dem von Hitler unverändert übernommenen Stabe Blombergs mit Keitel als „Chef OKW"[16] an der Spitze erkennen wollte.

Tatsächlich ist damals der Streit um einen übergeordneten Wehrmachtstab, im besonderen wieder um seinen wichtigsten Bestandteil, den Wehrmachtführungsstab, in Denkschriften und mündlichen Vorstellungen von Heer und Marine neu entbrannt. Wenn sich Göring dabei nunmehr auf die Seite Keitels schlug, so leitete ihn nach allen späteren Erfahrungen sicherlich nicht eine plötzliche Vorliebe für das OKW. Viel eher dürfte dafür neben seiner immer gewahrten, unbedingten „Gefolgschaftstreue" gegenüber Hitler und dessen Willensmeinung sein eigener, ehrgeiziger Anspruch auf die Führung der Gesamt-Wehrmacht maßgebend gewesen sein. Denn war ihm auch die Nachfolge Blombergs fürs erste versagt geblieben[17], so hat er doch vielleicht noch mit der Aussicht gerechnet, von Hitler bald auch in den Oberbefehl über die Wehrmacht wenigstens als ständiger Stellvertreter berufen zu werden.

Solche Gründe und nicht allein seine Stellung als Oberbefehlshaber der Luftwaffe werden es auch gewesen sein, die ihn bestimmten, sich im Bunde mit dem Chef OKW und dem Ob d M schärfstens gegen die von dem neuen Ob d H, Generaloberst von Brauchitsch, alsbald wieder aufgenommenen Forderungen seines Vorgängers zu wenden. Diese gingen nun, nachdem Hitler die oberste Führung der Wehrmacht selbst übernommen hatte, nur noch umso eindeutiger dahin, daß nicht ein mehr oder minder geeigneter Stab des OKW, sondern der Ob d H mit seinem Chef des Generalstabs der oberste Berater in allen Fragen

16 Diese Dienstbezeichnung, die Hitler in seiner Vorliebe für Übertreibungen im Ausdruck selbst verfügt hat, und die in dem grundlegenden Erlaß über die Führung der Wehrmacht vom 4. Febr. 1938 (Reichsgesetzblatt, 5. Febr. 1938, Teil I) erstmals erscheint, hat zusammen mit der unklaren und widerspruchsvollen Fassung dieses Erlasses durch das OKW und die Reichskanzlei (vgl. Tgb. Jodl 4. Febr. 1938) die noch heute weithin vorherrschende Auffassung begründet, daß das OKW eine selbständige militärische Dienststelle unter Führung Keitels gewesen wäre. Das trifft jedoch nicht zu. Keitel erfüllte lediglich die Funktionen eines gehobenen Chefs des Stabes gegenüber dem Obersten Befehlshaber der Wehrmacht, Hitler, bei dem die alleinige Befehlsgewalt in der Spitze der Wehrmacht lag. Überall da, wo das OKW als befehlserteilende, oberste Kommandostelle erscheint, ist daher Hitler als darin einbegriffen anzusehen, genau so wie beispielsweise das OKH in voller Ausdeutung dieser Dienstbezeichnung den Ob d H einschloß und nur von diesem seine Befehlsgewalt über das Heer entlehnte. (S. auch Text, S. 36).

17 Vgl. Tgb. Jodl 26. Jan. 1938: „Der Führer will Göring nicht zum Reichskriegsminister machen."

der Kriegführung sein müsse. Der WFStab sei dazu in den Generalstab des Heeres einzugliedern[18].

Merkwürdigerweise stimmte die Begründung, mit der General Beck diesen Anspruch des Heeres schon gleich in den Februartagen 1938 wieder Keitel gegenüber vertrat, wörtlich mit den Ansichten überein, die auch Hitler bei einer seiner ersten Aussprachen mit dem Chef OKW äußerte. Beide läßt Jodl in seinen Aufzeichnungen genau gleichartig sagen: „Das Heer ist für Deutschland der ausschlaggebende Faktor." Zog Beck aber erneut die Folgerung daraus: „Also muß es den Krieg führen", so meinte Hitler nur, wenn auch immer noch einsichtig genug: „Die anderen Wehrmachtteile spielen nur eine helfende und ergänzende Rolle"[19]. Als Mann der Politik hütete er sich aber, deswegen – ebenso folgerichtig wie der Chef des Generalstabs des Heeres – seine künftige Führung der Wehrmacht an das Oberkommando des Heeres und den ihm wohlbekannten Geist des Heeresgeneralstabs binden zu lassen. Daß andererseits auch Beck mit seiner Forderung viel mehr wollte, als die für die damalige Wehrmacht einzig gesunde Spitzengliederung durchzusetzen, daß er in Wahrheit mit dem Steuer der Wehrmacht in der Hand des Heeres den Krieg nicht „führen", sondern ihn vermeiden wollte, das hat er, von allem späteren Handeln abgesehen, ebenso deutlich ausgesprochen, wenn er schrieb: „Die Politik hat ... von der Leistungsfähigkeit des Heeres auszugehen. Dieses ist ihr stärkstes und entscheidendes Instrument, dessen Leistungsfähigkeit aber auch die Grenzen der politischen Absichten bestimmt." Allein schon dieser inneren, aber entscheidenden Gegensätze wegen, wenn sie auch damals und vielfach sogar bis heute nicht erkannt worden sind, mußte die Lösung, wie das Heer sie wollte, unerreichbar bleiben, – nach dem Februar 1938 mehr noch als vorher.

Hitler brachte die Diadochenkämpfe, die sich neben dem organisatorischen Bereich auch auf die Neubesetzung der hohen Stellen des Heeres ausdehnten, im Frühjahr 1938 scheinbar endgültig zum Abschluß, indem er die geltende Ordnung ein weiteres Mal bestätigte[20]. Der Triumph jedoch, der die hauptsächlichen Träger des von Blomberg begründeten Systems, seine langjährigen Gehilfen Keitel und Jodl, bei diesem Entscheid erfüllte, sollte sich nur allzubald als ein verhängnisvoller Irrtum erweisen. Sie sahen nur die unmittelbare Angliederung des Spitzenstabes der Wehrmacht an die all-gebietende Person des Diktators und erwarteten davon ein Ende aller Schwierigkeiten in der einheitlichen Führung der Wehrmacht. Was sie offenbar nicht erkannten, war die Tatsache, daß der Stab des OKW mit der Übernahme des Oberbefehls durch Hitler seinen bis dahin rein militärischen Charakter verlor. Viel mehr noch: Das Oberkommando der Wehrmacht, das unter Blomberg eine die „fachlichen Interessen gegenüber der politischen Führung verfechtende und in eige-

18 Vgl. Tgb. Jodl 28. Jan., 4. und 8. März 1938.
19 Tgb. Jodl 27. und 28. Jan. 1938.
20 Vgl. Tgb. Jodl 13. Juni in Verbindung mit 31. Jan., 2. und 18. Febr. 1938.

ner Verantwortlichkeit gegenüber der Staatsführung handelnde militärische Kommandobehörde" gewesen war, wurde nunmehr „der Arbeitsstab", deutlicher noch, — „das militärische Büro des Politikers Hitler"[21]. Es sollte dann auch kaum einige Wochen dauern, bis der neue Oberste Befehlshaber begann, die bewaffnete Macht, ohne noch, wie vordem, gleich in der Spitze auf Widerstand zu stoßen, für seine machtpolitischen Ziele zu mißbrauchen.

Der General Keitel, schon im Grunde nach seinen Gaben und Anlagen nicht berufen, einem Hitler als Chef des militärischen Stabes zur Seite zu stehen, ließ sich sogleich und widerstandslos in die Rolle eines „Chef de bureau" abdrängen. Er wußte nicht, daß ihm von vornherein nichts anderes zugedacht gewesen war[22]. Er glaubte vielmehr noch lange Zeit an die feierlichen Worte: „Sie sind mein Vertrauter und einziger Berater in den Fragen der Wehrmacht", mit denen Hitler ihn in sein Amt als Chef OKW eingeführt hatte[23]. Davon ausgehend, ließ er sich nur um so mehr von der ehrlichen Überzeugung leiten, daß es allein dem Wesen seiner Aufgabe entspreche, sich die Absichten und Anordnungen seines Obersten Oberbefehlshabers, auch wenn er sie nicht billigte, bedingungslos zu eigen zu machen und nachdrücklichst nach allen Seiten zu vertreten. Seine, wie es schien, allein darauf gerichtete Gewissenhaftigkeit, verbunden mit einer unermüdlichen Arbeitskraft, aber auch mit dem Hang, ohne eine festbegründete eigene Überzeugung nur immer nach einem Ausgleich zu suchen, wurden ihm in dieser Stellung zum Verhängnis[24]. Auch Jodl ging, wenngleich aus anderen Gründen und mit anderen Zielen, an seine Aufgabe mit der Bereitschaft heran, vor dem „Genie des Führers" jegliche Kritik bei sich und anderen zu unterdrücken[25]. In dem bedingungslosen Glau-

21 Nach Bor, „Gespräche mit Halder", im folgenden „Gespräche", S. 75 und 78.

22 Hierzu sei besonders auf mündliche Äußerungen Blombergs während der Haft in Nürnberg im Herbst 1945 verwiesen. Als der Verfasser damals noch nachträglich sein Erstaunen äußerte, daß gerade Keitel in die Stelle des Chefs OKW berufen worden sei, antwortete Blomberg, er habe Hitler in den späten Januartagen 1938 keinen Offizier nennen können oder wollen, der geeignet gewesen sei, den Stab des OKW unter Hitler zu leiten. Auf dessen Frage: „Wer ist denn dieser General, den Sie bisher bei sich gehabt haben?", habe er (Blomberg) dann etwa erwidert: „Ach, Keitel, der kommt gar nicht in Betracht, der ist nur Vorsteher meines Büros gewesen." Unverzüglich zugreifend, habe Hitler darauf gesagt: „Das ist ja gerade der Mann, den ich suche."

23 Tgb. Jodl 27. Jan. 1938.

24 Unter Verwertung von Angaben Halders in seinen „Gesprächen" (Bor, S. 115 und 117); vgl. auch Keitels eigenes späteres Bekenntnis nach Görlitz, Keitel, S. 169.

25 Aus dem Jahre 1938 sei als Beleg hierfür in erster Linie der Tagebucheintrag Jodls vom 10. August angeführt: „Die Armeechefs ... und ich werden nach dem Berghof befohlen. Der Führer hält nach Tisch eine fast dreistündige Ansprache, in der er seine politischen Gedankengänge auseinandersetzt. Die anschließenden Versuche, den Führer auf die Mängel unserer Bereitschaft hinzuweisen, die einzelne Generale des Heeres unternehmen, sind leider ziemlich unglücklich... Die Ursache dieser kleinmütigen Auffassung, die leider im Generalstab des Heeres sehr weit verbreitet ist, liegt in verschiedenem begründet. Zunächst fühlt er sich, in früheren

ben an Hitler und in der Meinung, die einheitliche Führung der Wehrmacht nun in ihrem Sinne endgültig gesichert zu sehen, ließen die beiden Spitzen des OKW es auch zu, daß die Gegensätze zum Oberkommando und Generalstab des Heeres, ihrer eigenen militärischen Heimat, sich immer mehr verschärften. Die innere Einheit der Wehrmacht trat dabei hinter einer höchst fragwürdigen äußeren Form zurück, vermehrt noch dadurch, daß das OKW es in einigen seiner führenden Offiziere als eine ureigene Aufgabe betrachtete, sich in der Pflege der Beziehungen zur „Partei" von niemandem übertreffen zu lassen.

Auf der anderen Seite hörte bei den Wirrnissen, in die Hitlers europäische Politik gleich vom Frühjahr 1938 an auch die Wehrmacht von Mal zu Mal verstrickte, jede geistig-theoretische oder praktische Weiterbildung des Systems einer einheitlichen militärischen Führung auf. In seiner unsteten, allem Institutionellen abholden Manier lieh Hitler dem Wehrmachtstabe lediglich seinen Namen, ohne sich auch nur an die in dem Stabe versinnbildlichten Formen zu halten. Wohl versicherte er Keitel am 18. Februar noch einmal, „daß er nie Entscheidungen über die Wehrmacht treffen werde, ohne seinen Chef vorher gehört zu haben"[26]. Aber bereits wenige Wochen später, bei den Vorbereitungen für den „Anschluß" Österreichs, richtete er ein heilloses Durcheinander an, statt einer planvollen militärischen Arbeit, wenn sie schon seinen politischen Abenteuern dienen mußte, Weg und Zeit zu lassen.

Es begann damit, daß der Oberste Befehlshaber der Wehrmacht auf die Nachricht von Schuschniggs Anordnung zu einem „Volksentscheid" noch in der Nacht vom 9. zum 10. März Göring, Reichenau — diesen aus Kairo — und noch zwei andere Generale, die ihm persönlich bekannt waren, eilends zu sich berief, um mit ihnen die militärischen Droh- und Druckmaßnahmen gegen Österreich zu beraten. Keitel, wahrscheinlich erst in der Frühe des 10. März von der Adjutantur über die Vorgänge unterrichtet, „fährt 10 Uhr in die Reichskanzlei. Ich", schreibt Jodl weiter, „hinterher, um ihm noch den alten Entwurf — einer Operationsstudie — mitzugeben". Nachdem dann später auch der Chef des Generalstabs des Heeres herangeholt worden war und dieser Hitler gemeldet hatte, daß das Heer auf solche Forderung nicht im geringsten vorbereitet sei, mußten innerhalb 5 Stunden die Befehle improvisiert werden, um die vorgesehenen Verbände mobil zu machen. Am 11. März erging auf dieser

Reminiszenzen befangen, auch für politische Entschließungen verantwortlich, anstatt zu gehorchen und seine militärischen Aufgaben zu erfüllen. Letzteres tut er sicher mit althergebrachter Hingabe, aber die Kraft des Gemüts fehlt ihm, weil er letzten Endes an das Genie des Führers nicht glaubt. Man vergleicht ihn wohl mit Karl XII. Und da die Wasser von oben nach unten fließen, erwächst aus dieser Miesmacherei nicht nur unter Umständen ein ungeheuerlicher politischer Schaden — denn den Gegensatz zwischen der Auffassung der Generale und der des Führers pfeifen die Spatzen von den Dächern — sondern auch eine Gefahr für die Stimmung der Truppe. Ich habe aber keinen Zweifel, daß diese wie die Stimmung des Volkes der Führer in ungeahnter Weise zur rechten Zeit emporreißen wird."

26 Vgl. Tgb. Jodl von diesem Tage.

Grundlage eine „Weisung" des OKW, die u. a. besagte, daß Hitler selbst den Befehl über das Unternehmen führen werde. Vorbeugende Maßnahmen im Hinblick auf mögliche größere Verwicklungen traf schon in diesem Falle allein und ohne Mitwirkung des WFStabes die Kriegsmarine, die „alle Schiffe nach der Heimat" befahl[27].

Noch im gleichen Jahre sollten die Vorgänge um den „Fall Grün", die Bereitstellung zu einem militärischen Überfall auf die Tschechoslowakei im Zuge der Sudetenkrise, die schwersten Erschütterungen in dem Verhältnis zwischen dem Obersten Befehlshaber der Wehrmacht mitsamt seinem Stabe einerseits und dem Oberkommando des Heeres andererseits mit sich bringen. Der Verfasser, damals Regimentskommandeur in Düsseldorf, erhielt einen ersten Eindruck davon, als er im späten Frühjahr 1938 zu der „Schlußbesprechung" der mit dem „Fall Grün" befaßten Generalstabsstudie durch den Chef des Generalstabs des Heeres, General d. Artl. Beck, nach Berlin berufen wurde. Kein Angehöriger des OKW, weder Keitel noch Jodl noch einer ihrer Generalstabsoffiziere, war unter der großen Zahl der Teilnehmer zu sehen. Auf eine erstaunte Frage danach gab Oberst Hoßbach, der Chef der Generalsstabs-Personalabteilung, nur die ebenso erstaunliche Antwort: „Was hier erörtert wird, ist Sache des Heeres und geht das OKW nichts an." Die anschließende Besprechung Becks erwies sich als eine einzige Demonstration gegen die von Hitler und dem OKW-Stabe entworfenen Pläne und Befehle, der allerdings der Ob d H, Generaloberst von Brauchitsch, nur in zurückhaltender Form zustimmte. Beck hat dann bekanntlich noch auf verschiedene andere Weise versucht, Hitlers Absichten zu durchkreuzen, endend damit, daß er im Sommer 1938 entlassen wurde.

Das Typische der Gegensätze und ihrer Formen sei noch an einigen weiteren Vorgängen dargestellt, die auch unter Halder, dem Nachfolger Becks als Chef des Generalstabs des Heeres, anhielten: In einer nächtlichen Auseinandersetzung auf dem Nürnberger „Reichsparteitag", am 9./10. September 1938, die sich bis 4 Uhr morgens hinzog, fordert Hitler gegen das hartnäckige Beharren der Spitzen des Heeres eine Änderung der von ihnen gründlichst abgewogenen

27 Vgl. hierzu Tgb. Jodl 10. und 11. März sowie seine Aussage vor dem Int. Mil. Gerichtshof in Nürnberg, „Amtlicher Text in deutscher Sprache" (im folgenden „IMT"), Bd. XV, S. 390; an gleicher Stelle außerdem Bd. XXXIV, S. 335—337, Dok. G—102; vgl. auch Heusinger, „Befehl im Widerstreit" (im folgenden „Heusinger"), S. 26 und 27, und die für Keitels Verhalten typische Darstellung nach seiner eigenen späteren Niederschrift bei Görlitz a. a. O., S. 179: „Die folgende Nacht (10./11. März) war ein Martyrium für mich. Ein Telefonanruf nach dem anderen vom Gen.Stab des Heeres, von Brauchitsch und gegen 4 Uhr früh letztmals von dem damaligen Chef des WFStabs, General von Viebahn, beschworen mich, beim Führer den Verzicht auf den Einmarsch zu erwirken. Ich dachte gar nicht daran, den Führer auch nur ein einziges Mal zu fragen. Ich versprach es zwar, gab aber kurze Zeit später ohne dies den ablehnenden Bescheid. Der Führer hat hiervon nie etwas erfahren, sein Urteil über die Führung des Heeres wäre sonst vernichtend gewesen, und das wollte ich beiden ersparen." (Sperrungen nicht im Original.)

Aufmarsch- und Operationspläne; – Keitel, nur als Zuhörer anwesend, beklagt, nach Berlin zurückgekehrt, Jodl gegenüber, „daß der Ob d H von Brauchitsch, an dessen Ernennung er ja so stark mitgewirkt hat, eine solche Enttäuschung bedeutet, und daß es ihm nicht gelungen ist, die Auseinandersetzung, die . . . zu einer Niederlage des Ob d H und des Generals Halder führte, zu verhindern"; – der Chef OKW benutzt weiterhin den Anlaß, um „auf Grund seiner trüben Erfahrungen in Nürnberg eine sehr erregte Ansprache" an die Offiziere des OKW-Stabes zu halten und dabei zu betonen, „daß er keinen Offizier im OKW dulden wird, der sich in Kritik, Bedenken und Miesmachen ergeht"; – Oberst Jodl stellt sich völlig hinter Keitel, hofft, ausgehend von der „grandiosen Abrechnung mit der Tschechei" in einer Rede Hitlers vom 12. September, „daß auch vielen im eigenen Volk und Offizierkorps die Schamröte ins Gesicht steigt über ihren Kleinmut und ihr Besserwissen", und schließt seine Tagebucheinträge mit folgenden bezeichnenden Sätzen:

> „Der Führer weiß ferner, daß der Ob d H seine kommand. Generale gebeten hat ihn zu unterstützen um dem Führer die Augen zu öffnen über das Abenteuer in das zu stürzen er sich entschlossen hat. Er selber habe leider keinen Einfluß auf den Führer.
> So herrschte denn in Nürnberg eine kalte und frostige Atmosphäre und es ist tieftraurig, daß der Führer das ganze Volk hinter sich hat nur nicht die führenden Generale des Heeres.
> Sie können m. E. nur mehr durch die Tat gutmachen, was sie durch mangelnde Seelenstärke, und durch Mangel an Gehorsam gesündigt haben. Es ist dasselbe Problem wie 1914. Es gibt nur einen Ungehorsam in der Armee, den der Generale und er entspringt letzten Endes ihrer Überheblichkeit. Sie können nicht mehr glauben und nicht mehr gehorchen, weil sie das Genie des Führers nicht anerkennen in dem sie z. T. sicher noch den Gefreiten des Weltkrieges sehen aber nicht den größten Staatsmann seit Bismarck[28]."

Schon in diesen frühen Vorgängen zeichnen sich deutlich die Gefahren ab, die durch Hitlers verhängnisvolle Politik in Verbindung mit seinem militärischen Führungsanspruch entstehen mußten. Die Ansätze des neuen Ob d H, es seinem Vorgänger in der Auffassung von den Pflichten seines Amtes und der diesem innewohnenden „höchsten Verantwortung vor dem gesamten Volke"[29] gleichzutun, hatte der Diktator im Keime zu ersticken gewußt. Die Spitzen seines „Arbeitsstabes" jedoch, des OKW, gaben noch ihrem Unmut Ausdruck, daß Brauchitsch, unterstützt von Halder, auch nur im Bereich rein militärischer Führungsfragen seinen Standpunkt zu wahren suchte. Sie taten damit aufs neue kund, daß sie ihre Aufgabe vor allem anderen darin sahen, Hitlers Willen zu erfüllen und ihm im militärischen Bereich, wo immer nötig, die Wege zu ebnen. Das aber war offensichtlich eine ganz andere Ziel-

28 Nach Tgb. Jodl 10., 12., 13. Sept. 1938 (Zeichensetzung wie im Original); vgl. auch die Darstelung Keitels nach Görlitz, a. a. O., S. 182–184 und S. 188 ff.

29 Nach der Denkschrift Becks an Brauchitsch von Anfang August 1938.

setzung als diejenige, die Blomberg noch verfolgt hatte. Sein ehemaliger Stab, vorzeitig in der Entwicklung unterbrochen und in der Führungsabteilung nach wie vor auf 6–8 Offiziere beschränkt, fand sich von nun an auf eine unsicher abgesteckte Grenzlinie gedrängt, die sich zwischen den spontanen politischen Einfällen des Diktators und ihren militärischen Auswirkungen bewegte, — nach jener Seite gänzlich ohne Einfluß, nach dieser abhängig von der Anerkennung durch die Oberkommandos der Wehrmachtteile. Daß der Stab auf solche Weise in dem traditionell gebundenen Gefüge der Wehrmacht noch weniger als vorher seinen Platz finden konnte, daß er über keine andere als die von Mal zu Mal von Hitler zu entlehnende Autorität verfügte[30], war nicht zu verwundern.

Das eigene Erleben des Verfassers, als er im Höhepunkt der Sudetenkrise in den WFStab versetzt wurde, um nach Einarbeitung die Nachfolge Jodls anzutreten, mag die damalige Situation um den WFStab noch näher verdeutlichen. Nach kurzer Einführung in die Lage, bei der dem Neuankömmling ausdrücklich zu verstehen gegeben wurde, daß nicht nur, wie ihm aus der Presse allein bekannt, die Eingliederung des Sudetenlands in das Reich, sondern die völlige Auslöschung der Tschechoslowakei als eines selbständigen Staatswesens das Ziel der militärischen Vorbereitungen war, leitete Jodl das Gespräch auf die Spannungen innerhalb der Wehrmacht über. Der Chef des Generalstabs des Heeres, General Beck, sei wegen seines Widerstands gegen Hitlers Pläne ausgeschieden und Halder zu seinem Nachfolger ernannt, ohne daß jedoch die Öffentlichkeit einschließlich weiterer Kreise der Wehrmacht einstweilen davon erfahren dürfe. Trotz dieses Wechsels der Person bestehe aber im Generalstab des Heeres eine unverändert starke Strömung gegen Hitlers Absichten und Befehle fort. Um so mehr müsse von jedem Angehörigen des OKW verlangt werden, eindeutig Stellung zu beziehen und auch das persönliche Verhalten zum Generalstab des Heeres entsprechend einzurichten.

Über eines wie das andere gleicherweise bestürzt, versagte es sich der Verfasser, auf diese Mitteilungen näher einzugehen. Stattdessen versuchte er, ein Bild darüber zu gewinnen, welche — wie er annahm — weltweiten Aufgaben der oberste Stab der Wehrmacht in dieser äußerst gespannten Lage zu erfüllen hätte; England und Frankreich als potentielle Gegner, Italien und Japan als befreundete Staaten müßten doch vermutlich umfassende Überlegungen strategischer Art ausgelöst haben. Statt aller Antwort verwies der Chef des WFStabes jedoch nur auf die Karte, die alle Einzelheiten des Aufmarsches gegen die Tschechoslowakei enthielt, und deutete daneben noch die Absicht zu einer vorbeugenden Besetzung des „Westwalls" an. Die Summe dieser Vorbereitungen konnte nur den erstaunlichen Eindruck erwecken, daß man im WF-Stabe in der Hauptsache, wenn nicht allein, darauf eingestellt war, auf Grund

30 Für die Bereitschaft zur bedingungslosen Anerkennung dieser Autorität scheint es bemerkenswert, daß sich schon im Tgb. Jodl vom 22. Sept. 1938, wenn auch aus einer Mitteilung Keitels übernommen, die Ausdrucksweise findet „Befehl von allerhöchster Stelle".

der vom Generalstab des Heeres geleisteten Vorarbeiten die künftigen Operationen des Heeres gegen die Tschechoslowakei bevormundend zu leiten. Daß demgegenüber eine einheitliche Führung aller Teile der Wehrmacht im strategischen Sinne völlig zurücktrat, mag allerdings auch dadurch bedingt gewesen sein, daß dazu alle Kräfte fehlten!

Neue Kräfte und Formen

Die neun Monate, in denen der Verfasser dann von November 1938 bis August 1939 als Nachfolger Jodls die Aufgaben der Abteilung Landesverteidigung und des Chefs WFStab wahrzunehmen hatte, haben nicht ausgereicht, eine grundlegende Änderung der Verhältnisse herbeizuführen. Wohl war ihm der Weg von vornherein klar vorgezeichnet durch die Einsicht, daß der Stab seine nach allen Seiten offenkundige Schwäche nur überwinden konnte, wenn er nicht länger zwischen Hitler und der Wehrmacht, sondern als Teil der Wehrmacht in deren Mitte stand, – seine Anlehnung also nicht bei Hitler, sondern in erster Linie beim Generalstab des Heeres suchte. Wohl gelang es in diesem Bemühen auch, Keitels Einverständnis zu gewinnen, daß der – inzwischen zu diesem Dienstgrad beförderte – Generalmajor Jodl nicht, wie vom Chef OKW schon festgelegt, am 1. Oktober 1939 auf seine Stelle zurückkehren, sondern durch einen anderen, vom Vertrauen des Heeres getragenen General ersetzt werden sollte[31]. Doch wurde ein größerer Erfolg schon durch die Gewalt der neu hereinbrechenden Ereignisse, die, wie eingangs erwähnt, auch den General Jodl auf die Stelle des Chefs WFStabs zurückführten, vereitelt.

Die Besetzung der „Rest-Tschechei" im März 1939 ebenso wie die Rücknahme des Memellands zu Ende des gleichen Monats hatten für die Zusammenarbeit in der Wehrmachtspitze keine besonderen Erfahrungen mit sich gebracht. Dagegen trat gleich beim Auftakt zu dem Feldzug gegen Polen der Mangel jeglicher äußeren und inneren Ordnung in den obersten militärischen Stellen wieder in erschreckendem Maße in Erscheinung.

Ohne eine irgendwie geartete Beratung von seiten der Wehrmacht in Anspruch genommen zu haben, ließ Hitler in den letzten Märztagen zunächst nur den ObdH – fast beiläufig – wissen, daß er Polen mit Waffengewalt zur Annahme seiner Forderungen zwingen werde, falls nicht bis zum Spätsommer eine Einigung auf diplomatischen Wege erzielt werden würde. Erst wenige Tage später erfuhr auch der Chef OKW von dieser „Willensmeinung" und wies daraufhin den WFStab an, die sogenannte „Weisung für die einheitliche Kriegsvorbereitung der Wehrmacht", die, wie alljährlich zu Beginn des „Mobilmachungsjahrs", im Herbst 1938 ergangen war, durch einen Nachtrag zu er-

31 Vgl. dazu den bei Görlitz, Keitel, S. 215, Anm. 142, abgedruckten, in vielfacher Hinsicht bemerkenswerten Brief Jodls vom 28. Juli 1939, in dem u. a. vom Generalstab des Heeres als „von der Feindseite" (!) die Rede ist.

gänzen. Der „Weisung", einem nach allgemein üblichem Generalstabsverfahren in Friedenszeiten nur als grundlegende Richtlinie für Führungsvorbereitungen, Ausbildung und Organisation dienenden Instrument, wurde damit, genau wie im Jahre zuvor gegen die Tschechoslowakei, ein fremdartiges Element eingefügt. Handelte es sich doch nicht mehr allein um eine der Aufgaben, die sich der Wehrmacht nach der allgemeinen Weltlage möglicherweise im Laufe des Jahres stellen konnten, sondern um die Vorbereitung eines kriegerischen Akts, der von vornherein an bestimmte politische Voraussetzungen gebunden und vor allem auf einen vorgeplanten Zeitpunkt festgelegt war.

Bei der weittragenden Bedeutung dieses Auftrags, ebenso aber auch im Sinne seiner Anschauungen über das Verhältnis der Wehrmachtführung zum Generalstab des Heeres, hielt Warlimont es für geboten, den integrierenden Teil des „Nachtrags" Wort für Wort gemeinsam mit dem Oberquartiermeister I („OQ I"), General Heinrich von Stülpnagel, abzufassen, der seinerseits noch die Zustimmung des Generalstabschefs einholte. Jede unnötige Bindung des Heeres sollte auf diese Weise vermieden, jede Möglichkeit, dem ObdH — im großen wie im einzelnen — freie Hand zu belassen, ausgenutzt werden. Kriegsmarine und Luftwaffe trugen — über ihre Vertreter im WFStabe — eine Übersicht der ihnen zufallenden Aufgaben in eigener Formulierung bei. Der Chef OKW brachte den so zustandegekommenen Entwurf, der — einer ständigen Übung gemäß — erst noch in „Führerbuchstaben", d. h. in übergroße, von Hitler ohne Augengläser zu lesende Blockschrift übertragen worden war, selbst in die Reichskanzlei. Von dort kehrte das Papier wenige Tage später, von Hitlers eigener Hand durch einen einleitenden Absatz politischen Inhalts eingeleitet, an den WFStab zurück, der unter dem Datum des 3. April die Verteilung an die Oberkommandos von Heer, Marine, Luftwaffe und einige andere leitende Stellen besorgte[32].

Die nächsten Monate sollten dann, ähnlich wie es schon die eigenen Beobachtungen zur Zeit der Sudetenkrise gezeigt hatten, erneut den Beweis erbringen, daß sich bei den Methoden Hitlers für einen obersten Führungsstab der Wehrmacht kaum ein anderes Tätigkeitsfeld ergab, als die Funktionen einer militärischen „Registratur" der Staatsführung zu erfüllen. Bei dem — sich auch hier wiederholenden — Ausbleiben aller strategischen Richtlinien, die über den Bereich des Feldzugs gegen Polen und eine Sicherung der deutschen Grenzen im

32 Der „Nachtrag" ist unter der Bezeichnung „Weisung Fall Weiß" bei Hubatsch, Weisungen, S. 17 ff., gedruckt. Die Ziffern I, 1 und 2, wahrscheinlich auch 3, sind die von Hitler selbst abgefaßten Abschnitte. Die kurze Ziff. 4a enthält die vom WFStab und GenStdH gemeinsam entworfene Formulierung des Auftrags für das Heer, der auch die Grundlage für die Beiträge der beiden anderen Wehrmachtteile bildete. Der Termin („ab 1. Sept. 1939 jederzeit möglich") erscheint im Wortlaut der Weisung nicht.

Erläuternd sei noch darauf hingewiesen, a) daß die in der Wiedergabe bei Hubatsch vorangestellte „I" vermutlich zur Überschrift gehört (vgl. dazu auch Greiner „Die Oberste Wehrmachtführung", im folgenden „Greiner"), S. 31; b) daß der Ausdruck „Weisung" auch im Kriege für die wichtigen Befehle der obersten Führung angewendet wurde (s. Text, S. 44).

Westen hinausgingen, beschränkte sich aber selbst diese Tätigkeit auf eine Zusammenstellung der von Heer, Marine und Luftwaffe, allen voran dem Generalstab des Heeres, erarbeiteten Pläne.

Die Oberkommandos der Wehrmachtteile ihrerseits führten bei ihren Vorbereitungen die nötige Abstimmung untereinander auf dem Wege über Verbindungsoffiziere herbei, ohne daß sich das Bedürfnis ergeben hätte, einen WFStab zu beteiligen oder als Schiedsrichter anzurufen. Dagegen ließen es sich die Oberbefehlshaber ebenso wie ihre Stäbe, befreit von dem früheren Zwischenvorgesetzten, dem ObdW, angelegen sein, aus diesem Anlaß das unmittelbare Verhältnis zu Hitler nach Kräften zu pflegen. In den Adjutanten, die zur ständigen Umgebung Hitlers gehörten, fanden sie dabei auch zwanglos die Organe, um den mißliebigen Stab der Wehrmachtführung nach Gutdünken zu übergehen und beiseite zu schieben. Selbst der Chef OKW geriet auf diesem Wege immer mehr in den Hintergrund. Vom „einzigen Berater in den Fragen der Wehrmacht" sah er sich seitens der Oberkommandos in die Rolle eines Mittelmannes, um nicht zu sagen eines „Prügelknaben" in solchen Fragen versetzt, die als heißes Eisen sonst niemand anfassen mochte und die man ihm als vorgeblich seines Amtes zuschob[33].

Was den rivalisierenden Kräften in den Spitzen der Wehrmacht früher entgegen allen Anträgen, Denkschriften und mündlichen Vorstellungen versagt geblieben war, hatte sich hiernach in knapp einem Jahr nach Hitlers militärischer „Machtergreifung" auf kaltem Wege vollzogen: Der „Führungsstab" des OKW war mehr oder weniger aus der Führung der Wehrmacht ausgeschaltet;

33 Anstelle zahlreicher, jedoch unsicherer Erinnerungen des Verfassers aus seiner eigenen Amtszeit, die meist mit innenpolitischen Fragen, besonders mit dem Verhältnis zu Reichsarbeitsdienst und Waffen-SS in Verbindung standen, sei als beispielhaft auf folgenden Tagebuch-Eintrag Jodls aus der Zeit der Sudetenkrise 1938 verwiesen:

„28. Sept. Schwerster Tag.

Die Nachrichten über Bereitschaftsmaßnahmen Englands und Frankreichs, die einer Teilmobilmachung gleichkommen, mehren sich.

ObdH (von Brauchitsch) beschwört Chef OKW unter Hinweis auf dessen Verantwortung, alles beim Führer aufzubieten, daß nicht über das sudetendeutsche Gebiet hinausgegangen wird."

Wie Keitel, nachdem er sich schon wiederholt die Finger verbrannt hatte, auf solche Zumutungen, auch wenn sie eher als in dem oben geschilderten Falle seines Amtes gewesen wären, zu reagieren pflegte, mag in Ergänzung der Anm. 27 folgendes weitere Beispiel zeigen:

In den Angriffsplänen gegen die Tschechoslowakei war von Hitler auch eine „Bombardierung Prags" vorgesehen (vgl. Tgb. Jodl 21. und 22. Sept. 1938). Auf Vorstellungen eines Verbindungsbeamten des Ausw.Amts zum OKW, daß das Hradschin-Viertel möglichst geschont werden möge, ist in den „Aktenpublikationen" (Bd. II, Dok. 623) als Antwort des Chefs OKW verzeichnet:

„General Keitel habe diese Frage bereits früher dem Führer vorgetragen, der nach Rücksprache mit Gfm. Göring sich die Entscheidung über einen derartigen Angriff vorbehalten habe. Für General Keitel müsse es bei dieser Entscheidung bleiben. Wenn sie abgeändert werden solle, müsse der Herr Reichsminister (Ribbentrop) dies mit dem Generalfeldmarschall oder dem Führer selbst besprechen."

selbst von der Person Hitlers als seiner eigentlichen Spitze fand der Stab sich abgedrängt. Dieser Scheinerfolg hat dann auch wohl den Generalstab des Heeres verleitet, den früher von ihm vorgesehenen und auf längere Sicht zweifellos einzig richtigen Weg, nämlich die Abt. L wenigstens durch engste Zusammenarbeit fest an sich zu binden, trotz allen Entgegenkommens nicht weiter zu verfolgen.

Der Nutznießer dieser Entwicklung war aber allein Hitler, dem es, ganz im Sinne seines Systems der „Gewaltenteilung und Instanzenzersplitterung"[34] auf solche Weise ermöglicht wurde, eine gegen die andere auszuspielen. Die Schwäche der hohen Stäbe der Wehrmacht mit allen ihren verhängnisvollen Auswirkungen war demnach keineswegs allein in einer schlechten Organisation des OKW, sondern zu großen Teilen auch in dem Verhalten der Wehrmachtteile begründet, die den „Arbeitsstab" Hitlers aushöhlten, statt gemeinsam mit ihm gegen Hitler zusammenstehen.

Auf dem Weg zum Kriege

Einen nachhaltig deutlichen Ausdruck fand die Entwicklung in jener Zeit, gerade was Stellung und Ansehen des WFStabs anging, in der „Schlüsselbesprechung", wie es in der Terminologie der Nürnberger Gerichte hieß, vom 23. Mai 1939, bei der die Spitzen des OKH in der Berliner Reichskanzlei Hitler den Aufmarsch- und Operationsplan gegen Polen vortrugen. War der WF-Stab schon weder vorher von den Plänen unterichtet worden noch bei der Besprechung, an der auch die beiden anderen Oberbefehlshaber teilnahmen, anders als durch den Chef OKW vertreten, so rührte sich Keitel auch nicht, als Hitler bei diesem Anlaß kurzer Hand über die Existenz seines eigenen Führungsstabes hinwegging und zur Vorbereitung des kommenden „Angriffsprogramms" in Europa u. a. forderte, „einen kleinen Studienstab beim OKW" zu bilden. Dieser Stab, der Vertreter der 3 Wehrmachtteile enthalten solle, habe „die geistige Vorbereitung der Operationen im höchsten Grade" — gemeint wohl auf oberster, strategischer Stufe — „und die sich zwangsläufig daraus ergebenden Vorbereitungen in technischer und organisatorischer Beziehung" ... zu übernehmen[35]. Was Hitler hier in militärisch ungelenker Sprache zu umschreiben suchte, war genau die Aufgabe, die bei einer rechten Ordnung dem

34 Nach W. Görlitz u. H. Quint, „Adolf Hitler", S. 357/358.

35 Niederschrift nach Notizen des damaligen Oberstltn. Schmundt veröffentlicht u. a. bei Jacobsen, Chronik, S. 109 ff. Die der Niederschrift vorangehende Anwesenheitsliste, die vermutlich vor der Konferenz aufgestellt und nachher versehentlich nicht berichtigt wurde, ist insoweit falsch, als der Verfasser nicht teilgenommen und auch nicht einmal davon gewußt hat. Das hat allerdings nicht gehindert, daß die vermeintliche Teilnahme einen wesentlichen Vorwurf gegen ihn in Nürnberg gebildet hat.

Wehrmachtführungsstabe hätte obliegen müssen und ihm ursprünglich auch zugedacht gewesen war, – wenngleich nicht in Vorbereitung eines „Angriffsprogramms", sondern in echter militärischer Verantwortung für den Schutz von Reich und Volk. Im Anschluß an diese Besprechung ist im übrigen weder von den angekündigten Richtlinien strategischer Art noch auch von dem „Studienstab" je mehr die Rede gewesen.

Die Konferenz vom 23. Mai erbrachte auch noch in einer anderen, höchst bedeutsamen Hinsicht den Beweis für den völligen Mangel an Ordnung und Zuverlässigkeit, den Hitler als Oberster Befehlshaber den Spitzen der Wehrmacht gegenüber damals und immer später bezeigte. Erst tagsvorher, am 22. Mai, war nach langwierigen Verhandlungen der sogenannte „Stahlpakt" mit Italien in feierlicher Zeremonie bei Anwesenheit auch der höchsten militärischen Spitzen in Berlin unterzeichnet worden. Ein geheimes Zusatzprotokoll dieses Vertrags ließ an seinem Charakter als militärischem Bündnis keinen Zweifel und enthielt entsprechend weitgehende Verpflichtungen für die Wehrmacht. Ebenso wie aber keine militärische Dienststelle bei Vorbereitung und Abschluß des Paktes mitgewirkt, Hitler vielmehr bei dem nur einmaligen Treffen der italienischen und deutschen Wehrmachtstäbe unter Führung der Generale Keitel und Pariani um die Wende März/April 1939 in Innsbruck jede Erörterung strategischer Probleme ausdrücklich verboten hatte, so teilte er auch am 23. Mai seinen Zuhörern nichts von dem militärisch wichtigen Gehalt des Vertrages mit. Für alles, was er darüber gesagt haben mag, sind von dem Protokollführer, Oberstltn. Schmundt, nur die Sätze übermittelt: „Die Geheimhaltung – gemeint, der Pläne gegen Polen – ist die entscheidende Voraussetzung für den Erfolg. Auch Italien oder Japan gegenüber muß die Zielsetzung geheim bleiben. Für Italien bleibt der Durchbruch durch die Maginot-Linie bestehen, der zu studieren ist."[36]

Der Verfasser, obwohl Chef des Führungsstabes des OKW, hat von dem Inhalt dieser Besprechung nur soviel erfahren, wie Keitel für angebracht hielt. Dazu gehörte nichts, was über den Feldzugsplan gegen Polen hinausging. Diese Mitteilungen ließen ihm aber im Verein mit den gleichzeitigen politischen Vorgängen keinen Zweifel, daß die Absichten Hitlers, die bis dahin noch auf einen neuen „Blumenkrieg" hinauszulaufen schienen, inzwischen einen ernsteren Charakter angenommen hatten. In dem WFStabe des Frühjahrs 1939, in dem um diese Zeit der langjährige erste Gehilfe Jodls, der damalige Oberstleutnant Zeitzler, durch den Oberstleutnant von Loßberg ersetzt wurde, war man daraufhin nicht geneigt, nur wieder die Rolle eines „Arbeitsstabes" Hitlers zu diesem Ziele hin zu übernehmen. Ohne die arge Schwäche der eigenen Position zu verkennen, konzentrierte man die Kräfte vielmehr darauf, dem Treiben

36 Diesen Auftrag hatte Hitler den Italienern für den damals noch völlig ungewissen Zeitpunkt eines Konflikts mit den Westmächten bei sich zugedacht (s. auch im Text, S. 70).

Hitlers gegen Polen und damit zu einem neuen Weltkriege mit den gegebenen Mitteln und Möglichkeiten entgegen zu arbeiten.

Ein erster Versuch dieser Art beruhte auf dem Gedanken, den Obersten Befehlshaber der Wehrmacht durch die bei ihm besonders beliebten Zahlenbelege — ohne irgendeinen direkten Hinweis auf seine Kriegspläne — davon zu überzeugen, daß die Rüstung der europäischen Westmächte, wenn Hitler auch mit ihrem Eingreifen nicht rechnen wollte, das deutsche Potential in erdrückendem Maße übersteige. Dieser Plan, dem Chef OKW in seiner eigentlichen Zielsetzung offen dargelegt, scheiterte daran, daß Keitel nach kurzem Besinnen die Vorlage ablehnte, weil Hitler die Absicht, ihn in seinen Entschließungen zu beeinflussen, sofort erkennen und auf diese Weise das Vertrauen in seinen Stab verlieren würde. — Ein nächster Vorschlag ging dahin, nach früheren Mustern noch im Sommer 1939 durch den WFStab ein großes Wehrmacht-Kriegsspiel anlegen zu lassen, das in etwa der damaligen Weltlage entsprechen sollte, und Hitler selbst die Leitung anzutragen. Vielleicht könnte diese Anregung umso eher Aussicht auf Erfolg haben, so wurde dem Chef OKW noch nahegelegt, wenn er Hitler nachdrücklich die großen propagandistischen Möglichkeiten ausmalte, die sich für ihn als den Obersten Befehlshaber der Wehrmacht bei dieser Gelegenheit nach außen und innen ergeben würden. Doch auch dieser Plan, der Hitler im Verlauf des Kriegsspiels das ganze Verhängnis seines Unterfangens vor Augen führen sollte, scheiterte schon an Keitel. Es sei eine unmögliche Zumutung, den Führer und Reichskanzler, erklärte er, mit der Leitung eines Kriegsspiels zu belasten. Der Einwand, daß Hitler doch auch im Kriege die Wehrmacht führen wolle, blieb demgegenüber ohne Erfolg[37].

Diese Erfahrungen im Verein mit der Persönlichkeit Keitels ließen die Möglichkeiten des WFStabes, mit solchen Mitteln Einfluß auf die weitere Entwicklung zu gewinnen, nur zu bald erschöpft erscheinen. Da inzwischen auch von seiten Hitlers und seiner Umgebung nichts mehr verlautete, was die Kriegsgefahr zu bestärken schien, und andererseits die Oberkommandos der Wehrmachtteile die Abt. L bei ihren weiteren Vorbereitungen nach wie vor nicht heranzogen, fanden sich die Offiziere des höchsten Stabes der Wehrmacht in den letzten Wochen vor dem größten Krieg der Geschichte in einem merwürdigen, unbehaglichen Vakuum. Die einzige Aufgabe von Bedeutung, die ihnen zufiel, bestand darin, nach dem zur Zeit der „Blumenkriege" entstandenen Muster eine „Zeittafel" für den Fall einer bewaffneten Lösung des Konflikts mit Polen aufzustellen. Darin waren auf der Grundlage der von Heer, Marine und Luftwaffe eingezogenen Berichte die wesentlichsten vorbereitenden Maßnahmen angeführt und außerdem die Termine festgelegt, zu denen Hitler sich über die Befehle dazu endgültig schlüssig werden mußte. Weiterhin war neben

37 Vgl. dazu auch die Darstellung bei Loßberg „Im Wehrmachtführungsstabe", die allerdings in Einzelheiten abweicht.

Hinweisen für die Tarnung gegenüber den gegnerischen Nachrichtendiensten der letzte Zeitpunkt angegeben, zu dem der Übergang aus dem Aufmarsch zum Angriff äußerstenfalls noch angehalten oder etwa rückgängig gemacht werden könnte[38]. Auch diese Zeittafel, die im wesentlichen als typisches Beispiel der „registratur"-mäßigen Arbeiten des Stabes gelten kann, ließ die Entscheidung über Krieg oder Frieden weiterhin völlig offen[39].

Erst von Mitte August ab, während Hitler sich schon seit längerem auf dem „Berghof" aufhielt, setzte eine lebhaftere militärische Tätigkeit von seiner Seite ein, die fast ausnahmslos neue Wünsche und Forderungen zu den Aufmarschplänen des Heeres mit sich brachte. Soweit der Chef OKW von der Adjutantur Hitlers in diesen Geschäftsgang eingeschaltet wurde, begnügte er sich damit, auf den Chef des Gen.Stabs des Heeres im Sinne Hitlers mündlich einzuwirken. Seiner Absicht entsprechend, konnte er es auf diese Weise vermeiden, den Widerstand des Heeres über Gebühr herauszufordern oder neue Zerwürfnisse herbeizuführen, wie sie die persönlichen Eingriffe Hitlers und die schriftlichen „Weisungen" des OKW im Jahre vorher mit sich gebracht hatten. Daß hierbei auch noch wirkliche Verbesserungen in dem Aufmarsch des Heeres erzielt wurden, ist nicht zu verkennen.

Am 22. August ließ Hitler dann im großen Saale des „Berghofs" bei einer mehrstündigen Ansprache an sämtliche hohen Befehlshaber der Wehrmacht, die zur Führung gegen Polen zu Lande, zur See und in der Luft berufen waren, kaum noch einen Zweifel, daß es zu einem Appell an die Waffen kommen werde[40]. Im wesentlichen diente diese Rede aber dem Zweck, die Generale und Admirale noch ein letztes Mal von der Richtigkeit seines Weges und vor allem davon zu überzeugen, daß die Westmächte nicht in den Konflikt eingreifen würden. Die tags vorher bekannt gewordene Bereitschaft Stalins zum Abschluß einen Nichtangriffspakts mit dem Reich diente ihm vorzüglich dazu, diese seine These zu untermauern. Der Nachmittag war eingehenden Vorträgen der Befehlshaber über die Operationspläne bis zu den Armeen hinab vorbehalten. Dabei erwies sich Hitler über alle Einzelheiten genau unterrichtet und

38 Vgl. als Muster die Zeittafel für den Westfeldzug 1940, Tafel 2–6. Wenn Greiner a. a. O., S. 34, schreibt: „Die weiteren Vorbereitungen der Wehrmacht erfolgten nach der „Zeittafel" ..., so ist das insofern irreführend, als die Zeittafel keinerlei Maßnahmen oder Anordnungen enthielt, die nicht schon vorher auf Grund der von den Oberbefehlshabern der Wehrmachtteile vorgetragenen Pläne und Absichten von Hitler genehmigt worden waren.

Auch die Deutung, die Generaloberst Halder in seinen „Gesprächen" (Bor, a. a. O., S. 124) der Zeittafel gibt, daß sie nämlich Hitler einen Überblick über Stand und Bewegung jeder einzelnen Division des Heeres vermittelt und auf diese Weise selbständige Maßnahmen des OKH vereitelt habe, ist nicht zutreffend.

39 Der Verfasser befand sich bezeichnenderweise zur Zeit der Vorlage der Zeittafel auf Urlaub im Ausland.

40 Zu dem Inhalt der Ansprache vgl. Greiner, a. a. O., S. 38 ff., abgefaßt auf Grundlage der ihm vom Verfasser noch am gleichen Abend nach dem Gedächtnis gemachten Mitteilungen.

sparte auch nicht mit weiteren eigenen Anregungen, ohne sich hierbei irgendwie auf den Chef OKW oder den ebenfalls anwesenden Chef der Abt. L zu stützen.

Mit dieser Propaganda-Ansprache und den nachfolgenden Vorträgen der einzelnen Befehlshaber, die von wenigen, wenn auch gewichtigen Ausnahmen abgesehen, ihrer soldatischen Zuversicht dabei betonten Ausdruck gaben, nahm Hitler eine ihm als Politiker und Oberstem Befehlshaber eigene Gewohnheit auf, die sich in der Folge vor allen großen Feldzügen und anderen größeren Unternehmen bis hin zu der Ardennen- und Oberrhein-Offensive des Spätjahres 1944 wiederholen sollte. Die bewährte und beweiskräftige Form eines „Kriegsspiels" konnte dadurch jedoch nicht entfernt ersetzt werden.

Die Spannung erreichte ihren Höhepunkt, als Hitler schon am 23., ohne sich in seiner Ungeduld auch nur an den letztmöglichen Termin nach der „Zeittafel" zu halten, das Antreten der Wehrmacht zum Angriff gegen Polen für den 26. August befahl. Für den WFStab ergab sich daraus u. a. die Aufgabe, die obersten Reichs- und Parteibehörden zu verständigen, damit sie alle diejenigen Maßnahmen in Kraft setzten, die zur Unterstützung der Wehrmacht, vor allem aber zum Schutz der Bevölkerung und zur Regelung des öffentlichen Lebens bei Ausbruch eines Krieges dienen sollten. Auch hierbei trat wieder die Nichtachtung jeglicher methodisch-militärischen Arbeit durch Hitler kraß in Erscheinung. Wurden doch die jahrelangen Vorbereitungen, die unter Leitung des OKW gemeinsam mit fast allen Ministerien und auch der „Parteikanzlei" für einen Kriegsfall getroffen und, dem militärischen Brauch folgend, in einem umfangreichen „Mob-Buch der Zivilverwaltungen" niedergelegt worden waren, in letzter Stunde und gleich in doppelter Weise durchbrochen und verworfen. Da der Feldzug gegen Polen nur als ein „besonderer Einsatz" der Wehrmacht, nicht aber als Krieg gelten sollte, forderte Hitler, bis auf weiteres im „zivilen Bereich" alles zu vermeiden, was zu nachhaltigen Störungen des öffentlichen Lebens führen könne. Dadurch, daß wesentliche Teile der Wehrmacht dann doch in den Tagen zwischen dem 26. und 31. August mobilgemacht werden mußten, die Rüstungsindustrie aber und mit ihr der größte Teil der gewerblichen Wirtschaft erst am 3. September folgen durften[41], entstanden allenthalben nur um so größere Störungen. Sie gingen anfangs besonders zu Lasten der Industrie, die bei dieser stufenweisen Mobilmachung entgegen allen jahrelangen Vorbereitungen die „unabkömmlich" gestellten Wehrpflichtigen abgeben mußte, — später zu Lasten der Wehrmacht, die die Facharbeiter in mühevoller Kleinarbeit wieder auszusondern hatte. Der zweite Einbruch in die bis ins letzte durchgefeilte Organisation trat ein, als Göring es noch am Tage des Kriegsausbruchs bei Hitler durchsetzte, den Stab des OKW auch auf diesem Gebiet als Leitstelle auszuschalten. Die Aufgaben, die bis dahin in einem „Sekretariat" beim WF-Stabe geführt worden waren, gingen an die „Reichskanzlei" über, der vom

41 Vgl. Ziff. 4 der „Weisung Nr. 2 für die Kriegführung", gedruckt bei Hubatsch, Weisungen, S. 22 ff. (Das übrige schon vorn, S. 19).

OKW gesteuerte „Reichsverteidigungsausschuß" wurde aufgelöst und an seine Stelle der „Ministerrat für die Reichsverteidigung" gesetzt, in dem die „Partei" den maßgebenden Einfluß ausübte. Ohne die Bestimmungen des „Reichsverteidigungsgesetzes", das schon in seiner zweiten Fassung die militärische Leitung wesentlich eingeschränkt hatte, weiter zu beachten, kam es auf diese Weise dazu, die Wehrmacht endgültig aus der „Führung des Volkes im Kriege" herauszudrängen. Der Chef OKW wurde gar nicht erst gehört und erhob auch keinen Einspruch.

Die Aufhebung des Befehls zum bewaffneten Vorgehen über die polnische Grenze, die Hitler dann am Spätnachmittag des 25. August aus den bekannten politischen Gründen noch einmal verfügte, war in Anlehnung an den – nach der „Zeittafel" – äußerst-möglichen Termin bereits über alle Fernsprechleitungen ausgelaufen, ehe der Verfasser, von Keitel eilends heranbeordert, in der Reichskanzlei eintraf. Es genügte infolgedessen ein Satz aus Hitlers militärischem „Büro", der Abt. L, um die Aufhebung des Befehls nachträglich und schriftlich zu bestätigen. Schon vor dieser Niederschrift war jedoch die freudige Bewegung, die den Verfasser, in der Meinung, der Friede sei noch einmal gesichert, auf der Fahrt in die Reichskanzlei erfüllte, einer tiefen Ernüchterung gewichen. Hatte doch Schmundt, wie hier wegen der historischen Bedeutung angemerkt sei, den Eintretenden gleich mit den Worten empfangen: „Freuen Sie sich nicht zu früh; es handelt sich nur um einen Aufschub von wenigen Tagen!"

Im übrigen war es für einen Generalstabsoffizier in hohem Maße abstoßend und erschreckend, das Bild des Hexenkessels zu erleben, das die Reichskanzlei schon in jener Stunde darbot. Im besonderen drängte sich dabei auch die Frage auf, ob denn der Oberste Befehlshaber der Wehrmacht, wenn es in Kürze wirklich zum Kriege kommen sollte, sein „Hauptquartier" in dieser ungeordneten, stürmisch-bewegten Umgebung beibehalten wollte. Der Gedanke lag um so näher, als sich inzwischen außer dem Wehrmachtstabe nur noch das Oberkommando der Kriegsmarine in den Friedensunterkünften in Berlin befand. Heer und Luftwaffe waren dagegen schon in einer dem mobilen Zustand angepaßten Gliederung und Besetzung im Umzug in die von langer Hand für einen Kriegsfall vorbereiteten Arbeits- und Wohnquartiere begriffen, – die einen in ein Baracken- und Bunkerlager am Rande des Truppenübungsplatzes Zossen, einige 50 km südlich von Berlin, die anderen in die Luftkriegsschule Wildpark bei Potsdam. Für das OKW wurde jedoch auch in den Tagen bis zum 1. September keine Umsiedlung erwogen; es wäre auch zu spät dafür gewesen, da die Ausweichunterkünfte, die Blomberg am Rande der Hauptstadt in Berlin-Dahlem mit allen Schutz- und Nachrichtenanlagen in einigen villenartigen Gebäuden hatte errichten lassen, bei den gegebenen Verhältnissen nicht in Betracht kamen und andere Vorbereitungen nicht getroffen worden waren.

Aus welchen Gründen Hitler sich früher allen Vorschlägen zur Einrichtung eines Feld-Hauptquartiers für das OKW versagt hatte, ist nicht mit einiger Sicherheit zu beantworten. Offenbar war es nur ein Ausweichen vor der Entscheidung gewesen, wenn er dem Chef OKW bei Vorlage eines schon weitgediehenen Plans für die Unterbringung in einem Kasernenneubau im Raume von Potsdam erklärt hatte, er könne sich als Oberster Befehlshaber nicht von Berlin nach Westen absetzen, wenn die Wehrmacht nach Osten ins Feld ziehe; das müsse in der Öffentlichkeit wie ein Ausweichen vor der Gefahr wirken! Viel wahrscheinlicher ist es schon, daß er geglaubt hat, nur in Berlin, der Regierungs-Zentrale, in bewegten Zeiten die nötige Wirksamkeit nach innen und außen entfalten zu können, und deswegen in der Hauptstadt bleiben müsse[42]. Auch die Mittellage Berlins zwischen Ost und West mag ihn bei aller zur Schau getragenen Zuversicht, daß die Westmächte nicht in den Krieg eingreifen würden, in dieser Absicht bestärkt haben. Wenn er dann trotzdem in überraschendem Entschluß am 3. September aus Berlin aufbrach, so war dies wahrscheinlich einmal in der unsteten Wesensart dieses Mannes begründet, der das „Improvisieren" jedem überlegten Handeln vorzog, zum anderen aber auch wohl in einer rein emotionalen Regung, der Truppe nahe zu sein, nicht zuletzt aber sicherlich in dem Bestreben, die von ihm usurpierte Feldherrn-Rolle mit aller daraus zu erzielenden propagandistischen Wirkung voll auszukosten.

Die Möglichkeit einer geregelten, echten militärischen Führung wird auch Hitler allerdings von seinem Zuge aus, mochte er nachrichten-technisch noch so gut ausgestattet sein, nicht erwartet haben. Er konnte es auch wahrscheinlich gar nicht übersehen, daß außer Keitel und Jodl, außer seinen und deren Adjutanten und den Verbindungsoffizieren, die von Heer und Luftwaffe — als eine völlig unvorhergesehene, weitere Maßnahme zur Verdrängung des WFStabes — noch eilends im Zuge untergebracht worden waren, etwa ein geschlossener „Arbeitsstab" benötigt werden könnte. Viel wichtiger dürfte es ihm gewesen sein, seine übliche Umgebung aus Partei und Presse, die Photographen und die Ärzte, die Sicherheitsbegleitung und selbst das vertraute weibliche Unterpersonal, die Zuhörer bei nächtlicher Rede und Musik, nicht zu entbehren. Dazu kam noch, daß er auf ganz ähnliche Weise in den „Blumenkriegen" durch die Lande gefahren war, nach Österreich, durch das Sudetenland und schließlich nach Prag. Auch der Feldzug gegen Polen sollte ja nur ein „besonderer Einsatz" sein[43]!

42 Auch General Beck tritt in seinen Studien (S. 37) vom Standpunkt des Jahres 1938 dafür ein, daß der Platz des „Obersten Kriegsherrn" grundsätzlich in der Hauptstadt zu liegen habe, während der „Anführer" bzw. der Feldherr, begleitet von einem kleinen Stabe, die Kriegshandlungen zu Lande jeweils dort leiten solle, wo er die Entscheidung sucht.

43 Der „Führerzug" setzte sich zusammen aus je 1 Flakwagen an Anfang und Ende, mehreren Wagen für Nachrichtenverbindungen und Presse, je 1 Arbeits- und Wohnwagen für Hitler, mehreren Schlafwagen üblicher Art und 1 Speisewagen.

Kapitel 2

Erfahrungen während des Feldzugs gegen Polen

Als erste Instrumente zur einheitlichen Führung der gesamten Wehrmacht waren noch in Berlin am 31. August die „Weisung Nr. 1“, am 3. September 1939 die „Weisung Nr. 2“, beide mit dem Zusatz „für die Kriegführung“, ergangen. Mit dem Erlaß dieser schon in anderem Zusammenhang erwähnten „Weisungen“ nahm des OKW nach Ausdruck und Inhalt Anschluß an die Formen der Befehlserteilung, wie sie der Lehre des preußisch-deutschen Generalstabs gemäß für eine oberste militärische Führung als angemessen galten. Der Unterschied zum „Befehl“ lag dabei nicht im Grade der Bindung der nachgeordneten Stellen an sich, sondern in dem bewußten Verzicht auf eine Interpretierung des Führungswillens, die über das Maß der notwendigen und vorausschaubaren Richtlinien hinausging. Die „Weisung“ sollte außerdem derart angelegt sein, daß sie für einen möglichst langen Zeitraum gültig bleiben konnte. Entsprechend der Spitzenorganisation der Wehrmacht im Jahre 1939 richteten sich die Weisungen des OKW zunächst lediglich an die Oberkommandos von Heer, Marine und Luftwaffe. Späterhin kam eine immer größere Zahl von unmittelbar dem OKW nachgeordneten Stellen hinzu, während gleichzeitig auch der Charakter der Weisungen mehr und mehr verfiel[1].

1 Von den „Weisungen für die Kriegführung“ sind die „Aufmarschanweisungen“ zu unterscheiden. Sie waren ein Begriff aus der Terminologie der Heeresführung und bezeichneten die vom Generalstab des Heeres erlassenen Anordnungen zum „Aufmarsch“ großer Heereskörper (Heeresgruppen, Armeen) bei Einleitung eines Feldzugs oder eines umfassenden, neuen Operationsabschnitts. Die Unterschiede, ebenso wie die allmählichen Veränderungen im Charakter der OKW-„Weisungen für die Kriegführung“ ergeben sich deutlich aus den hier und im weiteren herangezogenen Beispielen.

Gegenüber dem allmählichen Verfall der Befehlsformen an eigener oberster Stelle kann die Weisung („Directive“), die General Eisenhower unter dem 12. Febr. 1944 von seiner vorgesetzten Dienststelle, den „Combined Chiefs of Staff“ (s. S. 69), für die Invasion im Westen erhalten hat, in ihrer kurzen und allgemein gehaltenen Form als geradezu klassisch gelten. Sie lautete in ihrem operativen Teil (Ziff. 2 — „Task“) lediglich:

„You will enter the continent of Europe, and, in conjunction with the other

Die Weisung Nr. 1 setzte an, wo die in die „Zeittafel“ übernommenen letzten Vorbereitungen aufgehört hatten. Ein Stichwort, schon am 31. August 0.30 Uhr, d. h. 14 Stunden vor dem letztmöglichen Termin von der Adjutantur in der Reichskanzlei ausgegeben, genügte, um aus dem Aufmarsch nach den von Hitler gebilligten Plänen der drei Wehrmachtteile „zur gewaltsamen Lösung“ überzugehen. „Der Angriff gegen Polen“, hieß es infolgedessen in der Weisung auch nur, „ist nach den für ‚Fall Weiß‘ (Polen) getroffenen Vorbereitungen zu führen“. Auf den Vorschlägen der drei Oberkommandos beruhten gleichfalls die Anordnungen, die das Verhalten „der im Westen operierenden Teile der Wehrmacht“ regelten. Das galt ebenso für die Einzelheiten wie für die strategische Richtlinie, die es diesen schwachen Kontingenten für den Fall einer Eröffnung der Feindseligkeiten durch England und Frankreich zur Aufgabe setzte, „unter möglichster Schonung der Kräfte die Voraussetzungen für den siegreichen Abschluß der Operationen gegen Polen zu erhalten“. Wenn der Chef WFStab trotz dieses schon allseits bekannten Inhalts besonderen Wert darauf gelegt hatte, die Weisung ergehen zu lassen, so kam es ihm dabei wohl hauptsächlich auf ihre dokumentarische Bedeutung im Sinne der einheitlichen Wehrmachtführung an.

Nicht viel anders war auch die Weisung Nr. 2 zu beurteilen, die der Kriegserklärung Englands und Frankreichs auf dem Fuße folgte. Soweit darin praktische Maßnahmen gegen die Westmächte befohlen oder „freigegeben“ wurden, wie beispielsweise das Auslegen von Minensperren und der Beginn des Handelskrieges zur See, war es ebenfalls nicht das „Gedankengut“ des WFStabes, sondern in diesem Falle des Oberkommandos der Kriegsmarine, das Hitler schon vorher auf Vortrag ihres Oberbefehlshabers gebilligt hatte und das nunmehr durch die Weisung zum Befehl der obersten Führung erhoben wurde.

Beide Weisungen zeigen daneben unverkennbar, daß der Zwei-Fronten-Krieg, den Hitler nun wider Willen und besseres Wissen entfesselt hatte, für eine Wehrmachtführung von vornherein eine Fülle von Aufgaben bereithielt. Hast und Haß der Hitler'schen Polen-Politik hatten es jedoch nicht dazu kommen lassen, daß der militärische Stab an der Spitze der Wehrmacht von dem Staatschef und Obersten Befehlshaber instand gesetzt worden wäre, den

United Nations, undertake operations aimed at the heart of Germany and the destruction of her armed forces. The date of entering the Continent is the month of May 1944. After adequate channel ports have been secured, exploitation will be directed to securing an area that will facilitate both ground and air operations against the enemy.“

In der Sprache einer deutschen Weisung etwa:

„Ihre erste Aufgabe ist es, auf dem europäischen Kontinent Fuß zu fassen. Gemeinsam mit den Verbündeten muß es das Ziel Ihres weiteren Vorgehens sein, in das Kerngebiet Deutschlands einzudringen und die deutschen Streitkräfte vernichtend zu schlagen. Als Zeitpunkt der Landung ist der Monat Mai 1944 vorzusehen. Sobald Häfen am Kanal in ausreichendem Umfang sichergestellt sind, wird es darauf ankommen, zunächst einen Raum in Besitz zu nehmen, der die Voraussetzungen für die weitere Erd- und Luftkriegführung bietet.“

Gehalt dieser Weisungen aus einer verantwortlich und sachlich geleiteten Prüfung der politischen und militärischen Gesamtlage zu schöpfen und dabei von vornherein gar die Möglichkeit eines neuen Weltkrieges in Betracht zu ziehen. Waren schon die Äußerungen Hitlers in jener „Schlüsselbesprechung" vom 23. Mai 1939 nicht weiter verfolgt und der Abt. L nicht einmal bekannt geworden, so hatte für den Stab auch keinerlei Möglichkeit bestanden, aus eigenem vorbereitende Studien anzustellen, nachdem sein Vorschlag vom Frühjahr 1939 zu einem strategischen Kriegsspiel auf breitester Grundlage abgelehnt worden war. Nur als Arbeitsstab der obersten Führung, nicht etwa als ein Wehrmachtgeneralstab zusammengesetzt, hätte es für ihn der vollen Mitwirkung der Stäbe von Heer, Marine und Luftwaffe bedurft, um nur die grundlegenden Elemente für die Ausgangslage eines solchen „Spiels" zu erstellen. Dies jedoch war ohne Hitlers eigene Befehle nicht erreichbar[2]. Aber auch nun, nachdem die Westmächte sich entgegen allen Beteuerungen der politischen Führung auf die Seite Polens geschlagen hatten, versah der Oberste Befehlshaber weder seinen Stab noch die Oberkommandos der Wehrmachtteile mit den notwendigen Richtlinien, um über die Weisung Nr. 2 hinaus der weiter zu erwartenden Entwicklung wenigstens studienmäßig zu begegnen, – ein Mangel an Voraussicht, schon hier und jetzt, der wie ein roter Faden seine gesamte militärische Führung durchziehen sollte.

Die schnelle Abreise an die Front, die Trennung vom eigenen Stabe und den Oberbefehlshabern der Wehrmachtteile, die unzulänglichen Arbeitsverhältnisse im „Führerzuge", dies alles kam dann der Neigung Hitlers zu regellosem und unvorbereitetem Handeln noch weiter entgegen. „Wir unternahmen", schreibt Keitel in seinen Nürnberger Aufzeichnungen,

> „vom Truppenübungsplatz Groß-Born (Pommern), wo unser Führerzug abgestellt war, jeden zweiten Tag von früh bis in die Nacht hinein Frontfahrten zu den Armeen und Korpsstäben ..., wo der Führer sich die Lage vortragen ließ und auch einige Male mit dem ObdH ... zusammentraf ... In die Führung der Operationen ... hat Hitler nur sehr wenig eingegriffen; ich erinnere mich eigentlich nur an zwei Fälle ... Sonst beschränkte er sich auf Meinungsäußerungen und Aussprachen mit dem ObdH, sowie Anregungen, ohne aber sich befehlend einzuschalten."

Der Chef des Generalstabs des Heeres, in dessen Hand mehr als in irgendeiner anderen die Leitung der Operationen lag, hat während der gesamten Feldzugsdauer nicht ein einziges Ferngespräch mit Hitler oder Keitel-Jodl oder auch mit dem Verbindungsoffizier des Heeres, Oberst von Vormann, geführt[3].

2 Es liegt nahe, angesichts dieses Verfahrens an die vor dem ersten Weltkrieg jahrzehntelang betriebenen Vorstudien des „Großen Generalstabs" zu erinnern. Der WFStab verfügte bis 1942 nicht einmal über eine Stelle für Feindnachrichten und auch dann nur über eine Sammel-, nicht über eine auswertende Stelle.

3 Die näheren Angaben über die Vorgänge im „Führerzug" sind, soweit nicht anders belegt, dem nach Kriegsende verfaßten Bericht Vormanns entnommen. Seine

Der Ablauf des ersten Kriegsmonats mit dem schnellen, durchschlagenden Erfolg gegen Polen und dem „Wunder" – um diesen vielgebrauchten Ausdruck auch hierauf einmal anzuwenden – der französischen Stillhalte-Strategie im Westen stellte die Leistungsfähigkeit des provisorischen deutschen Hauptquartiers für größere Aufgaben nicht erst auf die Probe. Man konnte sich mit „Lagebesprechungen" begnügen, die in ähnlich ungeregelter Form wie während der ersten Septembertage in der Reichskanzlei abliefen, gestützt auf die zweimal täglich von dem Rumpfstabe in Berlin, der Abt. L, übermittelten Meldungen von Heer, Marine und Luftwaffe und gefolgt von endlosen Gesprächen, die Hitler mehr für sich selbst als mit seiner Umgebung im „Arbeitswagen" führte. Auch der tägliche „Wehrmachtbericht", den die Abt. WPr im Entwurf zusammenstellte, fand im „Führerzuge" durch Jodls Hand – wie auch immer später – seine vorletzte Form, ehe Hitler – meist noch nach eigenen Änderungen – den Text genehmigte. Die einzigen Zeugnisse weitergehender Überlegungen aus diesen Tagen sind die OKW-Weisungen Nr. 3 und 4, die, ausgegeben am 9. bzw. 25. September, in erster Linie mit der Überführung entbehrlicher Kräfte des Heeres und der Luftwaffe nach dem Westen und weiteren Verhaltensmaßregeln gegen England und Frankreich befaßt waren[4]. In ihren Grundlagen im Zuge entstanden, gelangten sie im „Entwurf" an die Abt. L, der dann die Aufgabe zufiel, sie zusammen mit den Operationsabteilungen der Oberkommandos noch einmal durchzuprüfen. Der auf diese Weise bestätigte und auch in der Form überarbeitete Text ging dann an den Chef WFStab zurück, der über Keitel die Unterschrift Hitlers einholte und für die Herausgabe sorgte.

Die Offiziere der Abt. L in Berlin, keineswegs übermäßig beschäftigt oder auch nur gebührend ausgelastet, machten es sich zur eigenen Aufgabe, einen möglichst engen Kontakt mit den Stäben der Oberkommandos der Wehrmachtteile zu pflegen. Auch die Unterrichtung der übrigen Dienststellen des OKW, die sämtlich in ihren Friedensunterkünften verblieben waren, nahm die Abt. L in Form eigener, täglicher Lagebesprechungen vor. Teilnehmer waren neben den leitenden Offizieren der Abteilung und dem Führer des Kriegstagebuchs die Verbindungsoffiziere des Amtes Ausland/Abwehr, des Wirtschafts- und Rüstungsamts, der Abt. WPr und WNV, der Wehrmacht-Transportabteilung und des Reichsaußenministers. Auf den Vortrag der Lagemeldungen, der Auslandsnachrichten und anderer bedeutsamer Ereignisse folgte meist noch eine „interne Besprechung", bei der der Chef L seine nächsten Mitarbeiter über die ihm be-

wesentlichste Aufgabe als „Verbindungsoffizier des Heeres beim Führer und Obersten Befehlshaber der Wehrmacht" sollte es, wie er darin schreibt, nach der Instruktion durch Brauchitsch und Halder sein, jedwede Einmischung in die Führung des Heeres durch Hitler oder dessen Stab (Keitel, Jodl) zu verhindern.

Vgl. dazu auch Tgb. Halder, wo es gleich am Tage nach der Rückkehr Jodls, dem 24. Aug. 1939, offenbar als Vormerkung für ein Gespräch mit dem Chef OKW heißt: „Keitel, keine operativen Einmischungen (Jodl)."

4 Vgl. Hubatsch, Weisungen, S. 25 bzw. 27.

kannt gewordenen Erwägungen und Absichten an oberer Stelle unterrichtete und Richtlinien für besondere Aufträge gab. Dem Abteilungschef fiel während des Polenfeldzugs außerdem die Aufgabe zu, von Zeit zu Zeit den „Stellvertreter des Führers", Rudolf Heß, in seinem Dienstgebäude in der Wilhelmstraße über die Kriegslage zu unterrichten. Als bleibender Eindruck ist davon nur erinnerlich, daß außer dem kurzen Vortrag kein Wort gewechselt wurde.

Des weiteren war Oberst Warlimont bemüht, nach Möglichkeit eine persönliche Verbindung mit seinen Vorgesetzten aufrechtzuerhalten. Ein erster Flug zu diesem Zweck, der um den 10. September zu dem inzwischen von Pommern nach Ilnau in Oberschlesien weitergeleiteten Zuge führte, brachte vor allem den erneuten Eindruck eines bewegten Lagerlebens mit sich, das weder mit den eigenen noch auch wohl den landläufigen Vorstellungen eines obersten Hauptquartiers viel gemein hatte. Daneben drängte sich aber dem Besucher bei diesem Anlaß trotz des guten Fortgangs der Operationen in Polen und der anhaltenden Stille im Westen eine unverkennbare Unruhe auf, die besonders in der Suche nach schneller Bildung neuer Reserven für das Heer ihren Ausdruck fand. Daß Hitler in diesem Bemühen zunächst nur die durch die Mobilmachung stark vermehrten Kontingente Himmlers und Dalüges ausersehen hatte, eine „Polizei-Division" aufzustellen, mochte tatsächlich, wie es begründend hieß, in der großen Zahl der militärisch ausgebildeten Mannschaften der Polizei seine Ursache gehabt haben. Der parteipolitische Charakter, der dieser Maßnahme anhaftete, machte sie aber trotzdem selbst für Keitel unbehaglich, während General Jodl schon bei diesem ersten heiklen Anlaß solcher Art geflissentlich jede Stellungnahme vermied. Das änderte aber nichts daran, daß über die „Gruppe Organisation" der Abt. L seines Stabes die nötigen Befehle erlassen werden mußten und „das OKW" sich damit in den Augen des Heeres einmal mehr als partei-hörig qualifizierte.

Einen ungleich bedeutsameren Beweis für die tiefgründigen Mängel in der inneren und äußeren Struktur des vorläufigen Hauptquartiers erfuhr der Verfasser aus Anlaß des Eingreifens der Roten Armee in Polen. Um Mitternacht vom 16. zum 17. September erreichte ihn in Berlin ein Anruf des Militärattachés bei der Deutschen Botschaft in Moskau, General d. Kav. Köstring, der den unmittelbar bevorstehenden Grenzübertritt russischer Verbände nach Ostpolen ankündigte. Köstring muß dabei, wie er später bestätigt hat, an den Verhältnissen in der obersten deutschen Führung geradezu irre geworden sein, da sein Gesprächspartner, der Chef der Führungsabteilung des OKW, der ohne jede Kenntnis solcher Abmachungen oder Möglichkeiten geblieben war, zunächst den Sinn der Mitteilung kaum verstand und dann nur versichern konnte, er werde die Nachricht sogleich weiterleiten. Auch Keitel und Jodl waren nicht unterrichtet. Einer von ihnen soll sogar bei der ersten Nachricht, daß die Russen marschierten, erschreckt die Frage gestellt haben: „Gegen wen?" Kostbare Stunden vergingen auf diese Weise, ehe die dringendsten Befehlsfolgerungen gezogen werden konnten. Schwere, blutige Zusammenstöße von russischen und deutschen Truppen, die nun – mit den Resten der polnischen Streitkräfte, zwischen den Fronten – gegeneinander vorrückten, waren danach um so weniger zu vermeiden, als die eigenen Armeen stellenweise schon bis zu 200 km über die von Ribbentrop mit den Russen vereinbarte, aber der Wehrmacht vorenthaltene Demarkationslinie hinausgelangt waren[5].

Am Nachmittag des 17. September erschien dann der Militärattaché bei der Russischen Botschaft in Berlin, begleitet von Admiral Canaris, in den Diensträumen der Abt. L in der Bendlerstraße, um sich von dem Verfasser über die erreichten Ziele und den Stand der Bewegungen der deutschen Truppen in Polen unterrichten zu lassen. Unbeweglichen Gesichts und ohne auch nur ein einziges Wort zu äußern, nahm der Oberst in brauner Bluse die Mitteilungen des Chefs der Abt. L entgegen. Doch auch hier blieb ein bezeichnendes Nachspiel nicht aus: Am nächsten Morgen eröffnete Jodl dem Verfasser am Fernsprecher, daß Stalin selbst in der vorhergehenden Nacht von Moskau aus dem Reichsaußenminister von Ribbentrop schwere Vorwürfe gemacht habe, weil die deutschen Armeen nach den Mitteilungen an seinen Militärattaché das Ölgebiet von Drohobycz im südlichen Polen besetzt halten wollten. Das widerspreche der Demarkationslinie, die man in dem Geheimvertrag vom 23. August festgelegt hätte[6]! Warlimont, der in Kenntnis des deutschen Mangels an Öl, aber in Unkenntnis der Verträge dem Militärattaché gegenüber gerade den Anspruch auf dieses Gebiet besonders unterstrichen hatte, sah sich schon als erstes Opfer auf dem Altar der zweifelhaften deutsch-russischen Freundschaft geopfert, erfuhr dann aber von Jodl weiter, daß Hitler die Empörung Ribbentrops über diese militärischen Störungen seiner Politik gegen den Außenminister selbst gekehrt hatte. Mit den Worten: „Wenn die Diplomaten im Kriege Fehler machen, sollen es immer die Soldaten gewesen sein", habe er ihn abgewiesen. Der Fall sei erledigt. Weitere Folgen sind dann auch ausgeblieben. Die Konsequenzen für eine echte Zusammenarbeit in dem Zwischenbereich von Außenpolitik und Wehrmachtführung sind daraus aber, wie sich noch oft genug erweisen sollte, nicht gezogen worden, obwohl doch beide in der Person Hitlers vereinigt waren und der Außenminister sich ständig in dessen Nähe aufhielt[7].

Den tiefsten Einblick in die Verhältnisse bei der deutschen obersten Führung gewährt jedoch das bei weitem wesentlichste Ereignis jenes Zeitraums, das zudem auf rein militärischem Gebiet lag, nämlich Hitlers Entschluß, den Krieg durch baldigen eigenen Angriff im Westen weiterzuführen. In Anbetracht

5 Die Anklagen, die Halder in den „Gesprächen" (vgl. Bor, S. 142) in diesem Zusammenhang wegen vermeintlicher Versäumnisse des OKW erhebt, sind hiernach nicht voll gerechtfertigt.

6 Vgl. das „Geheime Zusatzprotokoll" vom 23. Aug. 1939, gedruckt u. a. bei Jacobsen, Chronik, S. 119.

7 Ribbentrop, Himmler und der Chef der Reichskanzlei, Minister Lammers, folgten dem „Führerzuge" ständig in einem eigenen Eisenbahnzuge, der den Decknamen „Heinrich" trug. Sie alle zählten sich ebenfalls zum „Führerhauptquartier".

des schnellen Siegeszugs, der im Frühjahr 1940 folgte und zeitweilig Hitler Recht zu geben schien, nicht minder aber auch infolge der späteren Katastrophe will es kaum möglich erscheinen, einigermaßen wirklichkeitsgetreu den Eindruck wiederzugeben, den diese Absicht Hitlers bei ihrem Bekanntwerden in den obersten Stäben der Wehrmacht fast allenthalben hervorrief. Schon die Kriegserklärung der Westmächte vom 3. September hatte nicht zuletzt gerade auf die älteren Offiziere, die den 1. Weltkrieg ebenso kannten wie die Unfertigkeit der deutschen Rüstung von 1939, erschütternd genug gewirkt. Einige Wochen lagen sich nun bereits Freund und Feind in den Befestigungen beiderseits der deutsch-französischen Grenzen fast tatenlos gegenüber. Was Wunder, daß dieser Zustand in Verein mit der schnellen Ausschaltung Polens als politischen und militärischen Faktors weithin die stärksten Erwartungen auch und gerade in der Wehrmacht nährte, man könne den Kriegszustand auf politischem Wege womöglich noch wieder beenden, ehe ein zweites Mal in einem Vierteljahrhundert die Mitte der westeuropäischen Welt unter unabsehbaren Opfern an Blut und Gut in Schutt und Asche versinken würde. Äußerstenfalls aber, so dachte man weiter, werde eine starke Verteidigung im Westen, für die in Kürze die Masse der deutschen Streitkräfte zur Verfügung stehen konnte, verbunden mit freier Zufuhr industrieller und landwirtschaftlicher Güter aus dem Osten, in absehbarer Zeit die Friedensbereitschaft der Westmächte herbeiführen. Erste Anordnungen des OKH zur Umstellung der Masse des Heeres auf die Verteidigung waren auch schon ergangen[8].

Es wird sich kaum feststellen lassen, an welchem Tage oder unter welchem Eindruck der Oberste Befehlshaber der Wehrmacht zu dem Entschluß gekommen ist, im Westen zur Offensive überzugehen. Sicher ist nur, daß Hitler gegenüber dem ObdH als dem in erster Linie Berufenen kein Wort über seine Absichten gesagt hat, als Brauchitsch am 9. und wieder am 12. September im Zuge erschien und bei dem ersten Anlaß nicht weniger als 2 Stunden mit Hitler allein war[9]. Sicher ist weiterhin, daß auch kein anderer verantwortlicher Offizier vor der Entscheidung herangezogen worden ist, obwohl sie doch nicht weniger als den endgültigen Übergang zu einem neuen Weltkrieg bedeuten mußte. Der Verfasser selbst wurde zum Mitwisser, als er am 20. September ein zweites Mal das Hauptquartier aufsuchte, das inzwischen vom Zuge in das Kasinohotel von Zoppot übergesiedelt war. Mit allem Bedeuten, kein Wort darüber verlauten zu lassen, teilte ihm Keitel, selbst tief erschüttert, bei diesem Anlaß die Absicht Hitlers als vorerst noch streng zu wahrendes Geheimnis mit. Auch er, der Chef OKW, der einzige „Berater in Fragen der Wehrmacht", hatte nicht etwa durch

8 Vgl. Müller-Hillebrand, „Das Heer", Bd. II, S. 33, und Görlitz, Keitel, S. 222.

9 Vormann (a. a. O.) berichtet, daß Brauchitsch ihn nach der Konferenz vom 9. September gefragt habe, ob Hitler etwa im Westen angreifen wolle, und auf seine (Vormanns) verneinende Antwort hin noch hinzugesetzt habe: „Sie wissen, daß das völlig unmöglich ist, da wir gegen die Maginot-Linie nicht anlaufen können. Ich muß sofort wissen, wenn auch nur gesprächsweise derartige Ideen auftauchen sollten."

Hitler, sondern durch einen Adjutanten davon erfahren! Meinte Keitel, schon deswegen zunächst keine Möglichkeit zu Gegenvorstellungen zu haben, so war der Chef der Abt. L seinerseits sofort entschlossen, weder mit dem Chef OKW noch mit Jodl, der sich wieder völlig verschlossen zeigte, sondern im Verein mit dem Generalstab des Heeres den Kampf gegen diesen Entschluß Hitlers aufzunehmen. Keine Verpflichtung konnte größer sein als die, Volk und Land vor der Katastrophe eines zweiten Weltkrieges zu bewahren. Nur der Weg über den Heeresgeneralstab schien sich zunächst dazu anzubieten; auch der Ansatzpunkt war gegeben, da dem Verfasser aus seiner wiederholten Fühlungnahme mit dem OQu I, bekannt war, daß General von Stülpnagel im Auftrage seines Oberbefehlshabers an einer Studie arbeitete, in der die Auffassung des Ob d H, im Westen noch auf Jahre hinaus den Krieg nur verteidigungsweise führen zu können, noch einmal mit allen erreichbaren Belegen begründet werden sollte.

Der Weg nach Zossen erbrachte jedoch nicht den davon erhofften Erfolg[10]: Als Hitler am Tage nach seiner Rückkehr nach Berlin die Oberbefehlshaber von Heer, Marine und Luftwaffe in Gegenwart Keitels und des Verfassers am 27. September in der neuen Reichskanzlei von seinen Absichten unterrichtete, waren sie alle, auch Göring, offensichtlich stark betroffen. Niemand von ihnen noch hatte allem Anschein nach den Satz in der eben erlassenen OKW-Weisung Nr. 4, daß „die Möglichkeit einer jederzeitigen offensiven Führung des Krieges im Westen ... gewahrt sein müsse", gelesen oder in seiner vollen Bedeutung erfaßt. Hitler konnte auch die Handzettel, die ihm, mit wenigen Stichworten beschrieben, als Gedächtnisstütze für die Begründung seines Entschlusses und für die grundlegenden operativen Richtlinien gedient hatten, gleich anschließend im offenen Kamin seines Arbeitszimmers verbrennen, ohne daß sich ein Wort des Einspruchs erhoben hätte.

Damit auch die Groteske, soviel Ernsthaftes ihr innewohnen mochte, nicht fehle, seien noch einige Beobachtungen besonderer Art von dem Aufenthalt im Hauptquartier Zoppot vermerkt. Am frühen Morgen sammelten dort an der Auffahrt zum Hotel, in Doppelkolonne aufmarschiert, 20—30 Wagen zur Fahrt auf das Gefechtsfeld nördlich Gdingen. General Rommel, der Kommandant des Hauptquartiers, mußte sich dabei der Aufgabe unterziehen, diesen Troß, mit Hitler an der Spitze, in Marsch zu setzen. Auf die erstaunte Frage, warum denn in Doppelkolonne gefahren werde, erhielt der Besucher von Rommel die Antwort, daß er nach manchen peinlichen Erfahrungen diese „Marschgliederung" eingeführt habe, weil sie am besten geeignet sei, den Rang-

10 Vgl. Tgb. Halder 25. September 1939, in dem es unzweideutig heißt: „Stülpnagel: Nachricht Warlimont über Angriffsabsichten des Führers im Westen." Anscheinend ist aber der Ob d H bis zum 27. September mittags von der Mitteilung Warlimonts nicht unterrichtet gewesen, da er zu dieser Zeit den General von Vormann ein weiteres Mal nach etwaigen Offensivabsichten Hitlers befragt und sich mit der von ihm erhaltenen, uneingeschränkt verneinenden Antwort zufrieden gegeben hat (Vormann, a. a. O.).

und Vorfahrtsansprüchen der nicht der Wehrmacht zugehörigen Besucher gerecht zu werden, die sich inzwischen zahlreich im Hauptquartier eingefunden hatten. Auf diese Weise seien wenigstens 6–8 von ihnen, zwei „Wagenladungen", jeweils auf gleicher Höhe und im gleichen Abstand von Hitler untergebracht und darauf käme es ihnen vor allem an. Trotzdem mußte Rommel an diesem Tage eine weitere peinliche Erfahrung machen, als sich die Doppelkolonne auf schmalem Feldwege nicht mehr aufrechterhalten ließ und plötzlich der größere Teil der Wagen an einer Sperre angehalten wurde, während die Spitze mit Hitler davonfuhr. Obwohl es sich unter den Zurückgebliebenen sogleich herumsprach, daß ein kurzer Besuch in einem nahen Feldlazarett der Anlaß für die Unterbrechung war, erhob Martin Bormann, Leiter der Parteikanzlei, auf dem noch kaum aufgeräumten Gefechtsfeld ein wütendes Geschrei und beschimpfte General Rommel wegen dieser vermeintlichen Zurücksetzung in unerhörter Weise. Rommel schien gegen solche Frechheit machtlos. Auch als ihm der Besucher noch in derselben Minute und an derselben Stelle seine Empörung über das Verhalten Bormanns zum Ausdruck brachte, bat Rommel ihn nur darum, doch auch den Chef-Adjutanten der Wehrmacht, Schmundt, im gleichen Sinne über den Vorfall zu unterrichten.

TEIL II

In der Zeit des Aufbaus

September 1939 bis Mai 1940

Kapitel 1

Der äußere Rahmen

Schon in den frühen Septembertagen 1939 scheint sich im „Führerzuge" die Einsicht eingestellt zu haben, daß die unstete und stark beengte Improvisation des fahrenden Hauptquartiers den kommenden größeren Aufgaben der Kriegführung nicht gewachsen sein könne. Neue, festere Formen mußten vor allem dann vonnöten sein, wenn der Oberste Befehlshaber die Aufgabe übernehmen wollte, selbst im vollen militärischen Sinne des Wortes zu führen, d. h. über den Kriegsplan hinaus auch die Operationen mit eigener Hand zu leiten.

Daß Hitler selbst den Anstoß zu der Änderung gegeben hätte, ist unwahrscheinlich, da er, was ihn anging, von seiner Rolle im polnischen Feldzug voll befriedigt schien und andererseits bei dem mangelnden Verständnis für den „Apparat" einer militärischen Führung die notwendigen Folgerungen auch kaum übersehen haben dürfte. Dagegen kann es wohl als sicher gelten, daß der Chef WFStab den Zustand im „Führerzuge", gemessen besonders an seinen eigenen, ehrgeizigen Vorstellungen von einer straffen, einheitlichen Führung der Wehrmacht, als ungenügend betrachtet und daher von sich aus auf verbesserte Formen für ein künftiges Hauptquartier gedrängt hat. In erster Linie gehörten dazu ein nahe herangehaltener, leistungsfähiger Stab, wie General Jodl ihn im WFStabe als gegeben ansah, und ein allen Bedürfnissen entsprechendes Nachrichtennetz.

Diese Vorbedingungen konnten naturgemäß ehestens erfüllt werden, wenn Hitler sich entschloß, in der Folge am Sitz der Reichsregierung in Berlin zu bleiben und damit dem Verhalten seiner damaligen und späteren Mit- und Gegenspieler in aller Welt, wie Mussolini, Churchill, Roosevelt und, soweit bekannt, auch Stalin, zu entsprechen. Es scheint jedoch, daß diese nächstliegende Lösung nur für eine Übergangszeit in Betracht gezogen worden ist. Jedenfalls nahm der Chef L schon von seiner ersten Anwesenheit im „Führerzuge" gegen den 10. September den Auftrag Jodls mit, für die Fortführung des Krieges ein Feld-Hauptquartier des Oberkommandos in der westlichen Mitte des Reichs erkunden zu lassen. Zu den Richtlinien dafür gehörte u. a., wie noch lebhaft erinnerlich, die wahrscheinlich von Hitler selbst ausgehende Anweisung, möglichst nahe an die Westfront heranzugehen, jedoch außerhalb der Reichweite von Ferngeschützen zu bleiben. Auch für die Führungsstäbe von Heer und Luftwaffe müsse Gelegenheit gegeben sein, in der näheren Umgebung ihre eigenen Standplätze zu finden.

Der geeignete Ort für das erste Feld-Hauptquartier, an dem es dann aber erst nach mehr als fünf Kriegsjahren um die Wende 1944/45 seinen letzten Platz finden sollte, wurde von einem Generalstabsoffizier der Abt. L in den östlichen Ausläufern des Taunus im Raume Gießen-Nauheim gefunden. Das adlige Gut Ziegenberg mit seinem Herrenhaus und den weitläufigen Wirtschaftsgebäuden schien alle Voraussetzungen zu erfüllen. Der Besitzer war angeblich zum Verkauf bereit; Ausbau und Einrichtung wurden unter Leitung des Generalbauinspektors Todt sogleich begonnen. Da aber die Vorbereitungen bis zu der Offensive im Westen, wenn sie — nach Hitlers Willen — schon im späten Herbst 1939 einsetzen würde, nicht beendet werden konnten, wurde im Oktober einstweilen auch für die Abt. L ein Sonderzug hergerichtet, in dem der Stab notfalls dem „Führerzuge" folgen sollte. Aus den damaligen bescheidenen Anfängen mit drei Wagen — je 1/2 Arbeits- und Speise- und zwei Wohnwagen — sind im Laufe des Krieges allmählich zwei große Sonderzüge geworden, die ständig als Arbeitsstätte und zum Transport des engeren WFStabes bereitstanden.

Während in der Folge der Beginn der Westoffensive wegen der Wetterlage immer weiter aufgeschoben werden mußte, schaltete sich die militärische Adjutantur Hitlers, wie es zu ihren Aufgaben gehörte, führend in die Fragen um das Feld-Hauptquartier ein. Dabei stellte sich alsbald heraus, daß die von der Abt. L getroffene Wahl den persönlichen Neigungen Hitlers in vielfacher Hinsicht nicht entsprach. Er wollte weder in einem Herrenhaus wohnen, hieß es, noch Ställe, Pferde und Landwirtschaft um sich sehen. Eine eigene Umschau der Adjutanten richtete sich daher von vornherein auf anders geartete Objekte, die man auch schnell im Bereich der rückwärtigen Zone des Westwalls fand. Gleich drei Bunkergruppen wurden dort für das Hauptquartier in Aussicht genommen, die eine im Nordabschnitt bei Münstereifel, eine zweite in der Mitte bei Landstuhl/Pfalz, die dritte, südliche, im Schwarzwald unweit des Kniebis. Als dann Mitte Februar 1940 bekannt wurde, daß die nachrichtentechnischen Anlagen im Gut Ziegenberg nicht vor Juni fertig sein könnten, entschloß Hitler sich endgültig, „bei Beginn der Operationen ... nicht nach Ziegenberg, sondern nach Felsennest" zu gehen, — dem Platz bei Münstereifel, der inzwischen diesen Decknamen erhalten hatte. Seinen Befehl, auch das OKH im gleichen Raume unterzubringen, verschärfte er bei diesem Anlaß noch weiter, indem er selbst ein nahes Jagdhaus als Standort für den Ob d H und den Chef des Generalstabs mit einer auf das geringstmögliche Maß beschnittenen Arbeitsgruppe bestimmte. Der Luftwaffe blieb es hingegen nunmehr überlassen, ihr Hauptquartier nach eigenem Gutdünken zu wählen. Der Sonderzug „Heinrich" mit dem Außenminister, mit Lammers und Himmler wurde auf das rechte Rheinufer verwiesen.

Die tiefere Bedeutung, die den Anordnungen für die Unterkünfte des OKH in nächster Nähe des „Führerhauptquartiers" innewohnte, wird daraus ersichtlich, daß Keitel selbst sich zu ihrem Übermittler an den Chef des Generalstabs des Heeres machte, um ihn mit vielen schönen Worten für die Forderung Hitlers zu gewinnen. Wider sein Erwarten hatte er aber keinerlei Einwände zu überwinden. Wo es Hitler darauf ankam, das OKH fest an den Zügel zu nehmen, hat Halder damals vielleicht geglaubt, in solcher räumlichen Nähe die besten Voraussetzungen zu finden, um dem OKH den entscheidenden Einfluß auf den Gang der Operationen und die gesamte Kriegführung zu sichern, zumindest aber die Bevormundung durch den OKW-Stab zurückzudrängen. – Wie anders sollte es demgegenüber kommen!

Der äußere Aufbau des Feld-Hauptquartiers fand seinen vorläufigen Abschluß mit dem Auftrage Jodls an den Chef des Nachrichtenwesens, daß die Bunkergruppe „Felsennest" samt der nahen „Försterei" für das OKH am 11. März 1940 beziehbar sein müsse[1].

1 Vgl. Tgb. Jodl 24. Okt. und 15. Nov. 1939, – 8. Jan., 14., 22., 24., 26., 29. Febr. sowie Tgb. Halder 25. Febr. 1940.

Kapitel 2

Der innere Kern

Nach der Rückkehr aus den östlichen Grenzgebieten hatte Hitler zunächst wieder Dienstsitz und Wohnung in der Berliner Reichskanzlei genommen, die er auch in den folgenden Monaten nur zu gelegentlichem kurzen Aufenthalt in Berchtesgaden und zu einem Weihnachtsbesuch bei einigen Verbänden der Waffen-SS im Aufmarschgebiet des Westens verließ. Während ihn auf diesen Reisen von Wehrmachtseite lediglich seine Adjutanten begleiteten, setzte er in Berlin das enge Zusammenleben mit den Spitzen des OKW-Stabes, wie es sich im „Führerzuge" herausgebildet hatte, fort. Auf seine Anordnung hin bezogen Keitel und Jodl eigens für sie freigemachte Arbeitsräume im ersten Stock der Alten Reichskanzlei unmittelbar neben dem Bundesratssaal, der als Karten- und Vortragsraum diente. Die beiden Generale traten auf diese Weise gleichzeitig, ihnen selbst vielleicht kaum bewußt, zu der „Maison militaire" und damit der sogenannten „nächsten Umgebung" Hitlers über. Zumindest General Jodl nahm auch regelmäßig an der Mittagstafel teil, bei der sich die Großen des Dritten Reichs zahlreich einzufinden pflegten.

Diese „Neue Ordnung", die auf den ersten Blick belanglos erscheinen mag, war zweifellos aus Hitlers untrüglichem Instinkt für die Teilung der Gewalten erwachsen und hat denn auch in aller Folge das gesamte „System" des Hauptquartiers mit allen seinen Spannungen und Unzuträglichkeiten in entscheidendem Maße bestimmt. War doch vor allem nun eine ständige Gelegenheit zu jenen – vom Standpunkt des Heeres aus – „anonymen und unverantwortlichen Einflüssen" geschaffen, für die, wie Generaloberst Beck es bei dem früheren Streit der Meinungen ausgedrückt hatte, „im Führungs- und Befehlsorganismus der Kriegführung kein Platz ... ist."[1] Als besonders geeignet erwiesen sich in dieser Hinsicht die täglichen Lagebesprechungen, die Hitler nach den Gepflogenheiten des polnischen Feldzugs beibehielt. Obwohl man sich dabei, den gegebenen Verhältnissen entsprechend, in weit überwiegendem Maße mit Fragen

1 Vgl. die „Studien", S. 36.

des Heeres beschäftigte, nahmen keine Vertreter des OKH, sondern nur die Mitglieder der „Maison militaire", Keitel, Jodl, Adjutanten, und im allgemeinen auch der „persönliche Verbindungsoffizier" Görings, General Bodenschatz, – der des Heeres war inzwischen auf Betreiben Jodls als entbehrlich aus diesem Kreise ausgeschieden – daran teil. Chef und Offiziere der Abt. L wurden, von Ausnahmefällen abgesehen, auch dann nicht zugezogen, wenn sie von Sonderaufträgen, sei es an der Front oder anderswoher, zurückkehrten[2]. Zum Hauptberichterstatter bei der „Lage" schwang sich binnen kurzem General Jodl auf, der, nach seinen Anlagen und seiner Vorbildung als Gehilfe der höheren Truppenführung besonders berufen, auf diese Weise neben und über seinen Vorgesetzten, den Chef OKW, hinaustrat, ohne daß Keitel allerdings je darauf verzichtet hätte, überall ein Wort mitzusprechen, und sei es auch nur, um Hitlers Ansichten nachdrücklich zu bekräftigen. Einen Teil der Berichte über die Tagesereignisse räumte der Chef WFStab den beiden ihm als Gehilfen zugeteilten Generalstabsoffizieren ein, während die Adjutanten Hitlers sich von dieser Zeit an im allgemeinen – ebenfalls nach Jodls Anordnung – auf die Rolle von Zuhörern beschränkt sahen.

Als wesentlichste Unterlagen dienten den Vorträgen auch weiterhin die von der Abt. L gesammelten Meldungen und Nachrichten der Oberkommandos. Naturgemäß konnten diese in der Hauptsache nur die Tagesereignisse und -veränderungen enthalten, mußten dagegen jedes tieferen Gehalts entbehren, wie er der Führung aller Stufen nur aus dem lebendigen und verantwortlichen Zusammenhang mit der Truppe erwachsen kann. Weder Hitler noch die ständig um ihn tätigen Generale des OKW ließen sich dadurch jedoch beirren, sondern entwickelten auf den unzulänglichen Grundlagen unbekümmert ihre Erörterungen und Entschlüsse, durch die sich dann der Ob d H immer von neuem vor vorgefaßte Meinungen, wenn nicht gar, wie meistens, vor vollendete Tatsachen gestellt sah.

Ebenso groß und bedrohlich war auch die andere Gefahr, die sich aus diesen Verhältnissen ergab, daß nämlich der Chef OKW und sein Chef des WFStabes vollends in den Bann Hitlers gerieten, während sie sich in gleichem Maße von der Wehrmacht und besonders vom Geiste ihres eigenen Wehrmachtteils, des Heeres, entfernten. Dieselben Männer, die beim Abgang Blombergs um die einheitliche Führung der Wehrmacht gebangt und gerungen hatten, sollten auf diese Weise in hohem Maße dazu beitragen, die innere Einheit der Wehrmacht zu zerstören.

2 Auch in solchen Fällen nahm Jodl die Berichterstattung meist für sich selbst in Anspruch. Als Beispiel sei auf seine Tagebucheinträge vom 18. und 19. Dez. 1940 verwiesen, nach denen er den Bericht Warlimonts über dessen mit dem Chef des GenSt der H.Gr. A, General von Manstein, im Hauptquartier Koblenz geführten Gespräche, die schon den Kern des „Manstein-Plans" enthielten (vgl. Manstein, Verlorene Siege, S. 110), mit den Worten abtat: „Chef L erzählt von seiner Reise", um selbst tags darauf bei Hitler die wichtigen Anregungen Mansteins lediglich unter dem Stichwort „Schwerpunkt verlegen beim Heer (H.Gr. A oder B)" zu behandeln.

Die Mißhelligkeiten fingen schon in dem eigenen Stabe Jodls an. Der Chef der Abteilung L hatte nur die Rückkehr seines Vorgesetzten nach Berlin abgewartet, um für seine Person auf eine andere Verwendung zu drängen. Kannte man sich nach wie vor auch kaum, so hatte das Empfinden gegenseitiger Fremdheit in den Wochen des polnischen Feldzugs doch nur noch weiter zugenommen. Es gab aber auch genügend andere Gründe, die Warlimont zu diesem Wunsch bestimmten. Zunächst sah er sich zu einem Zeitpunkt, in dem der Krieg der Mehrzahl höherer Offiziere einen größeren Verantwortungsbereich eröffnete, auf eine geringere Stelle als vorher beschränkt. Dieser Einwand allein wäre im Kriege gewiß nicht maßgebend gewesen, wenn nicht außerdem die bis dahin vorliegenden Erfahrungen ergeben hätten, daß für einen Oberst des Generalstabs an dieser Stelle, so wie sie von Jodl gesehen und gehandhabt wurde, neben ihm keine rechten Aufgaben vorlagen. Eine anderweitige Verwendung, meinte Warlimont daher, würde für das Ganze wahrscheinlich nutzbringender sein, ebenso wie er selbst schon Ende September die Mehrzahl der Offiziere, die bei der Mobilmachung der Abteilung neu zugeteilt worden waren, wieder entlassen hatte.

Während General Jodl nach seiner Art den Antragsteller im Ungewissen beließ, verstärkte sich dessen Unlust nur noch um so mehr, je deutlicher die dienstlichen Umstände im Bereich der obersten Führung sich abzuzeichnen begannen. Den Namen „Arbeitsstab", den Jodl schon 1938 für sich und das OKW im Verhältnis zu Hitler geprägt hatte, wandte er nunmehr, nachdem er zu dessen ständiger Umgebung aufgerückt war, auch auf diejenigen Teile der Abt. L an, die er selbst in erster Linie zur Unterstützung bei seiner eigenen Tätigkeit brauchte. Das bedeutete zunächst, daß die Abteilung, die selbst im mobilen Zustand nur über insgesamt 12–15 Offiziere verfügte, bei dem Übergang in das Feld-Hauptquartier noch einmal unterteilt werden sollte[3]. Als viel bedeutsamer trat jedoch schon damals der innere Gehalt hervor, der sich für den Chef des WFStabes mit der Bezeichnung „Arbeitsstab" verband und der für die gesamte spätere Entwicklung der Arbeitsformen an der obersten Führungsstelle der Wehrmacht richtunggebend wurde. Im Gegensatz zu aller Tradition des Generalstabs des Heeres wollte Jodl nämlich – auch hierin Hitler folgend – in den Offizieren seines Stabes nur die Organe zur näheren Ausarbeitung von Befehlen, nicht aber die zu selbstverantwortlichem Denken, zu Anregung und Beratung berufenen Mitarbeiter sehen. Diese seine Neigung war nicht allein durch persönliche Eigenheiten bedingt, sondern entsprach ganz seinen Vorstellungen von einer neuen Schule des Generalstabs, wie sie Göring schon seit dem Früh-

3 Vgl. Tgb. Jodl 13. Okt. 1939. – Allein der Generalstab des Heeres umfaßte dem gegenüber im Friedenszustand kurz vor Beginn des Krieges 12 Abteilungen unter 5 Oberquartiermeistern, das Hauptquartier des OKH im Kriegszustand etwa 1000 Offiziere (nach Bor, a. a. O., S. 80 und 88).

jahr 1939 in der Luftwaffe zu verwirklichen suchte, – in beiden Fällen zweifellos ausgehend von dem nationalsozialistischen Grundsatz der „absoluten Verantwortung nach oben und unbedingten Autorität nach unten"[4]. Der Neuerung im inneren Bereich der Generalstabsarbeit entsprach in der äußeren Form das gleichzeitig ebenfalls von Jodl übernommene System Hitlers, an die Stelle der im deutschen Heere bewährten „Auftragstaktik" eine Art oberster Führung zu setzen, die ihren Willen durch bis in letzte Einzelheiten gehende Befehle zu erzwingen suchte.

Wesentlich gefördert wurden die Tendenzen des Chefs WFStab noch durch die Entfernung, die er – ebenfalls gegen alle Regel – zwischen sich und seinen Stab legte. Dabei war es gleichgültig, ob der räumliche Abstand, wie zunächst in Berlin vom Bendlerblock zur Reichskanzlei und während der nächsten Jahre auch in der Mehrzahl der Feld-Hauptquartiere vom „Sperrkreis I – mit Hitler und seiner nächsten Umgebung – zum „Sperrkreis II" – mit der Feldstaffel der Abt. L – sich nur auf wenige Fahrminuten oder aber auf mehrere Flugstunden belief, wie es zeitweilig vorkam. Sah Jodl sich doch gerade infolge dieser Trennung noch mehr, als es an sich schon seiner Art entsprach, dazu bewogen, den Richtlinien Hitlers gleich mit eigener Hand die gebotene Form zu geben und die Abt. L nur noch, soweit notwendig, zur Abstimmung seiner Entwürfe mit den Führungsabteilungen von Heer, Marine und Luftwaffe, häufig aber lediglich als Schreibbüro und Registratur heranzuziehen[5]. Auch im mündlichen Verkehr mit den obersten Stäben der Wehrmachtteile bildete sich von diesen Ursachen her

4 Vgl. u. a. a) Heusinger, S. 165, wo er Hitler zu Schmundt sagen läßt: „Ich werde wieder ganz scharf den Befehlshaber als Alleinverantwortlichen und Entscheidenden herausstellen. Der Generalstabsoffizier ist sein Fachbearbeiter und hierfür besonders geschult, nicht mehr."

b) Guderian, „Erinnerungen eines Soldaten" (im folgenden „Guderian"), S. 421: „Jodl ... zog sich ganz in seine Arbeit zurück, die er weitgehend selbst verrichtete" ...

c) Loßberg, a. a. O.: „Jodl hielt in seiner wortkargen Art nicht viel von Aussprachen, war dem Rat anderer überhaupt schwer zugänglich. Sein unter Warlimont arbeitender Stab ... erhielt von ihm fest umrissene Aufträge; selbst Warlimont blieb für ihn ein Befehlsempfänger ohne die sonst auch in höheren Stäben übliche Selbsttätigkeit".

d) Jodl selbst in seiner allerdings in vielfacher Hinsicht von seinem schlechten Gedächtnis beeinflußten Aussage vor dem IMT (Band XV, S. 326): „Ich arbeitete nun so, daß, wenn ich mit meinem Vortrag in der Lagebesprechung bei Hitler zu Ende war, ich in einen Nebenraum ging; dort entwarf ich sofort die Fernschreiben und Befehle für die nächsten Tage ... Warlimont nahm sie dann mit zu meinem Stabe, wo sie abgesetzt wurden".

e) Görlitz in „Entscheidungsschlachten des 2. Weltkriegs", S. 290: „der nationalsozialistische Generalstabsoffizier sei nur ‚Hilfsarbeiter' der Führung."

5 Dieses von Jodl oft angewendete Verfahren ist für die Analyse der Dokumente, die das Zeichen des WFStabes Abt. L tragen, von großer Bedeutung, da dieses Kopfzeichen keineswegs in allen Fällen beweist, daß die Abt. L bzw. ihr Chef oder andere ihrer Offiziere an der Abfassung des Inhalts beteiligt waren oder auch nur Kenntnis davon hatten. Jodl begnügte sich vielfach damit, sich von der Registratur der Abt. L eine „Briefbuchnummer" geben zu lassen. Alles Weitere besorgte er selbst oder durch seine Adjutanten.

ein „Dienstweg“ heraus, der an der oft nur dürftig und verspätet unterrichteten Abt. L vorbeilief und stattdessen Ausgang und Ende allein bei dem Chef des WFStabes als dem zuverlässigen Mitwisser von Hitlers Denken und Wollen fand.

Als weitere Folge der räumlichen Trennung ergab es sich, daß General Jodl für die dienstjüngeren Angehörigen seines Stabes fast genau so unsichtbar blieb wie Hitler selbst. Manche der älteren Offiziere mit dem Abteilungschef an der Spitze verkannten dem gegenüber nicht den unschätzbaren persönlichen Vorteil, dem Treiben um Hitler entrückt zu sein und die klare Luft eines rein militärischen Stabes zu atmen. Dienstlich gesehen aber fanden sie sich isoliert und von dem Gang der Geschehnisse vielfach ausgeschaltet, nicht zuletzt auch zum empfindlichen Schaden für die gerade von Jodl vertretene Forderung eines einheitlichen Führungsstabes an der Spitze der Wehrmacht.

Tiefer greifend als alle diese Mißstände im Bereich des Stabes waren aber die Gegensätze, die den Chef WFStab und den als seinen nächsten Mitarbeiter berufenen Chef L im Hinblick auf Politik und Kriegführung insgesamt voneinander trennten. Der Glaube Jodls an Hitler, der schon in den Dithyramben seines frühen Tagebuchs einen militärisch ungewöhnlichen Ausdruck gefunden hatte, prägte auch weiterhin, wenngleich nie ein Wort darüber fiel, sein ganzes Wesen und Handeln. „Wir gewinnen diesen Krieg und wenn er 100x einer Generalstabsdoktrin widerspricht“, schrieb er am 15. Oktober 1939 inmitten der Wirren mit dem OKH um die Offensive im Westen, „weil wir die bessere Truppe, die bessere Ausrüstung, die besseren Nerven und eine geschlossene, zielbewußte Führung haben.“ Dem Verfasser hingegen war es von Anbeginn nicht gegeben, solche Illusionen zu nähren. Vor allem aus diesen Gründen fehlte es daher auch an der nötigen Vertrauensbasis zwischen den beiden Offizieren in der Leitung des WFStabes, um die Gegensätze, die außer den Fragen um Krieg und Frieden und um die Grundzüge der Kriegführung auch das mit Zündstoffen überladene Gebiet der nationalsozialistischen Kultur- und Besatzungspolitik berührten, durch offene Aussprache zu klären. Noch weniger konnte es angesichts der Zeitläufte und der geringen Bewegungsfreiheit eines Abteilungschefs im OKW den im Herbst 1939 noch zweimal wiederholten Ansätzen Warlimonts gelingen, sich auf eigene Faust dem Gang der Ereignisse entgegenzustellen[6]. Aber auch der andere Ausweg, aus dem OKW auszuscheiden und eine Front-Verwendung

6 Vgl. z. B. auf der einen Seite Görlitz, Der Zweite Weltkrieg, Band I, S. 80, und Keitel, S. 430, auf der anderen Seite Tgb. Jodl 29. Jan. betr. „unser Vorgehen in Polen“ und 3. Febr. 1940 betr. „Gottesdienstaufnahmen, — liegen sie im Sinne des Führers?“ (gemeint in der Wehrmacht-Bildpresse). Erläuternd sei zu Polen bemerkt, daß seitens des OKW in der Weisung Nr. 5 vom 30. Sept. 1939 (Hubatsch, Weisungen S. 29 ff.) die Richtlinien für eine Militärverwaltung der besetzten polnischen Gebiete unter Leitung des Ob d H erlassen worden waren, die Hitler dann jedoch schon wenige zwei Wochen später, und zwar in diesem Falle gegen den geradezu verzweifelten Einspruch Keitels, durch die berüchtigt gewordene Zivilverwaltung unter Frank ersetzt hatte.

zu erreichen, erwies sich allen offenen und versteckten Bemühungen zum Trotz – und wenn es nur wegen des großen Mangels an älteren Generalstabsoffizieren war – immer von neuem versperrt, längst ehe Hitler im Herbst 1943 einen Personenwechsel in bestimmten Stellen des Hauptquartiers durch einen schriftlichen Befehl untersagte. Den betroffenen, großenteils im Generalsrang stehenden etwa 20 Offizieren aus den Oberkommandos von Wehrmacht, Heer und Luftwaffe wurde dabei, wie mehrfach vorher schon, eröffnet, daß es ihnen genügen müsse, im ersten Weltkrieg Frontdienst geleistet zu haben[7]. Für Hitler dürfte aber wahrscheinlich nicht nur die vielzitierte „Abneigung gegen neue Gesichter", sondern mehr noch seine Attentatsfurcht der eigentlich maßgebliche Grund seines Befehls gewesen sein. Erst nach dem 20. Juli 1944 war dann endlich der Weg zu anderer Verwendung, wenn nicht zu Krankenlager, zu Gerichtsverfahren und Galgen, auch für diese Offiziere frei. Die heute noch beliebten Vorwürfe wegen der „Frontfremdheit" mancher Generale der Oberkommandos sind an sich gewiß berechtigt, richten sich hiernach aber an die falsche Adresse, wenn sie gegen diese Offiziere selbst erhoben werden.

Die Unklarheiten über die Stellung und die Aufgaben des obersten Führungsstabes in dem Gefüge der Wehrmacht, die schon in den Vorkriegsjahren keine Lösung gefunden hatten, wurden auch in der Zeit des Aufbaus zwischen Polen- und Frankreichfeldzug nicht überwunden. General Jodl selbst dürfte allerdings seine Konzeption vom militärischen „Arbeitsstabe" Hitlers zunächst als voll erfüllt angesehen haben, nachdem der deutsche Diktator seit Kriegsbeginn, betont sogar in der äußeren, halbuniformierten Erscheinung, seine Tätigkeit vornehmlich der Kriegführung zuwendete und die Spitzen des OKW-Stabes, gleichfalls weithin sichtbar, in räumlich engste Verbindung zu ihm getreten waren. Auf der anderen Seite verstärkte diese „Arbeitsstab"-Bereitschaft bei Hitler nur noch die Neigung, den Stab auch unter den Kriegsverhältnissen unverändert als sein militärisches Büro, sein Sprachrohr oder – in weiterer Umschreibung – als das Organ für die Redaktion und Überwachung seines auch im militärischen Bereich autoritären Befehlsanspruchs zu gebrauchen. Nichts könnte vielleicht die einseitige Art dieser Beziehungen deutlicher kennzeichnen als die Tatsache, daß in Jodls Tagebuch aus jener Zeit die Einträge fast regelmäßig aussetzen, wenn Hitler aus irgendwelchen Gründen nicht zu dem täglichen Lagevortrag erschien[8].

Unter diesen Umständen hätte es damals sicherlich für die übrigen, dem Banne des Obersten Befehlshabers weiter entrückten Offiziere des WFStabes unter Leitung des Chefs L eine naheliegende, wenn nicht verpflichtende Erkenntnis sein müssen, ihrerseits nach Mitteln und Wegen zu suchen, um Struktur und Aufgaben des Stabes gemäß den wachsenden Ansprüchen des

7 Vgl. Heusinger, a. a. O., S. 210.
8 Vgl. z. B. 7. und 12. Febr., 17./18. und 24./25. März 1940.

Krieges fortzuentwickeln. Auch dies ist jedoch unterblieben, — ein Versäumnis, das, wie hier bekannt sei, weder durch die inneren Spannungen und Gegensätzlichkeiten noch durch die ständige Resistenz der Oberkommandos der Wehrmachtteile hinreichend aufgewogen wird. Rückschauend betrachtet, sollte den Offizieren des Stabes jedoch eine gewisse Entlastung deswegen zuerkannt werden, weil auch alle späteren Vorschläge, die auf eine Änderung der bestehenden, unzulänglichen Verhältnisse hinzielten, regelmäßig schon an der völlig abweisenden Haltung Jodls scheiterten.

Sind demnach in dieser Aufbauzeit des deutschen Hauptquartiers auch jene organisatorischen Pläne gar nicht erst wieder aufgetaucht, die in den mittleren dreißiger Jahren um einen echten, voll-leistungsfähigen Wehrmacht-Generalstab gekreist hatten, so entwickelten sich auch die Aufgaben des obersten Führungsstabes der Wehrmacht in den gegebenen, nur lose abgesteckten Grenzen mehr aus einem fallweise entstehenden Bedürfnis als nach klarer Einsicht oder Regel.

Dargestellt an dem Beispiel der Anlaufzeit zu dem Feldzug im Westen, war es, wie schon vermerkt, Hitler selbst und allein, der den Entschluß zur Offensive faßte und außerdem auch gleich die operativen Grundzüge für die Führung des Feldzugs bestimmte. Diese Feststellung schließt die weitere ein, daß der Hergang sich schon in diesem Fall nicht „wie in jedem militärischen Stab" abgespielt hat. Wenn Jodl es in näherer Erläuterung dieser seiner Aussage vor dem IMT als Norm aufstellte, daß „der Oberbefehlshaber, in diesem Falle der Führer persönlich, ... die Unterlagen für die Entscheidungen, Karten, Stärkemeldungen — eigene Stärke, gegnerische Stärke — Meldungen über den Gegner ... verlangte", um dann seine Anordnungen zu treffen[9], so ist Hitler tatsächlich eher umgekehrt verfahren. Sein Befehl, im Westen anzugreifen, beruhte in erster Linie nur auf einer intuitiven Abschätzung des Gegners, ganz abgesehen davon, daß er nach der Ausweitung des Krieges über Polen hinaus in seinen militärpolitischen Entschlüssen nicht mehr frei war. Bei den anderen, späteren Entscheidungen, ganz besonders bei dem Überfall auf Rußland, bei der Kriegserklärung an die Ver.Staaten und nicht minder übrigens bei dem Druck auf Italien, in den Krieg einzutreten, hat er sich, wie noch zu zeigen sein wird, vorwiegend von der Besessenheit seiner politischen Vorstellungen leiten lassen, ohne den militärischen Verhältnissen das ihnen zukommende Gewicht beizulegen, — ein Verfahren, das in dieser entarteten Form gewiß nicht dem klassischen Lehrsatz von dem Vorrang der Politik vor der Kriegführung entspricht. Dabei soll nicht übersehen werden, daß ihm ungewöhnlich vielseitige Zahlenkenntnisse über die Rüstung fremder Staaten, über ihre Landesbefestigung, ihre Flotten und Flugzeuge zu Gebote standen. Auch die militär-geographischen Verhältnisse waren ihm im großen geläufig. Alle diese Faktoren jedoch verwandelten sich bei ihm zu einem Wunschbild, in dem nachträglich

9 IMT-Bd. XV, S. 407.

eingeforderte, präzise militärische Feststellungen und Meldungen nur insoweit noch Platz fanden, als sie seinen vorgefaßten Meinungen entsprachen. Andere wurden meist kurzerhand verworfen und in die Kategorie „Defaitismus des Generalstabs" eingereiht.

Ganz aus eigenem ist auch jene umfangreiche „Denkschrift" Hitlers vom 9. Oktober 1939 entstanden, in der er seine Pläne und Anordnungen für das Vorgehen im Westen gegen den ihm klar bewußten Widerstand des Heeres zu begründen suchte[10]. Dem WFStabe fiel es in diesem Stadium der Entwicklung lediglich zu, Hitlers Planen und Wollen in die Form einer „Weisung" zu kleiden, die am gleichen Tage unter der Nummer 6 erging. In der letzten von 8 kurzen Ziffern hieß es darin: „Die Herren Oberbefehlshaber bitte ich (Hitler), mir auf Grund dieser Weisung ihre Absichten im einzelnen bald vorzutragen und mich über das OKW fortlaufend über den Stand der Vorbereitungen unterrichtet zu halten."[11]

Hinter der Formel dieses Schlußsatzes, wie er bei ähnlichen „Weisungen" auch in der Folge regelmäßig angewendet wurde, verbarg sich, für den Nicht-Soldaten nicht ohne weiteres erkennbar, die Tatsache, daß es nunmehr erst die Aufgabe des OKH war, aus den allgemeinen Richtlinien der „Weisung" des OKW den eigentlichen Plan für Kräfteverteilung und ersten Ansatz der Operationen, meist „Aufmarschanweisung" genannt, zu entwickeln und damit auch den beiden anderen Wehrmachtteilen, insbesondere der Luftwaffe, die wesentlichen Grundlagen für eigene, nähere Pläne zu geben. Der WFStab, der dazu gar nicht in der Lage war, hat bis Herbst 1944 in keinem Falle „Operationen vorbereitet", wie General Jodl es später merkwürdigerweise, aber wohl mit dem Blick auf die Kriegsgeschichte vor dem Nürnberger Gericht für sich in Anspruch genommen hat[12]. Gerade die weiteren Vorbereitungen zum Westfeldzug, die auch dokumentarisch klar zu übersehen sind, ergeben vielmehr mit aller Deutlichkeit, daß erst die „Aufmarschanweisungen" des Heeres aus der lediglich richtungbestimmenden „Weisung" des OKW die Grundlagen und Umrisse einer „Operation" entstehen ließen. Folgende Vorgänge mögen dies noch des näheren belegen:

10 Veröffentlicht u. a. bei Jacobsen, „Dokumente zur Vorgeschichte des Westfeldzugs", im folgenden „Dokumente", S. 4 ff. Vgl. dazu auch die Aussage Jodls vor dem IMT (Bd. XV, S. 412): „Diese Denkschrift ... ist Wort für Wort vom Führer selbst diktiert und in zwei Nächten gemacht worden." Die Gründe des Ob d H für die defensive Lösung sind bei Tippelskirch, „Gedichte des Zweiten Weltkriegs", S. 30, vorzüglich dargestellt. Daneben sei noch hingewiesen auf die vom Ob d H teilweise abweichenden Auffassungen
a) des Chefs des Generalstabs des Heeres, der die Konzeption einer „Operation im Nachzuge" vertrat (vgl. Bor, a. a. O., S. 149), und
b) des Feldmarschalls von Manstein, a. a. O., S. 80 ff.

11 Vgl. Hubatsch, Weisungen, S. 32.

12 IMT-Bd. XV, S. 407. Als einzige Ausnahme von dieser Feststellung kann, aber auch dies nur mit wesentlichen Einschränkungen, der „Sonderfall Dänemark — Norwegen" gelten (s. Text, S. 82 ff.).

Am 21. Oktober trug Keitel die „Absichten des Heeres im Fall Gelb" (Westen), die zwei Tage vorher in Form eines Durchschlags der Aufmarschanweisung vom OKH über die Abt. L dem OKW eingereicht worden waren, Hitler vor;

eine von Jodl dazu mit eigener Hand angefertigte Skizze enthielt die Kräfteverteilung einschließlich der Luftwaffe, wie sie zwischen dem OKL und dem OKH ohne Mitwirkung des WFStabes vereinbart worden war;

Hitler begutachtete diese Pläne und knüpfte neue Forderungen daran[13];

Keitel und Jodl machten sich tags darauf gemeinsam nach Zossen auf, um Halder die Beanstandungen und neuen Wünsche Hitlers nahezubringen[14];

nach weiteren, mehrfachen Besprechungen Hitlers mit den Spitzen des OKW einerseits und dem Ob d H samt Chef d Gen.St. andererseits gab das OKH unter dem 29. Oktober eine geänderte „Aufmarschanweisung" heraus,

die das OKW, ergänzt durch einige neuerlich von Hitler verlangte Zusätze, mit der „Weisung Nr. 8 für die Kriegführung" am 20. November 1939 als verbindlich für die gesamte Wehrmacht in Kraft setzte[15].

In ähnlicher Weise sind auch die am 30. Januar 1940 folgende dritte und schließlich die endgültige vierte „Aufmarschanweisung" vom 24. Februar 1940, wie sie der im Mai durchgeführten Offensive zugrunde lag, zustande gekommen[16]. Dabei verdient es besonders festgehalten zu werden, daß wohl Hitler selbst einen maßgeblichen Einfluß auf die völlige Umgestaltung seines eigenen ursprünglichen Operationsplans bis hin zu dem sogenannten „Manstein-Plan", der Grundlage des erfolgreichen Frankreich-Feldzugs, genommen, der Chef WFStab sich jedoch diesen Entwicklungen bis zuletzt in den Weg zu stellen versucht hat[17].

13 Vgl. Tgb. Jodl 21. Okt. 1939; die erste Aufmarschanweisung ist gedruckt u. a. bei Jacobsen, Dokumente, S. 41 ff.; wenn der Ob d H entgegen früherer und späterer Gewohnheit diesen Vortrag über das „Gedankengut" des Heeres dem Chef OKW überließ, so sollte auch auf diese Weise wohl seine Ablehnung der von Hitler ausgegangenen, grundlegenden Weisungen zum Ausdruck kommen.

14 Vgl. Tgb. Jodl 22. Okt. 1939.

15 Vgl. Jacobsen, Dokumente, S. 46 ff., und Hubatsch, Weisungen, S. 37 ff. Als „Weisung Nr. 7" (vgl. Hubatsch, a. a. O., S. 34) hatte das OKW am 18. Okt. 1939, ebenfalls auf der Grundlage von Vorschlägen der Wehrmachtteile, Richtlinien für die Kampfführung bis zum Beginn der eigenen Offensive und für den Fall eines feindlichen Angriffs („Sofortfall") erlassen, die noch durch einen Zusatz vom 15. Nov. unter dem Zeichen OKW/WFStab 20/39 g.Kdos. ergänzt worden waren (Hubatsch, a. a. O., S. 36).

16 Veröffentlicht u. a. bei Jacobsen, Dokumente, S. 59 und 64 ff. Vgl. auch die Erläuterungen bei Hubatsch, Weisungen, S. 46.

17 Vgl. neben Anm. 2 auch Tgb. Jodl 1. Febr. 1940 (Notiz über Rückkehr Schmundts aus dem Westen, ohne dessen Gespräch mit Manstein zu erwähnen), 13. Febr. 1940 („Ich mache darauf aufmerksam, daß der Stoß auf Sedan ein opera-

Der Stab der Wehrmachtführung war hiernach an der Entstehung des Operationsplans für den Westen lediglich in der Form der fast täglichen Besprechungen Hitlers mit den Generalen Keitel und Jodl beteiligt, deren Ergebnisse, wenn erforderlich, von ihnen selbst oder auch in ihrem Auftrage von den Offizieren der Abt. L teils in mündlicher, teils in schriftlicher Form an die Oberkommandos der Wehrmachtteile übermittelt wurden. Dazu gehörten auch die Befehle über die sogenannten „Einzelunternehmen", die Hitler in großer Zahl und in mehrfachem Wechsel aus rastloser, eigener Gedankenarbeit ansetzte, — jene Unternehmen mit Lastenseglern, Sturmpionieren und Fallschirmjägergruppen, die mit dem Beginn des Angriffs im Westen einhergehen sollten, um wichtige Grenzbefestigungen und Brücken zur Sicherung des schnellen Ablaufs der Bewegungen sogleich in die Hand zu nehmen. Auch die erstmals am 7. November 1939 und anschließend über mehr als zwei Monate mit im allgemeinen zwei- bis siebentägigem Abstand gegebenen dreizehn Befehle, in denen der Angriffstermin immer wieder neu festgesetzt und aufgehoben wurde, liefen „büro"mäßig über den WFStab[18]. Nur wenig mehr an eigener, ursprünglicher Leistung des Stabes enthielten schließlich die „Richtlinien für die Feind-Täuschung" vom 2. Februar, die den Gegner über die deutschen Absichten irreführen sollten, sowie die „Zeittafel" vom 22. Februar 1940, in der nach Terminen, Inhalt und Tarnungsmöglichkeiten die letztfälligen Einzelentscheidungen Hitlers auf Grund der vorher von ihm gebilligten Absichten und Pläne noch einmal zusammengefaßt waren (vgl. die Wiedergabe Tafel 2—6).

Auf den Nebengebieten der Führung fielen dem Wehrmachtstabe noch zahlreiche Aufgaben meist organisatorischer Art zu. In der Hauptsache richteten sie sich darauf, die personellen und materiellen Kraftquellen des Reiches nach allen Möglichkeiten auszuschöpfen, um die zahlreichen Lücken in der Rüstung nach Kräften zu schließen und die notwendigsten Vorräte für den Nachschub anzusammeln[19]. Des weiteren kam es darauf an, die Grundlagen für die Verwaltung zu besetzender Fremd-Gebiete in Gemeinschaft mit den obersten Reichsbehörden zu klären und zu regeln[20]. Waren hiermit in erster Linie die Arbeitsgruppen „Organisation" und „Verwaltung" der Abt. L befaßt, so bediente sich der Chef WFStab für die umfangreichen Aufgaben bei Herrichtung

tiver Schleichweg ist, auf dem man durch den Kriegsgott erwischt werden kann"), 17. Febr. 1940 (unwesentliche Notizen über den Vortrag Mansteins bei Hitler von diesem Tage); s. auch unten, Anm. 45.

18 Vgl. die Übersicht bei Jacobsen, „Fall Gelb", S. 141.

19 Vgl. z. B. den — nicht veröffentlichten — Erlaß Hitlers vom 17. Januar 1940 und Tgb. Jodl 30. März 1940: „Führer befaßt sich mit Gedanken über weitere Neuaufstellungen ... L II (Abt. L, Gruppe Org.) beauftragt, eine personelle und materielle Übersicht vorzulegen, aus der man ersehen kann, ob Neuaufstellungen möglich und wann."

20 Vgl. z. B. die bei Hubatsch, „Die deutsche Besetzung von Dänemark und Norwegen", (im folgenden „Hubatsch, Norwegen"), S. 443 ff., im Auszug wiedergegebenen „Besonderen Anordnungen" des OKW für diesen Fall.

des Nachrichtennetzes der obersten Führung und zur propagandistischen Vorbereitung der Offensive der dazu bestimmten beiden anderen Abteilungen seines Amtes.

Über die eigentliche West-Offensive hinaus gingen die in den gleichen Monaten erlassenen Weisungen des OKW für den Handelskrieg zur See, deren Inhalt durchweg auf den Plänen und Vorschlägen von Kriegsmarine und Luftwaffe beruhte. Der WFStab richtete dabei sein eigenes Bemühen besonders darauf, die begrenzten Mittel beider Wehrmachtteile auf die wichtigsten Ziele wirkungsvoll zusammenzufassen, ohne sich jedoch meist gegen die Sonderwünsche der Luftwaffe und ihres Oberbefehlshabers Göring durchsetzen zu können[21].

Über der Bereitschaft und Emsigkeit, dem Wollen Hitlers zu der bevorstehenden West-Offensive im großen und im einzelnen Ausdruck und Form zu geben, hat der WFStab es auch in dieser Zeit des Aufbaus versäumt, aus breiter militär-politischer und strategischer Sicht studienmäßig die weiteren Entwicklungsmöglichkeiten des Krieges zu untersuchen und damit wenigstens nachträglich die Grundlagen für einen „Kriegsplan" zu erarbeiten. Zur näheren Erläuterung dessen, was gemeint ist, und gleichzeitig zum Beleg dieser Feststellung mag es für die damalige Zeitspanne genügen, auf die fast gänzliche Vernachlässigung des Mittelmeerraums und vor allem darauf zu verweisen, daß die oberste Führung bar jeglicher Pläne und Vorarbeiten dastand, als der Westfeldzug nach knapp sechs Wochen siegreich beendet war. Dabei wäre es unter den Kriegsverhältnissen und bei einer entsprechenden Zielsetzung durch den Chef des WFStabes durchaus möglich gewesen, daß der Stab an der Spitze der Wehrmacht damals zu seiner ursprünglichen und eigentlichen Berufung zurückgefunden hätte. Das größere Gewicht, das ihm auf Grund solcher Arbeit und Leistung wahrscheinlich zugewachsen wäre, würde einen militärisch höchst erwünschten Ausgleich zu seinem Mißbrauch lediglich als „Büro" des Obersten Befehlshabers und vielleicht sogar einen gewissen Einfluß auf dessen willkürliche Entschlüsse mit sich gebracht haben. Ebenso wäre die Stellung des Stabes gegenüber den Oberkommandos der Wehrmachtteile auf diese Weise voraussichtlich gehoben und gefestigt worden, statt, wie es geschah, durch die Unterstützung Hitlers bei dessen ständigen Eingriffen in die Vorbereitung und – später auch – den Ablauf der Operationen des Heeres noch immer weiter an Ansehen zu verlieren. Fast zwangsläufig hätte eine solche Aufgabenstellung schließlich den General Jodl mit den Chefs der Generalstäbe der drei Wehrmachtteile in enge Fühlung gebracht, die in der Tat während des ganzen Krieges fast gänzlich gefehlt oder doch niemals feste Formen angenommen hat.

21 Vgl. aus jener Zeit z. B. die „Weisung Nr. 9, Richtlinien für die Kriegführung gegen die feindliche Wirtschaft" vom 29. Nov. 1939, gedruckt bei Hubatsch, Weisungen, S. 40 ff., mit der Ergänzung vom 26. Mai 1940 (a. a. O., S. 44).

Anstelle jener Führungsorgane, die sich in England als das „Chief of Staff Committee", in den USA als die „Joint Chiefs of Staff" und in ihrer Vereinigung als die „Combined Chiefs of Staff" besonders bewährt haben, bestand in der deutschen Wehrmachtführung ein verhängnisvolles Vacuum[22].

Rückschauend will all dieses Versagen kaum begreiflich erscheinen. Gewiß hätte der WFStab, wie die Dinge lagen, für solche größeren Aufgaben nach wie vor nicht ohne Hitlers Zustimmung und Befehl auskommen können, – schon deswegen nicht, weil die Abt. L bei ihren auch weiterhin eng begrenzten Kräften und Mitteln zu mehr als nur gutachtlichen Äußerungen nicht in der Lage gewesen wäre, eine freiwillige Mitarbeit der Stäbe der Oberkommandos aber bei der allseitigen Ablehnung des OKW nicht zu erwarten war. Tatsächlich ist jedoch Hitler nicht nur nicht darum angegangen, sondern es sind sogar mehrfache Hinweise von seiner Seite, die zumindest als Anregung dienen konnten, unbeachtet geblieben und vielfach nicht einmal bis zu dem Chef der Abt. L und ihren Offizieren durchgedrungen. Dazu gehören beispielsweise aus jener Zeit die Äußerungen Hitlers in seiner Denkschrift vom 9. Oktober 1939, nach denen ein mit dem Sieg über Frankreich in Aussicht stehender Gewinn weiter Abschnitte der Atlantikküste genügen sollte, um mit „dem brutalen Einsatz der Luftwaffe gegen das Herz des britischen Widerstandswillens" den Krieg zu beenden. Hatte dieser Gedanke aber immerhin noch in vorbereitenden Weisungen des OKW für die „Belagerung Englands" während der Wintermonate 1939/40 einigen näheren Ausdruck gefunden, so war doch eine verantwortliche Nachprüfung der Aussichten solcher Kriegführung unterblieben, obwohl diese bei dem Mangel aller Erfahrungen im „operativen Luftkrieg", verbunden auch mit der geringen Zahl an U-Booten, besonders naheliegen mußte.

Kein Gedanke überhaupt ist aber von der obersten Führung in jenen Monaten an einen Landungsangriff auf die britischen Inseln verwandt worden. Der Chef des WFStabes hat solche Erwägungen auch dann nicht zu den seinigen gemacht, als ihm – nicht seinem Stabe – nach allem Anschein seiner Tagebuchnotizen schon im November 1939 erstmals bekannt wurde, daß die Seekriegsleitung sich mit Studien dieser Art befaßte, und er Anfang Dezember auch von gleichen Erwägungen beim OKH erfuhr. Selbst als der ObdM dann im Mai

22 Vgl. hierzu Arthur Bryant, „Triumph in the West". Daraus ergibt sich in überzeugender Weise,
a) daß in England die „Chefs" (wie in den USA die Oberbefehlshaber) der drei Wehrmachtteile in ihren im allgemeinen täglichen Konferenzen die Grundzüge der Kriegführung in allen wesentlichen Zweigen bestimmt haben;
b) daß sie sich damit regelmäßig auch gegenüber anderweitigen Absichten und Entschlüssen Churchill's, der nicht viel weniger als Hitler sein eigener Feldherr sein wollte, durchsetzen konnten;
c) daß sie in Gemeinschaft mit den amerikanischen „Chefs" als die „Combined Chiefs of Staff" auch in der Führung der alliierten Koalition den entscheidenden Einfluß ausgeübt haben.

und nochmals im Juni 1940, wie hier vorweggenommen sei, das Ergebnis der in seinem Stabe angestellten Studien an Hitler herantrug[23], ist Jodl teilnahmslos geblieben, und zwar nunmehr höchstwahrscheinlich, weil Hitler selbst kein Interesse an den Landungsplänen zeigte. Dabei konnte in diesem Zeitpunkt auch der weitere, im Herbst 1939 gewiß noch berechtigte Einwand nicht mehr gelten, daß nämlich gerade die älteren Offiziere der Wehrmacht, wie übrigens auch Hitler selbst, befangen in den Erinnerungen des ersten Weltkriegs, mit einem so schnellen und durchschlagenden Erfolg der West-Offensive nicht gerechnet hatten[24].

Im Hinblick auf Italien hat sich der Oberste Befehlshaber der Wehrmacht im Frühjahr 1940 noch mehrfach mit dem Gedanken befaßt, den Verbündeten des vielgepriesenen „Stahlpakts" für die Entsendung von 20–30 Divisionen zu einem Angriff von deutschem Boden aus gegen die Maginot-Linie in Richtung auf das Plateau de Langres zu gewinnen. Dieser Gedanke ist damals auch zum Gegenstand eingehender operativer Studien beim Generalstab des Heeres gemacht worden[25]. Dagegen blieb, wie schon erwähnt, die größere, strategische Aufgabe, die sich aus dem Bündnis ergab, nämlich gemeinsam mit Italien oder auch allein die Verhältnisse und Aussichten einer Kriegführung im Mittelmeerraum zu untersuchen, gänzlich außer Betracht. Lediglich gewisse Vorsichtsmaßnahmen gegen die nicht zu Unrecht vermuteten Gefahren, die von der französischen Armee Weygands in Syrien gegen den Bereich von Saloniki und das rumänische Ölgebiet ausgehen konnten, haben die deutschen militärischen Führungsstellen damals zeitweilig beschäftigt. Zu dem Versagen des WF-Stabes hat, was den Mittelmeerraum angeht, zweifellos auch beigetragen, daß Hitler – ebenso wie übrigens Mussolini und mehr noch die römische Generalität – von vornherein entschlossen war, dieses Kriegstheater allein den Italienern vorzubehalten[26].

23 Vgl. Tgb. Jodl 22. Nov. 1939, wo die letzten Zeilen auf ein Gespräch Jodls mit der Begleitung des ObdM (während dessen Aussprache allein mit Hitler) über den Bedarf an Schiffen für eine Landung hinweisen, sowie a. a. O., 1. Dez. 1939: „Studie des Heeres ... Landeoperation gegen England". S. auch Greiner, a. a. O., S. 111; die Teilnahme Jodls ist nur für den dort erwähnten Vortrag Raeders von Juni – nicht von Mai 1940 – erwiesen.

24 Vgl. z. B. Tgb. Halder 27. März 1940, wonach Hitler an diesem Tage meinte, daß die Italiener, wenn bei Beginn der deutschen Offensive zum „Fertigmachen" aufgefordert, etwa 6 Wochen später am Oberrhein angreifen könnten, vorausgesetzt, daß inzwischen ein großer deutscher Erfolg in Aussicht stehe.

25 Nach Tgb. Jodl 20. Mai 1940 wurde das OKH erst an diesem Tage von Hitler angewiesen, „die frühere Absicht ... nicht mehr zu verfolgen"; vgl. auch Tgb. Halder 21. Mai 1940.

26 Nur in diesem Sinne sind auch die im übrigen als Gelegenheits-Äußerungen zu wertenden Anregungen Hitlers nach Tgb. Halder vom 24. April 1940 zu verstehen, nämlich „Dardanellen und Bosporus durch Luftwaffe von einer Basis in Brindisi zu sperren". Gleiches gilt von seinen bei demselben Anlaß vorgebrachten „Gedanken über einen Überfall auf Kreta und gegen englische Schiffe in Gibraltar."

Schließlich und nicht zuletzt hätte aber sogar der russische Osten spätestens vom Frühjahr 1940 an in ein Studienprogramm der Wehrmachtführung einbezogen werden müssen. Bei wacher Aufmerksamkeit für die größeren Aufgaben der Kriegführung durfte es dem Chef WFStab viel weniger noch als dem Chef des GenStdH aus dem in beider Gegenwart geführten Gespräch in der Reichskanzlei am 27. März 1940 entgehen, daß Hitler „die Lage im Osten ... dauernd mit stärkster Vorsicht" beobachtete. Daneben gab es auch genügend andere Anzeichen, die sich einerseits aus dem russischen Verhalten an der Demarkationslinie in Polen, andererseits aus dem Zögern Hitlers bei den vertraglich vereinbarten Lieferungen von Kriegsmaterial an Sowjetrußland ergaben, um schon damals einer hellhörigen militärischen Führung zu ersten Studien in dieser Richtung, eher aber noch zu nachdrücklichsten Warnungen Anlaß zu geben[27].

Zusammenfassend ist hiernach festzustellen, daß die Zeit, die der deutschen obersten Führung bis Frühjahr 1940 zum inneren Aufbau gewährt war, von dem Stabe des OKW nur in sehr geringem Maße genutzt worden ist, um die Wehrmacht auf die großen Aufgaben künftiger Kriegführung vorzubereiten. Das wog aber um so schwerer, als im Gegensatz zu den Zeiten eines Moltke oder Schlieffen jegliche Vorstudien aus der Friedensarbeit der Generalstäbe fehlten, die über die nächstliegenden Ziele der Landesverteidigung hinausgingen. Die stattdessen im Vordergrund stehende Beschäftigung des WF-Stabes mit Hitlers „Einzelunternehmen" und die Neigung, das OKH in seinen operativen Plänen und Maßnahmen ständig zu bevormunden oder gar, wie es sich im Falle Dänemark–Norwegen zeigen sollte, gänzlich auszuschalten und dessen Aufgaben selbst zu übernehmen, bedeuteten ein Abirren von der eigentlichen Aufgabe und haben neben anderen schweren Nachteilen nur noch dazu beigetragen, die größeren Zusammenhänge fast gänzlich zu vernachlässigen.

Verhältnis zu den Wehrmachtteilen

Die Spannungen in dem Verhältnis des OKW zu den Oberkommandos der Wehrmachtteile oder – auf ihr Kernproblem zurückgeführt – zwischen dem OKW und OKH, die sich seit Spätherbst 1938 nach außen hin kaum noch bemerkbar gemacht hatten, waren mit einem Schlage wieder aufgelebt, als Hitler am 27. September 1939 zur Offensive im Westen aufrief. Es ging danach für das

27 Vgl. dazu auch die schon erwähnte „Gauleiterrede" Jodls vom 7. Nov. 1943, in der der Chef WFStab seinen Zuhörern u. a. mitteilte (Jacobsen, Chronik, S. 436): „Der Führer hat diese Gefahr ... ständig im Auge gehabt und mir bereits während des Westfeldzuges seinen grundlegenden Entschluß mitgeteilt, dieser Gefahr zu Leibe zu rücken, sobald es unsere militärische Lage irgendwie erlaube." – Der Verfasser wurde von seinem Vorgesetzten erst am 29. Juli 1940 unterrichtet, als der Entschluß Hitlers feststand.

Heer auch nicht mehr allein um die Abwehr der verhaßten „operativen Einmischungen" durch den Stab des OKW, wie sie aus Jodls früherem Wirken sattsam bekannt waren. Die Entscheidung vielmehr, die Hitler völlig über den Kopf des Heeres hinweg getroffen hatte, und die, wie schon bemerkt, neben dem Angriffsentschluß auch seine selbstentworfenen Richtlinien für die Führung der Operationen, das „Wann" und das „Wie", umfaßte[28], bedeutete im Grunde nichts weniger, als daß der Oberste Befehlshaber der Wehrmacht daran ging, nunmehr auch die Heeresführung de facto in seine eigenen Hände zu nehmen. Hätte er zu diesem Zweck gleichzeitig das OKH bzw. den Generalstab des Heeres als die bei weitem stärkste Führungspotenz der Wehrmacht an sich gezogen und den WFStab aus diesen Aufgaben ausgeschaltet, so wäre damit — in einer neuartigen Lösung des Problems der Spitzengliederung — dem im Aufbau befindlichen deutschen Hauptquartier der denkbar beste Kern eingepflanzt und der Generalstab des Heeres an die ihm zukommende Stelle gerückt worden. Genau das Gegenteil aber war es, was Hitler mit seinen Übergriffen verfolgte. Ihm kam es vor allem darauf an, seine Alleinherrschaft auch im militärischen Bereich zu festigen und an die Stelle verantwortungsbewußter, fachlicher Beratung, die — wie bis dahin, so auch in Zukunft — seitens des OKH von Widerspruch und Warnung nicht frei sein würde, die „unbedingte Autorität nach unten" zu setzen. Nur um dieses Ziel schneller und sicherer zu verwirklichen, nur um den Generalstab des Heeres auf dieselbe Ebene des ausführenden Organs seiner Entschlüsse und Anordnungen herabzudrücken wie den WFStab, dabei aber den befehlstechnischen Apparat, den er anerkannte und auch anderweitig nicht ersetzen konnte, nach Kräften zu nutzen, wollte er den ObdH mit Chef des Generalstabs und engstem Stabe während des kommenden Feldzugs örtlich an sich binden. Das OKH sah sich damit im Herbst 1939 vor die Lage gestellt, die schon Generaloberst Freiherr von Fritsch in dem Streit um die Spitzengliederung früherer Jahre mit den warnenden Worten gekennzeichnet hatte: „Man kann nicht von einem Oberbefehlshaber des Heeres fordern, daß er nach einem fremden Konzept siegt"[29]. Am Ende dieser Entwicklung aber sollte dann jene Auffassung von dem Verhältnis des obersten Führers zum Generalstab stehen, die Hitler später oft genug mit dem Beispiel des Unteroffiziers und seiner „Gruppe" von 8 Mann erläutert und angewendet hat.

Die Generale Keitel und Jodl hatten an dem Entschluß des Obersten Befehlshabers zu dem Vorgehen im Westen nicht mitgewirkt. Da sie sich aber auch in diesem Falle rückhaltlos hinter ihn stellten, gerieten sie — und mit ihnen, wenn auch nicht in gleichem Maße, ihr Stab — dem OKH gegenüber wieder in die gleiche Konfliktlage wie zur Zeit der Sudetenkrise. Keitel, selbst nicht ohne Beklemmungen angesichts des Tuns und Wollens Hitlers, suchte bei dieser Lage nach Kräften zu vermitteln, wenn auch nur in der einseitigen

28 Nach Manstein, a. a. O., S. 69.
29 Vgl. Görlitz, Keitel, S. 149.

Form, die Spitzen des Heeres durch gutes Zureden und unhaltbare Versicherungen für die Forderungen des Diktators zu gewinnen[30]. Jodl hingegen dürfte in dieser Entwicklung einen wesentlichen Fortschritt in Richtung auf die von ihm vertretene capitis diminutio des Heeresgeneralstabs gesehen haben. Er hat denn auch, ohne sich etwa noch mit neuen Versuchen zur Abgrenzung der Verantwortlichkeiten aufzuhalten, keinen Augenblick gezögert, die von Hitler gebotene Plattform in ihrem ganzen Umfang auszunutzen und sich auch seinerseits nach aller Gelegenheit in die Führung des Heeres einzuschalten. Den „anonymen und unverantwortlichen Einflüssen", vor denen Beck gewarnt hatte, waren von nun an Tür und Tor weit geöffnet.

Der ObdH und sein Chef des Generalstabs haben sich den Ansprüchen der obersten Führung gewiß nicht ohne weiteres gebeugt. Tat sich doch für sie damit auch der ganze Zwiespalt zwischen zwei wesensfremden Richtungen wieder auf, von denen die eine, gestützt auf die diktatorische Machtfülle der „nationalsozialistischen Bewegung", glaubte, dem deutschen Volke, aber auch der ganzen Welt ihre Forderungen abtrotzen zu können, während die andere selbst vor dem Staatsstreich nicht zurückschreckte, um im Bewußtsein des verpflichtenden Erbes preußisch-deutschen Soldatentums das Verhängnis abzuwenden. Wie jedoch Brauchitsch sich schon im Höhepunkt der Krise vom Herbst 1938 damit begnügt hatte, den Chef OKW „beschwörend" auf dessen Verantwortung hinzuweisen, so brachte er es auch jetzt trotz aller vorangegangenen, starken Worte nicht über sich, selbst und sogleich gegen Hitlers Entschluß zum Angriff im Westen aufzustehen. Damit verfiel nicht nur immer mehr der Anspruch des Heeres, den maßgeblichen Einfluß auf den Kriegsplan auszuüben, sondern es ergab sich auch die unmittelbare Folge, den Operationsplan nach Hitlers Konzept und entgegen der eigenen Überzeugung entwerfen zu müssen.

Die „passive Resistenz", auf die sich das OKH in dieser Lage zunächst beschränkte, verbunden mit erneuten Vorstellungen Halders, die Jodl nur mit den Worten verzeichnet, „ihnen – d. h. dem OKH – doch freie Hand zu lassen"[31], konnte einen Hitler lediglich in seinem Wollen bestärken. Als dann der ObdH, gestützt auch auf die einhellige Zustimmung der höchsten Truppenbefehlshaber im Westen, es schließlich doch unternahm, am 5. November 1939, dem ersten Stichtag für die Ausgabe des endgültigen Angriffsbefehl, gegen

30 Vgl. neben Text, S. 66, beispielsweise auch Tgb. Jodl 11. Nov. 1939 betr. Ansatz des Korps' Guderian und Tgb. Halder 1. Jan. 1940: „Besprechung mit Keitel OKW. I. Gründe der Spannung. Mißstimmung über Nachruf Fritsch (von seiten des ObdH). Mißtrauen oberster Stelle gegen alle, auch gegen Marine und Vierjahresplan" (dies offenbar als Kommentar von Keitel, der an den eigentlichen Schwierigkeiten mit dem OKH vorbeizureden suchte). „II. Hinweis auf Schwierigkeiten der Schlachtführung. Eingriffe in die Führung sehr gefährlich" (dies sicherlich von Halder, der die Dinge bei ihrem richtigen Namen nannte). „Zusage (Keitels), daß solche Eingriffe nicht beabsichtigt sind." (Zusätze in Klammern vom Verfasser.)

31 Tgb. Jodl 15. Okt. 1939.

die Offensive und damit den Kriegsplan überhaupt vorstellig zu werden, waren die Dinge schon so weit gediehen, daß Hitler sich erlaubte, den Vortrag kurzer Hand und in schroffster Form abzubrechen[32]. Nicht viel anders verlief der dramatische 23. November, an dem er die Generale des Heeres in ihrer Gesamtheit vor den gleichrangigen Vertretern der beiden anderen Wehrmachtteile als die stets von Bedenken beschwerten, ihm in den Arm fallenden Zauderer bloßstellte und Brauchitsch sich mit seinem gleich darauf folgenden Entlassungsgesuch nicht durchsetzte[33]. Wenn das OKH sich dann trotzdem etwa von der Zeit der Jahreswende an mehr und mehr bereit erwies, Hitlers Intentionen zu folgen und die Spannungen sich damit zeitweilig lockerten, so lag der sachliche Grund dafür zweifellos in den verbesserten Aussichten der Offensive im Westen, nachdem deren Beginn nunmehr auf das Frühjahr 1940 verlegt worden war. Das änderte aber nichts daran, daß sich die Gewichte zwischen Hitler—OKW und dem OKH, wie sich bald in verhängnisvoller Weise zeigen sollte, stark zum Nachteil des Heeres verschoben hatten.

Noch einmal sei an dieser Stelle betont, daß es entgegen der in der Nachkriegszeit bei Freund und Feind weit verbreiteten Annahme unzutreffend und ungerechtfertigt wäre, wollte man die scharfen Gegensätze, die hiernach zwischen den höchsten Führungsstellen von Wehrmacht und Heer in der Aufbauzeit des Hauptquartiers erneut entbrannten und ganz wesentlich durch die Einstellung zu Hitler und seiner Kriegführung bestimmt waren, auch auf sämtliche Offiziere beider Seiten übertragen. Die Scheidelinie, die, wie gezeigt, selbst mitten durch den WFStab hindurchlief, sah vielmehr nicht weniger als zwei von den vier Amtschefs des OKW, Admiral Canaris und General Thomas, samt der überwiegenden Zahl ihrer Untergebenen im Lager des OKH. Auf der anderen Seite sei aber auch schon hier festgehalten, daß die späteren Nachfolger Halders in der Stelle des Heeres-Generalstabschefs zeitweilig gesonnen schienen, sich in ihrem Bekenntnis zu Hitler und dessen Führung von niemandem übertreffen zu lassen. Appelle wie diejenigen, mit denen die Generale Zeitzler und Guderian in den Jahren 1942 und 1944 gerade die Offiziere des Heeresgeneralstabs auf ihre Bewährung in nationalsozialistischer Gesinnung verpflichten wollten[34], hat Jodl zu keiner Zeit an die Angehörigen seines Stabes gerichtet.

Als besonderes Beispiel einer unabhängigen Geisteshaltung sei in diesem Zusammenhang noch der viel-verkannte Generaloberst von Reichenau genannt. Seine ursprünglich unbestreitbare Bereitschaft zum Paktieren mit dem Nationalsozialismus hatte ihn als Nachfolger des Generaloberst von Fritsch in der Ja-

32 Vgl. den Bericht bei Greiner, a. a. O., S. 66—68, der teils auf Mitteilungen Keitels an den Chef L, teils auf dessen eigenem Erleben beruht; s. auch Heusinger, a. a. O., S. 72 ff., sowie Jacobsen, „Fall Gelb", S. 44 ff.

33 Vgl. die eingehende, auf zeitgenössischen Aufzeichnungen beruhende Darstellung bei Jacobsen, Fall Gelb, S. 59—64.

34 Vgl. Erfurth, „Geschichte des deutschen Generalstabes", S. 282/83 und S. 298/99.

nuar-Februarkrise 1938 entgegen Hitlers beharrlichem Drängen selbst Keitel und Jodl als unzumutbar für das ältere Offizierkorps des Heeres erscheinen lassen[35]. Schon vor dem Polenfeldzug äußerte Reichenau jedoch starke Zweifel an Hitlers Kriegspolitik, um sich im Herbst 1939 offen der Ausweitung des Krieges durch die Offensive im Westen entgegenzustellen[36]. In völliger Umkehrung der früheren Lage war es dann zwei Jahre später auch Hitler, der ihn seinerseits im Dezember 1941 als Nachfolger Brauchitschs mit den Worten ablehnte: „Der ist mir zu politisch; die Katze läßt das Mausen nicht."[37]

Marine und Luftwaffe haben in jenen Monaten, soweit es um den Westen ging, nicht erst den Anspruch erhoben, auf den Kriegsplan entscheidenden Einfluß zu nehmen[38]. In Ansatz und Führung der Operationen, soweit diese nicht unmittelbar vom Heere abhängig waren, wußten ihre Oberbefehlshaber auch weiterhin, dem Verhalten in der Vorkriegszeit entsprechend, sich den Einflüssen und Eingriffen Hitlers zu entziehen oder — bei Meinungsverschiedenheiten — ihre eigene Ansicht durchzusetzen. Die Achtung, die Hitler Göring und Raeder zollte, brachte es neben einer natürlicherweise geringeren Sachkenntnis mit sich, daß auch der Chef WFStab ihnen gegenüber eine betonte Zurückhaltung übte. Beide Wehrmachtteile konnten sich auf Grund dieser sachlichen und persönlichen Verhältnisse im Gegensatz zum OKH eine weitgehende Unabhängigkeit bewahren, die für die Kriegsmarine, von einigen Zwischenfällen abgesehen, auch den ganzen Krieg überdauert hat. Im Verhältnis zur Luftwaffe setzten die Spannungen erst ein, als das ständige Absinken ihrer Kräfte und das Versagen Görings ein Eingreifen Hitlers geradezu herausforderten.

Bis zu dieser Spätzeit des Krieges waren auch die Formen und das Verfahren, die sich im Verkehr zwischen Hitler—OKW und den Oberkommandos der Wehrmachtteile herausbildeten, gegenüber Kriegsmarine und Luftwaffe von aller Rücksichtnahme auf deren Oberbefehlshaber bestimmt. Konnten beide sich schon ihrem Aufgabenbereich nach mit nur gelegentlichen mündlichen Vorträgen begnügen, so wahrten sie auch dabei insofern ihre größere Selbständigkeit, als sie den ganzen Schwarm der militärischen Umgebung Hit-

35 Vgl. Tgb. Jodl 28. Jan. bis 3. Febr. 1938.

36 Der Verfasser war in beiden Fällen Ohrenzeuge, und zwar das eine Mal nach Hitlers Ansprache auf dem Berghof am 22. August 1939, das andere Mal bei einem Lagevortrag in der Reichskanzlei gegen Ende Oktober 1939.

37 Nach eigener Erinnerung des Verfassers.

38 Der Vorschlag, den der Chef GenStd Luftwaffe erstmals am 1. und — in erweiterter Form — am 6. Febr. 1940 nach dem Tgb. Jodl von diesen Daten vorbrachte, nämlich nur die Niederlande und Norwegen als Basis eines dann für die Kriegsentscheidung allein ausreichenden Luftkriegs gegen England zu besetzen, dagegen „Belgien seine Neutralität für Kriegsdauer zu garantieren" und gegen Frankreich lediglich den Westwall zu verteidigen, ist schon damals nicht ernsthaft bewertet und auch nicht weiter verfolgt worden.

lers, von dem sich die Spitzen des Heeres bei ihrem Erscheinen in der Reichskanzlei regelmäßig bedrängt sahen, fernzuhalten wußten. Raeder, der über seine Unterredungen mit Hitler eigene Aufzeichnungen niedergelegt hat[39], führt darin jeweils nur wenige oder auch gar keine Zuhörer auf. Hinter Göring schlossen sich fast regelmäßig sämtliche Türen, ganz abgesehen davon, daß er auch außerhalb der üblichen Vortragszeiten bei Hitler ein- und ausgehen konnte. Sind daher seine Einflüsse auf die Kriegführung auch nur in wenigen Fällen einwandfrei nachweisbar, so reichen die Indizien doch aus, um aus diesem geheimen Benehmen der beiden Großen des Dritten Reiches mehrfach unheilvolle Folgen abzuleiten. Auch seinen Chef des Generalstabs schickte Göring, wenn es ihm so paßte, gleich an Jodl vorbei zu Hitler. Auf beiden Gebieten, der See- wie der Luftkriegführung, hatte dieses Verfahren der Oberbefehlshaber im übrigen den oft erwiesenen Nachteil, daß nicht einmal der Chef WFStab immer über die Entscheidungen unterrichtet wurde, die Hitler dabei getroffen hatte[40].

Dem Heere gegenüber ließen Hitler und die Generale seiner nächsten Umgebung sich auch der Form nach von einer bewußten Nichtachtung der Eigenverantwortlichkeit des Ob d H leiten, die nur zum Teil durch die ausschlaggebende Bedeutung dieses Wehrmachtteils für die gesamte Kriegführung erklärt sein mochte.

Der Oberbefehlshaber und der Chef des Generalstabs des Heeres erschienen im allgemeinen lediglich dann zu mündlichem Vortrag bei Hitler, wenn sie gerufen wurden, und das kam in den Monaten des Aufbaus nur zählbare Male vor. Selbst an den Vorträgen zur Wetterlage, bei denen Hitler jeweils über Ansetzen oder Aufschub der Offensive entschied, nahm bis Anfang Dezember 1939 kein Vertreter des OKH teil[41]. Diese Zurückhaltung, wie sie vor allem Halder schon im Polenfeldzug geübt hatte, war bei dem allumfassenden Gegensatz zwischen dem „Geist von Zossen"[42] und Hitlers eigener Wesensart gewiß nur allzu verständlich. Besonders Brauchitsch, der sonst in allen seinen hohen militärischen Dienststellen überzeugende Fähigkeiten mit einem würdiggebietenden Auftreten zu verbinden gewußt hatte, schien unter der Begegnung mit Hitler geradezu physisch zu leiden, so daß er häufig wie gelähmt wirken konnte. Halder, in der Gesinnung mit seinem Oberbefehlshaber völlig einig,

39 Vgl. die Niederschriften des Oberbefehlshabers der Kriegsmarine über seine Besprechungen mit Hitler (im folgenden „Bespr. Ob d M").

40 Vgl. z. B. Tgb. Jodl 31. Okt. 1939: „Ob d L hat Bedenken, daß kein holländischer Raum besetzt wird . . . Schickt 30. abends Jeschonnek zum Führer", und 5. Jan. 1940: „Völlig verschiedene Auffassung, was der Führer am 30. Dez. gegenüber dem Ob d M entschieden hat."

41 Vgl. Tgb. Jodl 4. Dez. 1939.

42 Äußerung Hitlers nach Tgb. Halder 23. Nov. 1939, mit der er die mangelnde Bereitschaft des Heeres und besonders des Heeresgeneralstabs zu Vertrauen und Gefolgschaft ihm gegenüber kennzeichnen wollte.

aber offenbar gegen solche Einflüsse weniger empfindsam, durfte sich dagegen bei allem Widerstreben bewußt sein, durch seine souveräne, gegen jedweden Einwand gewappnete Beherrschung der Materie, verbunden mit einer ebenso unbeirrbaren wie klaren Sprache, die täglichen Berater um Hitler weit zu überragen. Wenn man es trotzdem seitens des OKH, wie geschildert, Keitel überließ, sogar die erste „Aufmarschanweisung" des Heeres für den Westen Hitler vorzutragen, so wurden damit zweifellos die Grenzen überschritten, die einer passiven Resistenz im Interesse des Heeres gesetzt bleiben mußten.

Die latenten Spannungen zwischen OKW und OKH brachten es des weiteren mit sich, daß Keitel und Jodl sich in ihrem mündlichen Verkehr jeweils an die dienstjüngeren Offiziere des OKH hielten: der Chef OKW an Halder, Jodl an den Chef der Operationsabteilung, damals Oberst i. G. von Greiffenberg. Dieser oder sein nächster Gehilfe, Oberstltn. i. G. Heusinger, waren es auch, die der Chef WFStab mehrfach in die Reichskanzlei berief, wenn „neue Gedanken" Hitlers, darunter solche von ausschlaggebender Bedeutung, dem Generalstab des Heeres nahegebracht – oder besser – aufgezwungen werden sollten[43]. Mit Halder, dem Jodl der Form nach stets mit aller militärischen Achtung begegnete, verzeichnen die Tagebücher jener 8–9 Monate nur eine einzige längere Unterredung. Ebenso kam es in dieser Zeit lediglich einmal zu einem dienstlichen Treffen des Chefs WFStab mit dem ersten Mitarbeiter Halders, General von Stülpnagel, und auch das erst nach einer zwischen Keitel und Halder getroffenen Abrede, die auf eine bessere Verständigung abzielte[44].

Im Gegensatz zu diesen viel zu seltenen Begegnungen unter den in erster Linie Berufenen ging man in der Reichskanzlei – nach dem Vorbild der Tage vor dem Einmarsch in Österreich im Frühjahr 1938 – bald dazu über, unter Umgehung des OKH mit einzelnen Generalen des Heeres zu verhandeln, die aus irgendwelchen Gründen in Gunst standen. So besprach sich Hitler mit General Busch, damals Oberbefehlshaber der 16. Armee, über seine frühen Pläne, eine besondere Angriffsgruppe zum Durchbruch durch die Ardennen zu bilden, während Keitel im gleichen Zusammenhang den General Guderian zu eingehender Unterweisung zu sich berief[45]. Jodl sah es einige Monate später

43 Vgl. beispielsweise Tgb. Jodl 26. Okt. 1939, 17. Jan. und 13. Febr. 1940; Tgb. Halder 9. Nov. 1939.

44 Vgl. Tgb. Jodl 15. Okt. 1939; Tgb. Halder 1. Jan. und Tgb. Jodl 3. Jan. 1940.

45 Vgl. Tgb. Jodl 9., 10. und 11. Nov. 1939. In diesem Zusammenhang sei bemerkt, daß General von Manstein, der, wie Jodl sich in seinem Tagebuch vom 17. Febr. 1940 ausdrückt, an diesem Tage Hitler „nach Tisch noch seine Gedanken ... über die Operationen der H.Gr. A" vortrug, d. h. in Wahrheit bei dieser Gelegenheit den maßgeblichen Anstoß zu der neuen, im Frühjahr 1940 erfolgreich durchgeführten Operation im Westen gegeben hat, nicht in Hitlers Gunst stand und auch nicht, wie es die Legende haben will, durch besondere Machenschaften der Adjutantur an Hitler herangebracht worden ist. Er gehörte vielmehr zu den damals neu ernannten Kommandierenden Generalen, für die ein allgemein gültiger Befehl bestand, sich gelegentlich einer Anwesenheit in Berlin bei Hitler zu melden.

sogar schon als seine Sache an, namentliche Vorschläge für die Besetzung der hohen Befehlsstellen im Heere zu machen[46], – dies allerdings zu einer Zeit, in der die Vorbereitungen zu der Invasion von Dänemark und Norwegen, wie noch zu zeigen sein wird, die Übergriffe des OKW in den Kommandobereich des Heeres vollends zur Gewohnheit werden ließen.

Bei den wesentlichsten schriftlichen Äußerungen, die damals und später vom deutschen Hauptquartier ausgegangen sind, den „OKW-Weisungen", ergaben sich im Laufe der Zeit zwei mehr oder weniger deutlich unterscheidbare Gruppen. Die einen waren mehr strategischer Natur, in denen Hitler, wie beispielsweise in der Weisung Nr. 6, seine eigenen Entschlüsse als Richtlinien für die weitere Kriegführung im großen ankündigte, während in den anderen das „Gedankengut" des Generalstabs des Heeres, sei es bei Einleitung eines Feldzugs, wie beispielsweise in der Weisung Nr. 8, oder auch bei Weiterführung einer Operation nach Erreichen eines Zwischenabschnitts, zum Befehl des OKW erhoben wurde. In beiden Fällen faßte der Chef WFStab entweder den Text der „Weisungen" nach den näheren Bestimmungen Hitlers gleich selbst ab oder versah, wie meistens, die Abt. L mit den nötigen Angaben in Notizform.

In ähnlicher Weise kamen auch die „Besonderen Anordnungen" des OKW zu den einzelnen Feldzügen zustande. Bei ihrer Zusammenstellung waren meist Schwiergkeiten besonderer Art zu überwinden, da ihr politischer Gehalt von Hitler selbst verfügt wurde, zahlreiche andere Bestimmungen aber, wie Grenz- und Nachrichtensperren, Geldwechselkurse und vieles mehr, die eine Mitwirkung der zivilen Obersten Reichsbehörden verlangten, aus Gründen der Geheimhaltung nicht beizeiten geregelt werden konnten.

Die Fülle des übrigen Schriftverkehrs, der mit der Ausweitung des Krieges einherging, war durchweg dadurch erschwert, daß die Stellung des OKW, soweit ihm nicht Hitler in jedem einzelnen Falle seinen Namen oder seine Autorität lieh, genau so schwach blieb wie in früheren Zeiten[47].

Form der Beziehungen zu den verbündeten Mächten

In den Monaten zwischen Polen und Frankreich stand Deutschland bekanntlich militärisch allein. Italien, der einzig in Betracht kommende Verbündete, hatte sich bei Kriegsbeginn zur schweren Enttäuschung Hitlers, der sein eigenes Verschulden daran völlig übersah, versagt und verharrte in dem Schwebezustand der „Nicht-Kriegführung". Im Januar 1940 bekannte sich dann zeitweilig auch der deutsche Diktator, übereinstimmend mit einem von General Jodl eingefor-

46 Vgl. Tgb. Jodl 4. März: „Wenn es stimmt, ... daß sich Gen.Oberst Rundstedt krank fühlen soll, ... müßte man rechtzeitig v. Rundstedt durch List ersetzen."

47 Vgl. z. B. Tgb. Jodl 26. Okt. 1939, aus dem hervorgeht, daß die Luftwaffe dem OKW/WFStab trotz mehrfachen Drängens die Auskunft über den Bestand an Transportflugzeugen mit Erfolg verweigerte.

dertem Gutachten der Abt. L, zu der Auffassung, daß er in der Teilnahme Italiens am Kriege, besonders angesichts der zu erwartenden großen Forderungen an Kriegsmaterial, keinen wesentlichen Vorteil für Deutschland erkennen könne[48]. War hiernach für die Wehrmachtführung zunächst kaum ein Anlaß oder gar ein Ansatzpunkt gegeben, um die organisatorischen Grundlagen einer etwaigen gemeinsamen Kriegführung mit Italien vorausschauend zu klären, so änderte sich diese Lage doch wesentlich, als Hitler am 19. März „freudestrahlend und hochbefriedigt von der Besprechung mit dem Duce" zurückkam, der nunmehr zu baldigem Kriegseintritt bereit schien[49]. Trotzdem blieb aber zunächst die „Karte der eigenen Kräfteverteilung", die Hitler zu dieser ersten Begegnung mit Mussolini nach Kriegsausbruch mitgenommen hatte, und die, wie auch später immer üblich, zur Täuschung von Freund und Feind weit übertriebene Zahlen aufweisen mußte[50], die einzige Grundlage der bevorstehenden Zusammenarbeit. In einer der ersten Begeisterung offenbar bald wieder folgenden Ernüchterung ging man von deutscher Seite auch an eine nähere Fühlungnahme der beiderseitigen Generalstäbe, die den bei dem Treffen gewechselten allgemeinen Redensarten strategischen Gehalts[51] erst Grundlage und Ziel vermitteln sollte, nur äußerst zögernd heran. Diese Geisteshaltung offenbart sich treffend in den Worten, die nur wenige Tage später in einem Tagebucheintrag des Chefs WFStab zu lesen sind:

> „Führer vorgetragen, wie wir bei den beabsichtigten Besprechungen mit dem italienischen Generalstab vorgehen wollen. Zuerst durch Attaché in Rom Frage, wie sie glauben, uns entlasten zu können. Dann erst übergehen auf Möglichkeit einer Operation über den Oberrhein. Generalstabsbesprechungen erst, wenn unsere Karten aufgedeckt sind."[52]

Da sich alsbald herausstellte, daß den führenden italienischen Generalen, allein schon wegen der anhaltenden Abneigung gegen einen Kriegseintritt ihres Landes überhaupt, noch viel weniger an einer engeren Zusammenarbeit mit der

48 Vgl. Bespr. ObdM 26. Jan. sowie Tgb. Halder 20. Jan. 1940, wonach Hitler an diesem Tage u. a. die Anweisung an die versammelten Oberbefehlshaber erteilte, „falsche Nachrichten zu verbreiten", und dabei den italienischen Militär-Attaché in Berlin, General Marras, unter den dazu bestimmten Empfängern besonders genannt zu haben scheint.

49 Tgb. Jodl 19. März 1940; der Chef WFStab hat, nach dieser Ausdrucksweise zu urteilen, ganz offenbar den Meinungsumschwung Hitlers voll geteilt.

50 Tgb. Jodl 15. März 1940; die Karte zeigte statt der damals tatsächlich vorhandenen 156½ feldverwendungsfähigen Divisionen 207 große Verbände des deutschen Heeres, die hauptsächlich durch Einrechnung von einigen 100 000 Mann des Ersatzheeres zusammenkamen.

51 Vgl. die Aufzeichnungen des italienischen Außenministers Graf Ciano aus jenen Tagen in „L'Europa verso la Catastrofe" (im folgenden „Catastrofe").

52 Tgb. Jodl 22. März 1940; betr. die Operation über den Oberrhein s. Text, S. 70; der italienische Generalstab hat sich, soweit bekannt, mit diesen Plänen Hitlers nie ernsthaft befaßt.

deutschen Wehrmacht gelegen war[53], ist man damals gar nicht erst dazu gekommen, auch nur gedankliche Vorarbeiten einzuleiten, aus denen ein von beiden Seiten beschickter Stab zur Führung des Koalitionskrieges entstehen konnte.

An diesem Zustand hat sich auch während der ganzen Zeit gemeinsamer Kriegführung der „Achsenmächte" nichts geändert, begründet in erster Linie darin, daß Hitler sich in seinem – nicht unberechtigten – Mißtrauen gegen die Umgebung Mussolinis außerstande fand, seine Pläne vorzeitig offen zu legen, und die Italiener, zunächst nur auf einen „Parallelkrieg" bedacht, sich später mehr oder weniger zwangsläufig im Schlepptau der deutschen Kriegführung befanden. Hitler lehnte eine stärkere Einflußnahme aber auch deswegen ab, weil nichts geschehen sollte, „was den Duce verletzen und damit zum Verlust des wertvollsten Bindegliedes der „Achse", nämlich des gegenseitigen Vertrauens der Staatschefs, führen könnte"[54]. Spätere Beobachtungen legen die Vermutung nahe, daß es ihm in Wahrheit mehr darum ging, auf solche Weise das Prestige Mussolinis, des eigentlichen Trägers der „Achsen"-Politik in Italien, vor dem Volke, dem Offizierkorps und nicht zuletzt auch dem Königshause nach Kräften zu wahren.

Auch die „Militärischen Kommissionen", die im Rahmen des Dreiervertrags zwischen Italien, Japan und Deutschland im Januar 1942 gebildet wurden und den Anschein einer verbündeten Kriegsleitung nach dem westalliierten Muster der „Combined Chiefs of Staff" erwecken könnten, sind, zumindest von seiten Hitlers, sogleich ihrer eigentlichen Zweckbestimmung entzogen worden. Waren die deutschen Mitglieder schon danach ausgewählt, daß sie selbst keine näheren Kenntnisse über die eigenen Pläne besitzen konnten, so verbot er ihnen noch ausdrücklichst jede Art der Beschäftigung mit solchen Fragen der Kriegführung, die dem Feinde vorenthalten bleiben mußten, und nahm damit den Kommissionen insgesamt jede Bedeutung.

Die Formen, mit denen Hitler stattdessen die planmäßige, vorausschauende Arbeit eines Koalitionsstabes ersetzen wollte, waren in der Hauptsache wiederum ganz auf seine eigene Person zugeschnitten. Gelegentliche Begegnungen mit den leitenden Staatsmännern und daneben ein fallweise betriebener Briefwechsel, von denen beiden noch die Rede sein wird, stellten für die ganze

53 Vgl. u. a. das Memorandum des damaligen Chefs des Comando Supremo, Marschall Badoglio, vom 4. April sowie dasjenige des damaligen Chefs des GenSt des italienischen Heeres, General Graziani, vom 11. April 1940, beide veröffentlicht in dem Band des amtlichen italienischen Kriegswerks „In Africa Settentrionale, La Preparazione al Conflitto" (im folgenden „Preparazione"). Die Kernsätze lauten in freier Übersetzung: Ein verpflichtendes Einvernehmen mit dem deutschen Generalstab ist zu vermeiden, da die Deutschen bei ihrer „streberischen und herrischen Natur" die italienischen Absichten und Wünsche sogleich ihren eigenen unterordnen würden (Badoglio); die Fühlungnahme mit Berlin sei daher auf einen allgemeinen Gedankenaustausch zu beschränken (Graziani).

54 Vgl. „Aufzeichnungen zum Kriegstagebuch OKW/WFStab Abt. L" (im folgenden „Aufz. KTB WFStab L") 28. Jan. 1941.

Dauer des Krieges die wesentlichsten Mittel seiner Koalitionskriegführung dar. Die Militär-, Marine- und Luftwaffen-Attachés, die in den Lagern der hauptsächlichen Verbündeten zu „Verbindungs-Generalen" ernannt wurden, durften nur soweit unterrichtet werden, daß sie bei Bedarf vermittelnd mitwirken konnten. Dabei ist im Verhältnis zu Italien „Der Deutsche General beim Italienischen Hauptquartier", General d. Inf. von Rintelen, der seinen Sitz auch am Ort dieses Hauptquartiers in Rom hatte und dort an den täglichen Lagebesprechungen teilnehmen konnte[55], ungleich mehr hervorgetreten als sein italienisches Gegenüber, den man in Berlin ebenso wie in den Feld-Hauptquartieren Hitlers nur sehr selten antraf.

55 Vgl. seinen Buchbericht, „Mussolini als Bundesgenosse".

Kapitel 3

Sonderfall Dänemark — Norwegen

Die deutsche Besetzung von Dänemark und Norwegen[1] im Frühjahr 1940, während der das Hauptquartier noch unfertig in seiner weiten Zerstreuung in und um Berlin verblieb, weist in mehrfacher Hinsicht, auch vom Thema dieses Buches aus gesehen, die Merkmale eines Sonderfalls der deutschen Kriegführung auf. Sie prägen sich, kurz vorangestellt, vor allem darin aus,

> daß Hitler einen vom ObdM an ihn herangetragenen Gedanken vorwiegend d e f e n s i v e n Gehalts zunächst nur zögernd aufnahm, um ihn dann aber hartnäckiger zu verfolgen als sein Urheber, und dabei die ursprünglich rein militärischen, kriegsbedingten Gründe seinen eigenen weltpolitischen, o f f e n s i v e n Zielen unterordnete;
>
> daß er für diesen Feldzug den Ob d H samt Chef des Gen.Stabes und Operationsabteilung von Bereitstellung und Führung der Heeresverbände ausschaltete, um stattdessen, gestützt nur auf den WFStab und andere, eigens dazu berufene Organe, erstmals diese Aufgaben des OKH selbst zu übernehmen;
>
> daß er mit der Anwendung eines derartigen, gegen alle bisherige Ordnung verstoßenden Führungssystems die organisatorischen Grundlagen des Hauptquartiers schon zersetzte, ehe es sich völlig konstituiert hatte;
>
> daß — schließlich und nicht zuletzt — die Krisen, die der Feldzug mit sich brachte, bereits alle jene Mängel Hitlers an Charakter und militärischer Einsicht hervorkehrten, die für seine spätere Führungstätigkeit ebenso kennzeichnend wie verhängnisvoll werden sollten.

Näher betrachtet, sei zu dem ersten dieser Merkmale festgestellt, daß Großadmiral Raeder, als er Hitler am 12. Dezember 1939 — in Verbindung mit dem kurz vorher ausgebrochenen russisch-finnischen Winterkrieg — auf die Gefah-

1 Dies auch der Titel des schon erwähnten, umfassenden und dokumentarisch vorzüglich belegten Werks über den Feldzug von Prof. Dr. Hubatsch.

ren einer britischen Besetzung Norwegens für die deutsche Kriegführung und Kriegswirtschaft aufmerksam machte, nicht allein sein Recht, sondern viel mehr noch seine Pflicht als Oberbefehlshaber der Kriegsmarine wahrnahm[2]. Ohne es zu wissen, handelte er damit nicht anders wie Winston Churchill, der als englischer Marineminister genau um die gleiche Zeit auf die Besetzung wichtiger norwegischer Häfen, darunter Narvik und Bergen, drängte, um auf solche und noch andere Weise die Beherrschung der norwegischen Küsten durch England sicherzustellen[3]. Unter diesen Umständen hätte sich für Raeder sogar ein schweres Versäumnis gegenüber Land und Volk ergeben können, wenn er die nach seiner wohlbegründeten Ansicht gewonnenen Erkenntnisse verschwiegen haben würde. Die Folgen aus solchen Vorstellungen zu ziehen, war und ist nach dem allseits anerkannten Verhältnis zwischen Politik und Kriegführung dem Staatsmann überlassen.

Hitler wählte den militärischen Weg. Aus den Erörterungen jenes Dezembertages in der Reichskanzlei bei Anwesenheit Keitels und Jodls schälten sich zunächst als Fragestellung und Auftrag heraus, was der Chef WFStab in seinem Tagebuch mit den Sätzen umrissen hat:

> „2 Fälle: Was geschieht, wenn wir gerufen werden; was tun wir, wenn wir gewaltsam Fuß fassen müssen? OKW soll Studie ausarbeiten."[4]

Könnte es hiernach scheinen, als habe Hitler auch seinerseits nur seiner Pflicht als Oberster Befehlshaber genügt, indem er der dazu berufenen militärischen Stelle aufgab, ein für die deutsche Kriegführung gänzlich neuartiges Problem von verschiedenen Ausgangslagen her zu untersuchen, so wird dieser Eindruck in entscheidendem Maße beeinträchtigt durch den bei Jodl folgenden Nachsatz, „dabei den ehemaligen Kriegsminister heranzuziehen". Gemeint war hiermit Quisling, der als Gegner und ohne Auftrag der rechtmäßigen norwegischen Regierung in Berlin erschienen war. Erkennbar nur für die Nächstbeteiligten, erhielten damit auch die vorangestellten Sätze aus den Aufzeichnungen des Chefs WFStab einen bedenklichen Doppelsinn. Sah doch Hitler offenbar Quisling als denjenigen an, von dem „wir gerufen werden" könnten, und ihn infolgedessen auch als einen bedeutsamen Mittelsmann für den Fall, daß „wir gewaltsam Fuß fassen müssen"[5].

Auf diesem Wege ist er auch weitergegangen. An die Stelle der ursprüng-

2 Vgl. Bespr. Ob d M und Tgb. Jodl, beide von diesem Tage, in Verbindung auch mit früheren, von Hitler unbeachtet gebliebenen Hinweisen Raeders nach Bespr. Ob d M, 10. Okt. und 8. Dez. 1939; s. außerdem Raeder, „Mein Leben", S. 199–220.

3 Vgl. den Wortlaut seiner Denkschrift und die dazugehörigen Belege bei Hubatsch, Norwegen, S. 15.

4 Tgb. Jodl 12. Dez. 1939 (Zeichensetzung, die bei Jodl auch hier fehlt, zum besseren Verständnis ergänzt).

5 Auch hierzu drängt sich ein Vergleich mit der Denkschrift (s. Anm. 3) auf, in der Churchill eine britische Besetzung Norwegens mit den Worten begründen wollte: „Als

lichen militärischen Beweggründe, die mit dem schnellen Abschluß des russisch-finnischen Winterkrieges am 12. März 1940 ihre dringende Bedeutung verloren, setzte der deutsche Diktator alsbald sein ureigenstes politisches Denken und Wollen. Noch besonders gereizt durch den „Altmark"-Zwischenfall, richtete er sein Bemühen in der Folge hauptsächlich darauf, den Schein einer Begründung zu der Besetzung Norwegens zu finden. „Für uns", schrieb Jodl schon auf die ersten Nachrichten eines russisch-finnischen Ausgleichs hin am 10. März 1940, „ist die Lage militärisch störend, da, falls ein Friedensschluß bald zustande kommt, die Motivierung für die vorbereitete Aktion ... schwierig wird." Zwei Tage später wurde er noch deutlicher mit den Sätzen: „Friedensschluß Finnland-Rußland nimmt England, aber auch uns die politische Grundlage zur Festsetzung in Norwegen"[6].

Wieder einmal kam bei diesen Gegebenheiten der Chef L zu ganz anders gearteten Schlußfolgerungen. Unabhängig – und auch wohl kaum zulänglich unterrichtet – von den Erwägungen in der Reichskanzlei, legte er seinem Vorgesetzten in den gleichen Tagen eine schriftliche „Beurteilung der Lage" vor, in der er mit allem Nachdruck dem Gedanken Ausdruck gab, daß eine Besetzung der skandinavischen Länder sich nunmehr erübrige. Dabei diente es ihm zu – seiner Ansicht nach überzeugender – Begründung, daß die dicht bevorstehende deutsche Offensive im Westen alle britisch-französischen Kräfte auf sich ziehen werde und daher auch in absehbarer Zukunft nicht mit britischen Übergriffen nach Norwegen gerechnet zu werden brauche[7]. Jodl stellte dem jedoch – gerade umgekehrt – die Auffassung entgegen, daß die Engländer wahrscheinlich „sofort in Narvik Fuß fassen" würden, wenn Deutschland mit Beginn des Westfeldzugs die Neutralität der Benelux-Staaten verletzte. Sein Tagebuch vom 13. März zeigt darüber hinaus aber auch die völlige Abkehr von dem Ausgangspunkt aller Erwägungen, wenn es dort heißt: „Führer gibt Befehl zur Weserübung – Deckname für die geplante Operation – noch nicht. Er ist noch auf der Suche nach einer Begründung."[8]

Die hauptsächlichen Antriebe, die Hitler bestimmt haben dürften, an seiner inzwischen am 1. März ergangenen „Weisung" zur Besetzung von Dänemark und Norwegen unverändert festzuhalten, sind in der Folge aus seinen eigenen Worten und Taten hinreichend klar geworden. Legt ihm der „Reichsleiter" Ro-

tatsächliche Vertreter der Prinzipien des Völkerbundes haben wir das Recht, ja die Pflicht, vorübergehend die Gültigkeit gerade der Gesetze aufzuheben, denen wir wieder Geltung und Sicherheit verschaffen wollen."

6 Tgb. 10. und 12. März 1940, dem Datum des Friedensschlusses. Die Annahme, daß die gleiche Verlegenheit bei den Alliierten bestand, war in vollem Umfang zutreffend (vgl. Hubatsch, Norwegen, S. 177 ff.).

7 Die Beurteilung der Lage ist, soweit ermittelt, nicht erhalten.

8 Vgl. Tgb. Jodl 13. und 14. März 1940; dort auch der auf entsprechende Absichten hindeutende Zusatz: „Falsche Nachrichten in amerikanischer Presse." Die von Jodl vor dem IMT gegebenen Erläuterungen dazu finden sich in Band XV, S. 414.

senberg doch schon am Abend des 9. April, des ersten Tages der Kampfhandlungen, die Worte in den Mund: „So wie aus dem Jahre 1866 das Reich Bismarcks entstand, so wird aus dem heutigen Tag das Großgermanische Reich entstehen."[9] In diesen grundlegenden Gedanken eingeschlossen waren die besonderen Aussichten auf den Gewinn einer erweiterten See- und Luftkriegsbasis gegen England[10] und — auf die Zukunft bedacht — einer aus der Enge der Deutschen Bucht befreiten maritimen Machtstellung des Reiches.

Der Ob d M, dessen Einfluß im deutschen Hauptquartier sich als stark genug erwiesen hatte, um seinen Besorgnissen vor einem britischen Übergreifen auf Skandinavien Geltung zu verschaffen, hat später vergebens versucht, der Entwicklung durch Betonung der Vorteile einer weiteren Neutralität Norwegens zu begegnen[11]. Auch der inzwischen mit der Führung der Heeresverbände beauftragte General von Falkenhorst wurde von Hitler kurzer Hand abgewiesen, als er den Versuch unternahm, für die der militärischen Besetzung vorangehende „diplomatische Aktion" einen größeren zeitlichen Spielraum zu erreichen, um auf diese Weise die Anwendung von Waffengewalt nach Möglichkeit gänzlich zu vermeiden. Andere an maßgebender Stelle eingesetzte Offiziere niedereren Grades fertigte Jodl in ähnlicher Weise ab, wie schon vorher den Chef der Abt. L. „Einzelne Seeoffiziere", so lautet sein Tagebucheintrag vom 28. März, „scheinen bezüglich Weserübung laurig zu sein und bedürfen einer Spritze. Auch die 3 Chefs von Falkenhorst machen sich Gedanken, die nicht ihre Sache sind."[12]

Diese von Wesen und Willen Hitlers erfüllten Worte versinnbildlichen besonders eindringlich den „Geist der Reichskanzlei", dem ein „Wägen" schon Kleinmut im „Wagen" bedeuten wollte. Gleichzeitig offenbart sich hier beispiel-

9 Nach der Wiedergabe aus dem persönlichen Tagebuch Rosenbergs vom 9. April 1940 bei Hubatsch, Norwegen, S. 454.

10 Vgl. u. a. „Hitlers Tischgespräche", S. 146. Die tatsächliche Bedeutung ist in diesen Auslassungen Hitlers von April 1942 im Vergleich zu den Vorteilen der Basen an den Kanal- und Atlantikküsten weit übertrieben.

11 Vgl. a) Hubatsch, Norwegen, S. 40/41, der auf Grund seiner eingehenden Untersuchung schreibt: „Die Seekriegsleitung hat bis zuletzt gezögert, den äußersten Notfall als gegeben anzusehen. Unbeschadet zahlreicher Studien und Erwägungen mit anderslautenden Ergebnissen hatte sie in der Aufrechterhaltung der Neutralität Norwegens die auch für Deutschland beste Lösung gesehen."
b) Bespr. Ob d M 23. Febr. 1940, also nach dem „Altmark"-Zwischenfall (16. Febr.), Raeder zu Hitler: „Das Beste sowohl für die Weiterführung des (Erz-)Verkehrs (von Narvik) als auch für die Lage insgesamt ist die Aufrechterhaltung der norwegischen Neutralität."
c) Tgb. Jodl 14. März 1940: „Ob d M ist zweifelhaft, ob es jetzt noch richtig ist, in Norwegen das Prävenire zu spielen."
Der Vollständigkeit halber sei aber auch darauf hingewiesen, daß Raeder am 26. März 1940 mit der Begründung, die Notwendigkeit würde sich doch über kurz oder lang ergeben, wieder auf die Durchführung der Operation gedrängt hat (Bespr. Ob d M 26. März).

12 Vgl. Tgb. Jodl 21. und 28. März 1940.

haft jener grundlegende, nie behobene Mangel dieses Hauptquartiers, in dem man glaubte, befehlen und – sogar bis in alle Einzelheiten – „führen" zu können, ohne die Hand am Puls der Truppe und ihrer Befehlshaber zu haben.

Es ist bekannt, sei aber hier noch einmal festgestellt, daß auch die Alliierten an ihren Absichten zur Besetzung Norwegens festgehalten hatten und – wiederum – fast gleichzeitig mit dem deutschen Vorgehen, am 7. April, Truppen zur Besetzung norwegischer Häfen einzuschiffen begannen. Weniger bekannt ist es wohl, daß trotzdem selbst die defensiven und kriegswirtschaftlichen Gründe, die dem eigenen Vorgehen ursprünglich zugrunde gelegen hatten, sich bald als überholt erweisen sollten. Sah sich doch das britische Kriegskabinett schon am 24. Mai 1940 unter dem überwältigenden Druck der deutschen Offensive im Westen gezwungen, die alliierten Truppen von dem Raum um Narvik, dem letzten, aber auch wichtigsten, noch von ihnen gehaltenen Teil norwegischen Bodens zurückzurufen. Bis zum 10. Juni 1940 war diese Räumung beendet. Die deutschen Divisionen hingegen sind, ohne jemals angegriffen worden zu sein, fast in voller Stärke bis zum Waffenstillstand von Mai 1945 in Dänemark und Norwegen verblieben.

Die zweite Merkwürdigkeit, die der Norwegen-Feldzug mit sich brachte, war der dazu eigens gebildete, aller Regel und Norm widersprechende Befehls-Organismus.

Auf den ersten Blick schien die „triphibische" Operation, die ein exaktes Zusammenspiel starker Kräfte aller drei Wehrmachtteile verlangte, geradezu ein vereinigtes Oberkommando der Wehrmacht zu fordern und damit endlich die Grundgedanken zu bestätigen, aus denen der WFStab s. Z. entstanden war. Bei näherem Zusehen dürfte sich General Jodl jedoch erinnert haben, daß die Schwäche des eigenen Stabes schon anläßlich des Wehrmacht-Manövers im Herbst 1937 das OKW gezwungen hatte, sich auf allgemeine Direktiven zu beschränken, die Anlage der Übungen aber im großen wie im einzelnen dem OKH zu überlassen. Da der Stab inzwischen kaum erweitert worden war, lag es für Jodl wohl nahe, sich nun auch im Ernst des Krieges nach einem ähnlichen Ausweg umzusehen wie kaum zwei Jahre vorher zur Anlage des Manövers. Auf diesen Spuren und außerdem offenbar in der Meinung befangen, daß der Luftwaffe die Hauptlast des Norwegen-Unternehmens zufallen werde, wollte der Chef WFStab zunächst dem OKL die Anlage und Führung der Norwegen-Operation nach den Weisungen des OKW übertragen. So gab er schon den Befehl Hitlers vom 13. Dezember, „daß mit kleinstem Stab die Untersuchung geführt wird, wie man sich in Besitz Norwegens setzen kann", gegen alle Gewohnheit an den 1. Generalstabsoffizier der Luftwaffe in der Abt. L, Hauptmann Frhr. Speck von Sternburg, weiter. Wenige Tage später besprach er die „norwegische Angelegenheit" unter dem Leitwort: „Wie soll norwegische Frage weiter behandelt werden?" mit dem Chef des Gen.St. der Luftwaffe, General Jeschonnek. Anscheinend auf Jodls Bericht über diese Unterredung griff dann jedoch Hitler erstmals ein und forderte, den „Fall Norwegen nicht aus der Hand zu geben". Damit kehrte der Auftrag an den WFStab zurück[13].

Gegen Ende Dezember wurde Hitler eine erste, in der Abt. L bearbeitete Studie vorgelegt, die etwas später, wahrscheinlich aber nur unter der Hand, auch den Oberkommandos der Wehrmachtteile zuging. Aus dem darin erneuerten, gegenüber dem früheren nur wenig veränderten Vorschlag, einen Leitungsstab beim Oberbefehlshaber der Luftwaffe für die weiteren Vorarbeiten aufzustellen, nahm Hitler, stets auf neue Organisationen bedacht, begierig den Gedanken auf, daß man einen besonderen Stab für die Besetzung Norwegens bilden müsse, lehnte jedoch den Anschluß an die Luftwaffe wiederum ab und verlangte stattdessen den Einbau des „Sonderstabes" in das OKW selbst[14]. In der Folge strich er der Luftwaffe auch den letzten, ihr von Jodl offenbar noch zugedachten Vorrang, indem er die Leitung des „Sonderstabes" durch einen Luftwaffen-Offizier ablehnte und eine paritätische Zusammensetzung aus je einem „als I[a] geeigneten Offizier" unter dem Befehl des Chefs OKW anordnete. Vorstellungen, die Göring anscheinend noch nachträglich gegen diese Regelung unternommen hat, blieben ohne Erfolg[15].

Die Gründe, die Hitler bei seinem Verhalten geleitet haben, werden im wesentlichen durch die einleitenden Sätze des Befehls vom 27. Januar offenbar, in denen es heißt, daß die Studie Nord „unter seinem persönlichen und unmittelbaren Einfluß und im engen Zusammenhang mit der Gesamtkriegführung weiter bearbeitet" werden solle. Damit war, wie die weitere Entwicklung gezeigt hat, nichts weniger gemeint, als daß er die ungewöhnliche und schwierige Operation „Weserübung" in seinen eigenen Händen am besten aufgehoben glaubte. Außerdem wollte er mit dieser Wendung sicherlich auf möglichst einfache Weise der von Jodl voreilig genährten Ansprüche der Luftwaffe auf die Führung ledig werden. Hielt er doch deren Generalstab, wie er — bei diesem oder einem anderen, ähnlichen Anlaß — äußerte, ebenso wie sehr wahrscheinlich ihren Oberbefehlshaber, Göring selbst, zur Anlage größerer, gemischter Operationen für nicht hinreichend vorgebildet. Nicht zuletzt mag er aber auch —

13 Tgb. Jodl 13., 18. und 19. Dez. 1939. Zu beachten, daß eine Heranziehung Quislings, wie von Hitler zunächst beabsichtigt, nicht mehr erwähnt ist und, wie hinzugefügt sei, auch nicht stattgefunden hat. Ebenso fehlt auch ein Hinweis auf einen norwegischen Hilferuf als etwaigen Anlaß für ein deutsches Eingreifen.

14 Vgl. zu diesem Hergang a) Tgb. Halder, 1. Jan. 1940, „Denkschrift OKW. Führer hat Denkschrift (Jodl) angehalten. OQu I, Denkschrift geben lassen."
b) Tgb. Halder 10. Jan.: „Denkschrift Norwegen, Bearbeitungsstab bei OKW."
c) Kriegstagebuch der Seekriegsleitung 13. Jan. 1940, wiedergegeben bei Hubatsch, Norwegen, S. 404 ff.
d) Tgb. Jodl 23. Jan. 1940: „Ausarbeitung nur im OKW."

15 Befehl OKW/WFStab vom 25. Jan. 1940. Zum Weiteren vgl. Tgb. Jodl 26. Jan. über „Vortrag Generalfeldmarschall und General Jeschonnek", wenn auch, wie üblich, ohne nähere Angaben. Wahrscheinlich ist hieraus zu erklären, daß der ursprünglich vom 25. Jan. datierte Befehl erst am 27. ausgegeben worden ist (Photokopie zeigt nachträgliche Änderung des Datums).

früher als Jodl — erkannt haben, daß nicht der Luftwaffe, sondern der Marine die weit größere Last der „Weserübung" zufallen werde. Dieser wiederum konnte man aber bei der Zusammensetzung ihres Oberkommandos allein für Seekriegsaufgaben die Gesamtleitung der gemischten Operation nicht übertragen.

Görings Zorn und Enttäuschung über die „seiner" Luftwaffe widerfahrene Behandlung schlugen sich zunächst darin nieder, daß der „Vertreter der Luftwaffe", wie Jodl lakonisch vermerkt, bei dem Zusammentritt des „Sonderstabes" und seiner Einweisung durch Keitel am 5. Februar noch fehlte[16]. Auch in den folgenden Tagen waren es zunächst nur die beiden Offiziere der Kriegsmarine und des Heeres, die im engsten, auch räumlichen Anschluß an die Abt. L ihre Arbeiten aufnahmen. Abgesehen jedoch von der nur in großen Zügen gehaltenen „Studie Nord", fehlte es ihnen dabei zunächst an allen und jeglichen Unterlagen, da Skandinavien in der Vergangenheit niemals zu dem Studienbereich eines deutschen Generalstabes gehört hatte. Selbst Karten waren nicht vorhanden. Außerdem wurde aber auch bald klar, daß der „Sonderstab" kaum einen festeren Stamm und Rahmen für eine leistungsfähige Befehlsorganisation abgeben konnte als der WFStab selbst.

Unter dem zusätzlichen Druck des „Altmark"-Zwischenfalls, der Hitler dann nach allem Zögern „sehr auf Vorbereitung des Unternehmens Weserübung" drängen ließ, gelangte der Chef WFStab bis zum 19. Februar zu der Einsicht, daß nur eine mit allen Führungsorganen ausgestattete Kommandostelle eine schnelle Lösung versprach. Auf seinen Vortrag erklärte Hitler sich noch am gleichen Tage einverstanden, „einen der neuen Kommandierenden Generale" des Heeres samt Stab mit den weiteren Vorarbeiten zu betrauen und ihn auch für die Führung des ganzen Unternehmens unter Leitung des OKW vorzusehen[17].

Durch diesen Vorschlag Jodls wurde binnen weniger Tage erreicht, daß die Befehlsorganisation für die „Weserübung" endlich einen festen Kern erhielt. Auch danach blieben aber der Merkwürdigkeiten noch genug. Zunächst wandte man sich seitens des OKW, nachdem am Ende allen Schwankens nun doch wieder das Heer in den Mittelpunkt gerückt war, nicht an dessen Oberbefehlshaber, der sicherlich, der besonderen Art der Aufgabe entsprechend, zumindest ein Armeeoberkommando mit der Aufgabe betraut hätte, sondern zog aus eigener Machtvollkommenheit ein Generalkommando, d. h. die niederste der in Betracht kommenden Führungspotenzen des Heeres, heran. Maßgebend dafür war kaum der Gedanke, daß man dem Heere im Hinblick auf den bevorstehenden Westfeldzug die Abgabe eines höheren Stabes nicht zumuten könne. Als viel wahrscheinlicher darf es gelten, daß der Chef WFStab und mit ihm der Chefadjutant der Wehrmacht hier eine erste Gelegenheit fanden, sich

16 Tgb. Jodl 5. Febr. 1940 (wörtlich: „fehlt noch").
17 Tgb. Jodl 19. Febr. 1940.

als Neuerer im Sinne Hitlers gegenüber der üblichen Ordnung des Heeres zu bewähren, indem sie ohne Rücksicht auf den Rang den nach ihrer Ansicht geeigneten Mann in Vorschlag brachten. Dem OKH teilte man jedenfalls nur mit, „daß Führer den General von Falkenhorst sprechen will als Finnland-Kenner“[18].

Schon am nächsten Tage wurde Falkenhorst von Hitler selbst eingewiesen und beauftragt. Als er und sein Generalkommando XXI dann unter Einbeziehung des bisherigen „Sonderstabs“, ebenfalls wieder in enger Verbindung mit der Abt. L, an die Arbeit gingen, war der höchst eigentümliche Zustand eingetreten, daß der Oberste Befehlshaber der Wehrmacht sich für den Anteil des Heeres an dem Norwegenunternehmen nicht auf das OKH, sondern lediglich auf ein Generalkommando stützte, dem außerdem noch — unter dem OKW — die Gesamtführung zufiel! Keitel und Jodl gingen auch gleich daran, über den Kopf des Heeres hinweg, nur in Gemeinschaft mit dem Befehlshaber des Ersatzheeres, die Divisionen auszuwählen, die sie für die „Weserübung“ als besonders geeignet ansahen. Der Chef des Gen.Stabs des Heeres hingegen, der überhaupt erst bei diesem Anlaß Näheres über die Pläne zur Besetzung von Dänemark und Norwegen erfuhr, beschloß seine Notizen dazu mit den resignierenden Sätzen: „Über diese Angelegenheit ist zwischen dem Führer und dem Ob d H kein Wort gewechselt worden. Das muß für die Kriegsgeschichte festgehalten werden.“[19]

Die Beweggründe Hitlers bei dieser unerhörten Nichtachtung des OKH wurden dem Heere gegenüber nur mit den Worten erläutert: „Stab XXI soll dem OKW unterstellt werden, um Schwierigkeiten durch Luftwaffe zu vermeiden.“[20] Diese wenig überzeugende Begründung, die sich schon einige Tage später durch das Dazwischentreten Görings als gänzlich illusorisch erwies, bedeutete im Grunde wohl nur eine andere Form für den Willen Hitlers, in dem bevorstehenden, von allen drei Wehrmachtteilen zu tragenden Feldzug „seinen persönlichen und unmittelbaren Einfluß“ zu wahren oder zu dem ungeduldig erstrebten, eigenen Feldherrn-Lorbeer zu gelangen. Die andere, schlichtere Annahme, daß er das OKH neben den gleichzeitigen Vorbereitungen für den Westfeldzug nicht noch mit Norwegen habe belasten wollen, ist schon deswegen nicht stichhaltig, weil lediglich die Operationsabteilung samt ihren höheren Vorgesetzten, nicht aber die übrigen Dienststellen des Heeres, wie z. B. diejenigen für Feindnachrichten, Transporte und Nachschub, ausgeschaltet werden konnten. Für diese war im Gegenteil die Belastung allein schon dadurch, daß sie

18 Tgb. Halder 20. Febr. 1940; Falkenhorst war der Kommandierende General des Generalkommandos XXI und hatte im 1. Weltkrieg als Generalstabsoffizier an Kampfhandlungen im baltisch-finnischen Raum teilgenommen. Die Form der Beorderung sollte außerdem der Tarnung der wirklichen Absichten dienen.

19 Tgb. Jodl 20. und 21. Febr.; Tgb. Halder 21. Febr. 1940.

20 Tgb. Halder 21. Febr. 1940.

nunmehr zwei Stellen dienen mußten, eher größer als geringer. Trotzdem sollte die Befehlsorganisation, wie sie der Norwegen-Feldzug, scheinbar noch als Improvisation, mit sich brachte, das Vorbild werden für jene einmalige Einrichtung der sogenannten „OKW-Kriegsschauplätze", die alle späteren Jahre des Krieges überdauert hat[21].

Die Eignung Hitlers und seines Stabes zur unmittelbaren Führung einer militärischen Operation, die hier als letztes der besonderen Merkmale dieses Feldzugs hervorgehoben werden soll, wurde schon gleich nach dem Erlaß der grundlegenden „Weisung für Fall Weserübung" auf eine harte Probe gestellt.

Falkenhorst und sein Generalkommando hatten gute und schnelle Arbeit geleistet. Auf ihren mündlichen Vortrag und Hitlers Einverständnis hin setzte Jodl selbst sogleich den Wortlaut der „Weisung" auf, die von der Abt. L nur noch „auszufertigen" war. Offenbar schon daran gewöhnt, das Norwegen-Unternehmen als Hitlers eigenste Angelegenheit anzusehen, hatte der Chef WFStab dabei, ohne noch einmal, wie sonst üblich, mit den Oberkommandos der Wehrmachtteile Fühlung nehmen zu lassen, auch gleich Zahl und Art der Kräfte in den Befehl aufgenommen, die von Heer und Luftwaffe aufzubringen wären, und außerdem die Bestimmung vorgesehen, daß die mit dem Heere zusammenwirkenden fliegenden Verbände der Luftwaffe dem General von Falkenhorst taktisch unterstellt sein sollten[22].

Das Verhalten Hitlers und der Spitzen der Wehrmacht angesichts der Begleiterscheinungen und Folgen, die sich aus diesen Regelverstößen ergaben, kann nicht besser als aus den zugehörigen Aufzeichnungen der Nächstbeteiligten deutlich gemacht werden[23].

21 Zum Vergleich mit der militärischen Unordnung unter einer autoritären Staatsführung sei hier die einwandfrei klare Befehlsorganisation der verbündeten Demokratien bei den großen angelsächsischen Landeoperationen in Nordafrika (November 1942) und in der Normandie (Juni 1944) herangezogen (nur in groben Zügen):

a) Einigung der Staatschefs über die Person des Befehlshabers, dabei ebenfalls Auswahl nach der Eignung des Mannes (General Eisenhower), dem dann aber auch der höchste militärische Rang verliehen wurde;

b) Direktive der Combined Chiefs of Staff an den Befehlshaber (1. Text, S. 44);

c) Unterstellung sämtlicher zur Teilnahme an der Operation bestimmten Stäbe und Truppen, gleich welcher Nation und welchen Wehrmachtteils, unter den Befehlshaber;

d) verantwortliche Vorbereitung und Führung der Operation allein durch den Befehlshaber und seinen Stab einschließlich auch der späteren Landesverwaltung (vgl. „Supreme Command", S. 53—55).

22 Tgb. Jodl 29. Febr. 1940; für den ursprünglichen Wortlaut der Weisung s. Hubatsch, Weisungen, S. 49.

23 Die im folgenden in Klammern gesetzten Worte sind vom Verfasser erläuternd hinzugefügt (gilt auch für die weiter unten im Text folgenden Tagebuchauszüge).

1. März
Halder: „Versprechen, vor Aufstellung der Anforderungen mit uns in Fühlung zu treten, wurde nicht gehalten."
Jodl: „Sturm beim Ob d H über Abstellungen ...
Rücksprache von mir mit Jeschonnek, Verminderung der Anforderungen."

2. März
Halder: „Keitel will gute Truppen ... v. Brauchitsch weist darauf hin, daß 20 % unserer OKH-Reserven gebunden werden."
Jodl: „Einigung mit Heer.
Generalfeldmarschall (Göring) tobt und wird unfreundlich gegen Chef OKW, geht 13 Uhr zum Führer. Nachmittags ergeht neue Anforderung, die nach Rücksprache mit Heer und Luftwaffe etwas vermindert wird" ...

3. März
Jodl: „Führer spricht sich sehr scharf über die Notwendigkeit aus, rasch und stark in Norwegen aufzutreten, ... Ob d L wendet sich gegen jede Unterstellung von Verbänden der Luftwaffe unter XXI. A.K."

4. März
Jodl: „Alle Kräfte der Luftwaffe treten unter X. Flieger Korps. Dieses erhält nach Anforderungen Stab XXI. A.K. seine Befehle durch Ob d L.
General Bodenschatz beschwert sich über Ausschaltung Generalfeldmarschall bei Weserübung. Kein Offizier der Luftwaffe sei vorher gefragt worden. Unterstellung untragbar. Wut auf Generaloberst Keitel. Ich berichtige diesen Irrtum."

5. März
Jodl: „Große Besprechung über Weserübung mit 3 Oberbefehlshabern. Feldmarschall tobt sich aus, da bisher nicht befaßt. Reißt Aussprache an sich und will beweisen, daß alle bisherigen Vorarbeiten nichts taugen ...
Ergebnis:
a) stärkere Kräfte nach Narvik,
b) Kriegsmarine soll Schiffe in den Häfen lassen, ...
c) ...
d) 6 Divisionen für Norwegen vorsehen."

6. März
Jodl: „Vorbereitungen haben nun feste Gestalt angenommen. Führer unterschreibt Weisung, die alle Änderungen nach der Besprechung vom 5. März enthält. Es darf jetzt nichts mehr geändert werden."

Aus diesen Vorgängen seien die folgenden Erkenntnisse festgehalten, die als charakteristisch für den damaligen Aufbauzustand des deutschen Hauptquartiers gelten können.

1. Die Befehlserteilung des OKW erweist sich als so unzulänglich, daß selbst eine mit Hitlers Unterschrift erlassene Weisung auf nachträgliche Einwände hin gegen alle militärische Ordnung, ganz zu schweigen von den Regeln des „Führerstaats", abgeändert werden muß.

2. Der ObdH, der sich durch die besondere Befehlsorganisation völlig beiseite geschoben sah, verzichtet auf jeden Einspruch dagegen[24], während der ObdL es nicht einmal zuläßt – und sich damit auch durchsetzt –, daß einzelne zur Unterstützung des Heeres bestimmte Fliegerverbände seinem alleinigen Befehl entzogen und zeitweilig einem Generalkommando des Heeres unterstellt werden sollten[25].

3. Nach allen Gegenvorstellungen werden die vom Heere zu stellenden Kräfte schließlich noch um eine ganze Division und zahlreiche Einzelformationen erhöht[26], während die Luftwaffe auch in dieser Hinsicht freie Hand behält.

4. Die Kriegsmarine, die fürs erste anscheinend noch keinen Einspruch erhoben hat, erreicht es in der Folgezeit, daß Hitler seine Forderung auf Belassen von Kriegsschiffen in den norwegischen Häfen nach vollzogener Landung fallen läßt[27].

5. Hitler selbst hält sich bei den mehrfachen Besprechungen im größeren Kreise besonders Göring, aber auch Raeder gegenüber zurück, ergeht sich aber hinterher vor seiner engeren Umgebung in umso stärkeren Reden und Forderungen.

Diese Begebnisse der Vorbereitungszeit, die schon starke Schatten auf das Bild Hitlers in der Rolle eines militärischen Befehlshabers werfen mußten, wurden noch weit überboten durch sein Verhalten während des Feldzugs. Der Vision vom „Großgermanischen Reich“, von der er sich am Abend des ersten Tages in nichtsahnender Verkennung der – wie bei jeder großen Operation – erst noch bevorstehenden Krisen fortreißen ließ, folgte ein über mehr als eine Woche währendes Schauspiel erbärmlicher Unzulänglichkeiten. Das Tage-

24 Zu der abschließenden Besprechung Hitlers mit den Oberbefehlshabern und General von Falkenhorst über die „Weserübung“ am 2. April 1940 war der ObdH nicht einmal mehr zugezogen (nach Tgb. Jodl von diesem Tage). Halder seinerseits fand sich offenbar mit den ihm aus ungenannter Quelle (Adjutantur?) zugegangenen Mitteilungen ab, die er in seinem Tagebuch, wie folgt, verzeichnet hat: 2. April: „Übernahme Weserübung durch Heer binnen kurzer Zeit“; 3. April: „Dänemark soll am W plus 3 Tag (3 Tage nach Besetzung) übernommen werden durch ObdH.“ (Dies letztere ist auch am 12. April geschehen.)

25 Als besonders groteske Folge aus dieser Anordnung sei der nachstehende, nur als Beispiel zu wertende Vorgang vermerkt: Tgb. Halder 19. April 1940: „Falkenhorst hat keinen einzigen Flieger. Angewiesen auf Faßberg, Lüneburg(er Heide)“ ...

26 Vgl. u. a. Tgb. Halder 5. März 1940.

27 Vgl. hierzu Tgb. Jodl 28. März 1940: „Führer kommt abends ins Kartenzimmer, um scharf auszusprechen, daß er sich nicht damit abfinden will, daß die Marine aus den norwegischen Häfen sofort wieder abhaut (sic). Narvik, Drontheim und Oslo müssen von Seestreitkräften belegt bleiben. Schlechter Eindruck auf Erdtruppe.“ – 29. März: „Führer spricht allein mit ihm (Raeder) wegen des Belassens von Schiffen. Großadmiral lehnt Narvik ab, will aber prüfen, ob man nicht Drontheim sofort als Stützpunkt einrichten kann.“ – 2. April: „Vorstellungen des ObdL, daß Schiffe der Kriegsmarine z. Teil sofort wieder auslaufen. Führer mißbilligt es ebenfalls, will aber nicht zu stark in reine Seekriegsangelegenheiten eingreifen.“

buch des Generals Jodl, eines gewiß unverdächtigen Zeugen, der aber seinerseits in jenen Tagen zu dem vollen Inhalt seiner Stellung und Verantwortung emporwuchs und sich an führender Stelle große Verdienste um den guten Ausgang des Feldzugs erworben hat, soll auch hier, ergänzt durch einige Auszüge aus Halders Aufzeichnungen, eine unmittelbare Anschauung und damit die Grundlage für eine eigene Urteilsbildung bieten.

14. April

Jodl: „Dietl wird nicht angegriffen, ist aber von Nordgruppe getrennt[28]. Aufregung fürchterlich (bei Hitler). Alle Einzelheiten sollen von hier befohlen werden."

Halder: „Generaloberst von Brauchitsch kommt vom Führer. Ergebnis: Narvik glaubt man nicht halten zu können." „Wir haben Pech gehabt" (Worte Hitlers).

15./16. April

Jodl: „Vorwürfe gegen Kriegsmarine, vor allem wegen Nichtaufnahme des Kampfes durch Schlachtschiffe[29] und daß es ihr nicht gelingt, die Transporte zu beschleunigen. Unberechtigt — ich (Jodl) halte scharf dagegen."

Halder: „Ob d H hört von Keitel, daß Narvik geräumt werden soll. Das dürfen wir nicht machen — Rücksprache mit Jodl[30]. — Jodl: Stadt Narvik nicht zu halten. Gebirgstruppen werden auf die Berge zurückgenommen. Frage der endgültigen Preisgabe des Bereichs um Narvik ist noch nicht entschieden."

17. April

Jodl: „Führer äußert sich wieder in temperamentvoller Art, daß Gruppe Dietl nach Süden abmarschieren muß oder abgeholt wird. Ich (Jodl) vertrete nochmals in schärfster Form, daß

a) ein Abmarsch nach Süden unmöglich ist;

b) auch ein Abtransport nur ganz geringe Teile befördern kann, zum Verlust zahlreicher Flugzeuge führt und der Gruppe Dietl das moralische Rückgrat bricht.

Sie wird noch lange Zeit an der schwedischen Grenze kämpfen. Man soll eine Sache erst verloren geben, wenn sie verloren ist ...

15.30 Uhr: ... Der Kampf, welchen Auftrag Gruppe Narvik bekommen soll, lebt erneut auf. Jede ungünstige Meldung führt zu schlimmsten Befürchtungen. Chef L und LIH legt Beurteilung der Lage vor, der ich voll zustimme[31].

Diese und den Beweis, daß wir gar nicht genug Langstreckenflugzeuge haben, um Truppen aus Narvik abzuholen, lege ich (Jodl) dem Führer vor. Außerdem

28 General Dietl befehligte die Landegruppe Narvik, die in der Hauptsache nur aus einem Geb.Jäg.Rgt. der 3. Geb.Div. bestand; was Jodl hier mit „Nordgruppe" gemeint hat, ist unklar.

29 Der Flottenchef hatte es auf dem Rückmarsch aus dem Nordmeer befehlsgemäß vermieden, die in See befindlichen englischen Streitkräfte anzugreifen.

30 Der Chef des GenStdHeeres stellte hiernach offenkundig alle etwaigen Ressentiments zugunsten einer vernunftgemäßen Führung zurück.

31 Diese Beurteilung war von dem 1. Gen St Offz. Heer („L I H") in der Abt. L, Oberstltn. d. G. von Loßberg, angeregt und im wesentlichen auch von ihm verfaßt worden.

eine Weisung, die ... in unserem (Jodl, Chef L und LIH) Sinne gehalten ist. Kämpfen und Kräfte fesseln und nicht aufgeben.

Sogar Professor, der Norwegen kennt, wird aus Innsbruck geholt (auf Hitlers Anordnung), um gehört zu werden, ob Gebirgstruppen von Narvik nach Fauske kommen können, was unmöglich ist nach meiner (Jodls) Bergerfahrung.

Abends unterschreibt Führer den ... Befehl an Dietl, „sich so lange als möglich zu halten."

18. April

Jodl: „Führer wieder beruhigt ... Es ist sogar möglich, den Befehl von gestern abend noch schärfer im Sinne des Haltens und Kräftefesselns abzuändern ...

Ruhiger Tag, der für die etwas angespannten Nerven wohltuend wirkt."

Halder: „a) Jodl: Ob d H muß gehört werden über Narvik[32]. Auswirkungen auf das Heer ...
b) Führer: Auf die Dauer Narvik nicht zu halten ... Führer wollte gestern Truppen Narvik wegnehmen, zunächst aufgegeben."

19. April

Jodl: „Erneute Krise.

Politische Aktion ist gescheitert. — Nach Auffassung des Führers muß Gewalt angewendet werden. Gauleiter Terboven soll eingesetzt werden.

Generalfeldmarschall wirkt in derselben Richtung; er bemängelt, daß nicht energisch genug gegen Zivilbevölkerung aufgetreten wird, ... daß nicht genug Truppen durch die Marine herangebracht werden. Luft kann nicht alles machen.

Chef OKW verläßt Saal, es droht erneut ein Führungschaos, da (von Hitler) in alle Einzelheiten hineindisponiert wird und jede geordnete Arbeit der zuständigen militärischen Führung zunichte gemacht wird ...

Abends trifft Terboven ein; der Führer unterrichtet ihn nach Tisch allein. Ob es gelingt, ihn auf die Tätigkeit eines Zivilkommissars zu beschränken, wie es (Abt.) L vorschlägt, ist fraglich; man muß noch mit ihm persönlich sprechen."

20. April

Jodl: „Führers Geburtstag ... Jeder Sturm hat sich gelegt.

Dem Führer ist offenbar durch Meldungen der Luftwaffe die Auffassung suggeriert worden, wie wenn die Norweger schon in großem Maße Kleinkrieg und Sabotage führen würden. Ich habe schon am 19. Auffassung widersprochen. Wir dürfen die Norweger nicht zur passiven oder gar aktiven Resistenz führen, denn das ist ja gerade das Ziel der Engländer."

21. April

Jodl: „Generaloberst (Keitel) führt am 20. April abends einen langen Kampf (mit Hitler), um eine Formulierung des Auftrags an Terboven zu erreichen, die den militärischen Notwendigkeiten Rechnung trägt.

32 Der Hilferuf Jodls um Unterstützung durch den Ob d H zeigt, daß er trotz des bei Hitler inzwischen erreichten Befehls, der im übrigen auch noch vieles offen ließ, an dessen Standfestigkeit zweifelte. — Vgl. zu dem Verhalten Hitlers in diesen Tagen auch die besonders treffende Darstellung bei Ansel, „Hitler Confronts England" (im folgenden „Ansel"), S. 60/61.

Führer möchte großes Schiff (die ‚Bremen') mit ... Personal und Material nach Drontheim bringen. Ob d M hält das besonders jetzt für ausgeschlossen."

22. April
Jodl: „Führer ist zunehmend beunruhigt über die englischen Landungen (bei Andalsnes und Namsos) ... Ich stelle demgegenüber die schwierige Lage der Engländer dar, die über keinen brauchbaren Hafen und keinen Flugplatz verfügen."

23. April
Jodl: „Die Erregung nimmt zu ... Kräfte, die in Narvik sind, sofort neu aufstellen (in der Heimat), um 3. Geb.Div. wieder kampffest zu machen."

24. April
Jodl: „Lage erscheint viel günstiger."

25. April
Jodl: „Optimistische Stimmung hält an."

30. April
Jodl: „Um 13.55 Uhr kann ich dem Führer melden, daß die Landverbindung zwischen Oslo und Drontheim hergestellt ist[33]. Führer ist außer sich vor Freude. Ich muß mittags neben ihm sitzen."

Jedem Unbefangenen dürfte sich aus diesem Hergang die Erkenntnis aufdrängen, daß der Erfolg des Norwegen-Feldzugs nicht Hitler zu verdanken, sondern t r o t z aller seiner grobschlächtigen Eingriffe von der nachgeordneten Führung und der Truppe einer überlegenen Wehrmacht errungen worden ist. Besonders sei festgehalten, daß Narvik, der eigentliche Schlüsselpunkt der ganzen Operation, würde es nach Hitler gegangen sein, schon wenige Tage nach der Besetzung und nach dem Verlust von mehr als der Hälfte des Bestandes an großen Zerstörern der Kriegsmarine ohne Not wieder aufgegeben worden wäre.

Hatte hiernach das erstmalige Unterfangen des deutschen Diktators, die Befehlsorganisation und die Führung einer Kriegshandlung von seinem persönlichen Ehrgeiz und politischen Prestigebedürfnis abhängig zu machen, durch die verständnisvolle Zusammenarbeit in allen Führungsstufen der Wehrmacht noch einen gesunden Ausgleich erfahren, so war doch damit der Eindruck eines erschreckenden menschlichen Versagens dieses Mannes an der Spitze des Reichs nicht behoben. In Ergänzung der Szenen kopfloser Erregung, die das Tagebuch des Chefs WFStab drastisch genug wiedergibt, sei hierzu noch ein eigener Eindruck überliefert, der sich dem Verfasser in jenen kritischen Tagen gelegentlich einer Vorsprache bei Jodl in der Reichskanzlei darbot, als Hitler, unbeachtet auf

33 Diese Landverbindung gab der Besetzung von Süd- und Mittel-Norwegen erst den nötigen Rückhalt.

einem Stuhl in der Ecke hockend und in dumpfem Brüten vor sich hinstarrend, das Heil anscheinend nur noch von neuen Nachrichten erwartete, die er, um keinen Augenblick zu versäumen, gleich gemeinsam mit dem Chef WFStab am Fernsprecher aufnehmen wollte. Dem Chef L blieb damals nur, sich von diesem Bild der Würdelosigkeit abzuwenden. Unwillkürlich stellten sich aber auch Vergleiche mit den großen Feldherren der deutschen Geschichte ein, die sich nach Anlage, Selbstzucht und Erfahrung zu ihrem Führertum berufen fühlen durften. Rühmt doch heute noch die Nachwelt einem Moltke „die unerschütterliche Ruhe und Sicherheit" nach, „die auf den Schlachtfeldern Böhmens und Frankreichs immer wieder Staunen weckte". Der große Historiker, der so schreibt, vermittelt dabei aber auch die Erkenntnis, daß diese Haltung Moltkes „mehr noch das Ergebnis untrüglich klarer Einsicht als eines eisern disziplinierten Willens" war, um schließlich den tieferen Grund „in diesem Allerpersönlichsten" zu finden, „der unlösbar engen Verbindung des Rationalen mit dem Ethischen"[34].

Das „Allerpersönlichste" eines Hitler hatte sich, wenn es noch eines Beweises dafür bedurfte, im Norwegen-Feldzug anders offenbart. Aber auch die mißliche Organisation des Hauptquartiers, soweit bei der weiten, räumlichen Trennung aller Teile von einem solchen überhaupt schon die Rede sein konnte, hat an den Vorgängen jener Tage in der Reichskanzlei ihren gemessenen Anteil gehabt. Denn bei aller „Zivilcourage", mit der General Jodl in den Höhepunkten des Geschehens mehrfach aufgetreten war, ist doch nicht zu übersehen, daß gerade er früher den Anspruch Hitlers auf eine unmittelbare militärische Führung nach allen Kräften und gegen alle Einwände unterstützt und er auch die Ausschaltung des OKH bei dem Norwegen-Feldzug maßgeblich betrieben hatte. Der Chef des WFStabes durfte sich hiernach am wenigsten wundern, daß ein Hitler nun auch über alle Grenzen hinwegging und mit seinen Übergriffen selbst in taktische Einzelheiten schon das warnende Beispiel für seine gesamte spätere „Führung" aufrichtete. In kleinem, wenngleich keineswegs unbedeutendem Maße trug dazu auch noch bei, daß die Spitzen des OKW mit ihrem Sitz in der Reichskanzlei es Hitler allzu leicht machten, nur von einem Zimmer ins andere gehend, mit immer neuen Fragen und Forderungen auf sie einzudringen, während sie sich selbst ihres unmittelbaren Rückhalts an ihren nächsten Mitarbeitern in der Abt. L begeben hatten. Diese, die sich räumlich abgesetzt, von den drückenden Einflüssen der Nähe Hitlers gänzlich frei zu halten wußten, haben denn auch damals ihrerseits, mehr wohl als es ihnen später noch jemals möglich werden sollte, dazu beigetragen, dem Chef des WFStabes den Rücken zu stärken.

Irgendwelche Folgen aus allen diesen Erfahrungen sind für die äußere oder innere Form des nun dicht vor seinem erstmaligen Zusammentritt stehenden Feld-Hauptquartiers nicht gezogen worden. Mit dem glücklichen Ausgang des

34 Gerhard Ritter, „Staatskunst und Kriegshandwerk", Bd. I, S. 245.

Norwegen-Feldzugs, der, wie im übrigen, so auch nach Organisation und Verhalten der obersten Führung einem Abenteuer gleichkam, war man dort nicht nur bereit, alle Unzuträglichkeiten zu vergessen, sondern fand sich schließlich offenbar noch, wie sich bald erweisen sollte, in der angewendeten Führungsmethode bestätigt. Den gefährlichsten Lohn trug der Chef WFStab, General Jodl, davon: Außer dem Tischplatz neben Hitler, den er nun über mehr als 2 Jahre beibehalten „durfte", hatte seine aufrechte Haltung das Vertrauen des Obersten Befehlshabers in sein militärisches Urteil endgültig gefestigt, — eine ebenso fragwürdige wie verpflichtende Bürde.

TEIL III

In der Zeit überwiegender militärischer Erfolge

Mai 1940 bis Anfang Dezember 1941

Kapitel 1

Die Ausgangslage

Mit der „Siegesmeldung aus Norwegen"[1] war Anfang Mai der Weg für den Beginn der Offensive im Westen frei geworden. Hitlers eigener Entschluß, erst „mit einigen Tagen Zwischenraum" zu dem neuen Feldzug anzutreten, hatte sich gegenüber dem Vorschlag Jodls, die beiden Operationen „zeitlich und kräftemäßig voneinander unabhängig" zu machen[2], als der richtigere erwiesen, da die Luftwaffe bis in den Mai hinein mit starken Kräften in Norwegen gebunden blieb.

Dem Beginn des Westfeldzugs gingen noch letzte unruhige Tage voraus, in denen das Wechselspiel zwischen Wettermeldung und Befehlsausgabe in immer dichteren Zeitabständen von neuem anhub. Der Ob d L, in dessen Stabe das Wetter „gemacht" wurde und dessen Flieger und Fallschirmer auch mehr als alle anderen Teile der Wehrmacht auf günstiges Wetter angewiesen waren, setzte den wiederholten Aufschub durch. Das Heer war bei diesen Besprechungen in der Reichskanzlei wiederum weder vertreten noch wurde es gefragt; ihm fiel es „nur" zu, in Stärke von mehr als 2 Millionen Mann zu jederzeitigem Antreten innerhalb von 24 Stunden bereitzustehen. Hitler selbst zeigte sich am 7. Mai „sehr erregt über neue Verschiebung, da Gefahr des Verrats" gegeben, und erklärte tags darauf, wiederum „sehr erregt", nicht mehr länger warten zu wollen. „Gegen sein Gefühl", wie er sagte, ließ er sich dann von Göring doch noch einen letzten Aufschub bis zum 10. Mai abringen, „aber keinen Tag mehr länger". Mit dieser Entscheidung, zu der auch der Chef OKW – gewohnheitsmäßig beipflichtend – drängte, hatte Hitler schließlich das Zeichen zum Antreten gegeben, ohne daß die für das Warten durch alle jene Monate hindurch maßgebliche Voraussetzung einer günstigen Wetterlage erfüllt war. Doch das Glück half nach: Am 9. Mai um 9 Uhr abends, eine halbe Stunde vor dem – nach der Zeittafel – „letzten Termin für Anhalten des

1 Tgb. Jodl 2. Mai 1940.
2 Vgl. Tgb. Jodl 28. Febr. und 3. März 1940.

Angriffs durch den Führer", konnte der Chef des Generalstabs der Luftwaffe melden, „daß Wetterlage für 10. günstig wird"[3]. Dem leitenden Metereologen der Luftwaffe trugen seine Verdienste eine goldene Uhr ein.

Aus verschiedenen Richtungen und zu verschiedenen Zeiten trafen am frühen Morgen des 10. Mai die einzelnen Gruppen der obersten Führung, die in der Folge das deutsche Feld-Hauptquartier bilden sollten, mit Eisenbahn und Flugzeug im Raume um Euskirchen ein. Der „Führerzug", mit Hitler und seiner Umgebung in der üblichen Weise besetzt, war schon nachmittags vorher von einem kleinen Bahnhof bei Berlin in nördlicher Richtung abgefahren, um erst nach Einbruch der Dunkelheit den Weg nach Westen zu nehmen. Chef und leitende Offiziere der Abt. L flogen gegen Mitternacht von einem Flugplatz bei Spandau in einer Maschine der „Kurierstaffel" des OKW ab; der Sonderzug der Abteilung brachte die übrigen Offiziere und Beamten samt den Schreibern, Zeichnern und Nachrichtenleuten. Zur gleichen Zeit wechselte auch der Ob d H mit dem Chef des Generalstabs und seinem stark beschnittenen Stabe von Zossen nach der „Försterei" nahe dem Hitler'schen Hauptquartier über[4].

Die „Feldstaffel" der Abt. L fand sich gegen 6 Uhr früh in einem großen Bauernhof des Dorfes Rodert dicht oberhalb der Stadt Münstereifel zusammen, — nur wenige hundert Meter abseits der auf allen Straßen und Wegen den westlichen Grenzen zuströmenden Marschkolonnen, über denen die eigenen Flieger den Morgenhimmel beherrschten. Einfache, von außen her kaum sichtbare, aber äußerst praktische Ausbauten hatten aus dem Hof in den vorangegangenen Wochen eine völlig zureichende Arbeits- und Wohnstatt für die etwa 15 Offiziere und Beamte und die 30—40 Köpfe zählenden Hilfskräfte entstehen lassen. Als höchst unerwünschte Nachbarschaft wurde es nur sogleich von allen empfunden, daß ein Teil der Baulichkeiten mit Mitgliedern der näheren Umgebung Hitlers belegt war, darunter auch den Leibwachen, die bei Tag und Nacht, wie sich bald herausstellte, kein Ende eines lärmenden Lagerlebens finden konnten. Die Wogen schlugen wahrscheinlich umso höher, weil man dort — entsprechend der den ganzen Krieg über für den Sperrkreis I geltenden Ordnung — unbegrenzt auf Kosten Hitlers zehrte. Für die Feldstaffel der Abt. L galt dagegen dieselbe Versorgung wie für jede andere Einheit des Heeres. Verbindungen zwischen den beiden Bewohnergruppen des Hofes, die später auch nie mehr unter einem Dach vereinigt werden sollten, wurden in keiner Rangstufe aufgenommen.

Im Laufe des Vormittags jenes ersten Tages im „Felsennest" erschien Hitler mit Gefolge, um sich die Arbeitsräume und Einrichtungen der Abt. L anzu-

3 Tgb. Jodl 7. bis 9. Mai 1940.

4 Der Rumpf-Stab des Ob d H umfaßte neben dem Chef des Generalstabs nur die Operationsabt. und die Abt. Fremde Heere West, beide unvollständig; die übrigen zum Hauptquartier des OKH gehörenden Gruppen waren in Gießen und Bad Godesberg untergebracht.

sehen. Er begrüßte dabei den einen oder anderen ihm flüchtig bekannten Offizier, jedoch blieb ihm die große Mehrzahl der Angehörigen seines militärischen „Arbeitsstabes", ob Offizier oder Mann, damals ebenso fremd wie immer später. Er hat auch den Sperrkreis II während aller folgenden Jahre des Krieges nie mehr betreten.

Zu seinen eigenen Unterkünften, dem Sperrkreis I, den er zusammen mit den Generalen und Adjutanten seiner üblichen Umgebung aus der Berliner Reichskanzlei bewohnte, führte von dem Bauernhof durch einen hohen Drahtzaun ein Weg hinauf, der sich nach ein- bis zweihundert Metern in niedrigem Buschwerk verlor. Weit verstreut lagen dort die Betonbunker, die als Arbeits- und Wohnräume dienten. Auch der Speiseraum war in einem Bunker eingerichtet. Den Mittelpunkt der Anlage bildete eine auf der Höhe gelegene kleine Holzbaracke von 3–4 Metern im Geviert, der Karten- oder Lageraum, in dem alle größeren Besprechungen stattfanden. Von dieser Stelle aus bot sich auch ein weiter Blick über die in Frühling und Frieden liegenden Berge und Wälder der Eifel, der die Ferne unendlich viel verlockender erscheinen ließ als die Enge und Fremdheit der nächsten Umgebung.

Der Chef WFStab hat vor dem Internationalen Militärgericht nach dem Kriege erklärt: „Das Führerhauptquartier war eine Mischung zwischen einem Kloster und einem Konzentrationslager ... von vielen erhebenden Momenten abgesehen, war unser Leben im Führerhauptquartier für uns Soldaten letzten Endes doch ein Martyrium ..., denn es war kein militärisches Hauptquartier, es war ein ziviles, und wir Soldaten waren dort zu Gaste, und es ist nicht leicht, irgendwo 5½ Jahre zu Gast zu sein."[5] Gewiß haben solche Gedanken dem General Jodl, ganz abgesehen davon, daß er selbst an dieser Entwicklung durch das Abgleiten in ein „Arbeitsstab"-Verhältnis zu Hitler seinen gemessenen Anteil hatte, im Mai 1940 noch ferngelegen. Auch trifft seine Schilderung in viel höherem Maße auf die nächste Umgebung Hitlers als auf den Sperrkreis II zu, der in seinem eigenen Bereich immer nur Soldaten sah und ganz nach soldatischer Regel lebte. Und doch hat Jodl mit seinen Worten Geist und Wesen des gesamten Hauptquartiers im Kern treffend gekennzeichnet. Dabei war das Charakteristische nicht etwa die Zusammensetzung des inneren Kreises aus einer Mehrzahl von Nicht-Soldaten, zumal jeder von ihnen sich irgendeine feldgraue Uniform mit teilweise selbstgewählten Abzeichen zugelegt hatte; es war auch nicht der zu jener Zeit noch verhältnismäßig geringe Zudrang von Parteigrößen, die dem militärischen Element um Hitler die Waage halten zu müssen glaubten; letzten Endes war es vielmehr Hitler selbst, der, das Hauptquartier beherrschend, diesem Geist Gestalt und Ausdruck verlieh.

So sehr er auch in seinen eigenen Erlebnissen als Soldat des ersten Weltkriegs wurzeln mochte, so maßgeblich er den Aufstieg der neuen Wehrmacht

5 IMT-Bd. XV, S. 325 und 330.

beeinflußt hatte, so voll und ganz sein Denken und Handeln seit Kriegsbeginn der Führung des Krieges zugewendet war, — so fehlte ihm gegenüber doch jedes Gefühl der Gemeinschaft, die allem soldatischen Wesen selbst über nationale Grenzen hinweg eigen ist, — ein Wesen, das jedem Zugehörigen den äußersten Anstand in Denken und Handeln, Vertrauen und Treue, Offenheit und Opferbereitschaft abzwingt oder aber ihn ausschließt aus dem Kameradenkreise. Auch von seiner Seite aus war Hitler keinem der ihn umgebenden Offiziere ehrlich verbunden. Bedenkenlos erspähte und nutzte er ihre Stärken und Schwächen und war in jedem Augenblick bereit, auch und gerade auf sie die Drohung aus seiner Ansprache an die hohen Befehlshaber vom 23. November 1939 anzuwenden: „Ich werde vor nichts zurückschrecken und jeden vernichten, der gegen mich ist." Er war aber auch nicht ehrlich in seinen Worten. General Jodl hat nur einen schwachen Eindruck von all dem Täuschenden, sich Verstellenden, auf Prestige und Propaganda Berechneten vermittelt, wenn er an einer anderen Stelle seiner Vernehmung in Nürnberg über Hitler noch sagte: „Er sprach zu den Politikern, zur Partei ganz anders als zur Wehrmacht, zur SS wieder anders wie zur Wehrmacht und zu den Politikern." Auch innerhalb der höchsten Stellen der Wehrmacht wandte er solche Praktiken an, — alle letzten Endes berechnet auf die Abwehr jedweder Gefahr für sein Regime, auf den höheren Ruhm seiner selbst und der „Partei".

In diesen Unterschieden zu einem echten soldatischen Wesen war es wohl gelegen, was Jodl unter einem „zivilen Hauptquartier" verstanden wissen wollte. Hier auch lag der Grund, der die Heeresoffiziere des Sperrkreis II voller Neid zu dem nahen Hauptquartier des Heeres hinüberblicken ließ, in dem bei aller gleichartigen Abhängigkeit doch wenigstens der Abstand von Hitlers eigener Person weit genug blieb, um „unter sich" zu sein. Ein Zeichen dieser Erkenntnis und Gesinnung, das für viele steht, ergab sich bald, als der Chefadjutant der Wehrmacht es für angezeigt fand, zu den gemeinsamen Mahlzeiten an der Tafel Hitlers im Bunker des Sperrkreis I auch jeweils einen Offizier der Abt. L hinzuzuziehen. Drängten sich zunächst vor allem die jüngeren Offiziere dazu, so mußte späterhin eine „Kommandoliste" eingeführt werden, weil kaum einer mehr freiwillig gehen wollte. Der eigene Kameradenkreis bewahrte eine wesentlich größere Anziehungskraft in der Freizeit als „Hitlers Tischgespräche".

Der Tagesablauf im „Felsennest", ebenso wie später am anderen Ort, gestaltete sich kaum anders wie in Berlin. Wenigstens zweimal innerhalb von jeweils 24 Stunden sammelte die Abt. L auch weiterhin die auf bestimmte Tages- und Nachtzeiten abgestellten Meldungen von Heer, Marine und Luftwaffe, sichtete sie und sandte sie, ergänzt durch Lagekarten, mit Kurier an den Chef WFStab. General Jodl bereitete danach den „Lagevortrag" vor, zu dem sich nach wie vor allein die Angehörigen der „Maison militaire" unter Hitlers Führung im Lageraum versammelten. Auch auf besonders bedeutsame Einzelmeldungen hin, die entweder von den Oberbefehlshabern der Wehrmachtteile über Fernsprecher unmittelbar an Hitler gingen oder ebenfalls an die Abt. L gelangten und von dieser sogleich an Jodl weitergegeben wurden, fand sich der engste Kreis zu unregelmäßigen Zeiten und unter ständigem Kommen und Gehen im Lageraum zusammen.

Die Zwanglosigkeit, die den äußeren Ablauf kennzeichnete, fand auch Ausdruck in der Art und Weise, in der das Frontgeschehen berichtet und besprochen wurde. Aber wie schon in der Zeit zwischen den Feldzügen begonnen und in dem kleinen Rahmen des Norwegen-Feldzugs erprobt, setzte man nun — entgegen allen Warnungen Halders — angesichts eines starken Feindes und einer im steten Wechsel der Lage kämpfenden Front das gefährliche Spiel fort und maßte sich an, von der Stelle des Hauptquartiers aus auch die Führung auf dem Schlachtfeld zu übernehmen. Aus weitschweifigem Gerede entstanden Ansichten, aus Ansichten Entschlüsse, aus Entschlüssen schriftliche „Weisungen" oder sogar direkte Eingriffe in die Maßnahmen selbst nachgeordneter Kommandostellen des Heeres[6], und zwar meist ohne daß trotz aller räumlichen Nähe mit dem OKH vorher Fühlung genommen worden wäre. Bestenfalls fanden die Spitzen des Heeres, wenn sie aus besonderem Anlaß das eine oder andere Mal zu eigenem Lagevortrag erschienen, auch jetzt, genau wie in der Vorbereitungszeit, ein festgefügtes Meinungsbild vor, mit dem sie sich in mühsamer und zeitraubender Weise auseinandersetzen mußten.

In diesem bald von Spannungen überladenen Nebeneinander der beiden höchsten Führungsstellen stand auf seiten des OKW, alles beherrschend, ein Hitler, der voller Ungeduld und Mißtrauen, und ohne je die operativen Grundgesetze von Zeit und Raum zu berücksichtigen, das Ergebnis des Geschehens nicht abwarten konnte, der aber im entscheidenden Augenblick — wie schon bei Narvik — vor der Kühnheit seiner eigenen Entschlüsse zurückschreckte und dann das Übergewicht seiner Stellung mißbrauchte, um der Entwicklung nach Belieben in den Arm zu fallen. Eng ihm zur Seite hielt sich Keitel, der seine Aufgabe — wie immer — darin sah, Hitler beizupflichten, gleichzeitig aber weiterhin bemüht war, die Wege nach allen Seiten zu ebnen und Hindernisse nach Möglichkeit auszuräumen. Viel größeren Einfluß übte Jodl aus. Alle Lehren des Norwegen-Feldzugs anscheinend vergessen, zeigte er sich bereit, dem „Genie des Führers" auch dann gegen den „Ungehorsam der Generale" die Bahn zu brechen, wenn die „kleinmütige Auffassung" nicht, wie er früher

6 Vgl. Görlitz, Keitel, S. 233/234: „Ich (Keitel) war grundsätzlich jeden zweiten Tag unterwegs, am meisten im Bereich der H.Gr. von Rundstedt ... Chef des Generalstabs (dieser Heeresgruppe) war General von Sodenstern, ... mit dem mich alte Freundschaft verband. Mit ihm konnte ich in aller Offenheit über alles sprechen, auch über die speziellen Führerwünsche, ohne befürchten zu müssen, daß er dem OKH (Halder) über „Eingriffe" der obersten Führung berichtete, die dann wieder zu Mißstimmungen gegen mich geführt hätten." Vgl. auch Hubatsch, Weisungen, S. 53, wo solche „Wünsche des Führers" nach einem Handzettel Keitels an das H.Gr. Kdo. A — offensichtlich unter Umgehung des GenStdH — aus dem KTB des H.Gr. Kdos. A wiedergegeben sind.

gemeint hatte, beim Generalstab, sondern eindeutig bei Hitler lag. Die Schärfe der Auseinandersetzungen trug er bis in die Notizen seines Tagebuchs hinein[7]. Beflissene Adjudanten schließlich kamen bei allen Gelegenheiten wieder zu Gehör und übermittelten Hitlers Meinungen und Entschließungen, unbekümmert um das Ganze, auch als Kuriere an die hohen Kommandostellen der Front.

Auf seiten des OKH war der Oberbefehlshaber, Generaloberst von Brauchitsch auf fast täglichen Reisen in Flugzeug oder Kraftwagen bemüht, über allem Planen und Befehlen den lebendigen Kontakt mit dem entscheidenden und wertvollsten Faktor jeder militärischen Führung, dem Menschen – in den Kommandostellen nicht minder als in der Truppe – nach Kräften zu pflegen. Er vermochte jedoch auch aus diesen Begegnungen nicht die Kraft zu ziehen, um sich Hitler gegenüber durchzusetzen und sich selbst anstelle der Berater aus dem OKW den ihm in erster Linie gebührenden Platz zu sichern. Auch Halder hat darum nicht gekämpft. Bei der souveränen Beherrschung seiner Aufgaben als Chef des Generalstabs und umgeben von einer durch gegenseitiges Vertrauen eng verbundener Schar gleichgesinnter und gleicherzogener Generalstabsoffiziere, durfte er erwarten, daß die dieser Führungspotenz innewohnende Überlegenheit sich auf die Dauer von selbst als die stärkere erweisen werde. Tatsächlich ist er während dieser Feldzugswochen besonders dann mehrfach über sich selbst hinausgewachsen, wenn Hitlers Nerven versagten. In seinem Tagebuch hat er sich und der Arbeit seines Generalstabes ein die Zeiten überdauerndes Denkmal des großen Feldzugs gesetzt.

Im Hintergrund hielt sich Göring bereit. Von seinem Verbindungsgeneral ständig über Ansichten und Gegenansichten im Hauptquartier unterrichtet und als ObdL ebenso wie als zweiter Würdenträger des Nationalsozialismus eifernd darauf bedacht, die Waffenglorie des „reaktionären" Heeres im deutschen Volke in Schranken zu halten, fand er sich mit Ferngesprächen oder auch in eigener gewichtiger Person aus seinem in der Nähe abgestellten Zuge stets im rechten Augenblick ein. Seine Zusammenkünfte mit Hitler waren nach wie vor meist keinem anderen Auge und Ohr zugänglich. Was aber davon bekannt wurde, ließ keinen Zweifel, daß er sich auch im Verhältnis zum OKH als „der treueste Paladin des Führers" bewährte[8]. Dabei soll jedoch schon hier gleichfalls festgehalten sein, daß derselbe Göring, seines eigenen soldatischen Standes eingedenk, sich im späteren Verlauf des Krieges oft und erfolgreich für einzelne Offiziere des Heeres verwendet hat, denen Hitler aus nichtigen Gründen bereits ein Todesurteil oder andere entehrende Strafen zugedacht hatte.

Den Offizieren der Abt. L blieb in dem Mit- und Gegeneinander der „Großen" nur ein sehr geringer Spielraum. Von den Lagevorträgen bei Hitler aus-

7 S. im weiteren Text, z. B. S. 110.

8 Vgl. z. B. Tgb. Jodl 24. Mai: „Neue Vertrauenskrise (Hitler/Heer), zumal Generalfeldmarschall (Göring) vorher noch mitteilt, daß ein Befehl des OKH die H.Gr. B in keiner Weise (wie von Hitler gefordert) antreibt, sondern" ... (Zusätze zu Anm. 6 und 8 in Klammern bis auf das Wort „Halder" vom Verfasser).

geschlossen, galt für sie in noch höherem Grade als für die Spitzen des OKH, daß sie sich meist vor fertige Entschlüsse gestellt sahen, auf die nachträglich noch einen irgendwie wesentlichen Einfluß zu gewinnen, ihnen im allgemeinen nicht möglich war, — es sei denn, daß wie im Falle Dünkirchen ein Sturm der Entrüstung alle Schranken durchbrach. In anderen, weniger dringlichen Fällen konnten — gelegentlich und in engem Rahmen — noch Möglichkeiten einer „Mitbestimmung", sei es zur Entschärfung der vom Hauptquartier ausgehenden Befehle nach Inhalt und Form, sei es zu ihrer besseren Anpassung an die tatsächlichen Gegebenheiten der Lage, gefunden werden.

Ansatz und Grundlagen zu diesem stillen Tun suchten und fanden der Chef und die Heeresoffiziere der Abt. L darin, daß sie in *ihrer* Stufe lebendige und vertrauensvolle Beziehungen zum Generalstab des Heeres unterhielten[9] und sich außerdem, wenn immer möglich, an den Fronten umsahen. Doch selbst dabei waren ihnen die Grenzen eng gezogen, da neben den Adjutanten kein Geringerer als der Chef OKW, wie gezeigt, sich dazu drängte, Hitlers Wort und Willen zu verbreiten. Den Offizieren der Abt. L, die meistens ohne Auftrag reisten, blieb es unter diesen Umständen nur übrig, ihre Freunde oder die Truppe aufzusuchen, ohne jedoch als „Fühlunghalter" des Hauptquartiers wirken zu können. Dazu kam, daß Jodl an den von solchen Reisen mitgebrachten Eindrücken ein betont geringes Interesse zeigte. Selbst als der Chef L am Tage der Einnahme von Paris, überwältigt von dem — im Gedenken an die Zeit des ersten Weltkriegs — geschichtlichen Augenblick, aus plötzlichem Entschluß in einem „Storch" — mit einem Begleiter in einem zweiten — auf der völlig menschenleeren Place de la Concorde gelandet war und anschließend dort dem Einmarsch einer in die Stadt einrückenden Division beiwohnen konnte, nahm kein Vorgesetzter nach seiner Rückkehr in das Hauptquartier irgendeine Notiz davon. — Daß beide Bestrebungen, sowohl die Kontakte mit dem Generalstab des Heeres als auch diejenigen mit der Front, soweit es sich um höhere Offiziere des WFStabes handelte, von Hitler und ebenso von Jodl „nicht gern gesehen wurden", weil davon vermeintlich ein nachteiliger Einfluß nach beiden Seiten ausgehen könnte, kam einem gesunden soldatischen Denken nicht in den Sinn. Dies — und manches andere ähnlicher Art — erfuhr man erst aus Eröffnungen *nach* dem Kriege.

Nach allem Vorangegangenen wird es nicht wundernehmen, wenn das Bild des Geschehens im deutschen Hauptquartier, wie es in den folgenden Abschnitten abrollt, in hohem Maße von Streit und Widerstreit zwischen den Spitzen des OKW und des OKH erfüllt erscheint. Die tief verwurzelten Gegensätzlichkeiten erwiesen sich schon „in der Zeit überwiegender militärischer Erfolge" jedweder zeitweilig daraus erwachsenden Gemeinsamkeit überlegen. Selbst *neue* Spannungen gingen oft genug aus den Erfolgen hervor, weil sie unter Hitlers Führung, militärisch oder politisch betrachtet, „Verlorene Siege" bleiben sollten.

9 Vgl. z. B. Tgb. Halder 11. und 12. Juni 1940.

Kapitel 2

Im Westfeldzug

Schon am 14. Mai, vier Tage nach dem Beginn des Feldzugs, erließ Hitler mit der „Weisung Nr. 11" seine erste Richtlinie für die Fortführung der Operationen. Gemessen an ihrem teils bereits bekannten, teils durch die Ereignisse überholten Inhalt — das niederländische Heer, dessen „Widerstand hiernach in Kürze zu brechen" sein sollte, kapitulierte noch am gleichen Tage — verfolgte sie offensichtlich vor allem den Zweck, dem OKH deutlichst vor Augen zu führen, daß der Oberste Befehlshaber der Wehrmacht, anders wie noch in Polen, nunmehr auch die Leitung der Operationen in seine Hand genommen hatte. Gleichzeitig läßt der zugehörige Eintrag im Tagebuch des Chefs WFStab aber auch die treibende Kraft hinter diesem Beginnen erkennen, wenn dort in viel schärferer Form noch ein befehlendes Eingreifen in den Verantwortungsbereich des Heeres zum Ausdruck kommt. Es darf daher dem redigierenden Einfluß der Abt. L zugute gehalten werden, daß sich in diesem Falle bei der Abfassung der Weisung die „Auftragstaktik" noch einmal durchsetzen konnte[1].

Hat der Chef des Generalstabs des Heeres der „Weisung" nicht so viel Bedeutung beigelegt, um sie in seinen Aufzeichnungen nur zu erwähnen, so ergaben sich die ersten, vergleichsweise noch gelinden Aufregungen, als die damit befohlenen Querverschiebungen mehrerer Panzer- und motorisierter Verbände aus dem belgischen Raum hinüber zu dem linken Angriffsflügel ihre gemessene Zeit beanspruchten. Der Verfasser selbst wurde Zeuge, wie Hitler, an einem Feldfernsprecher hängend und mühsam um Verständigung ringend, den Oberbefehlshaber der 6. Armee, Generaloberst von Reichenau,

1 Im Tgb. Jodl 14. Mai heißt es kurz und bündig: ... „ergeht Weisung Nr. 11, die die Zusammenfassung aller Pz. und mot. Verbände vor 4. Armee befiehlt", — in der endgültigen, von der Abt. L redigierten Form der Weisung hingegen nur: ... „die erste Voraussetzung geschaffen, um ... durch einen unter Zusammenfassung stärkerer Kräfte nördlich der Aisne in nordwestlicher Richtung geführten Stoß zu einem großen Erfolg zu kommen." — Der Unterschied zwischen Befehls- und Auftragstaktik wird an diesem Beispiel besonders deutlich.

wegen der vermeintlich verspäteten Freigabe eines dieser Panzerkorps zur Rede stellte. Jodl vermerkte dazu am 16. Mai: „Führer drängt sehr auf Abgabe aller Pz. und mot. Verbände von H.Gr. B an A." Keitel flog sogleich zum Stabe der H.Gr. B, um Hitlers Forderung noch besonderen Nachdruck zu geben. Halder hingegen dürfte auch jedem Laien einen Eindruck von den Schwierigkeiten und der entsprechenden Dauer dieser Bewegungen vermitteln, wenn er am gleichen Tage schrieb: „Es kommt nun darauf an, durch Schaffen einer Zuführungslinie . . . durch den Bereich der 6. Armee dem rechten Flügel des Durchbruchskeils und durch 16. Armee dem linken Flügel . . . Kräfte von der Seite heranzuführen", und wenn er einige Stunden später noch hinzufügte, daß gerade das von Hitler angemahnte Panzerkorps in seinem bisherigen Kampfbereich zur vollen Ausnutzung des Erfolges wieder hatte eingesetzt werden müssen.

Tags darauf schon ergab sich ein Zwischenfall anderer Art, als Hitler, vermutlich unter Einfluß eines langen Gesprächs mit Göring am Abend vorher, plötzlich alle von langer Hand vorbereiteten Maßnahmen für den Aufbau einer Militärverwaltung in den Niederlanden umstieß. Ohne Rücksicht darauf, daß dieses noch keineswegs befriedete Gebiet dicht am Rande des Kriegsgeschehens verblieb, ordnete er aus rein parteipolitischen Gründen nach dem Vorbild von Polen und Norwegen eine zivile Verwaltung an. Sofortige Vorstellungen seitens der Abt. L beim Chef OKW gegen diese Mißachtung militärischer Notwendigkeiten blieben erfolglos. Halder brachte, als er davon erfuhr, mit der letzten Zeile seines Tagebuchs vom 17. Mai mehr als nur die Eindrücke von diesem Einzelfall zu Papier, wenn er schrieb: „Das Verhalten in der Frage Militärverwaltung Holland zeigt wieder die völlige Unaufrichtigkeit der obersten Führung dem OKH gegenüber."

Unter diesen Zeichen bereitete sich der erste schwere Zusammenstoß vor. Es ging dabei um nicht weniger als den Kerngedanken der gesamten Operation, den zügigen Durchbruch zur Küste. Während das Gros der deutschen Panzerverbände nach Überwindung der Maas unaufhaltsam und jedes Erwarten an Schnelligkeit übertreffend nach Westen weiterstrebte, liefen die begleitenden Gedanken der obersten Führungsstellen von Wehrmacht und Heer völlig auseinander. Mit kaum verhaltenem Stolz hatte Halder am 16. Mai schreiben können: „Durchbruchskeil entwickelt sich in geradezu klassischer Form . . . Feindliche Panzerangriffe werden dabei zerschlagen. Die Marschleistungen der Infanterie . . . sind hervorragend." In der klaren, auf zuverlässigen Meldungen beruhenden Erkenntnis, daß die von Süden her herangeführten französischen Kräfte „zu einem Angriff . . . vorerst noch zu schwach" waren, bewegte den Chef des Generalstabs auch weiterhin kein anderer Gedanke, als mit allem Nachdruck an dem „zügigen Vorgehen" der Panzer festzuhalten. Der Flankenschutz im Süden schien ihm dabei durch die „im Staffelverhältnis" ablaufende Bewegung völlig ausreichend gewährleistet. Mit den Worten: „Später kann man diese Front durch nachfolgende Kräfte dann festigen", beschloß er die noch einmal aufgenommene Betrachtung der Lage am nächsten Morgen. Anders Hitler. Wiewohl er zu der kühnen Anlage der Panzer-Operation nicht unwesentlich beigetragen hatte, bangte er nun um den Flankenschutz. Dabei klammerten sich seine Vorstellungen an eine „Perlenschnur" von Infanteriedivisionen, die zu Fuß und zu Pferde erst an Ort und Stelle aufmarschiert sein sollten, ehe der Panzerangriff weiter laufen dürfe. „Er sehe die Hauptgefahr von Süden", eröffnete er am 17. Mai mittags dem Ob d H — wozu Halder in seinem Tagebuch nur meinte: „Ich sehe zur Zeit überhaupt keine Gefahr" — und eilte selbst nachmittags im Kraftwagen nach Bastogne, um dem Oberbefehlshaber der H.Gr. A, Feldmarschall von Rundstedt, die gleichen Besorgnisse nahezubringen. Unter keinen Umständen, sagte er dort, dürfe in diesem Augenblick irgendwo ein Rückschlag eintreten, der dem Gegner einen gefährlichen Auftrieb geben würde. Daher beruhe die Entscheidung gegenwärtig nicht so sehr auf dem raschen Vorstoß zum Kanal, sondern viel mehr auf der schnellsten Herstellung einer absolut zuverlässigen Abwehrbereitschaft an der Aisne und später an der Somme, auch wenn darüber Zeit im weiteren Vordringen nach Westen verloren gehen sollte[2].

Am Abend des 17. Mai fand sich daraufhin der Chef des GenSt des Heeres zu den besorgten Sätzen gedrängt: „Ein recht unerfreulicher Tag. Der Führer ist ungeheuer nervös. Er hat Angst vor dem eigenen Erfolg, möchte nichts riskieren und uns daher am liebsten anhalten." Auch diesmal gab sich Halder am nächsten Morgen erneut Rechenschaft über die Lage, endend wiederum in der Erkenntnis, daß es nur eines geben dürfe, die Operation „ohne den geringsten Aufenthalt" fortzusetzen; „jede Stunde ist kostbar". Nur wenig später jedoch, um die für den Sperrkreis I ganz ungewöhnlich frühe Zeit von 10 Uhr, sah er sich zusammen mit Brauchitsch zu „einer höchst unerfreulichen Auseinandersetzung" Hitler gegenüber. „Tag starker Spannung", heißt es dazu bei Jodl. „OKH hat der Absicht, mit größter Beschleunigung eine Südflanke aufzubauen, nicht entsprochen ... Ob d H und General Halder werden sofort bestellt und ihnen in schärfster Form befohlen, sofort die nötigen Maßnahmen zu ergreifen" ... Während Keitel dann eilends wiederum zur H.Gr. Rundstedt hinüber flog, um deren Generalstabschef, ohne auch nur die Ausführungsbefehle des OKH abzuwarten, zur sofortigen Erfüllung der Hitler'schen Forderungen anzuhalten, und Jodl, offenbar bemüht, nicht ganz beiseite zu stehen, aus selbst angemaßter Autorität noch einen Nachtragsbefehl „von sich" aus gab[3], kehrte Halder sehr ungehalten in das nahe Jagdhaus zurück.

2 Nach dem Kriegstagebuch West, Teil II, der H.Gr. A vom 17. Mai 1940 (freie Rückübertragung aus dem Englischen).

3 Vgl. Tgb. Jodl 18. Mai. Der „Nachtragsbefehl" folgte auf eine den Spitzen des Heeres bei dieser Begegnung übergebene „Weisung" Nr. 12, die nicht erhalten zu sein scheint (vgl. Hubatsch, Weisungen, S. 52), und ordnete an, „auch die 1. Geb.Div. und die rückwärtigen Staffeln der 4. Armee nach Süden ... abzudrehen", ein ganz unzulässiger, aber typischer Eingriff in die Befugnisse des OKH.

„Im Führerhauptquartier", schrieb er, noch ganz unter dem Eindruck des Erlebten, „herrscht eine andere Auffassung. Der Führer hat eine unverständliche Angst um die Südflanke. Er tobt und brüllt, man sei auf dem Wege, die ganze Operation zu verderben und sich der Gefahr einer Niederlage auszusetzen. Er will eine Weiterführung der Operation nach Westen überhaupt nicht."[4]

Schon bis zum späteren Nachmittag war dann auch in diesem Falle wieder alles überholt. Nachdem dem OKH neben der neuen „Weisung"[3] sogar noch eine „Aktennotiz" mit der schriftlichen Festlegung des Gesprächs vom Morgen zugestellt worden war — eine ganz ungewöhnliche, kaum sonst jemals sonst angewendete Form, die Willensmeinung des Obersten Befehlshabers zu unterstreichen —, ließ Hitler sich um 18 Uhr des gleichen Tages durch einen neuen Vortrag Halders überzeugen und gestand nunmehr die „Freigabe der Bewegung" zu. „Damit geschieht schließlich doch noch das Richtige", quittierte der Chef des GenSt des Heeres diesen Ablauf, — aber, wie er hinzufügte, „unter allgemeiner Verärgerung und in einer Form, die nach außen hin als eine Führungsmaßnahme des OKW wirken soll"[4]. — In der Abt. L wurde der Zwischenfall bei der Schnelligkeit seines Ablaufs erst nachträglich bekannt.

Auch in den nächstfolgenden Tagen verzeichnet Jodl, wie an einem Thermometer ablesbar, die ganze Unsicherheit einer Führung, die, bar aller tieferen Erkenntnis und Erfahrung, das Gesetz ihres angemaßten Handelns von Stimmungs- und Gefühlsschwankungen bestimmen läßt. So herrscht am 19. Mai beim OKW erneut „große Besorgnis" über französisch-britische Panzervorstöße aus n ö r d l i c h e r Richtung, die der Chef des Generalstabs des Heeres jedoch als in das operative Konzept passend „geradezu begrüßt", mit der Folgewirkung, daß von den beiden obersten Führungsstellen gänzlich widersprechende Forderungen zum Eingreifen der Luftwaffe ergehen. Am 20. Mai, nachdem abends in kaum 10 Tagen seit Eröffnung des Feldzugs die Sommemündung bei Abbéville erreicht worden war und Feind in Stärke mehrerer Armeen nördlich davon der Einschließung entgegenging, gibt man sich im „Felsennest" einem militärisch ungewöhnlichen Überschwang hin, den Jodl mit den Worten beschreibt: „Führer ist außer sich vor Freude. Spricht in Worten höchster Anerkennung vom deutschen Heer und seiner Führung." Am 21. Mai schon ist Hitler wieder „abends etwas unruhig, daß Infanteriedivisionen nicht genügend vorwärts getrieben werden", und bleibt, wie Jodl eigens vermerkt, „bis 1/2 2 Uhr im Kartenraum"[5].

4 Vgl. Tgb. Halder 18. Mai 1940. In den Teppich hat Hitler, wie hier ein für allemal festgestellt sei, auch bei diesem Anlaß n i c h t gebissen, schon deswegen nicht, weil keiner da war.

5 Tgb. Halder 19., Tgb. Jodl 20. und 21. Mai 1940. Am 20. Mai folgte dem Eintrag Jodls am Schluß noch der Satz: „Über die bewegten Worte des Führers bei der fernmündlichen Mitteilung des ObdH über die Einnahme von Abbéville befindet sich eine besondere Aufzeichnung des Chefs OKW bei den Akten" (bisher nicht bekannt geworden).

Am Tage darauf begannen dann die Ereignisse, die zu dem Drama von Dünkirchen führten. Mit seinem erneuten Eingreifen in die Operationen jener Tage und Stunden, das entgegen der eben feierlich bekundeten „Anerkennung" jedes Vertrauen in die Führung des Heeres vermissen ließ, sollte Hitler nunmehr den Ausgang des Feldzugs – und vielleicht sogar des ganzen Krieges – in entscheidender Weise zum Nachteil Deutschlands beeinflussen. Nach allem, was darüber bereits der Kriegsgeschichte angehört, mag es hier genügen, das bekannte Bild der Vorgänge durch einige Striche aus eigenem Erleben im Hauptquartier zu ergänzen.

Auch diesmal standen sich die Fronten in der üblichen Gliederung gegenüber: auf der einen Seite Hitler mit Keitel und Jodl und dazu vor allem Göring; auf der anderen Brauchitsch und Halder, ganz mit ihnen aber auch die Heeresgeneralstabsoffiziere der Abt. L. Wiederum hielten Hitler und seine Gruppe sich für die neunmal Klügeren und gingen bedenkenlos daran, dem OKH ihre Ansichten und ihren Willen aufzuzwingen. Nach mehrfachen „unerfreulichen Aussprachen" mußte sich Halder am 25. Mai in das Unabänderliche mit den Worten fügen: „Der schnelle linke Flügel, der keinen Feind vor sich hat, wird ... auf ausdrücklichen Wunsch des Führers angehalten." Tags darauf faßte er das ganze Unheil in die drastisch-sarkastischen Sätze zusammen: „Die Panzer und mot. Verbände stehen nach allerhöchstem Befehl wie angewurzelt auf den Höhen zwischen Béthune und St. Omer und dürfen nicht angreifen ... an einer Stelle, an der der Rücken des Feindes dem Zugriff offen liegt", während die durch Belgien herankommende H.Gr. B, lediglich noch aus Infanteriedivisionen bestehend, im „Anrennen gegen eine sorgfältig zurückgeführte, also kampfkräftig gebliebene Front ... langsam und mit Verlusten etwas vorwärtskommt"[6]. Der Gegner aber hatte inzwischen in höchster Eile alles in Gang gesetzt, um am nächsten Tage mit dem Abtransport seiner eingeschlossenen Truppen über den Kanal beginnen zu können.

Genau wie Halder und alle um ihn fanden sich auch die Heeresgeneralstabsoffiziere der Abt. L durch die Befehle Hitlers, als sie – bezeichnenderweise – erst über das OKH davon erfuhren, wie vor den Kopf geschlagen. Jedwede Erklärung wollte ihnen fehlen. Ohne Zaudern machten sich Warlimont und Loßberg auf den Weg „nach oben", um sich zunächst einmal genauer über die Zusammenhänge zu unterrichten. Höchst ungeduldig und allem Anschein nach keineswegs völlig überzeugt, eröffnete Jodl ihnen dort, daß er ebenso wie Keitel und auch Hitler das sumpfige „Niederungsgelände" Flanderns im ersten Weltkrieg hinreichend kennengelernt hätte, um zu wissen, daß man dort keine Panzer verwenden könne. Sie würden auf den schmalen Wegen reihenweise abgeschossen werden, und dann – nach allen bisher schon erlittenen Verlusten – bei dem bevorstehenden zweiten Teil der Offensive in Frankreich fehlen. Was in Flandern noch zu tun bleibe, das könne man getrost der Luft-

6 Tgb. Halder 25. und 26. Mai 1940.

waffe überlassen. Göring habe Hitler die Versicherung gegeben, daß seine Flieger völlig ausreichen würden, um die Einschließung des Gegners nach der Seeseite hin zu vollenden[7].

Bei diesem Stand der Dinge erwies es sich als gänzlich vergebens, die eigenen, bei Ferienaufenthalten an der belgischen Küste in den letzten Friedensjahren gewonnenen Kenntnisse über die seit 1918 erheblich veränderten Geländeverhältnisse in Flandern zu betonen. Auch die Zweifel an der Wirkungsmöglichkeit der Luftwaffe bei Nacht und schlechtem Wetter fanden keinen Widerhall. Zweierlei aus dieser Unterredung, die bis heute unvergessen peinliche Eindrücke hinterließ, erscheint aber im Hinblick auf inzwischen vorliegende Forschungsergebnisse noch bemerkenswert: Jodl hat sich mit keinem Wort auf die vielfach behauptete Zustimmung des Feldmarschalls von Rundstedt zu Hitlers Befehlen berufen, obgleich doch dieses Argument angesichts des überragenden Ansehens Rundstedts bei allen Generalstabsoffizieren jener Jahre ehestens geeignet gewesen wäre, den Widerspruch seiner Untergebenen zu beheben; ebensowenig hat er auch nur andeutungsweise von politischen Motiven gesprochen, die Hitler veranlaßt haben könnten, die britische Expeditionsarmee zu schonen[8]. Was Rundstedts Haltung angeht, ist auch in dem Tagebuch des Chefs des Generalstabs des Heeres von solchen Zusammenhängen nichts erwähnt; ganz im Gegenteil heißt es dort vielmehr am 26. Mai: „Rundstedt hält es offenbar auch nicht mehr aus und ist vorgefahren zu Hoth und Kleist, um die Verhältnisse für weiteres Vorgehen der schnellen Verbände zu klären." Hiernach scheint sich eindeutig zu ergeben, daß Feldmarschall von Rundstedt und die nächstbeteiligten Offiziere seines Generalstabs – ganz zu schweigen vom OKH – trotz teilweiser Übereinstimmung der Ansichten und Anordnungen in ihren Zielen keineswegs dasselbe gewollt haben wie Hitler. Alles spricht vielmehr dafür, daß eine nur zum Aufschließen und zur Ordnung

7 Admiral Ansel gibt a. a. O., S. 73 ff., auf Grund eingehender mündlicher und schriftlicher Befragung ehemals hoher Offiziere der Luftwaffe den folgenden Bericht über die Vorgänge (in freier auszugsweiser Übersetzung):

Am späten Nachmittag des 23. Mai saß Göring mit seinem Chef des Generalstabs (General Jeschonnek) und seinem Chef des Nachrichtendienstes abseits seines Befehlszuges an einem schweren Eichentisch beisammen, als die Nachricht von der bevorstehenden Kesselbildung in Flandern eintraf. Göring reagierte blitzartig. Mit seiner schweren Hand auf den Tisch schlagend, rief er: „Das ist eine glänzende Aufgabe für die Luftwaffe. Ich muß sofort den Führer sprechen. Verbinden Sie mich." In dem anschließenden Ferngespräch redete er beschwörend auf Hitler ein, daß hier eine einzigartige Aufgabe für seine Flieger gegeben sei. Wenn der Führer ihm nur den Auftrag als eine allein der Luftwaffe zu überlassende Operation gebe, könne er uneingeschränkt die Versicherung abgeben, daß er mit den Resten des eingeschlossenen Gegners fertig werden würde. Er brauche lediglich freie Bahn, d. h. die Tanks müßten auf der Westseite des Kessels genügend weit zurückgenommen werden, damit sie nicht durch die eigenen Bomben gefährdet würden. – Hitler benötigte kaum mehr Zeit als Göring, um den Plan ohne weiteres zu billigen. Jeschonnek und Jodl erledigten noch schnell die Einzelheiten einschließlich der Zurücknahme einiger Panzereinheiten und des genauen Zeitpunkts für den Beginn der Luftangriffe.

8 Vgl. auch den Bericht über die Unterredung bei Loßberg, a. a. O.

der Panzerverbände bestimmte, kurz befristete „Halte-Order" Rundstedts, gegen die das OKH keinerlei Einwände erhoben haben würde, Hitler als Vorwand gedient hat, um den natürlichen Ablauf der Operation im entscheidenden Zeitpunkt zu unterbrechen[9].

Die Wieder-Freigabe der Panzerbewegungen am frühen Nachmittag des 26. Mai kam bekanntlich zu spät, um den Abtransport der britischen und französischen Armeen, gegen den die Luftwaffe lediglich eine störende Wirkung auszuüben vermochte, im großen zu verhindern.

Noch einige andere Eindrücke aus dem weiteren Verlauf des Westfeldzugs, denen eine typische Bedeutung für Wesen und Wirken des Hauptquartiers zukommt, mögen das Bild jener Zeitspanne ergänzen.

In dem wankelmütigen Verhalten Hitlers gegenüber dem verbündeten Italien konnte es gewiß noch aus allein militärischen Gründen erklärt werden, wenn der deutsche Oberste Befehlshaber gleich nach dem schnellen Erreichen der Somme-Mündung am 20. Mai auf die merkwürdigen Pläne zum Eingreifen einer Vielzahl italienischer Divisionen nördlich der Alpen verzichtet hatte[10]. Dagegen wollte es mit den politischen Zielen der „Achse" kaum noch vereinbar erscheinen, als er auf Mussolinis Note vom 30. Mai, die den Kriegseintritt für den 5. Juni ankündigte, sehr zum Ärger des italienischen Diktators mit dem Vorschlag antwortete, besser noch einige Tage zu warten. Die an sich schon recht fadenscheinige Begründung, daß Störungen für den etwa zur gleichen Zeit beabsichtigten Beginn des zweiten Abschnitts der deutschen Operationen in Mittel-Frankreich entstehen könnten[11], muß vollends fragwürdig wirken, wenn man in denselben Tagen bei Halder die dem Ob d H zuteil gewordene Auskunft liest, daß Italien erst „in den nächsten Wochen" in den Krieg eintreten

9 Der inzwischen verstorbene Feldmarschall von Rundstedt hat bald nach dem ersten Auftauchen der Version, daß er, nicht Hitler, der Urheber des Halte-Befehls von Dünkirchen gewesen sei, im Frühjahr 1949 dem Verfasser schriftlich mitgeteilt:
a) Schon als Kriegsgefangener in England habe er mit dem Kriegstagebuch seiner Heeresgruppe A in der Hand einem englischen General, der ihn darüber befragte, nachgewiesen, daß die Panzerverbände „allein und ausschließlich" auf Hitlers strikten Befehl hin angehalten worden wären, und zwar aus der Sorge, daß sie für den 2. Teil des Feldzugs nicht mehr stark genug sein würden.
b) Das H.Gr.Kdo. habe Einspruch erhoben und erklärt, daß es doch zunächst darauf ankomme, den 1. Teil des Feldzugs erfolgreich zu beenden.
c) Hitler habe bei einem späteren Besuch bei der H.Gr. A die Ansicht geäußert, daß er gehofft hätte, schneller zu einer Übereinkunft mit England zu gelangen, wenn er das britische Expeditionskorps entkommen lasse.
Im Hinblick auf andere Forschungsergebnisse sei noch besonders auf die gleichartige Darstellung bei Heusinger, a. a. O., S. 89–93, verwiesen (vgl. auch Text, S. 203).

10 Vgl. Text, S. 70. Im Tgb. Halder 21. Mai 1940 folgen an dieser Stelle aber schon die vieldeutigen Worte Keitels: „Wir werden die Leute an uns herankommen lassen"; vgl. auch Görlitz, Keitel, S. 235.

11 Nach Tgb. Ciano 2. Juni und desselben „Catastrofe".

werde[12]. Da Hitler außerdem über Mussolinis erneuerte Anregung zu deutsch-italienischen Generalstabsbesprechungen mit unverbindlichen Redensarten hinwegging, ist es wohl kaum völlig von der Hand zu weisen, daß er, getragen von den unerwartet großen Erfolgen der Wehrmacht, nunmehr darauf ausging, Sieg und Frieden nicht noch erst mit dem Verbündeten teilen und durch ihn belasten zu müssen.

Wie wenig oder wie viel der Stab der Wehrmachtführung damals von den offenen oder geheimen Absichten Hitlers auch erfahren haben mag, so dürfte doch aus diesen Vorgängen erneut und klarer noch als früher hervorgehen, daß sich ein gemeinsamer Kriegsplan oder gar eine von beiden Verbündeten gemeinschaftlich getragene Operation bei solcher Lage der Dinge auch weiterhin nicht vorbereiten ließ. Es gab hiernach weder eine einheitliche Führung noch auch nur Plan und Ziel im einfachsten Sinne einer militärischen Koalition, als der „Parallelkrieg" mit dem Eintritt Italiens am 10. Juni seine Bahn betrat[13].

Erstmals in den Besprechungen zwischen Hitler und den Spitzen des OKH, die den am 5. Juni begonnenen zweiten Operationsabschnitt in Frankreich begleiteten, wurde auch ein neuer Gegensatz von grundsätzlicher Bedeutung sichtbar. Mit den Worten: „Die lebendige Kraft des Feindes muß das Operationsziel sein", gab sich Halder an diesem Junitage, der bewährten Lehre des Generalstabs entsprechend, Rechenschaft über die nächsten Ziele. Tags darauf jedoch brachte ihm der Ob d H von einer Aussprache Hitlers Gedankengänge mit, gipfelnd in dem Satze: „Zuerst will er das lothringische Erzbecken mit Sicherheit in Besitz nehmen und damit Frankreich seine Rüstungsbasis entziehen."[14] Ist es in den damaligen Tagen stürmischer Erfolge auch ohne weiteres gelungen, das eine Ziel mit dem anderen zu vereinigen, so waren doch späterhin kein Rat und kein Einfluß stark genug, um Hitler je zu überzeugen, „daß das Gewinnen, vor allem aber das Behaupten eines territorialen Zieles die Überwindung der feindlichen Wehrmacht zur Voraussetzung hat", und daß, „solange dieses militärische Ergebnis nicht erreicht ist, ... das Gewinnen kriegswirtschaftlich wertvoller Gebiete, also das Erreichen territorialer Ziele, problematisch, ihr Halten auf die Dauer unmöglich" ist[15]. Auch in diesem Zwiespalt der Gedanken jedoch standen der Ob d H und sein Chef des Generalstabs samt den hohen Befehlshabern des Heeres immer allein; Jodl schwieg, Keitel und Göring, dieser auch noch als vermeintlich sachverständiger Leiter des Vierjahresplans, stimmten Hitler in allem zu.

12 Tgb. Halder 1. Juni, Sperrung vom Verfasser.

13 Auch Marschall Badoglio hatte noch am 1. Juni Mussolini schriftlich vorgeschlagen, den Kriegszustand wenigstens nicht vor Ende Juni zu erklären (Preparazione, S. 80 und 190/191). Vgl. auch Tgb. Halder 13. Juni: „Empfang des italienischen Attachés. Gleichgültige Redensarten."

14 Tgb. Halder 5. und 6. Juni 1940 (Sperrungen vom Verfasser).

15 Nach Manstein a. a. O., S. 306/307.

Am 3. Juni war die Zeit des Hauptquartiers im „Felsennest" beendet. Vor dem Abzug erging noch ein Befehl Hitlers, nach dem der gesamte Bereich unter „Denkmalschutz" gestellt wurde: Jeder Raum sollte unverändert erhalten, jedes Türschild an seiner Stelle bleiben. In der Umgebung des Verfassers sah man diesem Beginnen, den Platz des ersten Hauptquartiers zu einer nationalen Gedenkstätte umzuwandeln, mit Unbehagen zu; war man sich doch allzu sehr bewußt, daß die Verdienste um den großen Sieg in Frankreich am wenigsten Hitler und seinem militärischen Stabe zukamen. Der geistige Urheber der Operation, General von Manstein, war als Kommandierender General eines Armeekorps „während des ersten Aktes der deutschen Westoffensive", wie er selbst schreibt, „im wesentlichen zur Rolle des Zuschauers verurteilt gewesen"[16], und auf den eigentlichen Träger des siegreichen Geschehens, den Generalstab des Heeres, und sein „Forsthaus" dürfte Hitler die Anordnung wohl kaum ausgedehnt haben.

An dem neuen Ort des Hauptquartiers, dem kleinen Dorf Bruly de Pêche im südlichen Belgien, war noch ein Heer von O.T.-Arbeitern[17] damit beschäftigt, die letzte Hand an den für Hitlers Person erbauten Bunker, an Gartenanlagen und gekieste Wege — auch ein sprudelndes Brünnlein gehörte zu dem „innersten Bezirk" — zu legen, als die Mehrzahl der Offiziere der Abt. L im Flugzeug dort landete. Zwei Stunden später, bei der Ankunft Hitlers, schien der von der Bevölkerung geräumte Ort wie ausgestorben; das im „Dritten Reich" oft genug geübte „Minutenprogramm", das hier eine in nur 8 Tagen bewältigte Arbeit beschloß, war auch im Kriege noch auf die Sekunde erfüllt worden. Im Schulhaus befand sich der Lageraum; Holzbaracken nahmen die Abt. L auf, die ihre Unterkünfte jedoch außerhalb des von der engeren Umgebung Hitlers belegten Dorfes in einem nahen Landhaus fand. Das OKH schlug sein Hauptquartier einige Kilometer entfernt in der Nähe von Chimay auf.

In der kurzen Zeit, die dort noch bis zum Ende des Feldzugs verging, wurde der Verfasser Zeuge eines unvergessen gebliebenen Gesprächs zwischen Hitler und Göring, das auf offenem Dorfplatz stattfand. Anlaß und Inhalt ergaben sich aus den britischen Luftangriffen auf die Wohnbezirke deutscher Städte, die sich in jenen Tagen erstmals empfindlich bemerkbar machten. Göring wollte nach allen großen Worten, mit denen er den Gegner schon früher öffentlich vor solchem Unterfangen gewarnt hatte, diesem Treiben nicht länger zusehen und sogleich jede Bombe „zehnfach" vergelten. Ohne nur einen Augenblick zu zögern, setzte Hitler dem jedoch ein ausdrückliches Verbot entgegen. Er halte es für sehr wohl möglich, meinte er, daß die englische Führung unter dem Eindruck von Dünkirchen zeitweilig den Kopf ver-

16 A. a. O., S. 133.

17 O.T. = „Organisation Todt", die nach ihrem ersten Leiter, Dr. Ing. Todt, benannte halbstaatliche Einrichtung des Hitler-Staates für die großen Bauaufgaben, wie Autobahnen, Westwall u. a., die auch im Kriege für solche Aufgaben weiter verwendet wurde.

loren habe, oder auch daß unzulängliche Zielgeräte der britischen Bomber in den Händen noch ungeübter Besatzungen die Ursache der Angriffe auf die Zivilbevölkerung sein könnten. Jedenfalls solle noch eine Zeitlang gewartet werden, ehe Gegenmaßnahmen getroffen würden, – ein Standpunkt, der demjenigen entsprach, den das Reich bekanntlich schon in den internationalen Verhandlungen der 30er Jahre eingenommen hatte, und den die Befehle auch vor dem Beginn der großen Luftoffensive gegen England noch einmal bestätigen sollten.

Während der WFStab bei diesem Vorgang zwischen Hitler und Göring – wie fast immer in Dingen der Luftwaffe – nur unbeteiligter Zuhörer war, sah er sich Mitte Juni überraschend schnell und gänzlich unvorbereitet vor die Aufgabe gestellt, den Waffenstillstandsvertrag mit Frankreich vorbereiten zu sollen. Hitler hatte keinerlei Richtlinien hinterlassen, ehe er gleich nach Bekanntwerden des französischen Ansuchens am 17. Juni zu einer Aussprache mit Mussolini nach München abgereist war. Der Stab, von allen Seiten mit Vorschlägen bestürmt, glaubte von sich aus keinen besseren Anhalt finden zu können, als ihn die alliierten Bestimmungen von Compiègne aus dem November 1918 boten. Erst mit der Rückkehr Hitlers am 19. Juni änderte sich das Bild. Ebenso wie schon in München den Italienern gegenüber, stellte er als Grundsatz auf, die äußerste Zurückhaltung zu wahren. Der Eintritt der Waffenruhe dürfe unter keinen Umständen gefährdet und daher in keiner Hinsicht mehr gefordert werden als notwendig sei, um eine Wiederaufnahme der Feindseligkeiten durch Frankreich unmöglich zu machen. Unter der Hand hörte man dann allerdings, daß um so höhere Forderungen in einem künftigen Friedensvertrag gestellt werden sollten. Diesen Tendenzen ist neben aller Eile u. a. das folgenschwere Versäumnis zuzuschreiben, daß – entgegen den Wünschen der Italiener – ausreichende Sicherungsmaßnahmen nicht sogleich auch auf Frz. Nordafrika ausgedehnt worden sind.

Nach dem erhebenden Tage von Compiègne, dem 21. Juni[18], der auch die Würde der französischen Unterhändler wahrte, zerstreute sich das Hauptquartier in alle Winde: Hitler bereiste, von zwei Kompaniekameraden aus der Zeit des ersten Weltkriegs begleitet, die damaligen Schlachtfelder auf französischem Boden. Insgeheim ließ er sich außerdem in den ersten Morgenstunden eines dieser Frühsommertage an sachkundiger Hand durch die städtebaulichen und architektonischen Schönheiten von Paris führen. Dagegen gab er die schon weit fortgeschrittenen Pläne, die französische Hauptstadt mit einer großen Truppenparade für die Dauer des Krieges symbolisch in Besitz zu nehmen, wieder auf, da Göring die Verantwortung für die Sicherheit gegen Luftangriffe nicht übernehmen wollte, – ein ernstes Menetekel in der Siegestrunkenheit jener Tage, das den darum Wissenden nicht entging. Einige Offiziere der Abt. L nutzten die erste Möglichkeit, um noch nachträglich einen

18 Die Unterzeichnung des Waffenstillstandsvertrags fand am 22. Juni statt.

Eindruck von dem Trümmerfeld zu Lande und auf See im Raume von Dünkirchen zu gewinnen.

Das OKH verlegte, von Hitler nunmehr freigegeben, seinen Sitz nach Fontainebleau. Die einzelnen Gruppen des Hauptquartiers der obersten Führung fanden sich vom 25. Juni an allmählich wieder im nördlichen Schwarzwald in einer der schon vor Kriegsbeginn vorbereiteten Bunkergruppen, genannt „Tannenberg", zusammen. Hitler hatte diesen Ort vor Rückkehr nach Berlin hauptsächlich deswegen noch für einen kurzen Aufenthalt ausersehen, um von dort aus die großen Werke der französischen Maginot-Linie zu besichtigen. Die Angehörigen der Abt. L arbeiteten und wohnten in einem nahen Gasthaus an der Schwarzwald-Hochstraße. Eine besondere Anweisung aus der Umgebung Hitlers an sie lautete dahin, den Gastwirt für den Verdienstausfall, den er durch die vorher über sein Haus verhängte Gästesperre erlitten hatte, durch reichliche Inanspruchnahme seines Kellers zu entschädigen. Das ist denn auch geschehen.

Kapitel 3

Zwischen West und Ost

Über den toten Punkt hinweg

Nach dem schnell vergangenen Rausch des Waffenstillstands mit Frankreich fanden sich die Offiziere des WFStabes einer Leere gegenüber, die von Tag zu Tag weniger mit ihren Vorstellungen von einer vorausschauend planenden Generalstabsarbeit vereinbar schien. Gewiß, man wußte, daß die „Belagerung" der britischen Inseln weiterging, und hatte auch selbst schon Mitte Juni die Befehle ausgefertigt, nach denen die Heeresstärke auf 120 Divisionen herabgesetzt und die dadurch frei werdenden Kräfte und Mittel aller Art den beiden anderen Wehrmachtteilen für den Kampf gegen England, den einzig noch verbliebenen Feind, zugute kommen sollten[1]. Aber konnte allein dieses Vor-

1 OKW-Befehl vom 14. Juni 1940, ausgehend von Äußerungen Hitlers am 7. Juni „über die weitere Entwicklung der personellen und materiellen Rüstung".
Besonders hingewiesen sei auf die — in Klammern gesetzte — Bestimmung dieses Befehls, nach der die Verbände der Waffen-SS nicht auf den für die Panzer- und mot. Divisionen des Heeres festgelegten numerus clausus anrechnen sollten. Die Entwicklung, die sich hier andeutete, hatte General Jodl schon am 25. Mai 1940 in seinem Tagebuch vermerken lassen: „Der grenzenlose Erweiterungsplan der SS stimmt allgemein bedenklich" ..., während Halder dem Verfasser bei einem Gespräch unter vier Augen etwa um Mitte Juni in sarkastisch gemeinter Art anriet, sich rechtzeitig nach einem anderen Beruf umzusehen, da das Heer demnächst wohl abgeschafft werden würde. Der Verfasser war es auch, der im Winter 1939/40 eine gelegentlich, aber sicherlich bewußt getane Äußerung Hitlers, er wolle in der Waffen-SS nur eine „Staatstruppenpolizei" heranziehen, als dienstliche Mitteilung verbreitet hatte und kurz darauf von Keitel angewiesen worden war, dieses Rundschreiben wieder einzuziehen.
Nach neuerlichem Drängen des „Reichsführers SS" auf eine wesentliche Erweiterung der „Leibstandarte Ad. Hitler" (vgl. Lagebespr. WFStab L 14. Aug. 1940) unternahm die Abt. L im Oktober 1940 einen nochmaligen, eingehend begründeten Vorstoß bei Jodl, um das Verhältnis von Wehrmacht und Waffen-SS zu klären und zu verhindern, daß sich weiterhin eine militärische Organisation heranbilde, die dem befehlsmäßigen Einfluß des OKW entzogen sei. Wesentliche Punkte dieser Vorstellungen waren:

gehen bei der Schwäche der Kriegsmarine und der immerhin begrenzten Schlagkraft der Luftwaffe, wie sie sich eben erst bei Dünkirchen offenbart hatte, zu baldigem Erfolg und zum Frieden führen? War hier nicht vielleicht eine einzigartige Gelegenheit für den WFStab gegeben, den Bann des „Arbeitsstabs"-Verhältnisses zu durchbrechen, — aufzuhören, in allem und jedem nur auf Hitlers Wort und Willen zu warten und stattdessen mit eigenen Gedanken zur Weiterführung des Krieges in stärkerer Form hervorzutreten? Es konnte nicht richtig sein, in dieser Lage, in der ein Ende zum Greifen nahe schien, die schärfste und bewährteste Waffe der Wehrmacht, das Heer, gänzlich brach liegen zu lassen!

Doch wohin sich wenden, wohin schlagen, um die Entscheidung zu erzwingen? Auf dem europäischen Kontinent stand, sah man von dem Gibraltar-Zipfel ab, kein Feind mehr. Nordafrika schied als Randbereich des Mittelmeerraums und damit als Reservat des italienischen Verbündeten aus allen Erwägungen aus und konnte auch den Italienern, wie man meinte, nach dem vollständigen deutschen Sieg über das französische und britische Heer kaum noch große Aufgaben stellen. Das meistversprechende Ziel, die stärkste Lösung lag aber auch viel näher: die Landung in England! Schon einige Wochen vorher, in den Tagen von Dünkirchen, hatte sich am Kamin des Bauernhofs von Rodert ein Gespräch der Stabsoffiziere der Abt. L um die Frage bewegt, ob man nicht besser den Engländern gleich über den Kanal nachstoßen und das restliche Frankreich zunächst sich selbst überlassen solle. Nur aus der Begeisterung der Stunde geboren, war der Gedanke ebenso schnell wieder untergegangen. Jetzt aber drängte er sich erneut und in nicht mehr überhörbarer Weise auf und mit ihm gleich der andere, ob es nicht schon ein schwerwiegendes Versäumnis bedeutete, die Frage bislang nicht zur Prüfung gestellt zu haben[2].

Einhaltung der von Hitler selbst verfügten grundlegenden Ordnung, nach der die Waffen-SS eine politische Organisation der NSDAP für besondere innerpolitische Aufgaben polizeilicher Natur sein sollte;
Wahrung der gesetzlich allein dem OKW zustehenden Rechte für Ersatzwesen und Rüstung;
Beschränkung militärischer Rechte der Waffen-SS auf die vorübergehend in das Heer eingegliederten Teile für die Dauer dieses Zustands;
keine militärischen Befugnisse, Dienstgradabzeichen und Rangbezeichnungen und keine feldgrauen Uniformen für die nicht der Waffen-SS zugehörigen Teile der SS-Organisation.

Der Vorstoß, der mit einem entsprechenden Begleitbrief an den „Reichsführer SS" verbunden war, verlief im Sande (nach den Aufz. KTB WFStab L 8. und Lagebespr. 11. Okt. 1940).

2 Vgl. hierzu Klee, „Das Unternehmen Seelöwe" (im folgenden „Klee"), S. 60 und 61; dort auch ein zeitlicher Anhalt mit der Angabe, daß der 1. Gen.St.Offz. der Luftwaffe in der Abt. L am 25. Juni dem Chef des GenStd Luftw. schriftlich mitteilte, die Abt. L wolle Hitler in den nächsten Tagen Unterlagen „für einen Übergang über den Kanal" vorlegen; Ansel, a. a. O., S. 115/116 nennt mehrere Zeugen.

Mit einigen nur skizzenhaft umrissenen Plänen ausgerüstet, ging der Chef der Abt. L bei erster Gelegenheit von seinem Schwarzwald-Gasthaus die wenigen hundert Meter zu der Bunkergruppe des Sperrkreis I hinüber, stieß dort aber bei seinem Vorgesetzten auf eine betont gleichgültige Aufnahme. Sah Jodl es schon niemals gern, von seinem Stabe mit Anregungen bedacht zu werden, die über den festgelegten Kurs der Kriegführung hinausgingen, so fand er sich in diesem Falle anscheinend einem besonderen Zwiespalt ausgesetzt. Vermutlich dachte er ganz ähnlich wie sein Stab, wollte es aber auch jetzt noch nicht aussprechen, daß Hitler für die gleiche Frage, als sie von Großadmiral Raeder vor kurzem noch einmal vorgebracht worden war, kaum Interesse bezeigt, sie vielmehr ohne weiteres beiseite geschoben hatte[3]. Das ablehnende Verhalten des Chefs WFStab schien Warlimont derart unbegreiflich, daß er auf dem Rückwege in der Vermutung, es könnten vielleicht politische Beweggründe vorliegen, den Vertreter des Auswärtigen Amts im Hauptquartier aufsuchte. Dort wurde ihm in sehr zurückhaltender Form Auskunft über diplomatische Sondierungen der Haltung Londons zuteil, die vielleicht weitere militärische Maßnahmen gegen England überflüssig machen würden. Auch diese Mitteilungen gaben jedoch keine militärisch befriedigende Erklärung dafür, daß die deutsche oberste Führung auf einem toten Punkt zu verharren schien. Unwillkürlich drängten sich ähnliche Eindrücke auf, wie sie die spitze Feder des italienischen Außenministers Graf Ciano kurz vorher nach dem Treffen in München festgehalten hat: „Hitler ist jetzt wie ein Spieler" schrieb er, „der die Bank gesprengt hat. Er will vom Spieltisch aufstehen und nichts mehr riskieren."[4]

Die Offiziere der Abt. L gaben jedoch noch nicht auf. Sie vergewisserten sich auch diesmal wieder der Übereinstimmung mit dem Generalstab des Heeres[5] und glaubten außerdem, auf das Oberkommando der Kriegsmarine zählen zu können. Als erstes, nur mittelbar zu wertendes Ergebnis ihrer Bemühungen brachten sie am 28. Juni eine Verfügung des OKW zur Unterschrift, nach der zum Zwecke der Irreführung des Gegners „auf allen Wegen des Nachrichtendienstes" u. a. verbreitet werden sollte, daß deutscherseits eine Landung in Irland vorbereitet werde, um auf diese Weise den Ring um England enger zu ziehen und die „Belagerung" zu verschärfen.

Inzwischen war aber auch Jodl um Klärung der weiteren Absichten bemüht und legte hierzu dem Obersten Befehlshaber der Wehrmacht am Tage nach dessen Eintreffen in „Tannenberg" eine eigene Beurteilung der Lage vor. Unter

3 S. im Text, S. 69/70; Greiner, a. a. O., S. 111, beruft sich für seine Angaben auf eine Mitteilung des Chefs der Kriegsgeschichtlichen Abt. der Kriegsmarine aus der Nachkriegszeit und bekundet damit klar, daß ihm, ebenso wie seinem Vorgesetzten (Warlimont), die Vorgänge s. Z. unbekannt geblieben sind; s. auch Klee, a. a. O., S. 57/58, und Ansel, a. a. O., S. 81 und 103. Nach den Angaben bei Klee, S. 61 mit Anm. 182, war die ablehnende Haltung Hitlers auch dem OKL bekannt.

4 Tgb. Ciano, 18./19. Juni 1940.

5 Vgl. Klee, a. a. O., S. 60; Ansel, a. a. O., S. 105.

offenkundiger Rücksicht auf die ablehnende Haltung Hitlers gegenüber den Vorschlägen Raeders und auch die noch laufenden diplomatischen Sondierungen behandelte er darin die Landung lediglich als „ultimo ratio". Deutschlands Sieg über England, so entwickelte der Chef WFStab seine Gedanken, sei nur noch eine Frage der Zeit. Infolgedessen könne und solle man eine Art des weiteren Vorgehens wählen, die Risiken vermeide und die eigenen Kräfte schone. In erster Linie biete es sich dazu an, die Royal Air Force samt ihren Zubringerwerken mit der überlegenen Kraft der Luftwaffe auszuschalten. Zusammengefaßte Schläge mit Luft- und Seekriegsmitteln gegen die Lager und die Wege der lebenswichtigen Versorgung der britischen Inseln müßten folgen, verbunden mit gelegentlichen Terror-Angriffen gegen Bevölkerungszentren. Erst wenn der Widerstandswille des englischen Volkes auf diese Weise gebrochen und seine Regierung für die Kapitulation reif sei, solle die Invasion dem Lande den „Fangstoß" versetzen. Vorbereitungen zu diesem etwa um die Wende August-September zu erwartenden Ende müßten sogleich beginnen. Im übrigen dürfe es nicht versäumt werden, auch die Möglichkeiten einer Kriegführung gegen das britische Weltreich an der Peripherie zu prüfen und dazu die am Zerfall des Empire interessierten Länder, in erster Linie Italien, aber auch Spanien, Rußland und Japan zu gewinnen[6].

Weder dieses Memorandum noch auch die wesentlichen Unterschiede, die danach zwischen den Ansichten des Chefs WFStab und ihren eigenen bestanden, sind seinen Mitarbeitern damals bekannt oder auch nur bewußt geworden. Strebten sie es an, alle erdenklichen Mittel auf die Landung in England, das „Unternehmen Seelöwe", zu vereinigen und mit dieser vermutlich stärksten Form des Angriffs den deutschen Kriegsplan zu ergänzen und abzuschließen, so bildete die Landung nach dem Konzept Jodls lediglich das letzte und schwächste Glied in der Kette der anderen, hauptsächlich von der Luftwaffe zu tragenden Maßnahmen.

Nur dieses Programm, dem Hitler schließlich zugestimmt hatte, bildete auch die gedankliche Grundlage der Befehle des OKW vom 2. und 16. Juli, in deren erstem die von langer Hand zu treffenden allgemeinen Vorarbeiten für eine Landung in Gang gesetzt, und in deren zweitem, erst 14 Tage später, nähere Richtlinien dazu festgesetzt wurden. Noch eine dritte „Weisung" des OKW – Nr. 17 –, ausgegeben am 1. August 1940, bestimmte unter der Überschrift „Führung des Luft- und Seekrieges gegen England" im besonderen die Ziele, welche „die deutsche Fliegertruppe ... möglichst bald niederzukämpfen habe, ... um die Voraussetzungen für die endgültige Niederringung Englands zu schaffen."[7] Auch alle diese Befehle, von den Offi-

6 Dok. PS-177 im IMT-Band XXVIII, S. 301; bzgl. Rußland vgl. auch Text, S. 71, Anm. 27.

7 Die Befehle sind bei Jacobsen, Chronik, S. 149 bzw. 151 und 163, veröffentlicht; vgl. auch Hubatsch, Weisungen, S. 61 und 65.

zieren der Abt. L nach den Richtlinien des Chefs WFStab abgefaßt, erweckten bei diesen „Jungtürken"[8] den Eindruck, mit ihren Ansichten durchgedrungen zu sein. Erschien doch danach der vorausgehende Kampf um den Gewinn der Luftherrschaft – von den Engländern später der „Blitz" genannt – lediglich als eine Vorstufe des Landungsangriffs, dieser selbst aber als die Krönung des gesamten Vorgehens, – vorausgesetzt nur, daß die Luftwaffe ihre Aufgabe erfüllte.

Von diesen Grundlagen und diesen vermeintlichen Absichten ausgehend, haben die Offiziere der Abt. L in der Folge ihr ganzes Wollen und Können eingesetzt, um dem Landungsplan über alle sich täglich neu auftürmenden Hindernisse hinweg zum Erfolg zu verhelfen[9]. Niemals vorher und nachher stand ihnen in der Vorbereitung einer Operation ein gleich großer Spielraum zur Entfaltung eigener Initiative offen, – niemals aber auch war das Interesse ihrer Vorgesetzten bis zu Hitler hinauf derart lau und lasch wie in diesem Falle. Unter vielem anderen schien es – selbst in Ansehung aller stets üblichen Nachsicht gegenüber Göring und der Luftwaffe – schon besonders merkwürdig, daß der Oberste Befehlshaber der Wehrmacht die große Verspätung, mit der die Luftoffensive gegen England endlich am 13. August, also erst fast zwei Monate nach dem Waffenstillstand mit Frankreich begann[10], ohne viel Aufhebens hinnahm. Ganz unverständlich wurde die Lage für den Chef L aber, als er kurz nach Mitte September bei einem Frontbesuch auf dem Gefechtsstand der Luftflotte 2 am Cap Gris Nez erfahren mußte, daß die Besprechungen über die Unterstützung des Kanalübergangs und der Anlandungen eben erst begonnen und noch zu keinerlei festen Vorstellungen geführt hatten. Dabei stauten sich schon, wie aus dem Flugzeug und von einzelnen Kaimauern her auch aus der Nähe beobachtet, in allen Häfen der Kanalküste die Transportschiffe und Landungsprähme zu Haufen[11].

Als kennzeichnend für das Verhältnis zu Italien sei hier noch angemerkt, daß Hitler in der Zeit zwischen diesen beiden Befehlen am 10. Juli Mussolini brieflich u. a. mitteilte, daß „das Problem des Angriffs gegen England ... monatelang in seinen kleinsten Einzelheiten ... behandelt und studiert worden sei" (Ciano, Catastrofe).

8 Ein von Ansel, a. a. O., auf die Offiziere der Abt. L gemünzter Ausdruck, der eine besonders für einen ausländischen Betrachter bemerkenswert klare Erkenntnis der Verhältnisse im deutschen Hauptquartier erweist.

9 Die Darstellungen des Ablaufs der weiteren Geschehnisse in den Aufz. KTB WFStab L, bei Klee und bei Ansel legen, ganz unabhängig voneinander, ein umfassendes Zeugnis davon ab.

10 Über letzte Verzögerungen des Beginns infolge der schlechten Wetterlage und deren weiteres Anhalten s. zahlreiche Notizen in den Lagebespr. WFStab L aus jener Zeit.

11 Vgl. Aufz. KTB WFStab L 23. und 25. Sept. 1940 sowie Ansel, a. a. O., S. 190/191, und Klee, a. a. O., S. 159, der den ersten Befehl des ObdL über das Unternehmen „Seelöwe" auf den 27. August 1940 datiert.

General Jodl hat den Chef seiner Führungsabteilung auch bei dem Bericht über die Reiseerlebnisse im Unklaren darüber gelassen, daß nach seinen Vorschlägen und der Willensmeinung Hitlers der Luftkrieg eben schon die Entscheidung im Kampf gegen England bringen und die Landung als eine Art „Anhängsel" nur noch folgen solle. Die Offiziere der Abt. L und ebenso – soweit damals zu beurteilen – ihre Gegenüber in den Oberkommandos von Heer und Marine lebten dagegen nach wie vor in der Auffassung, daß der Gewinn der Luftherrschaft über den britischen Inseln nur als die Voraussetzung für eine erfolgversprechende Landung, diese selbst jedoch erst als die entscheidende Kampfhandlung anzusehen sei. Das aber waren nicht nur im Ziel, sondern auch in der Durchführung und nach Zeiten und Angriffspunkten zwei ganz verschiedene Dinge. Nimmt man dazu noch aus Veröffentlichungen der Nachkriegszeit die Tatsache, daß mehrfache, von verschiedenen hohen Stellen der Luftwaffe schon in den letzten 30er Jahren vorgenommene Untersuchungen zu dem Ergebnis geführt hatten, daß aller Voraussicht nach ihre eigenen Mittel, auch zusammen mit denen der Kriegsmarine, nicht ausreichen würden, um „eine Kapitulation Großbritanniens" zu erreichen, dieses Ziel vielmehr nur durch eine Besetzung der Insel ermöglicht werde[12], so findet man sich selbst als ein Offizier, der an hoher Stelle des OKW gestanden hat, schon damals unter den Irregeleiteten und Getäuschten. Hitler zumindest mußte von Göring über die Grenzen des Vermögens der Luftwaffe unterrichtet gewesen sein.

Der andere Gedanke, den General Jodl in seiner Aufzeichnung von Ende Juni niedergelegt hatte, das englische Weltreich auch von der Peripherie her anzugehen, war zunächst ohne Folgen geblieben. Unabhängig davon regten sich ähnliche Bestrebungen, wenngleich begrenzteren Umfangs, etwa einen Monat später fast gleichzeitig auch bei der Abt. L und dem Generalstab des Heeres. Den Anstoß dazu dürfte beiden Stellen ein mündlicher Bericht des deutschen Militärattachés in Rom, des Generals von Rintelen, gegeben haben, der dem seit Wochen vergeblich erwarteten Vorgehen der Italiener gegen Ägypten auch für die Zukunft nur geringe Erfolgsaussichten zubilligen wollte. Da sich gleichzeitig auch die Zweifel an dem ernsten Willen Hitlers zu der Landung in England mehrten, stellte die Abt. L in einer „Beurteilung der Gesamtlage" vom 30. Juli 1940 dem Chef WFStab u. a. vor, „den Italienern für ihren Angriff gegen den Suez-Kanal Panzerkräfte anzubieten." Nach Zusammenfassung dieses Vorschlags mit der mündlich an Hitler herangetragenen Anregung gleichen Inhalts des Ob d H[13] konnte Jodl, wenn auch noch immer nur mit Mühe, dem Obersten Befehlshaber das Einverständnis zu einem Schreiben an die Oberkommandos von Heer und Marine abgewinnen, in dem sie um nähere Prüfung der Möglichkeiten solcher Hilfeleistung für den Verbündeten ersucht wurden. Die einleitenden Wendungen dieses Schriftstücks vom 12. August, wie Hitler

12 Nach Klee, a. a. O., S. 39–43 (Zitat nach S. 43, Sperrung durch den Verfasser).
13 Nach den Aufz. KTB WFStab L 9. Aug. und Tgb. Halder 30. und 31. Juli 1940.

es schließlich genehmigt hatte, geben aber deutlich das ganze Maß der Unsicherheit wieder, in der sich die deutsche Kriegführung jener Wochen und Monate noch immer bewegte. „Unter der Voraussetzung", hieß es darin, „daß a) der Fall „Seelöwe" in diesem Jahre nicht zur Ausführung gelangt, b) die italienische Offensive gegen den Suez-Kanal entweder nicht durchdringt oder doch noch auf den Herbst verschoben wird, ist mit der Möglichkeit zu rechnen, daß der Führer dem Gedanken, Panzerkräfte für diesen Angriff oder für seine Wiederaufnahme an die Italiener abzugeben, nähertritt."[14]

Wahrscheinlich nicht ohne Zusammenhang mit den bei diesem Anlaß gesammelten Erkenntnissen und in Verbindung mit neuen, auf Klarheit drängenden Vorstellungen des OKH ließ der Chef WFStab gleich am nächsten Tage, dem 13. August, von sich aus eine neue Beurteilung der Lage an Hitler folgen. Darin gab er eingangs noch einmal ganz dessen eigene Gedanken wieder, wenn er erklärte: „Das Landungsunternehm darf unter keinen Umständen scheitern. Ein Mißerfolg könnte politische Folgen haben, die weit über die militärischen hinausgingen." Im gleichen Sinne fügte er an anderer Stelle noch hinzu, er halte, falls nicht sämtliche Voraussetzungen, auch seitens der Kriegsmarine erfüllt würden, „die Landung für eine Verzweiflungstat, die in einer verzweifelten Lage gewagt werden müsse, die aber jetzt zu unternehmen wir keinerlei Ursache haben." — England, fuhr Jodl dann fort, „ist auch auf anderem Wege auf die Knie zu zwingen", und führte anschließend anstelle des unfruchtbaren „Parallelkriegs" einige weitere Möglichkeiten eines echten Koalitionskriegs mit Italien im Kampf gegen das englische Weltreich an: Italienische Luftstreitkräfte und U-Boote sollten hiernach in möglichst großer Zahl zur verschärften Abschnürung der britischen Inseln herangezogen und außer dem Vorgehen gegen Ägypten auch die Wegnahme Gibraltars im Einvernehmen mit Spanien und Italien vorbereitet werden[15].

Während seine Mitarbeiter diese Gedanken insoweit zu den ihrigen machten und vorwärtszutreiben suchten, als sie der Landung in England förderlich schienen, nahm Hitler die Vorschläge mit unveränderter Zurückhaltung und, soweit sie das Mittelmeer einbezogen, auch erst nach geraumer Zeit und nur in demselben Maße auf, wie er die Landung in England in den Hintergrund treten ließ. Wenn er dann Anfang September 1940 außerdem noch Auftrag gab, die Inbesitznahme der großen Inselgruppen im östlichen Atlantik, von Madeira und den Kanaren bis zu den Azoren und Kap Verde, zu prüfen, und „gegebenenfalls auch ... die Besetzung ... Portugals ins Auge" faßte, so schien diese Wunschstrategie eher einer verstärkten Ablenkung von dem „Seelöwe"-

14 Dok. OKW/WFStab/Abt. L(I) g.Kdos.Chefs. vom 12. Aug. 1940 (Sperrungen durch Verfasser). — Vgl. auch die treffende Bemerkung in den Lagebespr. WFStab L vom 24. Sept. 1940: „Unsere Kriegführung scheint neuerdings nur noch aus Rücksichtnahme auf den Reichsmarschall und auf die Italiener zu bestehen."

15 Dok. Chef WFStab g.Kdos.Chefs. vom 13. Aug. 1940; Erwägungen zur Einnahme Gibraltars wurden schon seit Anfang Juli 1940 angestellt.

Plan als noch ernsthaft zu wertenden Absichten zu dienen. Da jedoch der Chef WFStab den Plänen, die teilweise vom OKM ausgegangen waren, nicht sogleich entgegentrat, sondern sogar noch erste, abwiegelnde Studien seines Stabes mit neuen Richtlinien beantwortete, blieb die nutz- und fruchtlose Beschäftigung mit diesen Fragen monatelang auf der Tagesordnung[16].

Inzwischen war aber eine Entwicklung eingetreten, die mehr als alles andere die Pläne zu der Landung in England beeinträchtigt haben dürfte: Hitlers plötzliche Wendung gegen Sowjetrußland! Die kurze Vorgeschichte dieses ungeheuerlichen Entschlusses steht im umgekehrten Verhältnis zu ihren bis zum heutigen Tage unabsehbaren Folgen.

Nach einem vorübergehenden Aufenthalt in Berlin und nach der Reichstagsrede vom 19. Juli, die von den Hoffnungen auf einen friedlichen Ausgleich mit England schon fast nichts mehr übrig ließ, hatte sich das Hauptquartier in einzelnen Gruppen im Raum um Berchtesgaden wieder zusammengefunden, die Abt. L in ihrem Sonderzuge „Atlas" auf dem Bahnhof von Bad Reichenhall. Zur allgemeinen Überraschung sagte sich dort der Chef WFStab – von Hitler im Rahmen der militärischen Ehrungen in jener Reichstagssitzung vom Generalmajor unter Überspringen des Ranges eines Generalleutnants zum General der Artillerie befördert – am 29. Juli zu einer Rücksprache mit den führenden Offizieren der Abt. L an, die allesamt trotz ihrer geringen Verdienste nichts anderes erwartet haben mögen, als daß dieser höchst ungewöhnliche Besuch auch für sie irgendeine besondere Auszeichnung nach dem Sieg im Westen mit sich bringen werde[17]. Stattdessen eröffnete Jodl, nachdem rundum die Türen und Fenster abgesichert worden waren, den vier anwesenden Stabsoffizieren[18], die an einzelnen Tischen des Speisewagens verteilt saßen, ohne viele einleitende Worte, daß Hitler sich entschlossen habe, zu dem frühestmöglichen Zeitpunkt, das heiße im Mai 1941, durch einen überraschenden Überfall auf Sowjetrußland die Gefahr des Bolschewismus „ein für allemal" aus der Welt zu schaffen.

Jodls Worte schlugen ein wie der Blitz. Noch größer wurde womöglich die Verwirrung, als die ersten Gegenfragen ergaben, daß nicht etwa der Kampf gegen England auf alle Fälle vorher abgeschlossen sein, sondern im Gegenteil der Sieg über Rußland, den letzten „Festlandsdegen", auch als das beste Mittel gelten sollte, um England, wenn nicht doch noch auf anderen Wegen erreichbar, zum Frieden zu zwingen. Aber – so regten sich erste Gegenstimmen

16 Vgl. Aufz. KTB WFStab L 5. Sept., 29. Okt., 1. und 4. November sowie Lagebespr. WFStab L 29. Okt. und 15. Nov. 1940.

17 Der Verfasser wurde tatsächlich einige Tage später, am 1. August 1940, zusammen mit einigen dienstaltersgleichen Offizieren vorzugsweise zum Generalmajor befördert.

18 Außer dem Verfasser Obstltn. d. GenSt von Loßberg, Korv.Kapitän Junge, Major d. GenStd Luftw. Freiherr von Falkenstein.

der Teilnehmer fast im Chore – hieße das denn nicht, den Zweifrontenkrieg, den bisher noch glücklich vermiedenen, aus eigenem Entschluß herbeizuführen? Und wenn auch die Masse des Heeres gegen Osten freigemacht werden könne, was solle aus dem Luftkrieg werden, der schon jetzt in steigendem Maße auf den deutschen Städten laste? Warum denn überhaupt plötzlich diese Wendung, lautete ein weiterer Einwand, während doch vor knapp einem Jahre erst der stürmisch gefeierte „Freundschafts- und Nichtangriffspakt" mit Moskau geschlossen und soweit bekannt, bisher auch die vertraglich vereinbarten russischen Lieferungen zugunsten der deutschen Rüstung pünktlich und voll erfüllt worden seien? – Jodl stellte sich allen Fragen und hatte auch auf alle eine Antwort, ohne aber doch nur mit einer überzeugen zu können. In der Erinnerung sind vor allem jene Sätze haften geblieben, in denen er Hitlers – und wahrscheinlich auch seine eigene – Ansicht wiedergab, daß die Auseinandersetzung mit dem Bolschewismus doch unvermeidlich sei und dieser Feldzug daher besser jetzt auf der Höhe der eigenen militärischen Macht geführt werde, als daß man das deutsche Volk in den nächsten Jahren erneut zu den Waffen rufen müsse, – und der andere, daß die deutsche Luftwaffe spätestens im Herbst 1941, gestählt durch neue Erfolge im Osten, wieder voll gegen England zur Verfügung stehen werde. Der Auftrag, der am Ende der etwa einstündigen, stürmischen Auseinandersetzung stand, forderte einen Befehlsentwurf, nach dem die Vorbereitungen für Antransport, Aufmarsch und Unterbringung der Masse von Heer und Luftwaffe in den verkehrmäßig wenig erschlossenen, besetzten Gebieten des westlichen Polen ohne Verzug eingeleitet werden sollten. – Der Befehl ist als frühestes Dokument des „Angriffskrieges" gegen Sowjetrußland unter der Bezeichnung „Aufbau Ost" in die Annalen der Nürnberger Anklagebehörde eingegangen[19].

Was war dieser plötzlichen Wende allen Planens vorausgegangen? Damals, kurz nach der Eröffnung Jodls, erfuhr man dazu lediglich noch, daß der Angriff nach Hitlers Willen ursprünglich schon im Spätsommer 1940 habe beginnen sollen. Erst eindringliche Vorstellungen, die von Keitel gemeinsam mit dem Chef WFStab in einer – vom Verfasser dieses Buches selbst eingesehenen – Schrift zusammengefaßt worden waren, hätten den Obersten Befehlshaber überzeugt, daß allein schon die Faktoren von Zeit und Raum,

19 Der Verfasser hat diese Vorgänge zu Beginn seiner Gefangenschaft im Mai 1945 in völliger Verkennung der Möglichkeit, daß damit der Tatbestand eines „Verbrechens gegen den Frieden" gegeben sein könnte, gegenüber einer amerikanischen Dienststelle als vermeintlich nur kriegsgeschichtlich bemerkenswert bekundet und bedauert auch an dieser Stelle, auf solche Weise zu dem Anklagematerial gegen seine ehemaligen Vorgesetzten beigetragen zu haben.

Ergänzend sei hierzu noch darauf hingewiesen, daß, wie nur wenig bekannt, die dazu berufenen Stellen der UN sich noch bei einem bisher letzten Versuch im April 1962 nicht auf die Begriffsbestimmung eines „Angriffskrieges" („aggression") einigen konnten. Die USA lehnten dieses Unterfangen nach allen früheren Bemühungen als „nutzlose und teure Zeitverschwendung" ab, während die Sowjetvertreter einseitig auf die Beispiele „Suez, Biserta, Kuba und Kongo" verwiesen.

ebenso aber auch die Wetterverhältnisse solche Absichten schlechterdings undurchführbar machten. Das Verdienst, das sich die Spitzen des OKW mit diesem Einspruch erworben haben, sollte ihnen auch dann nicht aberkannt werden, wenn sie dabei, wie mit Sicherheit zu vermuten, nur auf einen zeitlichen Aufschub bedacht gewesen sind. Anderen, stärkeren Kräften, gleich ob aus dem politischen oder dem militärischen Lager, war damit jedenfalls der beste Ansatzpunkt gegeben, den gewonnenen Spielraum zu nutzen, um sich der unheilvollen Entwicklung entgegen zu stellen. Das ist jedoch, soweit bekannt, nicht geschehen.

Um das Bild zu vervollständigen, seien noch kurz die anderen wesentlichen Vorgänge jener Wochen und Monate angeführt, die auch dem Chef L erst in der Nachkriegszeit bekannt geworden sind. Dazu gehören, zeitlich geordnet, vor allem:

die schon erwähnten Hinweise Hitlers gegenüber seiner engeren Umgebung aus dem Frühjahr 1940[20];

die Übergabe eines Schreibens des britischen Regierungschefs Winston Churchill an Stalin durch den englischen Botschafter in Moskau, Sir Stafford Cripps, Anfang Juli 1940, nach dessen Inhalt, wie von der UdSSR an die deutsche Botschaft in Moskau wenige Tage später mitgeteilt, England einen russischen Frontwechsel gegen Deutschland anregte;

die Tagebuch-Einträge des Chefs des Generalstabs des Heeres

vom 3 Juli 1940 in einer Rücksprache mit dem Chef der Operationsabteilung: „Im Vordergrund stehen zur Zeit die Fragen England ... und ... des Ostens. Letztere muß man von dem Hauptgesichtspunkt betrachten, wie ein militärischer Schlag gegen Rußland zu führen ist, um ihm die Anerkennung der beherrschenden Rolle Deutschlands in Europa abzunötigen;"

vom 13. Juli 1940 nach einem Vortrag bei Hitler: „Den Führer beschäftigt am meisten die Frage, warum England den Weg zum Frieden noch nicht gehen will ... Er sieht ebenso wie wir die Lösung dieser Frage darin, daß England noch eine Hoffnung auf Rußland hat;"

20 S. im Text, S. 71; Ansel berichtet a. a. O., S. 175/176, außerdem über ein Gespräch Hitlers mit Feldmarschall von Rundstedt am 2. Juni 1940, das ihm der verstorbene General von Sodenstern als Ohrenzeuge etwa mit den Worten wiedergegeben hat, „jetzt, da England vermutlich zum Frieden bereit sei, würde er (Hitler) beginnen, die Rechnung mit dem Bolschewismus zu begleichen".

Aus dem Tgb. Halder sei aus der gleichen Zeit zur Kennzeichnung der Hitler'schen Doppelzüngigkeit noch angeführt:

22. Mai 1940: „Ob d H beim Führer vorgetragen und dabei die Haltung Rußlands zur Sprache gebracht. Führer glaubt, daß auf seinen Wunsch sich Rußland auf Bessarabien beschränken wird."

26. Juni 1940: „Außenpolitisch steht die Haltung Rußlands im Vordergrund. Die Meinung überwiegt, daß die Bessarabische Frage sich ohne Krieg wird lösen lassen."

vom 22. Juli 1940 nach einer Besprechung, bei der der Ob d H seine Eindrücke von einer tagsvorher stattgehabten Unterredung mit Hitler in der Anordnung zusammengefaßt zu haben scheint: „Russisches Problem in Angriff nehmen. Gedankliche Vorbereitungen treffen;“[21]

vom 30. Juli 1940 als Teil einer gemeinsam mit dem Ob d H angestellten Beurteilung der Gesamtlage: „Die Frage, ob man, wenn gegen England eine Entscheidung nicht erzwungen werden kann und die Gefahr besteht, daß England sich mit Rußland liiert, den dann entstehenden Zweifrontenkrieg zunächst gegen Rußland führen soll, ist dahin zu beantworten, daß man besser mit Rußland Freundschaft hält;“[22]

und schließlich vom 31. Juli 1940 aus Hitlers Ausführungen auf dem Berghof:

„... Rußland Faktor, auf den England am meisten setzt. ... Ist aber Rußland zerschlagen, dann ist Englands letzte Hoffnung getilgt. Der Herr Europas und des Balkans ist dann Deutschland.

Entschluß: Im Zuge dieser Auseinandersetzung muß Rußland erledigt werden. Frühjahr 1941.“[23]

Schon aus diesen wenigen Auszügen ergibt sich mit eindeutiger Klarheit, daß der Wille Hitlers, gegen Rußland vorzugehen, von vornherein einen bedingungslosen – nach seiner eigenen, häufig benutzten Ausdrucksweise – einen „unabänderlichen“ Entschluß bedeutete. Es ergibt sich weiterhin, daß die entscheidende Gedankenentwicklung zu diesem Entschluß, dessen eigentlicher Grund zweifellos in der tiefverwurzelten und niemals aufgegebenen tödlichen Feindschaft gegen den Bolschewismus lag, etwa auf die Zeit um Mitte Juli 1940 zu bestimmen ist, – die gleiche Zeitspanne also, in der ihm von militärischer Seite die Befehle zur Landung gegen England abgerungen wurden.

Der Gewichtsunterschied der beiden Entschließungen liegt hiernach klar auf der Hand; er konnte auch schon im Sommer 1940 von keinem der Beteiligten verkannt werden. Mit dieser Art der Überwindung des toten Punktes in der deutschen Strategie ging man aber nun nicht mehr einem nahen Ende, sondern viel eher einem neuen Anfang des Krieges entgegen.

21 Nach dem Tgb. Halder ist bei dieser Unterredung Hitler/Brauchitsch auch schon mit Zahlenangaben über Dauer des Aufmarsches, benötigte eigene Kräfte, geschätzte russische Stärke u. a. gearbeitet worden (s. dazu Klee, a. a. O., S. 191–193).

22 Es sei besonders darauf hingewiesen, daß Hitlers Entschluß, gegen Rußland zu Felde zu ziehen, nach den Eröffnungen Jodls an seinen Stab schon vor diesem Eintrag feststand (Sperrungen im Text durch Verfasser).

23 Alle Unterstreichungen im Original.

Neue und alte Gegensätze

Ein weiteres Mal erhob sich unter einzelnen von den ganz wenigen in und außerhalb der Abt. L, die um Hitlers neue Absichten wußten, die drückende Frage, wie man ihnen begegnen, wie man vielleicht noch die neuerliche, grenzenlose Ausweitung des Krieges nach Raum und Zeit abzuwenden vermöge. Konnte es doch auch ohne nähere Vorstudien keinen Augenblick zweifelhaft sein, daß „besser mit Rußland Freundschaft" zu halten sei, — ja, daß der Angriff auf Rußland eine fürchterliche Drohung für Volk und Land in sich barg. Vergebens sah man sich in dieser Lage nach einem Soldaten an der Spitze der Wehrmacht um, dem man — Vertrauen gebend und Verständnis erwartend — mit militärischen Argumenten dienen konnte, — der dann selbst, gestützt auf seine persönliche und die gesammelte Autorität der bewaffneten Macht, dem Diktator und seinem politisch-weltanschaulich begründeten Entschluß entgegentreten könnte. Mehr noch als je zuvor wurde es klar, was es eigentlich bedeutete, daß Hitler solche Möglichkeiten beizeiten ausgeschaltet, daß er sich selbst in die Stelle des Oberbefehlshabers der Wehrmacht gesetzt und gleichzeitig den Wehrmacht-Stab, von dessen Chefs auch noch begeistert begrüßt, als seinen „Arbeitsstab" in Pflicht genommen hatte.

Die Reichweite der Abt. L ging nicht über den Chef WFStab hinaus. Aber allein schon ihn, geschweige denn Keitel, der sich nun auch schon immer mehr abhängig von Jodl zeigte, zu anderer Ansicht bekehren zu wollen, konnte, zumal in einer Frage von allumfassender politisch-strategischer Tragweite keinerlei Aussicht auf Erfolg bieten. Trotzdem machte sich der 1. Admiralstabsoffizier der Abt. L in den ersten Augusttagen auf den Weg nach Berchtesgaden, um Jodl die Folgen nahezubringen, die auf längere Sicht bei einer Abwendung der Wehrmacht nach Osten von seiten Englands und seiner unbezwungenen Seemacht für die Lage Deutschlands entstehen mußten. Diese Vorstellungen schienen um so notwendiger, als der Ob d M nicht einmal von den Plänen Hitlers unterrichtet war[24] und bis auf weiteres auch nichts davon erfahren sollte. Das Ergebnis der Vorsprache bestätigte jedoch nur, was man schon zu wissen meinte: Gerade weil Hitler die britische Stärke zur See so hoch einschätze und die eigene Rüstung nicht für ausreichend halte, um das Inselreich entscheidend zu treffen, müsse, wie Jodl bei diesem Anlaß wiederholte, der „Umweg" über Rußland gegangen werden[25].

Diese neuerlichen Eröffnungen, die ebenso wenig überzeugen konnten wie die früheren, ließen in der Abt. L den Entschluß reifen, nun erst recht alles daran zu setzen, um dem Unternehmen „Seelöwe" den Weg zu ebnen. Schien doch auf solche Weise allein noch eine Möglichkeit geboten, dem russischen

24 Raeder hatte den Berghof am 31. Juli unmittelbar vor Ankündigung der neuen Pläne verlassen; vgl. Tgb. Halder 31. Juli 1940: „Raeder geht weg."

25 Vgl. auch Ansel, a. a. O., S. 180/181.

Abenteuer zu entgehen. Daß Hitler alle die weitläufigen Zurüstungen für den Kanalübergang nur zu dem Zweck betreiben ließ, um zu drohen und zu bluffen, wie nach dem Kriege gelegentlich verlautete, konnte man nicht annehmen. Auch wiederholte Äußerungen von seiner Seite waren viel eher geeignet, den Eindruck aufrechtzuerhalten, daß er sich doch noch zu den Landungsplänen bekennen werde, wenn nur erst die eigene Luftherrschaft sich als hinreichend erwiese, um jede größere Gefahr von seiten der britischen See- und Luftstreitkräfte mit berechenbarer Sicherheit auszuschließen. Diese Einstellung schien u. a. in seinen vom Verfasser mit eigenen Ohren vernommenen Worten Ausdruck zu finden, in denen er meinte, es hinnehmen zu können, wenn deutsche Soldaten im Kampf um Deutschland ihr Leben lassen müßten; dagegen könne er es nicht verantworten, sie womöglich zu Tausenden kampflos auf den Grund des Meeres zu schicken.

Ohne Zweifel ist dann in der Folge die Ernsthaftigkeit des Landungsvorhabens bei Hitler um so mehr in den Hintergrund getreten, je stärker ihn das russische Problem beschäftigte und je weniger der auch noch vom Wetter stark beeinträchtigte Luftkrieg die Erwartungen erfüllte. Schon im Spätsommer mag er in der Tat die Landungsvorbereitungen nur noch als Bluff und Drohung weiter betrieben haben, bis die Verhältnisse ihn schließlich am 12. Oktober 1940 nötigten, sich gegenüber den Spitzen der Wehrmacht offen zu einer – angeblich nur einstweiligen – Absage zu bekennen. Lediglich am Rande sei vermerkt, daß er im Frühjahr 1941 den „Seelöwen" zu Irreführungszwecken noch einmal kurz aufleben ließ. Gleichzeitig mußte der Nachrichtendienst die Version verbreiten, daß der Aufmarsch gegen Rußland der Ablenkung von der bevorstehenden Landung in England dienen solle.

Luftwaffe und Kriegsmarine haben sich mit dem Verzicht auf die Landung leicht abgefunden, da die einen von allem Anbeginn nicht dazu gesonnen waren und die anderen die strikte Voraussetzung einer eindeutigen Luftherrschaft über dem Kanal nicht erfüllt sahen. Auch das OKH und mit ihm die Abt. L hatten unentwegt an dieser Vorbedingung fest gehalten. In der Erwartung jedoch, daß die Luftwaffe durch eine sich ständig verbessernde Taktik und Rüstung noch eine ausreichende Überlegenheit erzwingen werde, blieben beide, wenn auch getrennt voneinander, weiterhin auf jede erdenkliche Weise bemüht, vielleicht doch noch zu der Landung zu kommen. Den letzten Beweis für dieses hartnäckige Streben im Bereich der Abt. L, gleichzeitig aber auch für die engen Grenzen ihrer Einflußmöglichkeiten liefert die Entstehungsgeschichte der Weisung Nr. 18 vom 12. November 1940, in der das OKW die Grundzüge des weiteren deutschen Kriegsplans zusammenfaßte. Hatte der Chef L in der ersten Fassung dieser Richtlinien das Unternehmen „Seelöwe", und zwar nunmehr als Absicht für das Frühjahr 1941, an die erste Stelle gesetzt, so bedeutete ihm Jodl tags darauf, daß diese Herausstellung wohl den Absichten des OKH, nicht aber denen Hitlers entspreche. Auf die erneute Einrede Warlimonts, der bei diesem Anlaß so weit ging, das Festhalten an der

Landung als eine wahrscheinlich kriegsentscheidende Frage zu bezeichnen, stimmte ihm der Chef WFStab wohl zu, stellte aber trotzdem – offenbar in besserer Kenntnis des Hitler'schen Willens – den „Seelöwe"-Abschnitt von der ersten an die letzte Stelle der Weisung. Gleichzeitig nahm er auch dem Wortlaut dieser Ziffer noch die von der Abt. L formulierte Dringlichkeit[26].

Den „Seelöwen" selbst hatte damit der „Fangstoß" ereilt, den er den britischen Inseln versetzen sollte.

Mit dem allmählichen Schwinden der Aussichten auf baldige weitere Kriegshandlungen größeren Umfangs hatte sich das deutsche Hauptquartier wieder in einzelne Gruppen aufgelöst. Während Hitler am 29. August unter dem Eindruck des ersten britischen Luftangriffs auf Berlin in die Reichshauptstadt zurückgekehrt war und mit seiner engeren Umgebung wieder, wie früher, seinen Sitz in der Reichskanzlei aufschlug, blieb die Feldstaffel der Abt. L der größeren Beweglichkeit halber zunächst im Sonderzug auf einem Abstellgleis des Bahnhofs Grunewald. Der verlängerte Aufenthalt und die fortschreitende Jahreszeit ließen dann im Herbst nach festen Quartieren für den Stab Ausschau halten, die Arbeitsstätte und Unterkunft zugleich bieten konnten. Sie fanden sich Mitte November in den erst kurz vor Kriegsausbruch erstellten Kasernen der Kavallerieschule Krampnitz nahe Potsdam und damit etwa eine Fahrstunde von der Reichskanzlei entfernt. Dort blieb die Abt. L auch während der ersten Monate des neuen Jahres, als die Spitzen des OKW-Stabes, die Generale Keitel und Jodl, mit Hitler in Berchtesgaden weilten. – Das OKH hatte die Entscheidung über das Unternehmen „Seelöwe" noch in Fontainebleau abgewartet und seitdem wieder seine Baracken in Zossen bezogen. Die Kriegsmarine behielt nach wie vor ihre Friedensunterkunft am Tirpitzufer in Berlin bei, die Luftwaffe war in ihre Bunkergruppe in Wildpark bei Potsdam zurückgekehrt.

Im großen und ganzen waren damit im Herbst 1940 die gleichen Verhältnisse eingetreten, wie sie vor Beginn des Frankreich-Feldzugs bestanden hatten. Kuriere, ausgewählte Offiziere oder Beamte, stellten die Verbindung zwischen den einzelnen Gruppen des Hauptquartiers und den Oberkommandos der Wehrmachtteile her. Nach wie vor dienten auch die von der Abt. L gesammelten Meldungen als das wesentlichste Material für den täglichen Lage-

26 Vgl Hubatsch, Weisungen, S. 67ff. Zu dem übrigen s. Aufz. KTB WFStab L 4., 5., 6. und Lagebespr. WFStab L 13. Nov. 1940: „Chef L ist unglücklich darüber, daß auf Befehl des Chefs WFStab die Weiung 18 hinsichtlich des Unternehmens ‚Seelöwe' abgeändert werden soll"; vgl. auch Klee, a. a. O., S. 216/217, sowie die folgenden späteren Äußerungen Hitlers:

a) am 9. Jan. 1941 in Gegenwart der Spitzen der drei Wehrmachtteile: „Eine Landung in England wäre nur dann möglich, wenn die volle Luftherrschaft errungen und in England eine gewisse Lähmung eingetreten sei. Sonst sei sie ein Verbrechen."

b) am 20. Jan. 1941 gegenüber Mussolini: „Der Angriff gegen die britische Insel sei das letzte Ziel. Hier sei Deutschland in einer Lage wie jemand, der nur noch einen Schuß in der Büchse habe; gehe er fehl, so sei die Lage viel schlimmer als

vortrag Jodls in der Reichskanzlei oder auf dem Berghof. Die Oberbefehlshaber von Heer, Marine und Luftwaffe fanden sich dort nur in größeren Zeitabschnitten einzeln zu mündlicher Berichterstattung und zur Entgegennahme von Anordnungen und Mitteilungen Hitlers ein, in denen er sich auch häufig zu den schwebenden politischen Fragen äußerte. Schriftliche „Weisungen" des OKW kamen, wenn in dieser Zeit auch nur selten, hinzu, um den Zusammenhalt der Führung zu wahren.

Hinter diesen eingespielten Formen, die den Eindruck eines reibungslos ablaufenden Apparats an oberster Stelle der Wehrmacht erwecken könnten, lagen für den näheren Beobachter unverändert die groben Mängel in der Organisation und Arbeitsweise des Oberkommandos offen zutage. Sie mögen in erster Linie darin erkannt werden, daß nach wie vor keinerlei Consilium der Chefs der Stäbe von Heer, Luftwaffe und Seekriegsleitung mit dem Chef WFStab zustande kam oder auch nur von einem unter ihnen eine Anregung dazu ausgegangen wäre, obwohl inzwischen nicht mehr allein einzelne Feldzüge zur Frage standen, sondern das Kriegstheater beträchtliche Teile des ganzen Erdballs umspannte. Ebensowenig trafen sich die drei Oberbefehlshaber der Wehrmachtteile je anders wie bei besonderen Anlässen und dann nur in der dominierenden Gegenwart Hitlers, die jede echte Aussprache ausschloß. Aber mehr noch: Während Kriegsmarine und Luftwaffe damals die „Belagerung" Englands mit unzulänglichen Mitteln weiterschleppten, bildeten sich in Studien und Kriegsspielen des Heeres allmählich die operativen Grundlagen des Rußland-Feldzugs, der Schicksalssendung der deutschen Wehrmacht, heraus und dies, ohne daß der Chef WFStab den geringsten Anteil daran hatte. Als ein drittes, wenn auch erheblich weniger schwer wiegendes Merkmal bliebe noch hinzuzufügen, daß die Abt. L, der Stab der Wehrmachtführung, von dem Chef dieses Stabes bis hoch in das Jahr 1941 über die Entfernung von Berlin-Krampnitz nach Berchtesgaden getrennt blieb, überbrückt nur durch den Fernsprecher und durch einige Flugreisen des Abteilungschefs.

Die vielgepriesene „Einheit der Wehrmachtführung" stand hiernach in dem eigentlichen und wesentlichen Gehalt dieses Begriffs, ganz wie ehedem, nur auf dem Papier. Hatte es schon in der Vorbereitungszeit zur Landung in England für die Generalstabsarbeit der hohen Führungsstellen im einzelnen erheblich an gleichem Schrittmaß und einheitlicher Zielsetzung gefehlt, so liefen in den langen Monaten zwischen West und Ost auch Meinungsbildung und Ansichten im großen vielfach weit auseinander[27].

vorher. Man könne die Landung nicht wiederholen, da bei einem Mißerfolg zuviel Material verloren gehe. England brauche dann keine Sorgen mehr wegen einer Landung zu haben und könne die Masse seiner Kräfte an der Peripherie, wo es wolle, einsetzen. Solange der Angriff hingegen nicht stattgefunden habe, müßten die Engländer immer mit ihm rechnen" (nach Aufz. KTB WFStab L von diesen beiden Tagen).

27 Aus dieser Zeit liegt eine eigene Äußerung Hitlers über die Bedeutung des Oberkommandos der Wehrmacht vor, die zunächst erneut den doppelsinnigen Be-

Chef und Offiziere der Abt. L sahen sich genau wie General Jodl bis Dezember 1940 mit den Vorarbeiten für den Ostfeldzug kaum befaßt, viel weniger jedenfalls noch als bei den früheren großen Feldzügen. Aber auch ohnedies richtete sich das ganze Streben in der Abt. L weiterhin auf alle diejenigen Pläne, die geeignet schienen, die Kräfte der Wehrmacht nach Westen zusammenzuhalten. Ausgehend von den ersten Ansätzen im Juli und August 1940, hatten diese Projekte in der schon erwähnten OKW-Weisung Nr. 18 vom 12. November wenigstens teilweise nähere Gestalt gewonnen. Im Vordergrund stand dabei der Angriffsplan gegen Gibraltar, der auch von Hitler nach dem Verzicht auf die Landung in England und trotz des wenig erfolgversprechenden Treffens mit General Franco — am 23. Oktober — uneingeschränkt gefördert wurde. Entgegen der ursprünglichen Absicht, sich mit der Zerstörung des Hafens aus der Luft und der davon erwarteten Vertreibung der britischen Flotte zu begnügen, hatten die Vorschläge der Abt. L dahin geführt, daß dem Vorhaben die völlige Wegnahme des Felsens von Land her zum Ziel gesetzt worden war[28]. Mit nicht geringerem Nachdruck verfolgte

griffsinhalt dieser Dienststellenbezeichnung — mit oder ohne die Person Hitlers — erkennen läßt, außerdem aber ein Bild davon vermittelt, wie Hitler selbst seine militärische Führungsrolle ansah und ausübte. Anlaß waren die zwischen Kriegsmarine und Luftwaffe vielfach strittigen Fragen über Ausrüstung und Einsatz der Seeflieger-Verbände. Hitler traf hierzu, obwohl der WFStab inzwischen das Für und Wider eingehend untersucht und vorgetragen hatte, nicht etwa eine klare Entscheidung, sondern verkündete in langatmigen Ausführungen lediglich (im Auszug): „Jede derartige Meinungsverschiedenheit zwischen zwei Wehrmachtteilen ... beweise erneut die Notwendigkeit eines starken OKW ... Gäbe es keine übergeordnete Stelle, die eine Entscheidung fälle, so bestehe die Gefahr, daß z. B. in dem vorliegenden Falle das Schießen von Torpedos vom Flugzeug aus ... nicht weiterentwickelt oder sogar eingestellt würde ... Für die Kriegsentscheidung sei es völlig gleichgültig, ob die Luftwaffe oder die Kriegsmarine die Lufttorpedos verwende; entscheidend sei lediglich, daß die Lufttorpedos von dem Wehrmachtteil eingesetzt würden, der den größten Erfolg damit erringe.

Man müsse aus solchen Streitfällen weiter die Lehre ziehen, daß die oberste Wehrmachtführung die Zügel straff führen müsse, um den bestmöglichen Einsatz der Kräfte aller 3 Wehrmachtteile zu erreichen. Dies sicherzustellen, sei die Aufgabe des OKW. Das gelte schon heute, wo seine — des Führers — Autorität letzten Endes immer eine Entscheidung ermögliche.

Im Hinblick auf die Zukunft sei eine dauernde Stärkung der Stellung des OKW erst recht erforderlich. An seine – des Führers – Stelle könne einmal ein Mann treten, der zwar der beste Politiker sei, aber vielleicht nicht über soviel militärisches Wissen und Können verfüge wie er selbst. Ein solcher Mann bedürfe eines sehr starken OKW, sonst bestünde die große Gefahr, daß die Kräfte der 3 Wehrmachtteile auseinanderfielen, anstatt zu einheitlicher Wirkung zusammengefaßt zu werden. Dann würde die Wehrmacht aber niemals das Höchste leisten können, ein Zustand, der im Kriege, wo es um den Bestand des Reiches ginge, nicht zu verantworten sei" (Aufz. KTB WFStab L 6. Dez. 1940). — S. auch die folgende Anm. 28.

28 Vgl. u. a. Aufz. KTB WFStab L 7., 9., 14. Aug. („Chef WFStab teilt mit, daß der Führer sich auf Grund der von der Abt. L am 10. 8. vorgelegten Studie über Operationsmöglichkeiten gegen Gibraltar für die große Lösung [Wegnahme Gibraltar ...] ausgesprochen habe" ...); s. dazu auch ebenda unter dem 1. Nov. 1940 als eine Illustration der einheitlichen Wehrmachtführung: „Chef L ... meldet weiterhin (an Jodl), daß die Luftwaffe sich an der ... Erkundung gegen Gibraltar nicht be-

man in der Abt. L gleichzeitig den anderen Plan, dem zögernden italienischen Vorgehen gegen den Suez-Kanal mit je einem deutschen Flieger- und Panzerkorps nachzuhelfen. Schien sich doch durch solchen doppelseitigen Angriff gegen die hauptsächlichen Stützpunkte der Briten die Möglichkeit zu bieten, endgültig „die englische Stellung im Mittelmeer zu Fall zu bringen" und damit dem Kriegsverlauf eine andere Wende zu geben. Nach vorübergehender Zustimmung versagte sich Hitler jedoch aller weiteren Unterstützung der Italiener. Dabei führte er als Grund seiner hartnäckigen Weigerung in erster Linie den Unwillen über den Überfall auf Griechenland an. Sicher hat auch die unverändert abweisende Haltung Mussolinis und seines Comandò Supremo, denen man schließlich die deutsche Hilfe nicht aufzwingen konnte, zu dieser Haltung beigetragen[29]. Hitler wird aber vor allem damals auf die Expedition nach Nordafrika nicht ungern verzichtet haben, weil er gerade im Gegensatz zu den Förderern dieses Planes seine russischen Absichten nicht durch Abgaben von Kräften an andere Stellen beeinträchtigt sehen wollte. Auch der Angriff auf Gibraltar sollte aus diesem Grunde nicht später als Anfang Februar stattfinden.

Als natürlicher „Bundesgenosse" der Abt. L erwies sich in jener Periode besonders das Oberkommando der Kriegsmarine, das die auch ihm inzwischen bekannt gewordenen Pläne Hitlers zum Angriff auf die Sowjetunion als ebenso abwegig wie verhängnisvoll ansah. Aus dieser Übereinstimmung, die von dem leitenden Seeoffizier in der Abt. L still, aber nachdrücklich gefördert wurde, war Ende August als ein dritter Vorschlag zur Ablenkung vom Osten der Plan „einer gemeinsamen deutsch-italienischen Seekriegführung" auf den Weltmeeren entstanden. Auch dieser Gedanke scheiterte jedoch nach dem ursprünglichen Einverständnis Hitlers[30] daran, daß er sich zu der ersten Voraussetzung, einer gründlichen Bereinigung der Lage im Mittelmeerbereich, nicht entschließen wollte[30].

Unter dem Eindruck dieser Entwicklungen hatte der Chef L am 1. November 1940 bei einer Besprechung der „Absichten für die Fortführung des Krieges während des Winters" dem General Jodl gegenüber einen neuen Anlauf mit der Feststellung unternommen, daß diese Pläne „nicht voll befriedigen ... könnten. Sähe man von der Entsendung deutscher Truppen nach Libyen ab, so werde die italienische Offensive gegen Ägypten wohl kaum zu einem ent-

teiligen wolle und daß der Reichsmarschall hierüber dem Führer selbst Vortrag halten werde." — Vgl. außerdem das weitere Drängen des Chefs L nach Lagebespr. WFStab L 14. Nov. 1940, die Ergänzungen zur Weisung Nr. 18, Ziff. 2, vom 27. Nov. 1940 und den Entwurf zur Weisung Nr. 19 („Felix"), gedruckt bei Hubatsch, Weisungen, S. 72 bzw. 74 ff.

29 Vgl. u. a. Aufz. KTB WFStab L 7., 9., 21., 30. Aug., 5., 11., 20. Sept. und 2. Nov. sowie Lagebespr. WFStab L ebenfalls 2. Nov. 1940.

30 Vgl. u. a. Bespr. Ob d M 26. Sept. und 27. Dez. sowie Aufz. KTB WFStab L 2. Sept. 1940.

scheidenden Erfolg führen und es nicht zu ... der Bereinigung der Lage im Mittelmeer kommen. Damit würde die italienische Schlachtflotte weiterhin im Mittelmeer festgehalten werden und ihr Einsatz im Atlantik gemeinsam mit den deutschen schweren Seestreitkräften ... nicht in Frage kommen." Jodl wollte jedoch – ob selbst überzeugt oder nicht, bleibe dahingestellt – allein von dem inzwischen beschlossenen Einsatz deutscher Fliegerverbände auf Sizilien und von der Wegnahme Gibraltars eine ausreichende Überlegenheit im Mittelmeerraum erwarten[31]. Nur diese Vorhaben waren daher auch in die „Weisung Nr. 18" aufgenommen worden.

An der Spitze der Weisung stand schließlich noch ein Plan, dem der Chef L in besonderem Maße seine ganze Kraft geliehen hat: die militärische Zusammenarbeit mit Frankreich. Mag diese „Collaboration" unter der Einwirkung des weiteren Kriegsverlaufs von beiden Seiten amtlich noch heute als ein anrüchiges Unterfangen betrachtet werden, so bedeutete sie doch für die damals beteiligten Offiziere nichts anderes als den Versuch, auf den ihnen zugänglichen Wegen und mit ihren Mitteln eine ehrlich gemeinte Versöhnung der europäischen Nachbarn herbeizuführen. Daß dieser Versuch mit einer Frontstellung gegen England oder, wie es in der „Weisung" hieß, mit der Aussicht verbunden war, aus anfänglichen gemeinsamen Sicherungsaufgaben „die Teilnahme Frankreichs am Kriege gegen England in vollem Maße zu entwickeln", lag in den Gegebenheiten der Zeit begründet. Seine höhere Rechtfertigung fand dieses Ziel aber auch darin, daß kein Vorhaben größere Möglichkeiten zu bieten schien, der gefürchteten Ausweitung des Krieges nach Osten und vielleicht auch im Hinblick auf die Ver. Staaten von Amerika erfolgversprechend zu begegnen.

Es ist hier nicht der Ort, die spannungsreiche Entwicklung der deutsch-französischen militärischen Beziehungen, die von dem trügerischen politischen Spiel Hitlers immer wieder gestört wurde, näher zu schildern. Erinnert sei nur an die Anfänge, die von dem Vorgehen der Engländer gegen die französischen Kriegsschiffe in den Häfen von Mers-el-Kébir und Dakar im Juli 1940 nicht zu trennen sind. Es bedurfte dann aber noch einer wiederholten Fühlungsuche von hoher französischer Seite in Wiesbaden und später auch in Vichy, bis Jodl seinen nächsten Mitarbeiter auf dessen erneute Vorstellungen im Anschluß an den Landungsangriff auf Dakar vom 23. September 1940 erklären konnte: „Er habe in Übereinstimmung mit dem Chef L bisher schon jede Gelegenheit benutzt, um den Führer von den weitgehenden Möglichkeiten zu überzeugen, die in der Ausnutzung der gemeinsamen deutschen und französischen Interessen in dem alles beherrschenden Kampf gegen England lägen." Nach einer Zwischenbemerkung über eine nunmehr anscheinend

31 Vgl. Aufz. KTB WFStab L 1. Nov. 1940; in diesem Zusammenhang sei daran erinnert, daß die italienische Schlachtflotte wenige Tage später einen vernichtenden Schlag erfuhr, als sie am 12. November durch Lufttorpedoangriffe im Hafen von Tarent 3 große Einheiten verlor.

bevorstehende „Wandlung in den Anschauungen des Führers" fuhr er dann ganz im Sinne Warlimonts fort: „Man müsse sich aber klar darüber sein, daß hiermit auch ein völliger Wandel in den grundlegenden Anschauungen über die Weiterführung und Zielsetzung des Krieges überhaupt verbunden sein würde". Abschließend kündigte Jodl bei diesem Anlaß überraschend die Absicht Hitlers zu dem Treffen mit Marschall Pétain an, das etwa einen Monat später, am 24. Oktober, auch zustande kam[32].

Als erste Folge einer näheren Prüfung der „Formen einer ... Zusammenarbeit mit Frankreich", wie Jodl sie bei den Vorbesprechungen von seinem Stellvertreter verlangt hatte, stellte der Chef L den Grundsatz heraus, daß „die Einschaltung der Franzosen ... gleichzeitig den französischen Lebensinteressen dienen ... müsse". Eine andere wie duldende Mitwirkung beim Kampfe gegen die britischen Inseln scheide hiernach von vornherein aus; dagegen deckten sich die beiderseitigen Interessen, wie Warlimont meinte, in der Sicherung und Erhaltung des französischen Kolonialreiches. Diesem Ziel seien daher sowohl die Handhabung des Waffenstillstandsvertrages als auch die Rücksichten auf Italien — nach gleichzeitig vorgelegten besonderen Vorschlägen — unterzuordnen[33].

In den folgenden Wochen, vor und nach der Begegnung Hitlers mit dem Marschall Pétain, traten auf allen Seiten gegenüber solchen militärischen Wünschen die damit verknüpften „schwierigen politischen Probleme"[34] stärker in den Vordergrund. Die Italiener, die durch eine deutsch-französische Annäherung ihre Kriegsziele gefährdet sahen, lehnten trotz gelegentlicher anderweitiger Versicherungen die deutschen Absichten ab und fanden dabei auch in dem deutschen Außenminister eine Stütze[35]. Dem Marschall Pétain wird in diesem Zusammenhang das erst später bekannt gewordene Wort zugeschrieben: „It will take 6 months to discuss and another 6 months to forget it." Hitler schließlich stellte, lebhaft unterstützt von Keitel, der sich hier wohl auch noch als Hüter des mit seinem Namen gezeichneten Waffenstillstandsabkommens fühlte, die These auf, daß „künftige Zugeständnisse an Frankreich jeweils mit zusätzlichen, über den Waffenstillstandsvertrag hinausgehenden Forderungen verbunden werden sollten"[36]. Die vielversprechenden Formulierungen der „Weisung Nr. 18" hatten hiernach schon vor ihrem Erscheinen stark an Gewicht verloren.

Der Chef L, der inzwischen ausersehen worden war, die mündlichen Ver-

32 Vgl. u. a. Tgb. Halder 23., 26. Sept. sowie Aufz. KTB WFStab L 25. Sept. 1940.

33 Vgl. Aufz. KTB WFStab L 1. Oktober (Sperrungen durch Verfasser) in Verbindung mit Lagebespr. WFStab L 30. Sept. und 29. Okt. 1940.

34 So im Tgb. Halder schon am 27. Sept. 1940.

35 Vgl. Ciano, Catastrofe, sowie Aufz. KTB WFStab L 1. und 4. Nov. 1940: Ribbentrop zu Ciano, er werde „in den nächsten Tagen bei einem wahrscheinlichen Treffen mit Laval viel Wasser in dessen Wein gießen".

36 Vgl. Aufz. KTB WFStab L 28. Okt. 1940.

handlungen mit den Franzosen in Paris an der Seite des Botschafters Abetz zu führen[37], nahm noch mehrmals Gelegenheit, sich bei General Jodl „für eine großzügige Regelung" einzusetzen, und betonte dabei als weiteren leitenden Grundsatz: „Halbe Maßnahmen seien nicht am Platze". Die von Keitel noch verschärfte Forderung Hitlers, „mit den Franzosen nur Zug um Zug zu verhandeln ... entspreche ... weder den Interessen der deutschen Kriegführung, da damit die Erschließung afrikanischer Stützpunkte für die Fortsetzung des Kampfes gegen England auf lange Zeit hinausgeschoben würde, noch könne unter solchen Umständen von den Franzosen verlangt werden, daß sie die ... deutschen Forderungen auf Wiederherstellung der Ruhe und Ordnung in ihrem afrikanischen Kolonialreich erfüllten, geschweige denn, daß sie in absehbarer Zeit zu einer wirksamen Zusammenarbeit mit Deutschland im Kampf gegen England kämen." Im Endergebnis waren trotz aller gegenteiligen Vorstellungen die Richtlinien Hitlers für seinen militärischen Beauftragten dahin zusammengeschrumpft, sich völlig „rezeptiv" zu verhalten[38].

Am 29. November fand im Gebäude der Deutschen Botschaft in Paris in zwangloser Form und auf völlig gleichberechtigter Grundlage die erste Zusammenkunft von Vertretern der beiden Oberkommandos statt, die kaum ein halbes Jahr vorher noch gegeneinander im Kriege gestanden hatten. Generalmajor Warlimont sah sich dabei zu seiner Überraschung neben den Spitzen der französischen Land- und Seestreitkräfte, General Huntziger[39] und Admiral Darlan, die ebenso wie ein Stabsoffizier der Luftwaffe in großer Uniform erschienen waren, auch dem Stellv. Ministerpräsidenten Pierre Laval gegenüber. Dieser und Darlan erwiesen sich bald als die treibenden Kräfte. Anstelle der anscheinend planmäßig hinhaltenden, auf ferne innerafrikanische Gegenden und unabsehbare Zeit abgestellten Pläne Huntzigers nahmen beide mit vollem Verständnis die von dem Chef L — allen Richtlinien zuwider — vorgebrachten Probleme einer erhöhten Sicherheit von Franz. Nordwest- und Westafrika auf, die vom Standpunkt der deutschen Wehrmacht als das vordringlichste und nächstliegende Ziel einer militärischen Zusammenarbeit erscheinen mußte. Schlossen doch diese Gebiete ebensowohl den strategischen Schutz der schwachen südlichen Flanken Europas als auch einen bedeutsamen, der britischen Blockade entzogenen Wirtschaftsraum ein. Bei einem schon am 10. Dezember

37 Vgl. Lagebespr. WFStab L 2. Nov. 1940. Aller Wahrscheinlichkeit nach waren, wie erst später durchschaut, für diese Wahl weniger Auslandserfahrung und Sprachkenntnisse Warlimonts maßgebend als Dienstgrad und Dienststellung, die seine jederzeitige Desavouierung erleichterten.

38 Vgl. Aufz. KTB WFStab L 1., 4., 6. (Zitate vom letztgenannten Tage) sowie Lagebespr. WFStab L 4. und 27. Nov. 1940.

39 General Huntziger wies bei einer späteren Zusammenkunft einmal aus typisch französischem Geist und Geschichtssinn darauf hin, daß nach der Begegnung der Generale Wimpffen und Verdy du Vernois im Kriege 1870/71 nunmehr wiederum ein französischer General mit einem deutsch-verwandten und ein deutscher General mit einem französisch klingenden (wallonischen) Namen zusammenträfen.

folgenden zweiten Treffen der gleichen Unterhändler am gleichen Ort fanden die angeschnittenen Fragen von französischer Seite schon erste aussichtsreiche Antworten. Dabei verstärkte sich noch der Eindruck, daß in der Hauptsache nur die Franzosen selbst in der Lage sein konnten, ihre überseeischen Besitzungen erfolgversprechend zu verteidigen. Der Inhalt künftiger Verhandlungen hätte es daraufhin sein müssen, Frankreich durch großzügige, weit über den Waffenstillstandsvertrag hinausgehende militärische Zugeständnisse, verbunden mit der notwendigen politischen und militärischen „Integration", zu dieser Aufgabe zu befähigen.

Stattdessen erwies es sich jedoch ein weiteres – und keineswegs letztes – Mal, daß ein Offizier des deutschen Hauptquartiers weder seines Auftrags noch seiner Auftraggeber über den Zeitpunkt seiner Entsendung hinaus sicher sein konnte, und daß Augenblickseindrücke in diesem Oberkommando genügten, um kaum angesponnene Fäden fallen zu lassen oder zu zerreißen. Hatte Hitler nach dem ersten Treffen wider alle Gebräuche den Bericht des Chefs L sogar selbst, wenn auch mit unverhohlener Zurückhaltung, entgegengenommen, so waren ihm, während Warlimont das zweite Mal noch in Paris verhandelte, Nachrichten über die Unzuverlässigkeit des schon stets beargwöhnten Generals Weygand, des französischen Oberkommandierenden in Nordafrika, ausreichend erschienen, um in den gleichen Tagen mit aller Eile eine OKW-Weisung zu erlassen, nach der im Falle einer Loslösung Frz. Nordafrikas von Vichy ganz Frankreich besetzt und auch die französische Flotte weggenommen werden sollte. Unter solchen Einflüssen dürfte ihm der schriftlich – nach Berchtesgaden – vorgelegte Bericht des Chefs L über die zweite Zusammenkunft mit den Franzosen kaum noch beachtenswert erschienen sein. Daran änderte es auch nichts, daß Jodl dazu schrieb: „Man sollte das Eisen schmieden, solange es warm ist. Weitere Rückschläge unserer Verbündeten" – gemeint, der Italiener in Libyen – „können nur allzu leicht eine Versteifung der französischen Haltung herbeiführen." Als dann Pétain noch am 13. Dezember seinen Stellvertreter Laval, den Schmied der Zusammenarbeit auf französischer Seite, plötzlich verabschiedete und sogar zeitweilig verhaften ließ, warf Hitler alle Diplomatie ab und kehrte zur Haltung des Siegers über Frankreich zurück[40].

Erst fast ein halbes Jahr später, in der zweiten Hälfte Mai 1941, sollte es dem gemeinsamen Bemühen des Admirals Darlan, der Laval an der Spitze der Regierung Pétain gefolgt war, und des Botschafters Abetz gelingen, die Wie-

40 Vgl. zu diesem Hergang Aufz. KTB WFStab L 1.–4., 6., 7., 8., 11., 12. und 20., die Lagebespr. WFStab L 2. und 4. sowie Tgb. Halder 8. Dez. 1940; danach ist u. a. der Vorschlag zur sofortigen Vorbereitung einer Besetzung ganz Frankreichs vom Chef des GenStdHeeres ausgegangen, und zwar hauptsächlich unter dem Eindruck der Absage Francos zu dem Angriff auf Gibraltar. Die zugehörige „Weisung Nr. 19 – Unternehmen Attila" ist bei Hubatsch, Weisungen, S. 79 ff., gedruckt.

In diesem Zusammenhang sei außerdem auf die Memoiren Weygand's hingewiesen, in denen die deutsch-französischen Begegnungen in Paris eine offenbar aus zweiter Hand stammende, teilweise stark korrekturbedürftige Darstellung gefunden

deraufnahme der militärischen Besprechungen bei Hitler durchzusetzen[41]. Die Verträge, die damals nach mehr als zehntägigen Verhandlungen — wiederum von Huntziger und Warlimont — in festen, protokollarischen Formen abgeschlossen wurden, konnten jedoch die politisch-strategische Bedeutung, die ihre deutschen Befürworter früher darin gesucht hatten, nicht mehr erlangen, da der Beginn des Rußland-Feldzugs schon unmittelbar vor der Türe stand. Aber auch die großen Möglichkeiten, die sich angesichts dieser Lage auf der einen Seite in der vertraglich vereinbarten französischen Unterstützung im Kampf um das Niltal und den Mittleren Osten, auf der anderen — wichtiger noch als vorher — in der Rückendeckung gegen England in Frz. Nord- und Westafrika boten, wurden in der Folge von Hitler nicht genutzt. Sein Mißtrauen verhinderte jedes echte militärische Zugeständnis. Politisch jedoch, wie von den Franzosen als weitere Gegenleistung gefordert, wollte er sich in seiner vermeintlichen Rolle als unumschränkter Herrscher Europas überhaupt nicht binden[42].

Schon die ersten Erlebnisse des Chefs L nach seiner Rückkehr von Paris gegen Ende Mai deuteten diesen weiteren Verlauf an. Sie begannen mit Keitel und Jodl und der Art und Weise, in der beide Warlimonts Bericht kühl und uninteressiert entgegennahmen, — deutlicher noch dadurch zum Ausdruck gebracht, daß sie ihn anschließend allein — ein unerhörter Vorgang — zum Vortrag auf den Berghof fahren ließen. Als Zweiter erschien dort am Vortragstisch unter dem großen Fenster, etwas verspätet und in seiner Haltung ganz der unnötig belästigte, überbeschäftigte Mann, der Reichsaußenminister von Ribbentrop. Während es dem Chef L immerhin gelang, wenigstens für die Zeit seiner Berichterstattung die Aufmerksamkeit Hitlers zu gewinnen, unterbrach Ribbentrop die Darstellung Warlimonts über den Nutzen oder die Gefahren, die je nach der Haltung Frankreichs von Frz. Nord- und Westafrika für die deutsche Lage entstehen könnten, mit den unvergessenen Worten: „Was soll Ihnen das alles, mein Führer! Wenn in Afrika wirklich einmal etwas passieren sollte, dann braucht doch General Rommel nur seine Panzer umzu-

haben. Im übrigen wird darin auch berichtet, daß Churchill im November 1940 versucht hat, den Marschall Pétain zum Übertritt nach Frz. Nordafrika zu bewegen, und unter dieser Voraussetzung starke britische Truppenhilfe zur „Verteidigung" der nordafrikanischen französischen Besitzungen versprach (Weygand, „Rappelé au Service", Bd. 3, S. 464 und 477/478).

41 Bzgl. eigener Bemühungen des Verfassers vgl. u. a. Lagebespr. WFStab L 10. Jan. 1941: „Die Ansicht des Chefs L ist, daß gerade italienische Mißerfolge zu verstärkter Zusammenarbeit mit Frankreich führen sollten. ... Der Berghof scheint die weitere Verfolgung der franz. Politik auf die lange Bank schieben zu wollen."

42 Vgl. Lagebespr. WFStab L 19., 29. Mai und zu dem Inhalt der Verträge Tgb. Halder 27. Mai 1941 unter dem Stichwort „Verhandlung mit Darlan".

Nach den Memoiren Weygands, a. a. O., S. 428—437 in Verbindung mit S. 423—427, kann es als erwiesen gelten, daß unter seinem Einfluß und gleicherweise unter der Einwirkung des Botschafters der Ver. Staaten in Vichy, Admiral Leahy, auch Marschall Pétain nicht gesonnen war, die militärischen Abmachungen der „Pariser Protokolle" gutzuheißen, und deswegen seine politischen Forderungen um so höher schraubte (s. auch Text S. 137).

drehen, um dem ganzen Spuk sofort ein Ende zu machen. Die Franzosen werden wir dazu doch gewiß nicht benötigen" ... Sprach's und fuhr mit einer Hand, die er hierzu vorübergehend aus der Rocktasche zog, auf der vor Hitler ausgebreiteten Karte des Mittelmeergebiets von der Gegend der ägyptisch-libyschen Grenze über Tunis, Algerien und Marokko hinweg bis hinunter nach Dakar! Die Peinlichkeit einer eigenen Erwiderung auf diesen Einwurf wurde dem General erspart, indem Hitler ihn aufforderte, „dem Herrn Außenminister doch einmal zu sagen", um welche Entfernungen es sich in Afrika handele, welche Landverbindungen in diesen Gebieten für die angedeuteten Panzer-Bewegungen zur Verfügung stünden und was es sonst noch an Hindernissen gebe. Über diese Bekundung einer besseren militärischen Einsicht ging jedoch auch Hitler nicht hinaus.

Die Ereignisse der nächsten Monate — bei den Franzosen der Verlust Syriens, den keine deutsche Unterstützung hatte aufhalten können, im eigenen Bereich die großen Anfangserfolge in Rußland — drohten die Abmachungen völlig in Vergessenheit geraten zu lassen. Erst im August/September 1941 konnte die Abt. L angesichts des zeitweiligen Stillstands im Osten eine neue Anweisung an die Waffenstillstands-Kommission in Wiesbaden durchsetzen, nach der wieder begonnen werden sollte, über die Durchführung der „Protokolle" zu verhandeln. Die fortgesetzte Rücksichtnahme auf Italien und die Verweigerung von echten Zugeständnissen, die Frankreich erst zur Übernahme der ihm zugedachten Aufgaben befähigen konnten, ließen es jedoch auch dann nicht zu wesentlichen Fortschritten kommen. Eine letzte, von dem deutschen Botschafter in Paris noch einmal zustandegebrachte Besprechung in Berlin zu Ende Dezember 1941, bei der von französischer Seite der neue Oberbefehlshaber in Nordafrika, Marschall Juin, erschien, und auf der eigenen Göring die Verhandlungen leiten sollte, stand schon ganz unter dem Schatten der schweren deutschen Krise in Rußland und des Kriegseintritts der Vereinigten Staaten von Amerika. Sie fand um so eher ein schnelles, ergebnisloses Ende, als Göring, während die hohen franzöischen Gäste schon eine Stunde und länger warteten, sich erst in aller Eile von dem Chef L über den militärischen Gegenstand der Verhandlungen unterrichten lassen mußte und bei dem folgenden Gespräch mit den Franzosen immer von neuem in einen unnatürlichen Schlafzustand zu versinken schien. Er hat damit sicherlich nur das mangelnde Interesse Hitlers, der immer meinte, im Erfolg nicht verhandeln zu brauchen, und der in mißlicher Lage, wie damals, nicht verhandeln wollte, auf seine Weise zum Ausdruck gebracht[43].

43 Hitler hat in der Folge noch mehrfach die wahre Gesinnung, die ihn bei den Verhandlungen mit Frankreich geleitet hat, in vertraulichen Gesprächen berührt, die Goebbels in seinen Tagebüchern 1942/43 aufgezeichnet hat. Vgl. z. B.:

> 22. Jan. 1942: „Franzosen können uns einige Dienste in Nordafrika leisten, aber diese Dienste sind nicht so groß, als daß sie uns veranlassen könnten, ihnen entgegenzukommen."

Lenkt man von diesem vorgerückten Zeitpunkt den Blick auf das Ende des Jahres 1940 zurück, so bleibt festzustellen, daß schon damals auch alle anderen Vorhaben nach der Weisung Nr. 18, die eine Lösung des Konflikts an der Peripherie des Kriegstheaters suchen wollten, vorläufig als gescheitert anzusehen waren. Der tiefere Grund dieser Entwicklung, die auch noch die ersten Monate 1941 überschatten sollte, lag zweifellos darin, daß die deutsche Kriegführung seit dem Siege über Frankreich, mehr noch als es der Wirklichkeit entsprach, aller Welt als verzettelt, ziellos und gelähmt erscheinen mußte. Sie trug damit auch ihren gemessenen Anteil an den schweren Rückschlägen, die dem verbündeten Italien auf See, in Griechenland und im östlichen Nordafrika widerfahren waren. Ebenso dürfte General Franco nicht, wie Hitler meinte, dieser italienischen Mißerfolge wegen, sondern viel eher als Folge des Ausbleibens der deutschen Landung in England seine Zustimmung zu dem Angriff auf Gibraltar versagt haben[44]. Die Lagebeurteilung des Chefs WFStab vom August 1940, „daß England auch auf anderem Wege auf die Knie zu zwingen" sei, hätte sich hiernach aller Wahrscheinlichkeit noch selbst dann als verfehlt erwiesen, wenn Hitler den übrigen gegen England gerichteten Plänen seine volle Unterstützung geliehen haben würde.

Angesichts der vielfachen Warn- und Gefahrenzeichen, denen sich die Kriegführung der „Achsenmächte" hiernach zu Ende des Jahres 1940 gegenüber sah, wirkte es, um das Geringste zu sagen, wenig überzeugend, wenn die Abt. L für das erste Treffen, das in diesem Kriege die Spitzen des OKW, die Generale Keitel und Jodl, Mitte November 1940 mit dem Chef des italienischen Comando Supremo, Marschall Badoglio, zusammenführen sollte, eine vom Chef WFStab aufgesetzte Ansprache zu Papier zu bringen hatte, in der die Hybris sichtbar ihr Haupt zu erheben schien. Hieß es doch eingangs darin: „Der Krieg ist gewonnen, er kann nicht mehr verloren, er muß nur noch beendet werden. Dazu ist es nötig, auch England zu der Einsicht zu zwingen, daß es den Krieg

7. März 1942: „Vichy-Franzosen sind „unter Umständen bereit, nicht nur ihre Neutralität aufzugeben, sondern aktiv in den Krieg einzugreifen. Das aber will der Führer nicht. ... Wir müssen deshalb die militärische und politische Macht Frankreichs endgültig vom zukünftigen europäischen Kräftespiel ausschalten. In dieser Beziehung gehorcht der Führer einem sehr fein reagierenden, nationalpolitischen Instinkt."
26. April 1942: „Das Gerede von Kollaboration ist nur für den Augenblick gedacht."

44 Vgl. Aufz. KTB WFStab L 6., 8. und 10. Dez. 1940, wonach General Franco seine Absage im Gespräch mit dem zu endgültigen Abmachungen nach Madrid entsandten Admiral Canaris erteilte, so daß die für den 11. Dez. vorgesehene Reise Jodls, der Franco den Angriffsplan vortragen sollte, nicht mehr zustande kam; s. außerdem Hubatsch, Weisungen S. 78, und Lagebespr. WFStab L 10. Jan. 1941, wonach die Abt. L an diesen Vorgängen nicht beteiligt worden war und der Chef L ebenso wie der Ob d M die Absicht äußerten, den Plan weiter zu verfolgen.

verloren hat"[45]. Demgegenüber kam Großadmiral Raeder der Wirklichkeit sehr viel näher, wenn er Hitler Ende 1940 im Hinblick auf den Stand der Kriegführung gegen England die Sätze entgegen hielt: „Es ist nicht länger möglich, die britische Flotte, wie von der Seekriegsleitung als maßgeblich für den Kriegsausgang angesehen und mehrfach gefordert, aus dem Mittelmeer zu vertreiben. Stattdessen entwickelt sich in dem afrikanischen Bereich eine Lage, die den deutschen und den europäischen Interessen insgesamt höchst gefährlich ist."[46]

Die deutschen Hilfsaktionen für Italien, die Mitte Dezember 1940 mit der Verlegung des X. Fl.Korps nach Süditalien begannen[47] und dann unter dem Zwang der Lage in Libyen und Griechenland bald nach der Jahreswende zu der Entsendung des Expeditionskorps Rommel nach Nordafrika und zu der Festlegung starker deutscher Kräfte für den Balkan-Feldzug führen sollten, bedeuteten, von beiden Diktatoren aus gesehen, nur ebenso widerwillig gegebene wie angenommene Zugeständnisse. Nach dem monatelangen Zögern waren diese Entschlüsse schließlich aus Gesprächen Hitlers mit Mussolini einerseits und mit den Spitzen von Heer und Luftwaffe andererseits hervor gegangen[48]. Der WFStab fand sich dabei ganz auf seine Rolle als Arbeitsstab, d. h. im wesentlichen auf die Abstimmung teils politisch, teils militärisch bestimmter Interessen der befreundeten und verbündeten Staaten — dies im besonderen im Bereich des Balkans[49] —, außerdem auf die befehlsmäßige Abfassung der von

45 Aufz. KTB WFStab L 13. Nov. 1940.

46 Bespr. Ob d M 27. Dez. 1940.

47 Nach dem Befehl (OKW/WFStab) vom 10. Dez. 1940 waren zunächst nur Verbände „in der Stärke etwa eines Geschwaders" vorgesehen, denen aber noch im gleichen Monat das ganze X. Fl.Korps mit etwa 180 Kampf- und Jagdflugzeugen folgte (vgl. auch Lagebespr. WFStab L 27. Nov. 1940).

48 Vgl. für die letzte Zeit die zugehörigen Aufz. KTB WFStab L 5. Dez. 1940, 9. Jan. und 3. Febr. 1941, Tgb. Halder 5. Dez. 1940, 16. Jan. und 3. Febr. 1941 sowie die Weisung Nr. 22 vom 11. Jan. 1941 mit den ihr in den nächsten Wochen gefolgten Nachträgen, gedruckt bei Hubatsch, Weisungen, S. 93—100.

49 Vgl. dazu im Anschluß an die OKW-Weisung Nr. 18 vom 12. Nov. 1940 die eingehende Schilderung der diplomatischen und der — durch den Chef L — geführten militärischen Verhandlungen mit dem Abgesandten des bulgarischen Generalstabs nach Aufz. KTB WFStab L 10. Febr. 1941 sowie die OKW-Weisung Nr. 26 vom 3. April 1941 (Hubatsch, Weisungen, S. 108), in der die Grundsätze Hitlers für den Verkehr mit den Verbündeten einen besonders sinnfälligen Ausdruck finden. So heißt es dort u. a.: „Die einheitliche Führung dieses Feldzuges, soweit es sich um die operative Zielsetzung für die italienischen und ungarischen Streitkräfte im Rahmen der Gesamtoperation handelt, behalte ich mir selbst vor. Sie muß sich in einer Form abspielen, die den Empfindlichkeiten der Verbündeten Rechnung trägt und den Staatsoberhäuptern Italiens und Ungarns die Möglichkeit offen läßt, ihrem Volk und ihrer Wehrmacht gegenüber als souveräne militärische Führer zu erscheinen. Ich werde daher die militärischen Forderungen für die Einheitlichkeit der Operationen, die mir durch den Ob d H und den Ob d L zu übermitteln sind, in Form von persönlichen Schreiben an den Duce und den Reichsverweser Horthy als Vorschläge und Wünsche übermitteln." Vorangegangen war schon eine Äußerung Hitlers aus besonderem Anlaß, „daß prinzipiell kein Einfluß auf die Italiener genommen werden solle" (Aufz. KTB WFStab L 4. März 1941).

Hitler durchweg nach Vorschlag des OKH getroffenen Entscheidungen[50] und auf die Überwachung des Ablaufs der Vorbereitungen beschränkt.

Die deutschen Maßnahmen in Nordafrika und auf dem Balkan standen, obwohl an sich gegen England gerichtet, von vornherein ganz im Banne des inzwischen immer näher rückenden Rußland-Feldzugs und waren im Grunde auch nur noch rein defensiver Natur. Erst die großen Erfolge des X. Fl.Korps, vor allem aber das ungestüme, alle Pläne hinter sich lassende Vorwärtsstürmen Rommels und seiner nur ganz schwach bemessenen Kräfte bis an die libysch-ägyptische Grenze im Verein mit der fast gleichzeitigen, hervorragenden Leistung von Generalstab und Truppe auf dem Balkan, die binnen kurzem an die Südränder des Peloponnes heranführte, ließen Mitte April 1941 eine unverhergesehene strategische Lage entstehen, die vielleicht noch einmal eine Aussicht geboten hätte, dem ganzen Kriegsverlauf eine andere Wende zu geben. Auf britischer Seite, wo man gewohnt war, das Mittelmeer als Brücke und nicht als trennenden Graben anzusehen, hat man damals nichts anderes erwartet, als daß die ganze Wucht einer über Kreta hinausgreifenden Luftwaffe zu einer schweren Bedrohung der Flotte in Alexandria und der Stützpunkte im mittleren und östlichen Mittelmeer führen würde. Viel weiter noch gingen die Ansichten in der Marine der Ver. Staaten von Amerika, wo man mit der Besetzung Kretas die Vertreibung der englischen Flotte aus dem Mittelmeer und selbst das Ende

50 Hierzu sei im besonderen auf die am 27. März 1941 völlig überraschend von Hitler geforderte Einbeziehung Jugoslawiens in den Operationsplan für den Balkan verwiesen (vgl. Jacobsen Chronik, S. 226), der die Spitzen des OKH sogleich an Ort und Stelle ihre fest umrissenen Vorschläge folgen ließen (vgl. die auf eigenem Erleben beruhende Darstellung bei Heusinger, a. a. O., S. 112 ff.), und die dann noch am gleichen Tage nach dem üblichen Verfahren vom WFStab als Befehle Hitlers in der OKW-Weisung Nr. 25 herausgegeben wurden (vgl. Hubatsch, Weisungen, S. 106; s. auch Lagebespr. WFStab L 27. März 1941).

Dafür, daß Hitler, gestützt auf seine ständige Umgebung, auch unmittelbar vor Beginn (6. April) und während dieses kurzen Feldzugs von seinen Eingriffen in die Operationen des Heeres nicht ablassen konnte, und daß auch die Ursachen dieser Eingriffe immer wieder gleicher Art waren, seien nur folgende kennzeichnende Auszüge aus dem Tgb. Halder 1941 angeführt (Sperrungen und Zusätze in Klammern durch den Verfasser):

> 5. April: „Die Operationsführung kommt also wieder (gemeint: bei Befolgung der Rücksichtnahme Hitlers auf Ungarn und Italien) in das Schlepptau der Politik und zwar politischer Augenblicksfragen. Sie verliert damit die klare und zielsichere Konzeption und läuft Gefahr, sich in eine Reihe von unzusammenhängenden Einzelhandlungen zu verlieren. Immer das gleiche Bild. Gegenmittel nur gute Nerven."
>
> 7. April: „Anruf Jeschonnek, der ... mitteilt, das der Reichsmarschall beim Führer über die ungenügenden Fortschritte des XVIII. A.K. sich geäußert hat. Nun geht die verfluchte Stänkerei wieder los" ...
>
> 11. April: „Ich gebe meiner Entrüstung über die Eingriffe in die Führung Ausdruck. Diese Ängstlichkeit, die jedes Risiko vermeiden, aber trotzdem fortgesetzt Erfolge einheimsen will, mag politisch tragbar sein, militärisch ist sie untragbar."

des Krieges heraufziehen sah[51]. Die ganze Sorge der deutschen obersten Führung war indes darauf gerichtet, sich keinen Tag länger als notwendig mit dem Balkan aufzuhalten, um den Beginn des Rußlandfeldzugs nicht noch länger hinausschieben zu müssen[52].

Ansätze zu einer einheitlichen, strategischen Behandlung der Operationen an den nördlichen und den südlichen Gestaden des Mittelmeers hat es damals auch auf der eigenen Seite gegeben[53]. Nicht unähnlich aber dem Verhalten im Frühjahr 1940, als man über jedes Erwarten schnell den englischen Kanal erreicht hatte, standen alle solche Erwägungen, soweit sie nicht überhaupt nur defensiver Art waren, auch nunmehr unter dem Zeichen der einmal festgelegten Pläne und waren daher erst auf die Zeit und die Lagebedingungen nach einem erfolgreich beendeten Ostfeldzug gerichtet. Es kann im übrigen auch keinem Zweifel unterliegen, daß die Reichweite der Wehrmacht, allein schon im Nachschub über Land und Meer, ebenso wie viele andere natürliche und binnen kurzem gar nicht abzuändernde Gegebenheiten es ausschlossen, das Steuer der weiteren Kriegführung ohne weiteres herumzuwerfen. Die im ersten Anlauf stecken gebliebenen Versuche im Mai und Juni/Juli 1941, dem Aufstand im Irak oder auch den Franzosen in Syrien eine helfende Hand zu reichen, legen dafür ein beredtes Zeugnis ab[54]. Trotzdem will es nicht undenkbar erscheinen, daß eine wendige und auf alle Möglichkeiten rechtzeitig vorbereitete Wehrmachtführung, die in ihrer obersten Spitze nicht mit dem Träger der Kreuzzugsidee gegen den Bolschewismus belastet war, den Anlaß zu einer neuerlichen Prüfung des weiteren Kriegsplans genutzt hätte.

Was dem WFStab stattdessen an Aufgaben zufiel, war auch weiterhin von erheblich geringerer Bedeutung. Nur der Merkwürdigkeit halber sei zunächst erwähnt, daß der Chef WFStab von Hitler am 22. April nach dem Epirus ent-

51 Vgl. die amtliche englische Seekriegsgeschichte (Roskill, „War at Sea") Vol. I, S. 515, sowie Langer und Gleason, „The Undeclared War", S. 415.

52 Vgl. u. a. die OKW-Weisung Nr. 27 vom 13. April 1941 (Hubatsch, Weisungen, S. 112).

53 Von seiten Hitler-OKW gehört hierher in erster Linie die vom OKL geförderte Entsendung des X. Fl.Korps, dem schon in dem grundlegenden Befehl vom 10. Dez. 1940 das ganze östliche Mittelmeer einschließlich auch des Ionischen und Ägäischen Meeres als Kampfraum zugewiesen worden war. Außerdem sei hierzu verwiesen auf die Aufz. KTB WFStab L 3. Febr. 1941 (Hinweis Hitlers auf den Zusammenhang in Nordafrika „erzielter Erfolge ... mit den Geschehnissen auf dem Balkan") und Tgb. Halder 17. März 1941 (Hitler: „Die Operation — auf dem Balkan — muß durchgeführt werden, bis eine Basis für die Luftbeherrschung des östlichen Mittelmeers gewonnen ist.")
Gleiche Erwägungen innerhalb des OKH bezeigt Tgb. Halder 24. Jan. 1941 („Vorschlag an Führer mit Hinweis, daß baldiges Eingreifen auf dem Balkan eine Entlastung für Nordafrika bedeutet") und 24. April 1941 (schnelle Einnahme von Kreta „entlastet Rommel am meisten").
Das OKM war wohl nach wie vor äußerst interessiert an der Beherrschung des Mittelmeerraums, zu Beiträgen aus eigenen Mitteln aber weder recht in der Lage noch auch im Hinblick auf das Zusammenhalten der U-Bootkräfte bereit.

54 Näheres dazu s. Text, S. 146/147.

sandt wurde, um mit den Griechen einen zweiten Waffenstillstand abzuschließen, weil das erste Abkommen, das Feldmarschall List, der Oberbefehlshaber der siegreichen deutschen 12. Armee mit Billigung Hitlers getroffen hatte, den Ansprüchen Mussolinis nicht genügte, — ein in aller Kriegsgeschichte wohl einmaliger Vorgang[55]. Weiterhin hatte die Abt. L in den Tagen des ausgehenden Balkanfeldzugs ein Gutachten darüber abzugeben, ob die Besetzung Kretas oder aber Maltas für die weitere Kriegführung im Mittelmeer wichtiger erschien. Einhellig, gleich ob Heer, Marine oder Luftwaffe zugehörig, sprachen sich darin die Offiziere der Abteilung ebenso wie der Chef L für die Wegnahme von Malta aus, da es nur auf diese Weise möglich schien, den Seeweg nach Nordafrika dauerhaft zu sichern. Ihr Votum erwies sich jedoch bereits als überholt, ehe es General Jodl überhaupt erreichte, da Hitler die Insel Kreta schon mit Rücksicht auf die Luftgefahr für das rumänische Ölgebiet keinesfalls den Engländern überlassen wollte und sich auch in Übereinstimmung mit der Luftwaffe von einer eigenen Basis auf Kreta weitreichende Wirkungen offensiver Art im östlichen Mittelmeerbecken versprach[56]. Bemerkenswerterweise erschien in diesem Zusammenhang kurz darauf Hitlers Chefadjutant, Oberst Schmundt, bei der Abteilung und forderte, daß weder diese noch irgendeine in der Folge auftretende Meinungsverschiedenheit im Bereich der obersten Führung in das Kriegstagebuch der Abt. L aufgenommen werden dürfe[57]. Im übrigen war auch während des Balkan-Feldzugs die Verbindung zwischen den beiden Sonderzügen, in denen das Feld-Hauptquartier in den kurzen drei Wochen untergebracht war, nur recht lose. Beide Züge standen auf einer dazu stillgelegten Eisenbahnstrecke in der Steiermark, und zwar an Zugängen zu zwei nahe beieinander gelegenen Tunnels, in denen die Züge bei Luftgefahr untergestellt werden sollten. Zu mehr als Probealarmen ist es jedoch nicht gekommen.

Nach der Rückkehr des Hauptquartiers in die Unterkünfte um und in Berlin ergab sich für den WFStab als völlig überraschender, neuer Auftrag, nach Mitteln und Möglichkeiten zu suchen, um Hitlers Anordnung zu verwirklichen, „daß der Kampf des Irak — gegen die Engländer — schnell und unter Ausnutzung aller gangbaren Wege unterstützt werden" solle. Dabei stellte sich

55 Vgl. den Hergang nach Lagebespr. WFStab L 21.—23. April sowie die empörten Auslassungen Halders dazu in seinem Tagebuch 21., 23. April 1941 sowie Heusinger, a. a. O., S. 116 ff.

56 Vgl. die OKW-Weisung Nr. 28 „Unternehmen Merkur" vom 25. April 1941, gedruckt bei Hubatsch, Weisungen, S. 115.

57 Auf deutscher Seite war nach den Aufz. KTB WFStab L eine „Niederkämpfung" der Insel Malta erstmals vom Chef d Gen St d Luftw. in den Besprechungen bei Hitler am 3. Febr. 1941 als vordringlichste Aufgabe des X. Fl.Korps (Mittelmeer) bezeichnet worden. Erste, vom WFStabe Abt. L daraufhin angestellte Studien zu einer Wegnahme der Insel (vgl. Aufz. KTB WFStab L 6. und 8. Febr. 1941) waren trotz günstiger Ergebnisse und lebhafter Unterstützung auch seitens des Ob d M gegen ein ablehnendes Verhalten Görings nicht weiter gediehen. (Angaben, soweit nicht belegt, nach einwandfreier Erinnerung des Verfassers).

sehr bald heraus, daß schnelle Hilfe nur mit leichten Waffen aus den unter Waffenstillstandsverschluß gehaltenen Lagern der französischen Armee in Syrien geleistet werden konnte. Selbst ein Eingreifen der Luftwaffe verlangte, ganz abgesehen von dem erst bevorstehenden Landeunternehmen auf Kreta, das alle ihre Kräfte beanspruchte, die Anlage von Stützpunkten, für die neben der Zustimmung der französischen Verwaltung in Syrien auch eine wohlwollende Duldung seitens der Türkei notwendig war. Indessen ging aber dem irakischen Aufstand — nicht ohne daß einige Fliegeroffiziere, unter ihnen ein Sohn Blombergs, ihr Leben dabei gelassen hätten — schon gegen Ende Mai unter starkem britischen Druck der Atem aus[58].

Ganz ähnlichen Verhältnissen sah sich der WFStab auch gegenüber, als es sich kurz darauf darum handelte, den eben in Paris getroffenen Vereinbarungen zufolge die Franzosen in der Abwehr des Angriffs auf Syrien zu unterstützen, zu dem am 8. Juni britische und de Gaulle-Verbände von Palästina her angetreten waren. Nach allem vorangegangenen Feilschen und Zögern wollte es nun auch nichts mehr bedeuten, daß Hitler — gewiß ein Kuriosum, aber ein viel zu spätes — den Eisenbahntransport einiger französischer Bataillone aus dem Mutterland quer durch Süddeutschland und die besetzten Balkangebiete nach Saloniki und gleichzeitig auch die Überführung von schnellen Einheiten der französischen Kriegsmarine und Luftwaffe durch das Mittelmeer auf Stützpunkte in Griechenland gestattete. Sie konnten über die Sperrkette der britischen Flotte im Bereich von Cypern ebensowenig mehr nach Syrien gelangen, wie es dem deutschen X. Fl.Korps, an der Grenze seiner Reichweite kämpfend, gelang, das englische Kreuzergeschwader vor Beirut erfolgreich zu fassen. Auch der Kampf in Syrien brach, wie schon kurz vermerkt, nach knapp mehr als Monatsfrist am 12. Juli 1941 zusammen[59].

Unter dem Zeichen dieser Mißerfolge, die eindeutig bewiesen, daß militärische Operationen in jenen weit entfernten Breiten Vorbereitungen von längerer Hand erforderten, ist im Juni 1941 im deutschen Hauptquartier der in der Kriegsliteratur vielbeachtete „Entwurf zur Weisung Nr. 32" entstanden. Nach einer einleitenden Wertung der Lage auf dem europäischen Kontinent, der „nach der Zerschlagung der russischen Wehrmacht" allein noch von den „Achsenmächten" beherrscht sein würde, war in diesem Weisungsentwurf das Ziel gesteckt, den Kampf „gegen die britische Position im Mittelmeer und in Vorderasien durch konzentrischen Angriff ... aus Libyen durch Ägypten, aus Bulgarien durch die Türkei und unter Umständen auch aus Transkaukasien

58 Nach der OKW-Verfügung vom 7. Mai, der am 23. Mai eine Weisung „Mittlerer Orient" mit allgemeinen Richtlinien gefolgt ist, gedruckt bei Hubatsch, Weisungen, S. 120. Vgl. auch Lagebespr. WFStab L 4., 7., 21., 28. Mai („Von den im Irak eingetroffenen 15 He 111 ist nur noch eine Maschine klar"), 31. Mai und 3. Juni 1941.

59 Vgl. Lagebespr. WFStab L 5., 9., 10., 11. und 19. bis 23. Juni 1941 sowie als Folge der bei diesen Vorgängen gewonnenen Erkenntnisse die „Dienstanweisung für den Sonderstab Felmy", gedruckt bei Hubatsch, Weisungen, S. 134.

heraus durch den Iran fortzusetzen". Im Westen schloß der Plan auch die Wegnahme von Gibraltar wieder ein[60].

Dieses wohl weitreichendste Konzept einer deutschen Strategie „aller Zeiten" ging in seinen Ursprüngen auf Hitler zurück, in dessen Namen die Abt. L schon im Februar 1941 mit der studienmäßigen Bearbeitung eines Aufmarsches in Afghanistan gegen Indien beauftragt worden war[61]. Anfang April 1941 hatte er auch in der Auffassung, daß der Ostfeldzug in wenigen Monaten beendet sein werde, eine „großräumige Offensive in Nordafrika" für den Herbst 1941 in Aussicht genommen[62] und u. a. außerdem im Ausgang des Balkan-Feldzugs bei einem Gespräch mit dem Grafen Ciano die Möglichkeiten eines Vorgehens über die Türkei und Syrien gestreift[63]. Der Gedanke schließlich, Gibraltar zu nehmen und anschließend Franz. Marokko zu besetzen, hatte sich in der Zwischenzeit schon mehrfach als nur vorläufig aufgeschoben erwiesen. Es war daher nach allen Erfahrungen der beiden ersten Kriegsjahre eine wohlbegründete Vorsorge, wenn der Generalstab des Heeres auf Grund dieser Anregungen bedacht war, „sich frühzeitig über die künftigen Operationen nach der Durchführung des Rußlandfeldzuges klar zu werden."[64] Für das Ausmaß dieser Überlegungen gibt das Tagebuch Halders vom 7. April 1941 einen näheren Anhalt, in dem unter den Kennworten „Organisatorische Forderung für künftige Gliederung" und „Bedarfsberechnung" eine nach Zahl und Art genau bemessene Übersicht von „Operationsgruppen" erscheint, aufgeteilt nach Spanien-Marokko, Nordafrika-Ägypten, Anatolien und Afghanistan. Anfang Juni hatte dann das OKH offenbar den Zeitpunkt für gekommen erachtet, um dem OKW/WFStab den Erlaß einer Weisung dieses Inhalts nahezulegen. Gefördert noch durch eine Beurteilung der Lage durch das OKM, die eine völlige Beherrschung des Ost-Mittelmeers zum Ziele hatte[65], brauchte es daraufhin nur weniger Tage, bis der WFStab mit Billigung Hitlers am 19. Juni die erste Fassung des Entwurfs an die Oberkommandos der Wehrmachtteile hinausgehen ließ.

Die Aussichten dieser weiträumigen Strategie, die vor allem anderen von dem Ablauf des russischen Feldzugs abhängig sein mußten, brauchen hier nicht näher abgewogen zu werden. Worauf es in diesen Blättern vielmehr ankommt, ist zunächst einmal der Nachweis, daß es nicht der Größenwahn des deutschen

60 Der Charakter der Weisung lediglich als „Entwurf" ist in der eigens dazu angestellten „Quellenkritischen Untersuchung" von Karl Klee einwandfrei bestätigt. Der Entwurf samt seiner späteren zweiten Fassung ist bei Hubatsch, Weisungen, S. 129 ff. gedruckt.

61 Vgl. Aufz. KTB WFStab L 17. Febr. 1941.

62 In einem vom WFStab ausgefertigten Befehl an das „Deutsche Afrika Korps" (Rommel) vom 3. April 1941; vgl. auch Tgb. Halder 14. und 15. Mai 1941.

63 Vgl. Ciano, Catastrofe.

64 Vgl. Lagebespr. WFStab L 4. Juni 1941.

65 Vgl. Bespr. Ob d M 6. Juni 1941.

Hauptquartiers oder Oberkommandos der Wehrmacht allein war, der, wie es manche Nachkriegsurteile haben möchten, hinter diesen Gedankengängen gestanden hat. Auch im damals feindlichen Ausland haben beispielsweise sogar Churchill und die britische militärische Führung gleich auf den Einmarsch der Wehrmacht nach Rußland hin sehr ernsthaft mit ähnlichen deutschen Plänen und Möglichkeiten gerechnet[66]. Zum anderen werden die auf weite Sicht abgestellten Vorarbeiten der Wehrmachtführung hier deswegen besonders hervorgehoben, weil manche Kritiker, sei es in Ablehnung oder auch in Unkenntnis dieser Pläne, sich nicht genug daran tun können, die angeblich in allen Lagen erwiesene „kontinentale Engstirnigkeit des OKW" anzuprangern und die an den führenden Stellen tätigen Heeresoffiziere dafür verantwortlich zu machen.

In der weiteren Entwicklung ergeben sich in beiderlei Hinsichten, was die vermeintliche Maßlosigkeit ebenso wie den einseitig kontinentalen Ausblick angeht, noch einige bemerkenswerte Anhaltspunkte. So hatte der Chef L seinen Mitarbeitern zunächst in Verfolg der Anregung des OKH eine Richtlinie gegeben, die nicht minder das Streben nach räumlicher Begrenzung der Ziele als die Freiheit von allem landstrategisch gebundenem Denken erkennen läßt, nämlich „1. Bereinigung des Mittelmeers durch Wegnahme Gibraltars, Maltas, der Insel Cypern und des Suez-Kanals, 2. Ausbau der europäisch-westafrikanischen Grundstellung gegen die englisch-amerikanische Koalition, 3. Invasion in England als Fangstoß."[67] Diesen Gedanken gegenüber, die auch unverkennbar das Schwergewicht der deutschen militärischen Machtentfaltung wieder nach dem Westen zu verlagern trachteten, setzten sich jedoch schon in der zweiten Fassung des Entwurfs zur Weisung Nr. 32 diejenigen Tendenzen durch, die, vertreten von Hitler, aber auch vom OKH und OKM, und gefördert noch durch die großen Anfangserfolge in Rußland, den Mittleren Orient als das hauptsächliche Ziel künftiger Operationen in Aussicht nahmen. Malta war darin nicht genannt, die Verteidigung der Küsten von Nord- und Westafrika sollte unter deutschem Luftschirm nur den Franzosen zufallen, denen die dazu notwendigen Verstärkungen zu bewilligen Hitler nun zeitweilig bereit schien.

Am Ausgang aller Pläne stand auch in den Formulierungen des Weisungsentwurfs England. Sobald sich als Ergebnis der nach dem Ostfeldzug wieder mit voller Kraft aufzunehmenden „Belagerung", verbunden mit der geplanten Zerstörung der Lebenslinien des Empire im Mittelmeer, ein „Zusammenbruch" der britischen Inseln „abzeichnete", sollte das Ende „durch eine Landung auszulösen und zu vollenden" sein.

66 Vgl. das amtliche englische Kriegswerk (Playfair) Bd. II, S. 248 ff.
67 Lagebespr. WFStab L 4. Juni 1941.

Kapitel 4

Im Auftakt und im ersten Halbjahr des Ostfeldzugs

A. Zeit der Vorbereitungen

Vorrang des OKH

Es ist wohl eine der merkwürdigsten Erscheinungen in der Geschichte des deutschen Hauptquartiers, daß der höchste Stab der Wehrmacht mitsamt seinem Obersten Befehlshaber in der Zeit von Ende Juli bis Anfang Dezember 1940 an den Vorarbeiten zu dem größten Feldzug des zweiten Weltkrieges nur den geringsten Anteil gehabt hat. Dabei gab es auch gegen Rußland weder einen grundlegenden, allseitig durchgeprüften Plan nach Art des alten preußisch-deutschen Generalstabs, noch hatte Hitler entgegen den Zeiten vor dem Westfeldzug seine eigene Ansicht über die Führung der Operationen anders als in einigen leicht hingeworfenen Worten kundgetan[1]. Die gedankliche Entwicklung von allen Anfängen an blieb hiernach ebenso wie der gesamte Plan zu Aufmarsch und ersten Angriffszielen allein dem OKH überlassen, das seinerseits auch die Luftwaffe und Kriegsmarine zeitgerecht in die Vorarbeiten einbezog.

Der WFStab stand völlig abseits. Nicht einmal als Gast oder Beobachter zu den großen Ost-Kriegsspielen des Generalstabs des Heeres im Herbst 1940 zugezogen, hat General Jodl auch nach allem Wissen keinerlei Schritte unternommen, um dem allgemeinen Auftrag und dem Wesen seines Stabes gemäß sich führend in die Entwicklung einzuschalten. Als einzige Ausnahme von einiger

1 Vgl. Tgb. Halder 31. Juli 1940: „Vernichtung der Lebenskraft Rußlands. Zerlegen in:
1. Stoß Kiew Anlehnung an Dnjepr ...
2. Stoß Randstaaten mit Richtung Moskau.
Schließlich Zusammenfassung aus Norden und Süden.
Später Teiloperation auf Ölgebiet Baku.
Inwieweit man Finnland und Türkei interessiert, wird man sehen."

Bedeutung wäre zu erwähnen, daß er im Sommer 1940 die Abt. L beauftragte, die grundlegenden Faktoren einer Operation gegen Sowjet-Rußland in einer eigenen Studie zu untersuchen, und zwar zu dem ausgesprochenen Zweck, ihn in etwa mit den geographischen und militärischen Gegebenheiten vertraut zu machen, ehe die Spitzen des Heeres Hitler ihre Vorschläge unterbreiten würden[2]. Anfang September hatte dann die Abt. L auf Anweisung des Chefs WFStab das Amt des Admirals Canaris darüber zu unterrichten, daß „der Ostraum" in den nächsten Wochen stärker belegt werden würde, und damit einige Richtlinien für die Verschleierung dieser Maßnahmen zu verbinden[3]. Außerdem mag noch der Anteil hierher gerechnet werden, der dem WFStab im Herbst 1940 an der Entsendung von „Militärmissionen" des Heeres und der Luftwaffe nach Rumänien zufiel, die bekanntlich auch zu den Vorbereitungen für den Ostfeldzug gehörte[4]. Die Wendung schließlich, die sich im Hinblick auf den Osten in der mehrfach erwähnten OKW-Weisung Nr. 18 vom 12. November 1940 „für die Kriegführung der nächsten Zeit" findet, ist nur allzu geeignet, den hier geschilderten Ablauf zu bestätigen. Heißt es doch darin lediglich: „Politische Besprechungen mit dem Ziel, die Haltung Rußlands für die nächste Zeit zu klären, sind eingeleitet. Gleichgültig welches Ergebnis diese Besprechungen haben werden, sind alle schon mündlich befohlenen Vorbereitungen für den Osten fortzuführen. Weisungen darüber werden folgen,

2 Die Studie, in der Hauptsache von Oberst d. G. v. Loßberg in Anlehnung an die Vorarbeiten des Generalstabs des Heeres verfaßt, ist dem Chef WFStab nach eigener Erinnerung erst nach Mitte November 1940 vorgelegt worden. Wenn in den Lagebespr. WFStab L der Vortrag über die Studie bei Jodl bereits am 19. Sept. verzeichnet ist, so will dieses Datum schon allein deswegen höchst ungewiß erscheinen, weil zu dieser Zeit sämtliche hohen Stäbe der Wehrmacht noch vordringlich mit dem Unternehmen „Seelöwe" beschäftigt waren. Der Irrtum dieser Aufzeichnung, wenn es einer ist, könnte darin begründet sein, daß der Führer des Kriegstagebuchs, soweit erinnerlich, erst viel später über die Pläne zu einem Ostfeldzug unterrichtet werden durfte und den Eintrag dann erst nachträglich unter einem unrichtigen Datum vorgenommen hat.

3 Veröffentlicht bei de Mendelssohn, a. a. O., S. 309/310.

4 Diese für Rom überraschende und dort als deutsche „Besetzung" Rumäniens angesehene Maßnahme hat Mussolini bekanntlich als letzten Anlaß bzw. Vorwand genommen, um seinerseits den Überfall auf Griechenland zu befehlen. Die ihm in diesem Zusammenhang von Ciano (Tagebuch 12. Oktober 1940) zugeschriebenen Worte: „Diesmal werde ich ihm (Hitler) in der gleichen Münze heimzahlen; er wird aus den Zeitungen erfahren, daß ich in Griechenland einmarschiert bin", seien hier nur als weiteres Kennzeichen für den Grad des gegenseitigen Vertrauens zwischen den Verbündeten vermerkt.

Auch den Russen konnte die Entsendung deutscher Truppen nach Rumänien natürlich nicht gefallen. Gegenüber Molotow, der Hitler am 13. November fragte, was er davon halten würde, wenn Rußland seinerseits eine Militärmission in Bulgarien einsetze, konnte der deutsche Diktator sich allerdings mit Recht darauf berufen, daß „die rumänische Regierung Deutschland ausdrücklich um Entsendung einer Militärmission gebeten habe" (nach den Aufz. KTB WFStab L 14. Nov. und Lagebespr. WFStab L 15. Nov. 1940).

sobald die Grundzüge des Operationsplanes des Heeres mir vorgetragen und von mir gebilligt sind."[5]

General Jodl hatte demnach bis zu einem gewissen Grad recht, wenn er im Kreuzverhör vor dem Internationalen Militärgericht in Nürnberg 1946 erklärte: „Ich war ... nicht der erste, der Vorarbeiten für einen Angriff auf die Sowjetunion gemacht hat. Ich habe zu meiner Überraschung durch den Zeugen Paulus hier erfahren, daß ... im Generalstab des Heeres Angriffsentwürfe bearbeitet wurden." Abgesehen davon aber, daß der Chef WFStab es an anderer Stelle seiner Aussagen, wie schon früher vermerkt, als seine Hauptaufgabe in Anspruch genommen hat, die Entscheidungen Hitlers durch seine „Generalstabsarbeit ... in die notwendige militärische Form zu gießen, die der ganze Apparat der Wehrmacht brauchte"[6], beweisen diese Vorgänge erneut und mit eindringlicher Deutlichkeit, daß die Konstruktion des Oberkommandos der Wehrmacht auch auf dem Höhepunkt des Krieges den wirklichen Erfordernissen einer Wehrmachtführung nicht im geringsten gerecht wurde.

Eingriffe Hitlers

Die immerhin mögliche Annahme, daß man seitens des OKW nach den inzwischen gesammelten Erfahrungen bewußt von jeder Mitarbeit in der Erstellung der operativen Grundlagen für den Ostfeldzug abgesehen habe, wird durch die weitere Entwicklung gründlich widerlegt. Zunächst allerdings stimmte Hitler dem Operationsplan ohne Einschränkung, wenn auch begleitet schon von einigen Anmerkungen im Sinne seiner späteren Eingriffe, zu, als ihm das Ergebnis der eingehenden Studien am 5. Dezember von den Spitzen des Heeres in großen Zügen vorgetragen wurde. Seiner Anweisung gemäß, „die Vorbereitungen entsprechend den Grundlagen dieser Planung voll in Gang zu setzen", war nun auch der Augenblick für den Chef WFStab gekommen, um die Abt. L zu beauftragen, das „Gedankengut" des Heeres in der üblichen Weise, d. h. im Einvernehmen mit den Operationsabteilungen der Wehrmachtteile in eine „Weisung" des OKW umzugießen. Dabei betonte Jodl noch, daß „der Führer ... zur Durchführung der Ostoperation ... fest entschlossen ... sei, da das Heer niemals wieder eine so große Stärke wie jetzt erreichen werde und Sowjetrußland erst neuerdings ... wieder den Beweis

5 Der Ursprung dieser Ziffer (5) der Weisung, ob bei OKW oder OKH, ist umstritten (Sperrungen durch Verfasser). Tags darauf traf der sowjetische Außenminister Molotow in Berlin ein.

6 Vgl. IMT-Bd. XV, S. 566 bzw. 406. Generalfeldmarschall Paulus, der von russischer Seite in Nürnberg als Zeuge der Anklage vorgeführt wurde, war schon im Sommer 1940 vom Chef des GenStdH leitend mit den Vorarbeiten für den Ostfeldzug beauftragt worden.

erbracht habe, daß es Deutschland immer, wo irgend möglich, in den Weg treten wolle."[7]

Nach einem ersten „Entwurf" der Weisung, der, während der Abwesenheit des Chefs L in Paris aufgestellt, noch einmal ergänzt werden mußte, legte Warlimont am 16. Dezember Jodl einen zweiten Entwurf vor und verwies dabei mit besonderem Nachdruck „auf die bei der Abt. L in Bearbeitung befindliche Beurteilung der Lage bei einem Zweifrontenkrieg und auf die hierbei besonders zu behandelnde Frage des Treibstoffverbrauchs". Diese Vorstellungen führten jedoch lediglich dazu, daß der Chef OKW den Verbrauch an Treibstoffen bis zum Beginn größerer Kampfhandlungen scharf einschränkte[8]. Der Kriegsplan dagegen war über Einwände solcher Art längst hinausgewachsen.

Hitlers Gedanken galten, wie sich gleich am nächsten Tage herausstellte, nur noch der Art und Weise, in der die Operationen eingeleitet und durchgeführt werden sollten. Aus diesem Geiste befahl er bei der Vorlage des Weisungsentwurfs durch General Jodl am 17. Dezember schon „eine wesentliche Abänderung". Hatte das OKH das Kriterium eines Erfolges des ganzen Feldzugs von vornherein darin zu sehen vermeint, daß der operative Schwerpunkt der Bewegungen durchgehend in Richtung auf Moskau festzuhalten sei, weil auf diesem Wege aller Voraussicht nach die feindliche „Hauptmacht" gestellt und geschlagen werden könne, so forderte Hitler nunmehr, daß die mittlere Heeresgruppe nach dem Zersprengen der sowjetischen Armeen in Weißrußland zunächst starke Teile ihrer Schnellen Truppen nach Norden einzudrehen habe, „um im Zusammenwirken mit der ... nördlichen Heeresgruppe die im Baltikum kämpfenden feindlichen Kräfte zu vernichten", und erst nach der Besetzung von Leningrad und Kronstadt weiter gegen Moskau vorgehen solle[9]. Die Gründe, die ihn zu dieser Entscheidung bestimmt haben, können insofern als typisch gelten, als er damit, wie so oft vorher und besonders nachher, von dem unveränderlichen, ersten Ziel aller Kriegführung, die lebendige Kraft des Feindes auszuschalten, abging und stattdessen Ziele zweiter Ordnung verfolgte. Bedeutete doch „die rasche Abschneidung des Ost-

7 Vgl. Tgb. Halder und Aufz. KTB WFStab L 5. Dez. 1940.

8 Vgl. Aufz. KTB WFStab L 12. und 16. sowie Lagebespr. WFStab L 14. Dez. 1940, zu der Treibstofffrage außerdem Greiner, a. a. O., S. 337/338, und die nach Aufz. KTB WFStab L am 8. März 1941 Jodl abschließend dazu vorgelegte Vortragsnotiz, nach der „bei allem Ernst der Lage auf diesem Gebiet eine wesentliche Beeinträchtigung der Operationen nicht zu befürchten" sei.

9 Vgl. Abschnitt III A, Abs. 1–3, der OKW-Weisung Nr. 21, „Fall Barbarossa" (bei Hubatsch, S. 84).

Aus einer bei de Mendelssohn, a. a. O., S. 317/318, veröffentlichten „Aktennotiz" geht ergänzend hervor, daß Hitler bei Vorlage des Weisungsentwurfs am 17. Dez. 1940 auch bereits den Gedanken eines Eindrehens starker Kräfte aus der Mitte nach Süden ausgesprochen und sich außerdem dahin geäußert haben soll, „daß wir 1941 alle kontinental-europäischen Probleme lösen müßten, da ab 1942 USA in der Lage wäre, einzugreifen."

seeraumes", die er einen Monat später noch einmal als „die wichtigste Aufgabe" bezeichnete, für ihn das Freihalten dieses Seegebietes für kriegswirtschaftliche Transporte und außerdem die kürzeste Verbindung zu den Finnen[10].

Mit einem Federstrich wurden auf diese Weise die operativen Grundlagen des Feldzugs gegen Rußland, wie sie in monatelangen, sorgfältigen Untersuchungen des Heeresgeneralstabs erarbeitet und von dessen berufensten Köpfen nach allen Richtungen durchgeprüft worden waren, durch ein neues Konzept ersetzt. Vermutungen, daß die Studie der Abt. L bei dieser folgenschweren Entscheidung im Spiele gewesen wäre, sind schon deswegen abwegig, weil die Studie, den Gewohnheiten des Stabes entsprechend, von vornherein mit der Operationsabteilung des Heeres abgestimmt worden war. Außerdem wird eine solche Annahme eindeutig dadurch widerlegt, daß die Abteilung, als die gleichen Gegensätzlichkeiten im Sommer 1941 erneut zu entscheiden waren, den Standpunkt des OKH, wie noch zu zeigen sein wird, in zweimaliger schriftlicher Beurteilung der Lage nachdrücklichst unterstützt hat. Es sind auch keine anderen Umstände ans Licht gekommen, die bei diesem Entschluß Hitlers auf eine Einflußnahme durch General Jodl schließen ließen. Allem Anschein nach hat der Chef WFStab es aber im Gegensatz zu dem Verhalten in der Entstehungszeit des Operationsplans West unterlassen, dem OKH noch Gelegenheit zu einer erneuten Aussprache zu geben. Stattdessen scheint er es mit seiner Verantwortung für vereinbar gehalten zu haben, die Weisung, die bei diesem Anlaß statt der zunächst vorgesehenen Decknamen „Otto" und „Fritz" die weithin bekannt gewordene Bezeichnung „Barbarossa" erhielt, in dem wesentlichsten Punkt selbst neu zu fassen. Die Unterschrift Hitlers besiegelte tags darauf ein auf solche Weise zusammengeflicktes Dokument, unter dessen Zeichen die Wehrmacht den schweren Gang gen Osten antreten sollte[11].

Wie General Jodl — hier wieder ganz in der Rolle des Chefs des Arbeitsstabes —, so hat auch das OKH, überraschend vor diese wesentliche Abänderung seiner Pläne gestellt, auf jeden Einspruch verzichtet[12]. Man glaubte dort, so lautet eine später bekannt gewordene Begründung, daß sich aus dem Ablauf des Feldzugs auch für Hitler noch rechtzeitig der zwingende Schluß ergeben würde, zu dem ursprünglichen Konzept des Heeres zurückzukehren. Diese Aussicht, in der das Ausweichen vor der Entscheidung im Augenblick als die bessere Lösung erschienen sein mag, hat sich jedoch als trügerisch erwiesen.

Nach Herausgabe der „Barbarossa"-Weisung wurde dem Oberkommando des Heeres die führende Rolle in den weiteren Vorarbeiten für den Ostfeldzug

10 Vgl. Aufz. KTB WFStab L 9. Jan. 1941.

11 Vgl. Aufz. KTB WFStab L 17. und 18. Dez. 1940. Der Deckname „Barbarossa" (Rotbart) ist angeblich von Hitler selbst festgesetzt worden, wobei ihn neben der geschichtlichen Parallele eines „Kreuzzuges" auch der Wortgehalt „Rot" in seiner auf den Bolschewismus übertragenen Bedeutung bestimmt haben soll.

12 Im Tgb. Halder ist der Vorgang weder zur Zeit seines Ereignens noch später erwähnt.

zunächst weiter überlassen. Dieser Vorrang kam besonders in den drei großen Besprechungen – den ersten beiden in Berchtesgaden, der letzten in Berlin – zum Ausdruck, bei denen Hitler zwischen Januar und Mitte März auf Vortrag der Spitzen des Heeres seine Entscheidungen über Aufmarsch und nächste Ziele der Operationen traf[13].

Seitens der Wehrmachtführung wirkte bei diesen Anlässen lediglich General Jodl für seine Person und in seiner Eigenschaft als ständiger Berater Hitlers in der gleichen Weise mit, wie es bei den täglichen Lagebesprechungen in dem kleinen Kreise der „Maison militaire" üblich war. Was immer er dort im Hinblick auf den Ostfeldzug vorgebracht und welchen Sonderwünschen Hitlers er immer seine Hand geliehen haben mag, – in keinem Falle konnte er sich dabei auf gediegene Vorarbeiten seines Stabes berufen. Der ihm eigenen Arbeitsweise gemäß verließ er sich vielmehr, je weiter und länger er von der Abt. L getrennt war, nur noch in um so höherem Maße allein auf sich selbst. Er übersah dabei anscheinend auch, daß er die Autorität, die ihm zweifellos zugestanden wurde, weit überwiegend aus seiner Zugehörigkeit zu der ständigen Umgebung Hitlers entlehnte, nicht jedoch aus seiner Stellung als Chef eines Stabes der Wehrmachtführung, den er vielmehr ganz entgegen der von ihm vertretenen Sache verkümmern ließ.

Chef und Offiziere der Abt. L fanden sich in dem Eigendasein, das sie an ihrem Sitz in Krampnitz bei Berlin führten, noch den Januar und Februar hindurch von dem allmählich die gesamte Wehrmacht erfassenden Aufbruch zu dem Rußland-Feldzug kaum berührt. Kündigte sich in diesen Verhältnissen einerseits schon jene Teilung in den Stäben der obersten Führung zwischen dem Osten und den übrigen Kriegsschauplätzen an, die später so viel Unheil anrichten sollte, so wurden andererseits in diesem Zeitraum die Nachteile besonders deutlich, die dem Stabe aus der ständigen Trennung von seinem Chef entstanden. Selbst die Informationen, die aus den meist wortkargen Mitteilungen des Generals Jodl oder aus der flüchtigen Niederschrift eines Adjutanten[14] gewonnen werden konnten, erwiesen sich als so unzureichend, daß bei-

13 Vgl. Aufz. KTB WFStab L 9. Jan., 3. Febr. und 18. März, Tgb. Halder 16. Jan., 3. Febr. und 17. März 1941 sowie die von de Mendelssohn, a. a. O., S. 340–342, veröffentlichten Niederschriften der Zusammenkunft vom 3. Febr. 1941. Daß der Vorrang des OKH auch weiterhin genau so wenig gleichbedeutend war mit einer grundsätzlichen Zustimmung zu Hitlers Plänen gegen Sowjet-Rußland wie schon bei deren erstem Auftreten zu Ende Juli 1940, ergibt sich klar aus einer Tagebuchnotiz Halders vom 28. Jan. 1941 über eine Aussprache mit dem Ob d H: „Barbarossa ... Den Engländer treffen wir nicht. Unsere Wirtschaftsbasis wird nicht wesentlich besser. Risiko im Westen darf nicht unterschätzt werden. Möglich sogar, daß Italien nach Verlust seiner Kolonien zusammenbricht und wir durch Spanien, Italien und Griechenland eine Südfront bekommen. Wenn wir dann gegen Rußland gebunden sind, wird die Lage weiter erschwert."

14 Diese Unzulänglichkeiten und Ungenauigkeiten sind auch bei der Bewertung des Kriegstagebuchs des WFStab L zu berücksichtigen, soweit dessen Inhalt sich darauf stützt.

spielsweise der Chef L am 18. Januar bei einem seiner damals etwa wöchentlich einmaligen Besuche in Berchtesgaden die Frage an seinen Vorgesetzten richten konnte, „ob der Führer noch an der Durchführung des Unternehmens ‚Barbarossa' festhalte". Wahrscheinlich ist es auch bei diesem Anlaß gewesen, daß Jodl mit seiner Antwort, in der er Hitler als unverändert fest entschlossen zu der Ostoperation bezeichnete, seinen Unwillen über solche wiederkehrenden Fragen und Bedenken mit jenen unvergessenen Worten zum Ausdruck brachte, „der russische Koloß werde sich wie eine Schweinsblase erweisen, in die man nur hineinzustechen brauche, um sie zum Platzen zu bringen"[15]. Der Chef WFStab überbot damit noch um ein Beträchtliches die Äußerung Hitlers, die aus der Besprechung vom 9. Januar mit den Worten berichtet wird: „Die russische Wehrmacht sei zwar ein tönerner Koloß ohne Kopf, ihre künftige Entwicklung aber nicht sicher vorauszusehen . . . der Russe dürfe auch jetzt nicht unterschätzt werden. Der deutsche Angriff müsse daher mit stärksten Mitteln geführt werden."[16]

Ohne sich solchen Ansichten „an höchster Stelle" anzuschließen, bemühten sich Chef und Offiziere der Abt. L, wie schon in früheren Zeiten, aus eigener Initiative den wenigen Aufgaben, die der Ostfeldzug ihnen stellte, in möglichst enger Verbindung mit den Stäben der Oberkommandos der Wehrmachtteile gerecht zu werden. Diese Tätigkeit fand jedoch, von den Aufgaben einer echten Wehrmachtführung weit entfernt, Gegenstand und Ziel nur auf einer niederen Ebene. So ergaben sich beispielsweise aus einer Besprechung beim Generalstab des Heeres, an der der Chef L mit den Leitern der Stabsgruppen für organisatorische und Nachschubaufgaben, damals den Obersten d. G. Münch und von Tippelskirch, teilnahm, weitläufige Folgerungen verschiedenster Art, um den hohen Bedarf des Ostfeldzugs an Lastkraftwagen und Reifen, an Ersatzteilen und Treibstoffen nach allen Möglichkeiten decken zu helfen. Auch die Sammlung von Befehlen, Karten und anderen Unterlagen der Wehrmachtteile, die u. a. wieder zur Aufstellung einer „Zeittafel" für die termingerechte Befehlserteilung Hitlers dienten, gehörte zu ihren Aufgaben. Einer echten Wehrmachtführung gemäße Leistungen der Abt. L in Verbindung mit dem Rußlandfeldzug sind aus jenen Monaten nur insofern zu verzeichnen, als die Richtlinien für die weitere Kriegführung gegen England und für den Schutz der besetzten Gebiete in Westeuropa der neuen Lage anzupassen waren. In enger Verbindung damit stand auch die schon erwähnte Aufgabe, zur Irreführung des Gegners auf allen möglichen Wegen des Nachrichtendienstes die „Aufmarschbewegung gegen Rußland . . . als das größte Täuschungsunternehmen der Kriegsgeschichte" hinzustellen, das lediglich dazu bestimmt

15 Vgl. Aufz. KTB WFStab L 18. Jan. 1941; das Weitere nach einwandfreier Erinnerung des Verfassers im wesentlichen wortgetreu wiedergegeben.

16 Vgl. Aufz. WFStab L 9. Jan. 1941.

sei, „von den letzten Vorbereitungen der Invasion gegen England abzulenken"[17].

Erst von März an rückte der Ost-Feldzug für alle Teile des deutschen Hauptquartiers immer mehr in den Vordergrund ihrer Tätigkeit. Noch einmal griff Hitler dabei um Mitte des Monats, während die Aufmarschbewegungen schon in vollem Gange waren, in den grundlegenden Operationsplan des Heeres ein, indem er kurzerhand befahl, von einem angriffsweisen Vorgehen des Südflügels der Gesamtfront (12. Armee) aus der Moldau abzusehen. Das starke Hindernis des Dnjestr solle besser von rückwärts geöffnet und dazu der Nordflügel der Heeresgruppe Süd (6. Armee) im Raume um Lublin durch Zuführung aller ihrer Schnellen Verbände verstärkt werden. Es ist nicht bekannt, ob der Chef WFStab anders als durch die üblichen Erörterungen solcher „Eingebungen" des Obersten Befehlshabers bei den täglichen Lagevorträgen an dem erneuten selbstherrlichen Willensakt mitgewirkt hat. Bemerkenswert erscheint jedoch, daß Hitler diese Entscheidung im Zuge einer – fünfeinhalbstündigen – Besprechung mit den Spitzen des Heeres und deren Begleiter, dem Oberst i. G. Heusinger, bekannt gegeben und dabei allem Anschein nach von ihrer Seite keinen Widerspruch gefunden hat. Dagegen tritt die murrende Ablehnung dieser und noch anderer Willensmeinungen Hitlers von operativem Gehalt, die das Grundgefüge des Operationsplans Ost immer stärker erschütterten, in den Tagebuchblättern des Generalstabschefs des Heeres deutlich genug zutage[18]. Zur Abschätzung der Folgen dieser Feldherrntätigkeit von oberster Stelle muß es hier genügen, auf die großen Schwierigkeiten zu verweisen, die sich gerade dem Vorgehen der H.Gr. Süd in den ersten Wochen des Feldzugs entgegenstellen sollten.

Ein anderer bedeutsamer Entschluß, der bei dem gleichen Anlaß fiel und in erster Linie die Befehlsorganisation in den obersten Stufen der Wehrmacht berührte, ist, wie besonders hervorgehoben sei, nicht auf Hitler, sondern auf den Oberbefehlshaber des Heeres selbst zurückzuführen. Allerdings waren es nach Ansicht Jodls die noch nachwirkenden Verstimmungen wegen der Ausschaltung des OKH bei dem Norwegen-Feldzug, die den Feldmarschall von Brauchitsch an diesem Tage zu der Erklärung bestimmt haben mögen, „daß er alle Anordnungen" zu dem geplanten Vorgehen aus Norwegen und Finnland gegen das russische Weißmeergebiet „dem OKW überlasse"[19].

Auf diese Weise ist damals in Finnland ein zweiter „OKW-Kriegsschauplatz" entstanden. Im Gegensatz aber zu dem Norwegen-Feldzug, der seiner

17 Vgl. die OKW-Weisung Nr. 23, „Richtlinien für die Kriegführung gegen die englische Wehrwirtschaft", vom 6. Febr. (Hubatsch, Weisungen, S. 100). Die Richtlinien für die Irreführung (15. Febr. 1941) sind bisher nicht veröffentlicht.

18 Vgl. Aufz. KTB WFStab L 18. März und den Wortlaut des daraufhin ausgegebenen „Deckblatts" zur Weisung „Barbarossa" nach Greiner, a. a. O., S. 366/367, sowie Tgb. Halder 17. März 1941.

19 Vgl. Aufz. KTB WFStab L 18. März (am Schluß).

Art nach immerhin manche Besonderheiten aufgewiesen hatte, trat hier der Ob d H freiwillig seine Verantwortung und seine Verfügungsrechte über eine größere Anzahl von Heeresverbänden auf einem reinen Landkriegsschauplatz an das OKW, d. h. an Hitler ab. Da auch der finnische Oberbefehlshaber, Feldmarschall Mannerheim, als er kurz vor Beginn des Ostfeldzugs seitens des OKW darum angegangen wurde, es ablehnte, die Führung sämtlicher, also auch der deutschen, aus Finnland operierenden Kräfte zu übernehmen, kam es dazu, daß der Chef WFStab für Nord-Finnland die Aufgaben des Chefs des Generalstabs des Heeres und die Abt. L diejenigen der Heeres-Operationsabteilung zu übernehmen hatten. Keine dieser beiden Stellen jedoch verfügte dafür auch nur entfernt über die gleichen Voraussetzungen, wie sie den berufenen Dienststellen des Heeres eigen waren, keine übernahm auch mehr als die eigentlichen Führungsaufgaben im engsten operativen Sinne. Alle übrigen — von der Truppengestellung bis zu Ersatz, Nachschub und Versorgung — verblieben, wie in Norwegen, dem OKH.

Auch in dieser Hinsicht wäre es müßig und würde zu unabsehbaren Werturteilen führen, wollte man die Folgen dieser eigenartigen Befehlsregelung abzuschätzen versuchen. Sicher ist jedoch, daß die Lösung keineswegs gut oder gar die beste war, — sicher auch, daß eine stärkere Persönlichkeit an der Spitze des Heeres viel eher alles daran gesetzt hätte, bei diesem Anlaß die Führung der Heeresverbände auch in Norwegen wieder an sich zu bringen, statt den umgekehrten Weg zu gehen[20].

Verbündete

Vor Beginn des Angriffs gegen Rußland, der wegen des Balkan-Feldzugs von Mitte Mai auf den 22. Juni verschoben werden mußte, gehörte es wieder zu den besonderen, dem obersten Stabe der Wehrmacht vorbehaltenen Führungsaufgaben, die Fühlungnahme mit den verbündeten und befreundeten Staaten zu einem gemeinsamen Vorgehen im Osten in die Wege zu leiten. Doch auch hierbei waren einer selbständigen Wirksamkeit des Stabes sehr enge Grenzen gesetzt.

Zunächst ließ Hitler überhaupt nur solche Länder als Teilnehmer in Aussicht nehmen, die als Anrainer Rußlands dem deutschen Aufmarsch Vorteile bieten konnten oder eine eigene Rechnung mit den Sowjets zu begleichen hatten. Die erste Auswahl beschränkte sich hiernach auf Rumänien und Finnland. In zweiter Linie sollten vielleicht noch Ungarn und die Slowakei hinzukommen. Auch Schweden wurde, zumindest für eine mittelbare Unter-

20 Allem Anschein nach war auch der Chef d. GenStdH weder mit diesem Verhalten seines Oberbefehlshabers noch mit den erteilten Aufträgen, die ihren Ursprung bei Hitler hatten, einverstanden, wenn er am 14. Mai 1941 in seinem Tagebuch vermerkte: „Das ganze Unternehmen ist eine Expedition, aber keine Operation. Schade um die Kräfte, die hier eingesetzt werden."

stützung, u. a. für die Zulassung von Truppentransporten nach Finnland, schon frühzeitig in Betracht gezogen. Gegenüber dem Hauptverbündeten, Italien, galt es dagegen lediglich, das Geheimnis der eigenen Absichten zu wahren. Nach Zeitpunkt und Form der Fühlungnahme waren auch allen andern Staaten gegenüber strengste Bindungen zu beachten, die sich einmal aus dem Charakter des Ostfeldzugs als eines auf plötzlichen Überfall abgestellten Präventivkrieges, zum anderen aus den bekannten Grundsätzen Hitlers für die Führung einer militärischen Koalition ergaben[21].

Lediglich mit den Finnen, die als besonders zuverlässig geschätzt wurden — wenngleich sie sich nicht zu den eigentlichen Verbündeten Deutschlands zählten, sondern das beiderseitige Verhältnis als „Waffenbrüderschaft" bezeichneten —, konnten hiernach Anfang Juni kurze „Generalstabsbesprechungen" geführt werden. Der besonderen Befehlsregelung auf finnischem Boden gemäß fielen sie in der Hauptsache dem WFStabe zu. Auch bei diesem Anlaß konnte General Jodl es sich nicht versagen, einleitend wiederum die Wendung zu gebrauchen, daß der Krieg schon gewonnen sei und nur noch beendet werden müsse. Beim Generalstab des Heeres wurden anschließend mit der finnischen Abordnung die Fragen erörtert, die sich aus späterer Berührung der Fronten im Bereich des Ladoga-Sees ergeben konnten[22]. Mit Marschall Antonescu, dem rumänischen Staatsführer, sprach Hitler selbst[23]. Für alles Weitere war der WFStab darauf angewiesen, den dienstältesten militärischen Attaché am Sitz der befreundeten Regierung oder einen eigens für diesen Zweck entsandten höheren Offizier in Anspruch zu nehmen[24], der nach dem Vorbild in Italien später meist als „Deutscher General beim Hauptquartier der — verbündeten — Wehrmacht" bezeichnet wurde. In keinem Falle aber ist es zu der natürlichen und nächstliegenden Lösung gekommen, nämlich die gemein-

21 Vgl. a) die Weisung „Barbarossa" vom 18. Dez. 1940, Abschnitt II, die Aufz. KTB WFStab L 4. Febr. sowie Tgb. Halder 17. März 1941, wo auch die wiederholten, sich widersprechenden Urteile Hitlers über den Wert der außerdeutschen Kräfte zum Ausdruck kommen. Betr. Schweden stellte das OKW am 17. Juni 1941 schließlich eine lange Liste von „Wünschen" auf, die vom Ausw. Amt an die schwedische Regierung weitergeleitet werden sollten.
b) Aufz. KTB WFStab L 8., 13. März; Lagebespr. WFStab L 11. März; Tgb. Halder 4. Mai 1941.
c) Anordnungen des OKW vom 1. Mai 1941, gedruckt bei Hubatsch, Weisungen, S. 91/92.
d) Tgb. Halder 25. Juni: ... „berichtet über den unmittelbar vor Beginn Barbarossa vom Führer an den Duce gerichteten Brief vom 21. Juni. In der Aneinanderreihung loser Gedanken ist bemerkenswert Folgendes: Begründung des Angriffs auf Rußland mit der russischen Lagekarte."

22 Vgl. u. a. Lagebespr. WFStab L 28. und Tgb. Halder 26. Mai 1941.

23 Vgl. Aufz. KTB WFStab L 5. Juni 1941; vorangegangen war eine Unterrichtung Antonescus durch den „Oberbefehlshaber der deutschen Truppen in Rumänien" nach Anordnungen Hitlers, die vom WFStab Abt. L am 23. Mai 1941 auch schriftlich niedergelegt worden waren (bisher nicht veröffentlicht).

24 Vgl. z. B. die Hinweise in den Lagebespr. WFStab L 3. Juni (betr. Ungarn), 5. Juni (betr. Finnland, Schweden und Ungarn) und 6. Juni 1941 (betr. Slowakei).

same Kriegführung in der festgefügten Organisation eines von beiden — oder mehreren — Seiten beschickten ständigen Stabes zu begründen[25].

Was den Inhalt der Verhandlungen mit den Verbündeten anging, sah sich der WFStab im allgemeinen darauf beschränkt, ähnlich wie in den OKW-Weisungen für die eigene Kriegführung, die Gedanken und Vorschläge zu vertreten, die vom Generalstab des Heeres im Rahmen seiner Aufmarsch- und Operationspläne entwickelt und von Hitler gebilligt worden waren. Größere, strategische Ausmaße, wie sie auch hier dem Wesen eines obersten Stabes der Wehrmacht allein entsprochen haben würden, hätten sich — angesichts der Schwäche Italiens — nur ergeben können, wenn auf der Grundlage des „Drei-Mächte-Pakts" vom 27. Sept. 1940 eine Abrede mit Japan in Betracht gekommen wäre, seinerseits im Fernen Osten gegen die Sowjets einzugreifen. Derartige Möglichkeiten lagen damals aber auf beiden Seiten außerhalb aller Erwägungen. Der japanische Außenminister brachte dies für seinen Teil sehr deutlich zum Ausdruck, indem er bekanntlich Mitte April 1941 — unmittelbar nach einem ausgedehnten Aufenthalt in Berlin — seine Rückreise nutzte, um in Moskau einen Neutralitätsvertrag mit der Sowjetunion abzuschließen. Auf deutscher Seite fand man sich mit diesem unerwarteten Schritt des Verbündeten in dem Gedanken ab, daß Japan bei der auf solche Weise gesicherten Rückenfreiheit demnächst um so stärker gegen die Positionen des britischen Weltreichs in Fern-Ost auftreten könne. Die Übereinstimmung in dem letzten und höchsten Ziel, dem Sieg über England, war somit gewahrt. Wie wenig man auch nach der Eröffnung des Feldzugs gegen Rußland zunächst noch an eine unmittelbare japanische Mithilfe dachte, sollte sich zeigen, als im Herbst 1941 — nach zeitweiliger Ernüchterung — die frühere Zuversicht auf einen dicht bevorstehenden Zusammenbruch der Sowjets erneut auflebte. Ließ sich doch damals die Hybris im deutschen Hauptquartier sogar mit den auf ein angebliches japanisches Angebot gemünzten Worten vernehmen, „man brauche keine Leichenfledderer"![26]

Von seiten der Wehrmacht, der von der politischen Führung ebensowenig wie früher in dem Verhältnis zu Italien irgendein Einfluß in der Entwicklung des Bündnisses mit Japan eingeräumt worden war, sind Gegenvorstellungen in diesem Zusammenhang nicht bekannt geworden. Abgesehen davon, daß man

25 Einige der ersten, für das ganze Verfahren kennzeichnenden Ergebnisse aus der späteren Fühlungnahme mit den verbündeten und befreundeten Staaten oder auch deren spontane Angebote verzeichnet Tgb. Halder am 29. Juni, 1 Woche nach Beginn des Angriffs, wie folgt:

„Ungarn meldet, daß bis 2. Juli das ‚Karpathenkorps' antreten kann. ...
Italien bringt seine Unterlagen für Zusammensetzung seiner für Rußland vorgesehenen Korps in der Stärke von 40 000 Mann.
Slowakei beteiligt sich mit 2 Divisionen und einer mot. Brigade, ...
Spanien will eine ‚Legion' schicken: 15 000 Mann ...
Finnland legt einen neuen, unseren Wünschen entsprechenden Angriffsplan vor."

26 Nach eigenem Erleben des Verfassers.

an den maßgebenden militärischen Stellen – und nicht etwa nur bei den Spitzen des OKW – die Ansichten Hitlers über den voraussichtlich schnellen Ablauf des Feldzugs gegen Rußland teilte, galt auch hier wieder, daß ein Wehrmachtführungsstab, der sich selbst nur als militärischer Arbeitsstab Hitlers betrachtete, nicht dazu berufen sein konnte, in den grundlegenden Fragen der Kriegführung abweichende Ansichten zu vertreten. Sämtliche Äußerungen jener Zeit aus dem Bereich des OKW sowohl als auch des OKM, das in den Fragen der militärischen Zusammenarbeit mit Japan voranstand, sind daher allein auf die Unterstützung dieses Verbündeten für seinen demnächstigen Kampf gegen England – und notfalls auch gegen die Ver. Staaten von Amerika – gerichtet. Die OKW-Weisung Nr. 24 vom 5. März 1941 hat diese Absichten auf der Grundlage einer Denkschrift der Seekriegsleitung und einer daran anschließenden Studie der Abt. L auch in der Form grundlegender Richtlinien zusammengefaßt; ihr letzter Satz lautet: „Über das Barbarossa-Unternehmen darf den Japanern gegenüber keinerlei Andeutung gemacht werden."[27]

Letzte Führungsmaßnahmen

Zu den übrigen Aufgaben, die der Abt. L unter der Leitung Jodls in der letzten Vorbereitung des russischen Feldzugs auf dem Führungsgebiet zufielen, gehörte es neben der Zusammenfassung aller Ergebnisse der Aufklärung von Heer, Marine und Luftwaffe in den üblichen Tagesmeldungen noch, wiederholte Wünsche Hitlers zu kleineren und größeren Änderungen des Aufmarsches und der ersten Angriffsziele gegenüber dem OKH zu vertreten oder, soweit der „OKW-Kriegsschauplatz" Finnland betroffen war, mit dem dort zur Führung bestimmten AOK Norwegen weiter zu betreiben. Alle solche Äußerungen Hitlers gingen aus seiner eigenen, rastlosen Gedankenarbeit hervor und wurden sowohl von seiner ständigen Umgebung, d. h. in erster Linie dem Chef des WFStabes, aber auch den betroffenen Oberkommandos, soweit erkennbar, ohne weiteres als Befehle hingenommen[28]. Einen einstwei-

27 Vgl. u. a. Aufz. KTB WFStab L 29. Jan., 6., 17. Febr. und 6. März 1941 sowie die zeitlich und inhaltlich darüber hinausgehende Darstellung bei Greiner, a. a. O., S. 373–382; die Weisung ist bei Hubatsch, S. 103, gedruckt.

28 Als Beispiel vgl.

a) – schon aus einer etwas früheren Zeit – die „neuen Anordnungen des Führers", die General Jodl nach den Aufz. KTB WFStab L am 8. März dem Verfasser übermittelte:

das Unternehmen gegen Petsamo (Finnland) bis zur Wegnahme von Murmansk auszudehnen,

das Geb.Korps Dietl hierzu durch eine mot. Gruppe mit schweren Panzern zu verstärken,

die Häfen von Murmansk und Archangelsk zu verminen,

die Pripjet-Sümpfe (Mittel-Rußland) durch Minensperren abzuriegeln,

die Luftabwehr im rumänischen Ölgebiet zu verstärken;

ligen Höhepunkt fand diese, alle Regeln sprengende Wirksamkeit eines Staatschefs und Obersten Befehlshabers während der „Großen Besprechung" in der Berliner Reichskanzlei am 14. Juli 1941, bei der Hitler sich – in Erweiterung des Verhaltens vor den früheren großen Feldzügen – von den versammelten Befehlshabern der Heeresgruppen, Armeen, Panzergruppen und gleichrangigen Kommandostellen der Kriegsmarine und Luftwaffe in Gegenwart der Spitzen der Oberkommandos der drei Wehrmachtteile und des OKW samt ihren nächsten Mitarbeitern bis in alle Einzelheiten der Aufträge und Absichten unterrichten ließ. Die Anfahrt dieser großen Zahl hoher Offiziere war aus Tarnungsgründen nach näheren Anordnungen der Adjutantur auf die verschiedenen Eingänge der Alten und Neuen Reichskanzlei und auch zeitlich genau geregelt. Die Vorträge fanden, aufgeteilt nach Frontabschnitten, in einzelnen Gruppen statt, deren namentlich genannte Mitglieder sich zu festgelegten Zeiten, von Hitler in ungezwungener Weise begrüßt, im Bundesratssaal der Alten Reichskanzlei versammelten. An den gemeinsamen Mittagstisch, mit dem die Besprechungen um 14 Uhr unterbrochen wurden, schloß Hitler eine „umfassende politische Rede" an, in der er den Angriff gegen Rußland noch einmal begründete und wiederum erklärte, daß der Zerfall Rußlands auch England veranlassen werde, den Kampf aufzugeben. Nach allen äußeren Eindrücken zu urteilen, herrschte bei den Teilnehmern durchweg eine zuversichtliche Stimmung vor[29].

b) die Anweisungen Hitlers im Anschluß an seinen „Appell" vom 30. März (s. Text, S. 175 ff.), wiedergegeben bei Greiner, a. a. O., S. 371–373;

c) die Äußerungen Hitlers nach Lagebespr. WFStab L 16. Juni:
Angriffstermin im Osten solle wegen der großen Ausdehnungen der Front nicht von Wettermeldungen abhängig gemacht werden,
bei der H.Gr. Nord solle die am äußersten Nordflügel angesetzte Division nicht angreifen, sondern „verhalten",
bei der H.Gr. Mitte müßten Mitte und linker Flügel der 9. Armee durch Heeresreserven stärker gegen russische Flankenangriffe geschützt werden,
in Rumänien solle die 72. Inf.Div. „beweglich gemacht" (motorisiert) werden, um gegen etwaige Landungen an der Küste des Schwarzen Meeres einzugreifen;

d) „Sorgenpunkte des Führers" nach Tgb. Halder 20. Juni 1941.

29 Nach Tgb. Halder 14. Juni und der Verfügung der „Adjutantur der Wehrmacht beim Führer" vom 9. Juni 1941; vgl. auch Heusinger, a. a. O., S. 120–123.
Nachstehend die zugehörige „Teilnehmerliste" (erläuternde Zusätze in Klammern):

I. Vor- und Nachmittag:

1. *Heer:*	Generalfeldmarschall von Brauchitsch
	Generaloberst Halder
	Generalleutnant Paulus (Oberquartiermeister I)
	Oberst Heusinger (Chef der Operationsabteilung)
	Oberstleutnant von Gyldenfeldt (Adj. Ob d H)
2. *Kriegsmarine:*	Kapitän z. S. Wagner (Chef der Operationsabteilung)
3. *Luftwaffe:*	Reichsmarschall Göring
	Generalfeldmarschall Milch
	General d. Fl. Jeschonnek (Chef des Gen.Stabs)

Aus den weiteren Führungsvorbereitungen des Wehrmachtstabes verdient noch die „Zeittafel" erwähnt zu werden, deren Zusammenstellung nach den Angaben und Wünschen der Wehrmachtteile in diesem – übrigens letztmaligen – Falle wegen des großen Umfangs und der gegenseitigen Abhängigkeit der in Ost und West und Nord zu treffenden Maßnahmen zahlreiche Schwierigkeiten bot. Die Verschiebung des Angriffstermins durch den Balkan-Feldzug

	Generalleutnant Bodenschatz (Chef des Ministeramts und Verbindungsoffizier)
	Generalmajor von Waldau (Chef der Operationsabteilung)
4. *OKW*	Generalfeldmarschall Keitel
	General der Artl. Jodl
	Generalmajor Warlimont
	Major Christian (Adj. Chef WFStab)
5. *Adjutantur d. Wehrmacht*	Oberst d. G. Schmundt
	Kapitän z. S. von Puttkamer
	Major Engel (Heer)
	Major von Below (Luftwaffe)
II. Vormittags	
1. *Silberfuchs*	(Deckname der Operation Nord-Finnland)
Heer:	Generaloberst von Falkenhorst, AOK Norwegen
Luftwaffe:	Generaloberst Stumpff, Luftfl. 5
2. *Gruppe „Süd"*	
Heer:	Generalfeldmarschall von Rundstedt, H.Gr. Süd
	Generalfeldmarschall von Reichenau, AOK 6
	General d. Inf. von Stülpnagel, AOK 17
	Generaloberst von Schobert, AOK 11
	Generaloberst von Kleist, Pz.Gr. 1
Luftwaffe:	Generaloberst Löhr, Luftfl. 4
III. Gemeinsames Essen aller Teilnehmer	
dazu ferner:	
Heer:	Generaloberst Fromm (Befehlshaber des Ersatzheeres)
Luftwaffe:	Generaloberst Udet (Chef des Technischen Amts)
IV. Nachmittags	
1. *OKM:*	Großadmiral Raeder
	Vizeadmiral Fricke (Chef des Stabes der Seekriegsleitung)
	Kapitän z. S. Schulte-Mönting (Adj. Ob d M)
2. *Ostsee:*	Generaladmiral Carls, Mar.Gr. Nord
	Vizeadmiral Schmundt, Befehlshaber Ostsee
3. *Gruppe „Nord"*	
Heer:	Generalfeldmarschall Ritter von Leeb, H.Gr. Nord
	Generaloberst Busch, AOK 16
	Generaloberst von Küchler, AOK 18
	Generaloberst Hoeppner, Pz.Gr. 4
Luftwaffe:	Generaloberst Keller, Luftfl. 1
4. *Gruppe „Mitte"*	
Heer:	Generalfeldmarschall von Bock, H.Gr. Mitte
	Generalfeldmarschall von Kluge, AOK 4
	Generaloberst Strauß, AOK 9
	Generaloberst Guderian, Pz.Gr. 2
	Generaloberst Hoth, Pz.Gr. 3
Luftwaffe:	Generalfeldmarschall Kesselring, Luftfl. 2

machte im Mai eine zweite Bearbeitung erforderlich[30]. Mit den Dienststellen des Amtes Canaris waren außerdem Fragen der Sperrungen des Grenz- und Nachrichtenverkehrs zu regeln, die an allen Landesgrenzen gegen Rußland auf der einen Seite von der Notwendigkeit bestimmt waren, die Überraschung zu wahren, auf der anderen Seite aber darauf abgestellt sein sollten, die russischen Züge mit kriegswirtschaftlich wertvollen Gütern bis zur letzten Minute nach Deutschland durchzulassen[31].

Eine Aufgabe besonderer Art erwuchs der Abt. L schließlich aus der Anweisung, die Grenzverletzungen und ähnliche Verstöße der russischen Armee und Luftwaffe aus den letzten Monaten in der Form von einzelnen, teilweise rückdatierten Noten an das Auswärtige Amt zusammenzustellen. Diese Berichte sollten je nach der völkerrechtlichen Bedeutung des Inhalts in minder schweren Fällen von dem Chef L unterschrieben, in mittelschweren zur Unterschrift durch General Jodl und in den schwerstwiegenden durch den Chef OKW vorbereitet werden. Ihr Zweck, der leicht zu vermuten war, wurde vollends aufgehellt, als der Verbindungsbeamte des Auswärtigen Amts zum OKW dem Chef L am 19. Juni mitteilte, „daß der Führer gestern abend den Reichsaußenminister beauftragt habe, zu den Meldungen des OKW ... über die russischen Grenzverletzungen bis heute abend an den Führer einen letzten Appell zu richten in dem Sinne, daß die Bedrohlichkeit des russischen Aufmarsches weiteres Zögern nicht mehr zulasse"[32].

Nach aller Erinnerung hatten sich die geforderten „Zweck-Meldungen" im wesentlichen an die Tatsachen gehalten, die in reicher Zahl vorlagen[33]. Die

30 Vgl. Aufz. KTB WFStab L 8. März („Rohentwurf in 8—10 Tagen") und Lagebespr. WFStab L 6. Juni 1941 (zweite Fassung von Hitler genehmigt). Die endgültige Zeittafel scheint in den Nürnberger Dokumenten erhalten zu sein; aus ihrem bei de Mendelssohn, a. a. O.„ teilweise veröffentlichten Inhalt seien folgende Angaben — mit Vorbehalt — wiedergegeben:
ab 18. Juni Absicht zum Angriff nicht mehr zu verschleiern;
21. Juni 13 Uhr letzter Termin zum „Abblasen" des Angriffs;
x (Angriffs-)Zeit: 22. Juni 3.30 Uhr (nach Tgb. Halder 14. Juni auf 3 Uhr vorverlegt).

31 Vgl. Lagebespr. WFStab L 21. März und 21. Juni 1941; nach der Erinnerung des Verfassers hieß es s. Z., daß der letzte Güterzug aus Rußland noch um Mitternacht 21./22. Juni über die Grenze nach Deutschland abgefertigt worden sei.

32 Nach Lagebespr. WFStab L 19. Juni 1941; s. auch 18. Juni. Zumindest ein Teil dieser Berichte, darunter auch solche des Amtes Canaris, die auf die gleiche Weise zustande gekommen sind, ist erhalten, bisher aber, soweit bekannt, nicht veröffentlicht worden.

33 Vgl. z. B. a) Tgb. Halder 1941

7. April: „Morgenmeldungen ... Die russische Gliederung gibt zu Gedanken Anlaß; wenn man sich von dem Schlagwort freimacht, der Russe will Frieden und wird nicht von sich aus angreifen, dann muß man zugeben, daß die russische Gliederung sehr wohl einen raschen Übergang zum Angriff ermöglicht, der uns außerordentlich unbequem werden könnte."

26. April: „Rußland: Gesamtlage unverändert seit 1. April. Seit dieser Zeit Vermehrung im Westen um 10 Divisionen. Vergrößertes Friedensheer

dagegen weit über jeden Sachverhalt hinausgehende Schlußfolgerung, die Hitler nunmehr aus dem „Spiel mit verteilten Rollen" zu ziehen unternahm, erweckte bei den Beteiligten, obwohl kaum etwas anderes zu erwarten gewesen war, ein peinliches Unbehagen. Schien sich doch hier nach allem Vorangegangenen plötzlich das Wesen des „ungerechten Krieges" zu enthüllen, — ein für den Offizier jener Zeit, dem der „Rechtsstaat" nach seinem ganzen Werdegang selbstverständlich schien, noch unbekannter Begriff! Auch die späteren Feststellungen der weit über Erwarten hohen militärischen Bereitschaft der Sowjets, die u. a. durch die riesigen Zahlen an Kriegsgefangenen aus den Grenzschlachten und durch die in Grenznähe neu gebauten, vollbelegten Flugplätze offenbar wurde, konnten diesen nachhaltigen Eindruck nicht beheben. Es blieb nur übrig, den Ausgleich bei sich selbst in den — zugegebenermaßen etwas unklaren — Vorstellungen einer „Staatsraison" zu suchen, die ihren eigenen Gesetzen folgt und die nicht zuletzt in den vorangegangenen bewaffneten Übergriffen der Sowjets gegen Finnland und Rumänien eine gewisse Stütze zu finden schien.

(etwa 170 Divn.) kann als auf Kriegsstärke befindlich angesehen werden... Für Materialergänzung rollen dauernd Züge ... anscheinend für Ergänzung auf Kriegsstärke" ... (folgen mehrere beweiskräftige Einzelheiten).

5. Mai: „Oberst Krebs kommt von Moskau zurück, wo er Köstring (den deutschen Mil. Attaché) vertreten hat. Er hat größtes Entgegenkommen gefunden.
Rußland wird alles tun, um Krieg zu vermeiden ...
Fernbomber anscheinend in der Nähe der deutschen Grenze versammelt. Material-Transporte zum Stellungsbau laufen nach der Grenze. Von Truppenansammlungen ... nichts zu sehen."

22. Juni: „Das Gesamtbild des ersten Angriffstages ist folgendes: Der Feind war von dem deutschen Angriff überrascht. Er war taktisch nicht zur Abwehr gegliedert. Seine Truppen in der Grenzzone waren in weiten Unterkünften verteilt. Die Bewachung der Grenze war im allgemeinen schwach."

b) Heusinger, a. a. O., S. 130 (25. Juli 1941): „Ich — der Chef der Abt. Fremde Heere Ost — neige der Ansicht zu, daß die Bereitstellung der starken Kräfte zunächst aus Sorge vor uns, zugleich jedoch auch im Gedanken an einen möglichen Angriff nach Westen erfolgte."

c) nachstehende Dokumentation, veröffentlicht in der Wehrw. Rundschau 1961/6: Aufmarsch der Roten Armee am 22. Juni 1941

Nordfront	Befehlshaber: Generalleutnant M. M. Popow
	Chef des Stabes: Generalmajor Nikischew
	14. Armee (Generalleutnant W. A. Frolow)
	7. Armee (Generalleutnant F. D. Gorolenko)
	23. Armee (Generalleutnant P. S. Pschennikow)
Nordwestfront	Befehlshaber: Generaloberst Fjedor I. Kusnezow
	Chef des Stabes: Generalmajor P. S. Klenow
	8. Armee (Generalmajor P. P. Sobennikow)
	11. Armee (Generalleutnant W. I. Morosow)
	27. Armee (Generalmajor N. E. Bersarin)
Westfront	Befehlshaber: Armeegeneral Dimitrij G. Pawlow
	Chef des Stabes: Generalmajor W. E. Klimowskich
	3. Armee (Generalleutnant Wassilij I. Kusnezow)
	10. Armee (Generalmajor K. D. Golubew)
	4. Armee (Generalmajor A. A. Korobkow)

Auch dieser Maßstab mußte dagegen versagen gegenüber den Zumutungen, die sich aus Hitlers Forderungen auf einigen sogenannten „Sondergebieten" ergaben. Gemeint sind seine als „verbrecherisch" bekannt gewordenen Befehle, mit denen teilweise auch der WFStab und die Abt. L zwangsläufig in nähere Berührung geraten mußten. Eine eingehende Schilderung der Vorgänge um die Entstehung dieser Befehle im deutschen Hauptquartier erscheint um so notwendiger, als alle bisher bekannt gewordenen Darstellungen sich in der Hauptsache auf die Nürnberger Urteile stützen und das Zeugnis eines Beteiligten ebenso unbeachtet lassen wie jene. Vor dem Eintritt in diese Materie, zu der im folgenden Zug um Zug die dokumentarischen und anderen Belege angegeben werden, sollten aber sowohl die Überlebenden jener Zeit als auch besonders die Heutigen vielleicht einen Augenblick innehalten, um sich vor allem zweierlei zu vergegenwärtigen:

1. die unumschränkte Gewalt eines Diktators auf der Höhe seiner Macht, der von der fast einhelligen Zustimmung des deutschen Volkes getragen — und mindestens in gleichem Maße besessen von einer „Kreuzzugsidee"[34] wie

	Der 3. Armee unterstellt:
	VI. Kavallerie-Korps (Generalmajor Nikitin)
	XI. mot. Korps (Generalmajor Mostowenko)
	XIII. mot. Korps (Generalmajor Achljustin)
	Der 10. Armee unterstellt:
	VI. mot. Korps (Generalmajor Chazkelewitsch)
	Der 4. Armee unterstellt:
	XIV. mot. Korps (Generalmajor Oborin)
Südwestfront	Befehlshaber: Generaloberst M. P. Kirponos
	Chef des Stabes: Generalleutnant M. A. Purkajew
	5. Armee (Generalmajor M. I. Potapow)
	6. Armee (Generalleutnant I. N. Musytschenko)
	26. Armee (Generalleutnant F. J. Kostenko)
	12. Armee (Generalmajor P. G. Ponedelin)
	V. mot. Korps (Generalmajor Aleksejenkow)
	Der 5. Armee unterstellt:
	IX. mot. Korps (Generalmajor K. K. Rokossowskij)
	Der 6. Armee unterstellt:
	IV. mot. Korps (Generalleutnant A. A. Wlassow)
Südfront	Befehlshaber: Armeegeneral I. W. Tjulenjew
(erst am	9. Armee (Generalleutnant Tscherewitschenko)
24. Juni 1941	II. Kavallerie-Korps
gebildet)	II. mot. Korps

Quellen: Jeremenko: Na zapadnom naprawlennije. Moskau 1958.
Platonow: Wtoraja mirowaja voina (1939—1945). Moskau 1958.
Poppelj: Wtjažkuju poru. Moskau 1959.
Shilin: Die wichtigsten Operationen des Großen Vaterländischen Krieges 1941 bis 1945. Berlin 1958.

34 Vgl. z. B. Lagebespr. WFStab L 24. Juni 1941: „Der Führer hat angeordnet, daß alle Angebote fremder Staaten, an diesem Kreuzzug teilzunehmen, mit Begeisterung angenommen werden sollen."

einige seiner späteren Kriegsgegner – keiner offen vorgebrachten Einrede zugänglich war, so daß seine Absichten, wollte man auch nur einige Aussicht auf Erfolg erwarten, lediglich insgeheim hintertrieben werden konnten;

2. die Grenzen der Vorstellungskraft und die Pflichtenkollision von Offizieren, die gewohnt waren, den ihnen natürlichen Begriff von Gehorsam, Recht und Ehre nicht zuletzt aus dem geschichtlichen Vorbild preußisch-deutscher Staatsführung abzuleiten, und die – ohne die heute bekannten, verbrecherischen Taten und Tendenzen einer auch international anerkannten Hitler-Regierung nur entfernt zu übersehen – mitten in einem Krieg auf Leben und Tod sich plötzlich zur Auflehnung gedrängt fanden, weil die von dem Staats- und Regierungschef selbst ausgehenden Befehle mit ihrem soldatischen Ethos nicht vereinbar waren.

Daneben will noch ein äußerer Umstand besonders erklärt und berücksichtigt sein: Weniger noch denn sonstwo konnte der Ob d H bei einem Eindringen nach Rußland darauf verzichten, die sogenannte „vollziehende Gewalt" auszuüben; neben ihm und den von ihm beauftragten hohen Kommandostellen des Heeres durfte es wenigstens im „Operationsgebiet" und den zugehörigen „Rückwärtigen Gebieten" keine anderen deutschen Dienststellen mit selbständigen, vom Heere unabhängigen Befugnissen geben. Das bedeutete aber u. a., daß der Ob d H sich genötigt sah, mit den vorgesetzten Dienstbehörden der der Wehrmacht nicht zugehörigen Sondergruppen von „SD" und Polizei, die Hitler ihm aufzwang, die nötigsten Abmachungen zu treffen, ohne jedoch die eigentlichen Aufgaben dieser „Einsatzkommandos" auch nur zu erahnen.

Als Ausgangspunkt dieser Vorgänge in sachlicher und zeitlicher Hinsicht können aus der heutigen Schau jene Bemerkungen angesehen werden, mit denen General Jodl am 3. März 1941 den Entwurf der „Richtlinien auf Sondergebieten zur Weisung Nr. 21 (Fall ‚Barbarossa')" zurücksandte, der ihm von der Abt. L als die vor jedem Feldzug fällige Routine-Arbeit der „Besonderen Anordnungen" – hier nur unter anderer Bezeichnung – eingereicht worden war. Nach den einleitenden Worten, daß der Entwurf, den er selbst schon teilweise umgearbeitet hatte, „dem Führer vorgelegen ... habe", faßte er die von Hitler „für die endgültige Fassung" erteilten „Richtlinien" zusammen, wie folgt[35]:

> „Dieser kommende Feldzug ist mehr als nur ein Kampf der Waffen; er führt auch zur Auseinandersetzung zweier Weltanschauungen. Um diesen Krieg zu beenden, genügt es bei der Weite des Raumes nicht, die

35 Der erste Entwurf der Abt. L, der, wie aus dem folgenden zu entnehmen, allein auf die üblichen, militärisch notwendigen Bestimmungen beschränkt war, scheint nicht erhalten zu sein.

Die Richtlinien Hitlers werden an dieser Stelle nach den Aufz. KTB WFStab L 3. März 1941 in dem vollen Umfang des von Jodl übermittelten Wortlauts wiedergegeben, da ihre Kenntnis zum Verständnis der weiteren Entwicklung in mehrfacher Hinsicht notwendig erscheint.

feindliche Wehrmacht zu schlagen. Das ganze Gebiet muß in Staaten aufgelöst werden mit eigenen Regierungen, mit denen wir Frieden schließen können.

Die Bildung dieser Regierungen erfordert sehr viel politisches Geschick und allgemeine wohlüberlegte Grundsätze.

Jede Revolution großen Ausmaßes schafft Tatsachen, die man nicht mehr wegwischen kann. Die sozialistische Idee ist aus dem heutigen Rußland nicht mehr wegzudenken. Sie kann allein die innerpolitische Grundlage für die Bildung neuer Staaten und Regierungen sein. Die jüdisch-bolschewistische Intelligenz als bisheriger „Unterdrücker" des Volkes muß beseitigt werden. Die ehemalige bürgerlich-aristrokratische Intelligenz, soweit sie vor allem in Emigranten noch vorhanden ist, scheidet ebenfalls aus. Sie wird vom russischen Volk abgelehnt und ist letzten Endes deutschfeindlich. Dies gilt auch in besonderem Maße für die ehemaligen baltischen Staaten.

Außerdem müssen wir unter allen Umständen vermeiden, an Stelle des bolschewistischen nunmehr ein nationales Rußland treten zu lassen, das, wie die Geschichte beweist, letzten Endes wieder deutschfeindlich sein wird.

Unsere Aufgabe ist es, sobald als möglich mit einem Minimum an militärischen Kräften sozialistische Staatsgebilde aufzubauen, die von uns abhängen.

Diese Aufgaben sind so schwierig, daß man sie nicht dem Heere zumuten kann."

„Entsprechend diesen Richtlinien des Führers müsse die Weisung" fuhr Jodl fort[36], „folgendermaßen umgeändert werden:

1. Das Heer brauche ein Operationsgebiet. Man müsse es aber der Tiefe nach so weit wie möglich beschränken. Dahinter sei keine militärische Verwaltung einzurichten. An ihrer Stelle hätten vielmehr für bestimmte volkstumsmäßig abzugrenzende Großräume Reichskommissare zu treten, denen der schnelle politische Aufbau neuer Staatsgebilde obliegen würde. Ihnen zur Seite sollten „Wehrmacht-Befehlshaber" treten, die nur in rein militärischen Fragen, die mit der Fortführung der Operationen zusammenhingen, dem Ob d H, im übrigen aber dem OKW unterstehen würden. In diese Stäbe seien auch alle Organisationen einzubauen, die ohnehin Sache der Wehrmacht seien (Wehrwirtschaft, Nachrichtenwesen, Abwehr usw.). Die Masse der Polizeikräfte werde zu den Reichskommissaren treten.

2. Die Grenzsperre könne sich nur auf das Operationsgebiet erstrecken. Ob es notwendig sei, auch dort schon Organe des Reichsführers SS neben der Geheimen Feldpolizei einzusetzen, müsse mit dem Reichsführer SS geprüft werden. Die Notwendigkeit, alle Bolschewistenhäuptlinge und Kommissare sofort unschädlich zu machen, spreche dafür. Militärgerichte müßten für alle diese Fragen ausgeschaltet werden, sie hätten sich mit den Gerichtssachen innerhalb der Truppen zu befassen.

3. In den III. Abschnitt des Entwurfes (Richtlinien für Rumänien, Slowakei, Ungarn und Finnland) sei nur der Hinweis aufzunehmen, daß Anträge über besondere Rechte des Ob d H diesen Ländern gegenüber, wenn sie sich als notwendig erweisen sollten, an das OKW zu richten seien, das dann mit dem

36 Es kann kein Zweifel bestehen, daß auch die hier folgenden Einzelheiten von Hitler, nicht von Jodl bestimmt worden sind (Sperrungen durch den Verfasser).

> Ausw. Amt in Verbindung treten werde. Ein „unmittelbares Ersuchen" des Heeres an die deutschen Gesandten in diesen Ländern käme nicht in Frage.
> Der Entwurf solle sobald wie möglich aufgestellt und mit so weitem Zeilenabstand geschrieben werden, daß der Führer Änderungen vornehmen könne. Mit dem OKH könne in Verbindung getreten werden. Besprechungen mit den Staatssekretären Dr. Stuckart (Reichsinnenministerium) und Backe (Reichsernährungsministerium) erübrigten sich vorerst."[37]

Die „Richtlinien auf Sondergebieten", die hiernach von der Abt. L neu gefaßt und am 13. März 1941 vom Chef OKW unterzeichnet wurden, sind nachstehend in ihrem Wortlaut wiedergegeben. Es soll damit einmal ein Beispiel für die sogenannten „Besonderen Anordnungen" des OKW bei Beginn eines Feldzugs gezeigt werden, die in diesem Falle allerdings nach den Richtlinien Hitlers wesentlich erweitert und auch in grundsätzlicher Hinsicht, so vor allem bezüglich der Beschränkung des Operationsgebiets, hatten geändert werden müssen. Zum anderen sei damit belegt, daß auch in dieser endgültigen Fassung weder die von Hitler besonders angesprochene „jüdisch-bolschewistische Intelligenz" noch die „Bolschewistenhäuptlinge und Kommissare" nur mit einem Wort erwähnt werden.

Oberkommando der Wehrmacht — F.H.Qu., den 13. März 1941
WFSt/Abt. L (IV/Qu)
44125/41 g.K.Chefs.

Geheime Kommandosache — 5 Ausfertigungen
Chefsache! — 4. Ausfertigung
Nur durch Offizier!

Bezug: WFSt/Abt. L (I) Nr. 33408/40
g.K. Chefs. v. 18. 12. 40

Richtlinien auf Sondergebieten zur Weisung Nr. 21
(Fall Barbarossa)

I. Operationsgebiet und vollziehende Gewalt.

1.) In Ostpreußen und im Generalgouvernement werden spätestens 4 Wochen vor Operationsbeginn durch OKW die innerhalb der Wehrmacht für ein Operationsgebiet gültigen Befehlsbefugnisse und Bestimmungen für die Versorgung in Kraft gesetzt werden. Vorschlag legt OKH zeitgerecht nach Einvernehmen mit Ob.d.L. vor.
Eine Erklärung Ostpreußens und des Generalgouvernements zum Operationsgebiet des Heeres ist nicht beabsichtigt. Dagegen ist der Ob.d.H. auf Grund der nichtveröffentlichten Führererlasse vom 19. und 21. 10. 1939 berechtigt, diejenigen Maßnahmen anzuordnen, die zur Durchführung seines militärischen Auftrages und zur Sicherung der Truppe notwendig sind. Diese Ermächtigung kann er auf die Oberbefehlshaber der Heeresgruppen und Armeen weiter

37 Nach Tgb. Halder lag der neue Entwurf dem OKH schon am 5. März zur Stellungnahme vor.

übertragen. Derartige Anordnungen gehen allen anderen Obliegenheiten und den Weisungen ziviler Stellen vor.

2.) Das im Zuge der Operationen zu besetzende russische Gebiet soll, sobald der Ablauf der Kampfhandlungen es erlaubt, nach besonderen Richtlinien in Staaten mit eigenen Regierungen aufgelöst werden. Hieraus folgert:

a) Das mit dem Vorgehen des Heeres über die Grenzen des Reiches und der Nachbarstaaten gebildete Operationsgebiet des Heeres ist der Tiefe nach soweit als möglich zu beschränken. Der Ob.d.H. hat die Befugnis, in diesem Gebiet die vollziehende Gewalt auszuüben mit der Ermächtigung, sie auf die Oberbefehlshaber der Heeresgruppen und Armeen zu übertragen.

b) Im Operationsgebiet des Heeres erhält der Reichsführer SS zur Vorbereitung der politischen Verwaltung Sonderaufgaben im Auftrage des Führers, die sich aus dem endgültig auszutragenden Kampf zweier entgegengesetzter politischer Systeme ergeben. Im Rahmen dieser Aufgaben handelt der Reichsführer SS selbständig und in eigener Verantwortung. Im übrigen wird die dem Ob.d.H. und den von ihm beauftragten Dienststellen übertragene vollziehende Gewalt hierdurch nicht berührt. Der Reichsführer SS sorgt dafür, daß bei Durchführung seiner Aufgaben die Operationen nicht gestört werden. Näheres regelt das OKH mit dem Reichsführer SS unmittelbar.

c) Sobald das Operationsgebiet eine ausreichende Tiefe erreicht hat, wird es rückwärts begrenzt. Das neubesetzte Gebiet rückwärts des Operationsgebietes erhält eine eigene politische Verwaltung. Es wird entsprechend den volkstumsmäßigen Grundlagen und in Anlehnung an die Grenzen der Heeresgruppen zunächst in Nord (Baltikum), Mitte (Weißrußland), und Süd (Ukraine) unterteilt. In diesen Gebieten geht die politische Verwaltung auf Reichskommissare über, die ihre Richtlinien vom Führer empfangen.

3.) Zur Durchführung aller militärischen Aufgaben in den politischen Verwaltungsgebieten rückwärts des Operationsgebietes werden Wehrmachtbefehlshaber eingesetzt, die dem Chef des Oberkommandos der Wehrmacht unterstehen.

Der Wehrmachtbefehlshaber ist der oberste Vertreter der Wehrmacht in dem betreffenden Gebiet und übt die militärischen Hoheitsrechte aus. Er hat die Aufgaben eines Territorialbefehlshabers und die Befugnisse eines Armee-Oberbefehlshabers bezw. Kommandierenden Generals.

In dieser Eigenschaft obliegen ihm vor allem folgende Aufgaben:

a) Enge Zusammenarbeit mit dem Reichskommissar, um ihn in seiner politischen Aufgabe zu unterstützen.

b) Ausnutzung des Landes und Sicherung seiner wirtschaftlichen Werte für die Zwecke der deutschen Wirtschaft (s. Ziff. 4).

c) Ausnutzung des Landes für die Versorgung der Truppe nach den Anforderungen des O.K.H.

d) Militärische Sicherung des gesamten Gebietes, vor allem der Flughäfen, Nachschubstraßen und Nachschubeinrichtungen gegen Aufruhr, Sabotage und feindliche Fallschirmtruppen.

e) Straßenverkehrsregelung.

f) Regelung der Unterkunft für Wehrmacht, Polizei und Organisationen, für Kriegsgefangene, sofern sie in den Verwaltungsgebieten bleiben.

Gegenüber den zivilen Dienststellen hat der Wehrmachtbefehlshaber das Recht, die Maßnahmen anzuordnen, die zur Durchführung der militärischen Aufgaben erforderlich sind. Seine Anordnungen auf diesem Gebiet gehen allen anderen, auch denen der Reichskommissare, vor.

Dienstanweisung, Aufstellungsbefehl und Anweisungen über die Zuteilung der erforderlichen Kräfte folgen gesondert.

Der Zeitpunkt der Befehlsübernahme durch die Wehrmachtbefehlshaber wird befohlen werden, sobald die militärische Lage einen Wechsel in den Befehlsverhältnissen ohne Störung der Operationen zuläßt. Bis dahin bleiben die vom O.K.H. eingesetzten Dienststellen nach denselben Grundsätzen, wie sie für die Wehrmachtbefehlshaber festgelegt sind, in Tätigkeit.

4.) Mit der einheitlichen Leitung der Wirtschaftsverwaltung im Operationsgebiet und in den politischen Verwaltungsgebieten hat der Führer den Reichsmarschall beauftragt, der diese Aufgaben dem Chef des Wi Rü Amtes übertragen hat. Besondere Richtlinien hierzu ergehen vom OKW/Wi Rü Amt.

5.) Die Masse der Polizeikräfte wird den Reichskommissaren unterstellt. Forderungen auf Unterstellung von Polizeikräften im Operationsgebiet werden vom O.K.H. frühzeitig an OKW/WFStab/Abt. Landesverteidigung erbeten.

6.) Das Verhalten der Truppe gegenüber der Bevölkerung und die Aufgaben der Wehrmachtgerichte werden gesondert geregelt und befohlen werden.

II. Personen-, Waren- und Nachrichtenverkehr

7.) Für die vor Beginn der Operationen erforderlichen Maßnahmen zur Beschränkung des Personen-, Waren- und Nachrichtenverkehrs nach Rußland ergehen durch OKW/WFSt besondere Richtlinien.

8.) Mit Beginn der Operationen ist die deutsch-sowjetrussische Grenze, später die rückwärtige Grenze des Operationsgebietes durch den Ob. d. H. für jeden nichtmilitärischen Personen-, Waren- und Nachrichtenverkehr mit Ausnahme der vom Reichsführer SS nach Weisung des Führers einzusetzenden Polizeiorgane, zu sperren. Unterkunft und Versorgung dieser Organe regelt OKH-Gen.Qu., der hierzu beim Reichsführer SS die Abstellung von Verbindungsoffizieren anfordern kann.

Die Grenzsperre erstreckt sich auch auf leitende Persönlichkeiten und Beauftragte der Obersten Reichsbehörden und Dienststellen der Partei. OKW/WFSt wird die Obersten Reichsbehörden und Parteidienststellen dementsprechend benachrichtigen. Über Ausnahmen von dieser Grenzsperre entscheiden der Ob.d.H. und die von ihm beauftragten Dienststellen.

Von den für die Polizeiorgane des Reichsführers SS nötigen Sonderregelungen abgesehen, sind Anträge auf Einreisegenehmigungen ausschließlich an den Ob.d.H. zu leiten.

III. Richtlinien für Rumänien, Slowakei, Ungarn und Finnland

9.) Die erforderlichen Vereinbarungen mit diesen Staaten werden entsprechend den Anträgen der Oberkommandos vom OKW in Verbindung mit dem Auswärtigen Amt getroffen. Soweit darüber hinaus im weiteren Verlauf der Operationen besondere Rechte sich als notwendig erweisen sollten, sind sie beim OKW zu beantragen.

10.) Polizeiliche Maßnahmen zum unmittelbaren Schutz der Truppe sind, unabhängige von der Übertragung besonderer Rechte, zulässig.

Weitere Anordnungen hierüber ergehen später.

11.) Besondere Anordnungen für den Bereich dieser Staaten über:

Beschaffung von Verpflegung und Futtermitteln, Unterkunft und Gerät,
Ankauf und Warenversand,
Geldversorgung und Zahlungsregelung,
Besoldung,
Schadensersatzansprüche,

Post- und Telegrafenwesen,
Verkehrswesen,
Gerichtsbarkeit,
folgen später.

Wünsche der Wehrmachtteile und Dienststellen des OKW auf diesen Gebieten an die Regierungen dieser Länder sind dem OKW/WFSt/Abt. Landesverteidigung bis zum 27. März 1941 anzumelden.

IV. Richtlinien für Schweden

12.) Da Schweden lediglich Durchmarschgebiet werden kann, sind für den Befehlshaber der deutschen Truppen keine besonderen Befugnisse vorgesehen. Er ist jedoch berechtigt und verpflichtet, den unmittelbaren Schutz der Eisenbahntransporte gegen Sabotageakte und Angriffe sicher zu stellen.

Der Chef des Oberkommandos der Wehrmacht
Keitel

Verteiler:

Ob.d.H.	1. Ausfertigung
Ob.d.M.	2. Ausfertigung
R.d.L. u. Ob.d.L.	3. Ausfertigung
W.F.St.	4. Ausfertigung
Abt.L	5. Ausfertigung

Die Bestimmungen über die „Sonderaufgaben" — Abschnitt I, 2 b — lassen allein ihrem Inhalt nach über jeden Zweifel hinaus erkennen, daß Hitler sie selbst in den „weiten Zeilenabstand" des zweiten Entwurfs hineingeschrieben hat: Es ist sein Auftrag an den Reichsführer SS, und auch nur er, keine Dienststelle der Wehrmacht, konnte den „Chef der deutschen Polizei" ermächtigen, selbständig und in eigener Verantwortung zu handeln. Für weniger mit den Verhältnissen jener Zeit Vertrauten sei aber außerdem noch auf folgende Punkte von besonderer Wichtigkeit in der Folge dieser Ereignisse verwiesen:

1. Aus der nach den „Richtlinien" vom 3. März erst zu prüfenden Frage, ob der Reichsführer SS auch im Operationsgebiet des Heeres tätig werden solle, ist inzwischen eine beschlossene Tatsache geworden, ohne daß irgendein Anhaltspunkt für die Mitwirkung des OKW oder des OKH bei dieser Bestimmung gegeben wäre.

2. Die „Sonderaufgaben" sind weder nach Art noch Umfang näher erläutert. Nur soviel wird angedeutet, daß es sich um den Einsatz einer politischen Polizei handeln solle. Auf diese und ihre Methoden einen Einfluß auszuüben, war die Wehrmacht schlechterdings ebensowenig berufen oder auch nur in der Lage wie im Reiche selbst. Andererseits konnte aber auch die Notwendigkeit, den Rücken der kämpfenden Front vermehrt polizeilich zu sichern, im Hinblick auf die inner-sowjetischen Verhältnisse vernünftigerweise nicht bestritten werden.

3. Der letzte Satz der Befehlsziffer soll nicht etwa besagen, daß die Aufgaben des Reichsführers SS mit dem OKH näher zu regeln wären. Die Anweisung bezieht sich vielmehr lediglich darauf, daß die beiden Stellen die notwendigen Vereinbarungen über die Zulassung der Organe des Reichsführers SS in das Operationsgebiet des Heeres, über die Grenzen ihrer Bewegungsfreiheit im Verhältnis zur Front und über ihre Unterkunft, Verpflegung und Versorgung miteinander treffen sollten.

Die „Richtlinien" wurden nach diesem vorläufigen Abschluß hauptsächlich nur noch deswegen bei der Abt. L kritisch angesehen, weil sie einen weiteren Eingriff in die schon seit längerem umstrittenen Hoheitsrechte des Ob d H im Operationsgebiet darstellten und daher auch neue Schwierigkeiten mit dem OKH befürchten ließen. Wider Erwarten fand man sich dort jedoch allem Anschein nach mit der von Hitler getroffenen Regelung schnell ab. Schon am 13. März verzeichnet der Chef des Generalstabs eine „Besprechung Wagner–Heydrich: Polizeifragen" und läßt tags darauf mit den Worten „Besondere Anordnungen Barbarossa" den Eingang der OKW-Weisung erkennen, ohne einen Kommentar damit zu verbinden[38]. Auch die wilden Reden, in denen Hitler sich einige Tage später bei Abschluß der schon erwähnten, ausgedehnten Lagebesprechung gegenüber dem Ob d H und den ihn begleitenden hohen Offizieren des Generalstabs des Heeres über seine Absichten in den „Rückwärtigen Gebieten" im Osten erging[39], haben nach allem Anschein keine außerhalb des OKH vernehmbaren Gegenwirkungen ausgelöst. Nach der genauen Kenntnis der Persönlichkeiten dürfte dadurch aber bei ihnen nur um so mehr der Wille gestärkt worden sein, eine klare und räumlich so weit wie irgend möglich abgesetzte Grenze gegenüber der Tätigkeit des Reichsführers SS und seiner Organe zu ziehen. Die Möglichkeiten dazu waren für das OKH und seine Frontbefehlshaber durch die besonderen Verhältnisse im Operationsgebiet – wie z. B. das Recht zur Sperrung von Straßen oder Vorenthalten von Treibstoffen – reichlich gegeben.

38 Vgl. Tgb. Halder 13. und 14. März 1941; die Notizen finden sich an beiden Tagen unter dem Stichwort „Wagner", dem Namen des damaligen Generalquartiermeisters, General Eduard Wagner, der als einer der führenden Offiziere des Widerstandes gegen Hitler nach dem 20. Juli 1944 den Tod gefunden hat.

39 Vgl. die Einträge im Tgb. Halder 17. März:
„15–20.30 Uhr Besprechung beim Führer (mit Oberst Heusinger) ...
1.–3. ... (operative Fragen),
4. Vortrag General Wagner über Nachschub ...
5. Rückwärtige Gebiete; ... Wir müssen stalinfreie Republiken schaffen. Die von Stalin eingesetzte Intelligenz muß vernichtet werden. Die Führermaschinerie des russischen Reiches muß zerschlagen werden.
Im großrussischen Bereich ist Anwendung brutalster Gewalt notwendig. Weltanschauliche Bande halten das russische Volk noch nicht fest genug zusammen. Es wird mit dem Beseitigen der Funktionäre zerreißen" ...
Anm. des Verf. Es sei besonders darauf hingewiesen, daß Jodl diesen Teil der Auslassungen Hitlers in seinen mündlichen Mitteilungen über die Besprechung an den Chef L nach den Aufz. KTB WFStab L 18. März nicht erwähnt hat.

In diesem Geiste sind zweifellos von General Wagner, der wie kein anderer immer für die absolute Befehlshoheit des Ob d H im Operationsgebiet eingetreten ist, die notwendigen Gespräche mit Heydrich geführt worden[40], der seinerseits sicherlich sorgfältig darauf bedacht gewesen ist, von dem wahren Charakter der „Sonderaufgaben" nichts verlauten zu lassen. Der danach zustandegekommene Befehlsentwurf, den das OKH auch dem OKW/WFStab zugänglich machte, gab denn auch, wie der nachstehende Wortlaut zeigt, weder zu Bedenken noch Beanstandungen irgendeinen Anlaß.

26. März 1941

Geheim

Oberkommando des Heeres
Gen.St.d.H./Gen.Qu.

Die Durchführung besonderer sicherheitspolizeilicher Aufgaben außerhalb der Truppe macht den Einsatz von Sonderkommandos der Sicherheitspolizei (SD) im Operationsgebiet erforderlich.

Mit Zustimmung des Chefs der Sicherheitspolizei und des SD wird der Einsatz der Sicherheitspolizei und des SD im Operationsgebiet wie folgt geregelt:

1. Aufgaben

   a) Im rückwärtigen Armeegebiet:
   Sicherstellung vor Beginn von Operationen festgelegter Objekte (Material, Archive, Karteien von reichs- oder staatsfeindlichen Organisationen, Verbänden, Gruppen usw.) sowie besonders wichtiger Einzelpersonen (führende Emigranten, Saboteure, Terroristen usw.).
   Der Oberbefehlshaber der Armee kann den Einsatz der Sonderkommandos in Teilen des Armeegebiets ausschließen, in denen durch den Einsatz Störungen der Operationen eintreten können.

   b) Im rückwärtigen Heeresgebiet:
   Erforschung und Bekämpfung der staats- und reichsfeindlichen Bestrebungen, soweit sie nicht der feindlichen Wehrmacht eingegliedert sind, sowie allgemeine Unterrichtung der Befehlshaber der rückwärtigen Heeresgebiete über die politische Lage.
   Für die Zusammenarbeit mit den Abwehroffizieren bzw. Abwehrstellen gelten sinngemäß die mit der Abwehrabteilung des Reichskriegsministeriums am 1. Januar 1937 gemeinsam aufgestellten „Grundsätze für die Zusammenarbeit zwischen der Geheimen Staatspolizei und den Abwehrstellen der Wehrmacht".

2. Zusammenarbeit zwischen den Sonderkommandos und den militärischen Kommandobehörden im rückwärtigen Armeegebiet (zu 1a).
   Die Sonderkommandos der Sicherheitspolizei (SD) führen ihre Aufgaben in eigener Verantwortlichkeit durch. Sie sind den Armeen hinsichtlich Marsch, Versorgung und Unterbringung unterstellt. Disziplinare und gerichtliche Unterstellung unter den Chef der SP und des SD werden hierdurch nicht berührt. Sie erhalten ihre fachlichen Weisungen vom Chef der SP und des SD und sind

40 Vgl. u. a. Tgb. Halder 25. März: „Wagner (Gen.Qu.) ... Besprechungspunkte für Besprechung mit Heydrich wegen bevorstehender Ostfragen", sowie Bor, a. a. O., S. 197.

bezüglich ihrer Tätigkeit gegebenenfalls einschränkenden Anordnungen der Armee (s. Ziffer 1a) unterworfen.
Für die zentrale Steuerung dieser Kommandos wird im Bereich jeder Armee ein Beauftragter des Chefs der SP und des SD eingesetzt. Dieser ist verpflichtet, die ihm vom Chef der SP und des SD zugegangenen Weisungen dem Oberbefehlshaber der Armee rechtzeitig zur Kenntnis zu bringen. Der militärische Befehlshaber ist berechtigt, an den Beauftragten Weisungen zu geben, die zur Vermeidung von Störungen der Operationen erforderlich sind; sie gehen allen übrigen Weisungen vor.
Die Beauftragten sind auf ständige enge Zusammenarbeit mit dem I c angewiesen; Abstellung eines Verbindungsbeamten des Beauftragten zum I c kann von den Kommandobehörden gefordert werden. Der I c hat die Aufgaben der Sonderkommandos mit der militärischen Abwehr, der Tätigkeit der Geh. Feldpol. und den Notwendigkeiten der Operationen in Einklang zu bringen.
Die Sonderkommandos sind berechtigt, im Rahmen ihres Auftrages in eigener Verantwortung gegenüber der Zivilbevölkerung Exekutivmaßnahmen zu treffen. Sie sind hierbei zu engster Zusammenarbeit mit der Abwehr verpflichtet. Maßnahmen, die sich auf die Operationen auswirken können, bedürfen der Genehmigung des Obfh. der Armee.

3. Zusammenarbeit zwischen den Einsatzgruppen bzw. -kommandos der Sicherheitspolizei (SD) und dem Befehlshaber im rückwärtigen Heeresgebiet (zu 1b).
[Wortlaut wie unter 2, lediglich unter Anführung der dort geltenden, anderen Dienststellenbezeichnungen.]
4. Abgrenzung der Befugnisse zwischen Sonderkommandos, Einsatzkommandos und Einsatzgruppen und der Geh. Feldpol.
Die abwehrpolitischen Aufgaben innerhalb der Truppe und der unmittelbare Schutz der Truppe bleiben alleinige Aufgabe der Geh. Feldpol. Alle Angelegenheiten dieser Art sind von den Sonderkommandos bzw. Einsatzgruppen und -kommandos sofort an die Geh. Feldpol. abzugeben, wie umgekehrt diese alle Vorgänge aus dem Aufgabenbereich der Sonderkommandos ungesäumt an die Sonderkommandos bzw. Einsatzgruppen und -kommandos abzugeben hat. Im übrigen gilt auch hierfür das Abkommen vom 1. Januar 1937 (s. Ziffer 1).

i. A.
Unterschrift

Daß die „Einsatzgruppen des SD" unter dem Deckmantel dieser Vereinbarungen alsbald nach Feldzugsbeginn auf geheime Anweisung Hitlers an Himmler den planmäßigen Massenmord an den Juden in den rückwärtigen Gebieten des Ostens aufnehmen würden, konnte von keinem der an den Gesprächen und Befehlen beteiligten Offiziere nur im geringsten vermutet werden.

Offen ausgesprochene, rechtswidrige Forderungen Hitlers an die Wehrmacht setzten erst ein, als er am 30. März 1941 vor einer etwa 200—250 Köpfe zählenden Versammlung hoher Offiziere, bestehend aus den Oberbefehlshabern der 3 Wehrmachtteile, den für den Ostfeldzug vorgesehenen höheren Truppenbefehlshabern von Heer, Marine und Luftwaffe und ihren nächsten Mitarbeitern, zu einer fast 2½stündigen Ansprache erschien[41]. Die Zusammenkunft fand in einem großen Saale an dem der Ebertstraße zugewendeten Ende des langen Flurs der Neuen Reichskanzlei statt, den die Teilnehmer, nach Rang und Würden in den langen Sitzreihen Platz nehmend, in ganzem Umfang füllten. Der Zweck dürfte im Sinne Hitlers ein ähnlicher gewesen sein wie bei jenen „Appellen" vor dem Polen- und dem Westfeldzug – 22. August und 23. November 1939 –, nämlich die hohe Generalität einschließlich ihrer oberen Generalstabsgehilfen mit seinen Ansichten über den voraussichtlichen Ablauf des bevorstehenden Feldzugs zu indoktrinieren. Sicherlich hat es dabei in diesem Falle auch von vornherein in seiner Absicht gelegen, jene besonderen Forderungen an die Versammelten zu richten, die der Ostfeldzug als der „Kampf zweier Weltanschauungen gegeneinander" nach seiner Ansicht mit sich bringen würde. Dabei war die Schärfe des Ausdrucks, wie seine eigenen Worte es an verschiedenen Stellen erkennen lassen, wohl zutiefst in dem Bewußtsein der unverändert weiten Trennung „weltanschaulicher" Art begründet, die sich zwischen ihm selbst und der schweigend vor ihm verharrenden, ausgewählten Gruppe des deutschen Offizierkorps spannte, – ein Schweigen, das lediglich unterbrochen wurde durch das zweimalige Aufstehen der Versammelten, als er aus einer hinteren Tür kommend an das Rednerpult trat und später auf die gleiche Weise wieder davonging. Keine Hand hatte sich gerührt, kein Wort war außer seinen eigenen hörbar geworden.

Aus dieser Ansprache Hitlers sind der „Kommissarbefehl" und der Erlaß über die Ausübung der Kriegsgerichtsbarkeit im Gebiet „Barbarossa", auch kurz „Barbarossabefehl" genannt, hervorgegangen. Für den ersteren hatte der Oberste Befehlshaber der Wehrmacht in seiner Ansprache die Richtlinie gesetzt, daß die sowjetischen Kommissare und Funktionäre, gleichgültig, ob in der Truppe oder in der zivilen Verwaltung, Verbrecher seien. Sie könnten daher weder als Soldaten angesehen noch als Kriegsgefangene behandelt werden. Wenn gefangengenommen, seien sie den Einsatzgruppen des SD zu übergeben oder, wo dies nicht möglich, von der Truppe an Ort und Stelle zu erschießen. Für den anderen Befehl stellte er in weiterer Auslegung seiner schon am 3. März verkündeten Forderung, nach der die Kriegsgerichte sich nur mit der Truppe zu befassen hätten, den zweifachen Grundsatz auf, daß der deutsche Soldat in seinem Verhalten gegen „feindliche Landeseinwohner" nicht an die strengen Gesetze des Kriegsstrafrechts und der Disziplinarordnung gebunden sein solle, dagegen „Angriffe jeder Art von Landeseinwohnern gegen die Wehrmacht" mit den schärfsten Mitteln einschließlich der sofortigen Erschießung zu ahnden seien, ohne deswegen ein Kriegsgericht anzurufen. Er begründete diese Anordnungen im wesentlichen mit seinem Urteil

41 Die Darstellung gründet sich neben eigenen Erinnerungen auf Tgb. Halder 30. März und Greiner a. a. O., S. 370/371; diesen sowie den daraufhin entstandenen Befehlen sind auch die Zitate entnommen.

über den Bolschewismus, den er insgesamt einem „sozialen Verbrechertum" gleichsetzte, und verwies hinsichtlich der Kommissare und Funktionäre noch im besonderen auf die unmenschlichen Scheußlichkeiten, die sie bei dem Eindringen der Roten Armee nach Polen und den Baltischen Staaten, nach Finnland und Rumänien begangen haben sollten. Auf diesen Grundlagen versuchte er in wiederholten Wendungen seine Zuhörer zu überzeugen, daß im Kampf gegen die Sowjets keine soldatische Ritterlichkeit und keine „überlebten Begriffe" militärischer Kameradschaft gelten dürften. Es sei ein Kampf, in dem nicht nur die Rote Armee aus dem Felde geschlagen, sondern der Kommunismus für alle Zeiten ausgerottet werden müsse.

Die Ausführungen Hitlers sollen nach seinem Weggang, wie aus mehreren späteren Aussagen zu entnehmen, bei einzelnen Teilnehmern Proteste und erregte Reaktionen ausgelöst haben. Aus eigener Beobachtung oder auch den bisher bekannten zeitgenössischen Aufzeichnungen können dazu jedoch keine Belege beigebracht werden. So beschließt der Chef des Generalstabs des Heeres beispielsweise seine eingehenden Notizen über den Hergang lediglich mit der sinngemäßen Wiedergabe einiger letzter Worte Hitlers: „Die Führer müssen von sich das Opfer verlangen, ihre Bedenken zu überwinden", und schreibt dazu am Rande, offenbar als Gedächtnismarke gedacht: „Ob d H Befehl." Unmittelbar darauf folgen die Einträge „Mittag: Gemeinsames Frühstück –, Nachm.: Besprechung beim Führer". Weitere Notizen lassen erkennen, daß diese beiden Veranstaltungen auf einen kleinen Kreis der „Heeresgruppenführer und einzelner Unterführer" beschränkt waren, unter denen nur der Name Guderian – abgekürzt „Gud." – genannt ist. Da Halder im weiteren den Ablauf der Besprechung mit den Worten „Nichts Neues" kennzeichnet, kann wohl mit Sicherheit geschlossen werden, daß keiner der Teilnehmer den Anlaß wahrgenommen hat, um Hitlers Forderungen aus seiner Vormittagsansprache noch einmal zur Erörterung zu stellen. Neben dem allen gemeinsamen Bewußtsein, durch offenen Einspruch, wie schon eingangs bemerkt, für die Sache mehr verderben als gewinnen zu können, mag es für diese Zurückhaltung der höchsten Offiziere des Heeres auch bestimmend gewesen sein, daß die meisten dem langen Gerede Hitlers gar nicht bis in die Einzelheiten gefolgt waren, daß andere die ganze Bedeutung seiner Absichten verkannt und wieder andere es für besser gehalten haben mögen, die Fragen nicht sogleich zu vertiefen, sondern zunächst – nach militärischem Brauch – die Reaktion der Vorgesetzten abzuwarten[42].

42 Selbst der verstorbene Feldmarschall von Bock, der späterhin als Gegner des schriftlichen Kommissarbefehls besonders hervorgetreten ist und dessen Tagebuchvermerke häufig von ungewöhnlicher Schärfe sind, schildert den Ablauf der Zusammenkunft und die anschließende Besprechung im kleinen Kreise in seinem Tagebuch ohne besondere Zusätze. – Der Verfasser war nur vormittags bei der Ansprache Hitlers anwesend.

Der Chef OKW, Feldmarschall Keitel, hat in seiner Aussage vor dem Internationalen Militärgericht in Nürnberg schlicht und einfach erklärt: „Im Anschluß an diese Besprechung ist nichts geschehen."[43] Möglicherweise sollte damit lediglich gesagt sein, daß ihm von irgendwelchen Reaktionen oder Einsprüchen gegen Hitlers Pläne nichts bekannt geworden sei. Ebensogut können seine Worte aber auch dahin verstanden werden, daß er sich als Chef OKW, der nun berufen gewesen wäre, die Forderungen Hitlers in Befehle umsetzen zu lassen und ihnen damit erst feste Form und Gestalt zu geben, nicht gerührt habe. Diese Deutung paßt jedoch nicht in das Bild, das Kriegs- und Nachkriegszeit von dem Chef des Oberkommandos der Wehrmacht geformt haben, und mag deswegen bisher von keiner Seite in Betracht gezogen worden sein. Dabei kann aber kein Zweifel bestehen, daß in jenen stürmischen Zeiten des Balkan-Feldzugs und der Wegnahme Kretas, — der neu aufgenommenen Fühlungnahme mit Frankreich und der begleitenden Ereignisse von Nordafrika bis in den Mittleren Orient, — des Heß-Fluges nach England und des Untergangs der „Bismarck" nichts besser geeignet gewesen wäre, Hitlers Absichten vielleicht vergessen zu lassen als eine Verschwörung des Schweigens. Es ist auch sicher und unbestritten, daß in diesem Falle weder Keitel noch Jodl, ganz im Gegensatz zu ihrer sonstigen Bereitschaft, den Winken und Wünschen Hitlers nachzukommen, dem Chef L irgendeine Anweisung zur Vorlage entsprechender Befehlsentwürfe erteilt haben. Der Verfasser seinerseits hat sich ebenfalls gehütet, auch nur gesprächsweise auf die Forderungen Hitlers zurückzukommen[44].

Das Schweigen hatte über mehr als 5 Wochen seinen Zweck erfüllt, als ein Schreiben des OKH vom 6. Mai die Dinge in Bewegung brachte. Unter diesem Datum übersandte „Der Oberbefehlshaber des Heeres" mit dem Kopfzeichen „General zu besonderer Verwendung des Ob d H (Gruppe Rechtswesen)" — und dessen Unterschrift — „an Chef OKW, Abt. L, zu Händen General Warlimont" einen Befehlsentwurf, der als „Richtlinien betr. Behandlung politischer Hoheitsträger usw. für die einheitliche Durchführung des bereits am 31. 3. 1941 erteilten Auftrages" bezeichnet war[45]. Unter dem Abschnitt „I. Armeegebiet" hieß es darin, verbunden mit einer allgemeinen Kennzeichnung

43 IMT-Bd. X, S. 598.

44 Vgl. auch Görlitz, Keitel, S. 259.

45 Nürnberg-Dok. PS 1471. Erläuternd sei dazu bemerkt:

a) Die nicht ohne weiteres verständlichen Abkürzungen sind bei der Wiedergabe im vollen Wortlaut eingesetzt.

b) Das Schreiben, vom Ob d H an den Chef OKW gerichtet, trug nur deswegen den Zusatz „Abt. L" . . ., weil die Geschäftsordnung verlangte, alle an den Chef OKW als Vorgesetzten des WFStabes gerichteten „Geheime Kommandosachen" in dieser wörtlich vorgeschriebenen Form zu adressieren.

c) Das Datum 31. März beruht auf einem Irrtum, muß 30. März heißen. An keiner Stelle ist ein besonderer Auftrag Hitlers an den Ob d H vom 31. März vermerkt. Auch Halder bezieht sich in seinem Tagebuch bei Erwähnung des Befehlsentwurfs auf die „letzte Führeransprache an die Generale", also den 30. März.

der Kommissare, die den Ausführungen Hitlers nach seiner Ansprache vom 30. März folgte:

> „Politische Hoheitsträger und Leiter (Kommissare) bedeuten ... eine erhöhte Gefahr für die Sicherheit der Truppe und die Befriedung des eroberten Landes. ...
>
> Soweit sie von der Truppe ergriffen oder ihr sonst zugeführt werden, sind sie einem Offizier, der Disziplinarstrafgewalt hat, vorzuführen. Dieser hat unter Hinzuziehung von zwei weiteren Soldaten (im Offiziers- oder Unteroffiziersrang) festzustellen, daß der Ergriffene oder Vorgeführte politischer Hoheitsträger oder Leiter (Kommissar) ist. Ist die politische Eigenschaft ausreichend begründet, hat der Offizier die Erschießung sogleich anzuordnen und durchführen zu lassen.
>
> Zu den politischen Funktionären gehören die polit. Leiter (Kommissare) in der Truppe. Ihrem alsbaldigen Herausfinden und ihrer Absonderung kommt besondere Bedeutung zu, da sie in erster Linie die Propaganda in der Heimat als Gefangene fortzusetzen vermögen. Sie sind nach Möglichkeit in den Gefangenen-Sammelstellen, spätestens in den Durchgangslagern zu erledigen. Ferner gehören dazu die Kommissare bei der Verwaltung und der Partei sowie sonstige polit. Persönlichkeiten von Bedeutung, mit denen die Truppe zusammentrifft. Politische Leiter wirtschaftlicher und technischer Betriebe sind nur zu ergreifen, falls sie sich im Einzelfall gegen die deutsche Wehrmacht auflehnen.
>
> Ein Abschieben ergriffener polit. Hoheitsträger und Kommissare nach rückwärts wird untersagt." ...

Das Tagebuch des Chefs des Generalstabs des Heeres macht es klar, daß auch er, obgleich der General z. b. V. nicht ihm, sondern dem Ob d H unterstand, mit diesem Befehlsentwurf – wohl seiner besonderen Bedeutung wegen – befaßt worden ist. Der zugehörige Eintrag unter dem Datum des 6. Mai lautet:

> „Gen. z. b. V. Müller mit Oberst. Kriegsgerichtsrat:
>
> a) Befehl an die Truppen im Sinne der letzten Führer-Ansprache an die Generale.
>
> Truppe muß den weltanschaulichen Kampf mit durchfechten bei Ostfeldzug.
>
> b) Fragen der Gerichtsbarkeit" ...

Der Chef L als Empfänger des Briefes im OKW war auf das peinlichste überrascht, daß der Ob d H es für angebracht zu halten schien, die bis dahin nur einem begrenzten Kreise hoher Offiziere bekannt gewordenen und bei ihnen sicherlich weithin längst vergessenen mündlichen Richtlinien Hitlers in schriftliche Form zu fassen und sie dadurch ebenso wie durch nähere „Ausführungsbestimmungen" erst zu einem konkreten Befehl für die Truppe zu machen. Diese spontane Reaktion Warlimonts fand ihren unmißverständlichen, wenn auch vorsichtig formulierten Ausdruck in seinem Handvermerk, den das – erhaltene – Original des OKH-Briefes zeigt:

„Es bleibt zu prüfen, ob schriftlicher Erlaß dieser Art erforderlich ist. Wiedervorlage zum Vortrag bei Chef OKW ... Eigene Anordnungen?"[46]

Mit diesem Vermerk, der zunächst der zuständigen Arbeitsgruppe der Abteilung L („Qu") als Grundlage eigener Überlegungen dienen sollte, nahm der Chef L gleichzeitig den Befehlsentwurf des OKH „aus dem Geschäftsgang" heraus, während es nach der für ihn geltenden allgemeinen „Dienstanweisung" lediglich seine Aufgabe gewesen wäre, den Text auf Übereinstimmung mit den mündlich erteilten Richtlinien Hitlers zu prüfen und, mit einem entsprechenden Vermerk versehen, an den Adressaten (Keitel) weiterzuleiten. Warlimont sah auch davon ab, seine Vorgesetzten von dem Eingang des Befehlsentwurfs des OKH zu unterrichten, und nutzte die so gewonnene Zeit, um zusammen mit gleichgesinnten Mitarbeitern der Gruppe „Qu" nach Mitteln und Wegen zu suchen, die es vielleicht noch ermöglichen konnten, die Herausgabe eines solchen schriftlichen Befehls zu unterbinden. Aus dieser Absicht haben sich damals die folgenden Schritte ergeben:

1. Abgabe des Befehlsentwurfs des OKH zu weiterer Behandlung an die Wehrmacht-Rechtsabteilung („WR"), und zwar einmal begründet darin, daß offensichtlich auch beim Heere die Rechtsabteilung maßgeblich an der Ausarbeitung des Textes mitgewirkt hatte, und zum anderen in der Meinung, daß rechtliche Argumente den Chef OKW eher überzeugen würden als eigene Vorstellungen.

Ergebnis: Anruf des Chefs der WR, des verstorbenen Ministerialdirektors Dr. Lehmann, daß Keitel ihm verboten habe, sich mit der Materie zu befassen, und Rücksendung des OKH-Entwurfs an die Abt. L am 9. Mai[47].

2. Vertrauliche Aussprache des Chefs L mit dem ihm als gleichaltriger Generalstabsoffizier nahestehenden General Ed. Wagner, dem Generalquartiermeister des Heeres, der kurz vorher im Auftrag des Ob d H die Verhandlungen mit Heydrich geführt hatte, um die Möglichkeiten zu einer Zurücknahme des Befehlsentwurfs seitens des OKH zu prüfen.

Ergebnis: Entschiedene Ablehnung durch Wagner, begründet damit, daß es gerade nach seinen Eindrücken bei den Gesprächen mit Heydrich unbedingt notwendig sei, Hitler einen Befehlsentwurf dieses Inhalts vorzulegen. Geschehe das nicht, so bestehe die Gefahr, daß

46 Die gesperrt wiedergegebenen Wörter sind im Original unterstrichen. Es sei noch bemerkt, daß der zeitweilige zweite Hauptankläger in Nürnberg, der amerikanische General Donovan, den Verfasser im Dezember 1945 zu diesem Handvermerk gehört und daraufhin erklärt hat, daß er darin eine eindeutige Stellungnahme des Verfassers gegen den Erlaß des Kommissarbefehls anerkenne, die nach seiner Ansicht ein Verschulden und daher auch eine gerichtliche Verfolgung ausschließen müsse.

47 Belegt durch Aussage Lehmanns im „OKW-Prozeß" und durch einen — unwesentlichen — Vermerk von seiner Hand auf dem Original des Entwurfs.

er den „SD" auch noch in die Frontlinien vorschicken werde, um mit dessen Kräften seinen Willen durchzusetzen[48]. Das OKH werde aber, wie Wagner hinzusetzte, schon dafür sorgen, daß jegliche Ausschreitungen vermieden würden, und habe aus diesem Grunde den „Befehl zur Aufrechterhaltung der Disziplin" vorbereitet, der bis zu den untersten Einheiten des Heeres verteilt werden solle. Nach alledem könne er (Wagner) dem Chef L nur dringend raten, „die Finger von der Sache zu lassen."[49]

Auch der Gedanke, den Befehl zu unterdrücken, mußte hiernach fallengelassen werden.

3. Auswertung einer der Abt. L gerade in jenen Tagen bekannt gewordenen „Denkschrift 3" des „Reichsleiters" Rosenberg zu Händen Hitlers, in der Rosenberg als demnächstiger „Ostminister" darlegte, daß er die zivilen Kommissare und Funktionäre für den Aufbau der Verwaltung in den zu besetzenden Gebieten nicht entbehren könne. Nur die „hohen und höchsten" Funktionäre sollten nach diesem Vorschlag in Übereinstimmung mit den Befehlen Hitlers unschädlich gemacht werden.

Obwohl das OKW und im besonderen die Abt. L mit dem Aufbau der Verwaltung im Osten nicht befaßt waren, glaubte Warlimont, nachdem er für den Frontbereich des Heeres die beruhigende Zusicherung von Wagner erfahren hatte, in der Förderung der Gedanken Rosenbergs noch eine wesentlich verbesserte Handhabe gegen die Verfolgung der nicht zur Roten Armee gehörenden Kommissare und Funktionäre durch die Wehrmacht zu erkennen.

Erst nach diesen Ermittlungen, die etwa eine Woche in Anspruch genommen hatten und nach allem Ermessen eine ausreichende Gewähr gegen die Ausführung des Kommissarbefehls zu bieten schienen, ließ der Chef L unter dem Datum des 12. Mai eine „Vortragsnotiz" aufstellen, in der es eingangs hieß:

„I. OKH hat einen Entwurf für Richtlinien ... vorgelegt, der als Anlage 1 beiliegt."

48 Vgl. dazu die entsprechenden Äußerungen Hitlers nach den Notizen Jodls vom 3. März 1941 (oben, S. 168, Ziff. 2).

49 Der sogenannte „Disziplinar-Erlaß", Nürnberger Dok. NOKW 3357, ist vom Ob d H unter dem Datum des 24. Mai 1941 ergangen. Er schließt mit dem Appell an jeden Offizier des Heeres mitzuhelfen, „die Manneszucht, die Grundlage unserer Erfolge, zu erhalten". Wenn dieser Erlaß auch zweifelsfrei in erster Linie aller Willkür begegnen sollte, die sich aus Hitlers Richtlinien für das Verhalten gegenüber feindlichen Landeseinwohnern ergeben konnte, so war damit nach der allgemeinen Ansicht der hohen Befehlshaber, wie sie im Nürnberger „OKW-Prozeß" zum Ausdruck kam, doch auch eine wirksame Handhabe gegen die Ausführung des Kommissarbefehls gegeben. Daß der „Disziplinar-Erlaß" diesem zeitlich voranging, bedeutet keinen beweiskräftigen Einwand, da der Ob d H spätestens seit der Vorlage seines eigenen Befehlsentwurfs (6. Mai) mit einem schriftlichen Kommissarbefehl rechnen mußte.

Nach Wiedergabe des wesentlichen Inhalts des OKH-Entwurfs schlossen sich die eigenen Beiträge der Abt. L, wie folgt, an:

„II. Demgegenüber sieht die Denkschrift 3 des Reichsleiters Rosenberg vor, daß nur hohe und höchste Funktionäre zu erledigen seien, da die staatlichen, kommunalen und wirtschaftlichen Funktionäre für die Verwaltung des besetzten Gebietes unentbehrlich sind.

III. Es ist deshalb eine Entscheidung des Führers erforderlich, welche Grundsätze maßgebend sein sollen.

Vorschlag L für den Fall II:

1. Funktionäre, die sich gegen die Truppe wenden, ... sind als Freischärler zu erledigen.

2. Funktionäre, die sich keiner feindlichen Handlung schuldig machen, werden zunächst unbehelligt bleiben ...

Erst bei der weiteren Durchdringung des Landes wird es möglich sein, zu entscheiden, ob die verbliebenen Funktionäre an Ort und Stelle belassen werden können oder an die Sonderkommandos (des SD) zu übergeben sind, sofern nicht diese selbst die Überführung vorzunehmen in der Lage sind.

3. Funktionäre in der Truppe werden entsprechend dem Vorschlag OKH zu behandeln sein. Diese werden nicht als Gefangene anerkannt und sind spätestens in den Durchgangslagern zu erledigen und keinesfalls nach rückwärts abzuschieben.“[50]

Zu einer richtigen Beurteilung – oder auch vor einer allzu bereiten Verurteilung – dieser Vorlage, die der Chef L bewußt nicht an Keitel, den Adressaten des OKH-Entwurfs, sondern an Jodl richtete, von dem in diesem Falle eher Verständnis und Unterstützung zu erwarten waren, sei zunächst darauf hingewiesen, daß eine „Vertragsnotiz“ nicht etwa einen Befehlsentwurf darstellte, sondern lediglich dazu diente, einen Sachverhalt kurz zu umreißen und die Meinung der Vorgesetzten nach Möglichkeit zu beeinflussen. Des weiteren sei auch an dieser Stelle noch einmal bemerkt, daß unter den gegebenen Verhältnissen nichts gewonnen werden konnte, wenn einzelne sich durch offenen Widerspruch als Märtyrer darboten, sondern es allein darauf ankam, einen solchen Befehl Hitlers schon in Inhalt und Fassung nach Kräften zu sabotieren. Daß ein derartiges sprachliches Versteckspielen selbst bei einem Erfolg alles andere als befriedigend war, braucht kaum hinzugefügt zu werden. Der Chef L befand sich hier aber in der gleichen Lage wie jene Kommandeure und Befehlshaber der Front, die später keinen anderen Ausweg sahen, als – in einem ausgeklügelten Verfahren und in sorgfältiger Abwägung der Gesamtzahl an Gefangenen – von Zeit zu Zeit eine Anzahl von Kommissaren als erschossen zu melden, ohne daß diese auch nur gezählt oder ausgesondert, geschweige denn

50 Nürnberg Dok. PS-1471 (Sperrungen nicht im Original).

erschossen worden waren[51]. Eines dürfen die Offiziere, die sich im Gegensatz zu anderen, glücklicheren, ungewußt und ungewollt in solche Lagen versetzt fanden, jedenfalls für sich in Anspruch nehmen: Sie handelten nicht, wie man ihnen vorgeworfen hat, „um das Gesicht zu wahren" („to save face"), sondern um ihrer inneren Stimme gemäß Recht und Menschlichkeit zu dienen.

Sachlich sei zu der Vortragsnotiz noch erläuternd bemerkt,

daß die Berufung auf den hochgestellten „Parteigenossen" Rosenberg, mit dessen Person oder Amt der Chef L übrigens keinerlei Verhandlungen gepflogen hatte, ehestens eine Wirkung auf Hitler erwarten lassen durfte;

daß der eigene Vorschlag noch über dessen Einwände in entscheidender Weise hinausging, indem die Funktionäre ohne Unterschied ihres Ranges nur dann als Freischärler dem anerkannten Kriegsrecht unterliegen sollten, wenn sie sich der deutschen Truppe feindlich entgegenstellten;

daß schließlich der Chef L nach einwandfreier Erinnerung die letzte Ziffer (III, 3) selbst hinzugesetzt hat, weil er glaubte, einmal durch diese Unterstreichung auch seinerseits noch im Sinne des Heeres zur Abwehr des SD beizutragen und dem Heere freie Hand zu lassen, zum anderen die von ihm eingefügten Gegenvorschläge um so eher durchzusetzen.

Mit der Absendung dieser Vortragsnotiz an den Chef WFStab schied die Abt. L einstweilen aus der weiteren Behandlung der Sache aus. Die von Jodl handschriftlich auf der Vorlage angebrachten Vermerke — „muß dem Führer noch einmal vorgetragen werden (13. Mai)" und „mit der Vergeltung gegen deutsche Flieger müssen wir rechnen, man zieht die ganze Aktion am besten als Vergeltung auf"[52] — sind dem Verfasser, soweit die Erinnerung reicht, erst nach dem Kriege in Nürnberg zu Gesicht gekommen. Es ist auch bis heute nichts über die Gespräche in der Reichskanzlei oder auf dem Berghof bekannt geworden, die sich dort als Folge dieser verschiedenen Anregungen ergeben haben mögen.

Die Tätigkeit des Chefs L in diesem Zusammenhang setzte erst wieder ein, als er, in den letzten Maitagen von den ausgedehnten Verhandlungen in Paris zurückkehrend, die endgültige, von Hitler bestimmte Fassung des „Kommissarbefehls" auf seinem Tisch im Sonderzug „Atlas" auf dem üblichen Abstellgleis

51 Das bei diesem Meldespiel angewendete Verfahren ist von einzelnen Befehlshabern und ihren damit beauftragten Offizieren in dem Nürnberger „OKW-Prozeß" eingehend geschildert worden. Die Meldungen blieben auf den Bereich des Heeres beschränkt, wurden also dem OKW nicht vorgelegt.

52 Generaloberst Jodl hat in seinem Verhör vor dem IMT (nach Bd. XV, S. 339/340) dazu bemerkt: „Ich wollte ... durch meine Randbemerkung dem Feldmarschall Keitel noch einen neuen Weg zeigen, auf dem man vielleicht noch um diesen ... Befehl ... herumkommen könnte; ... war ich der Auffassung, man müsse zunächst in der Praxis abwarten, ob die Kommissare sich so verhalten, wie es der Führer von vornherein erwartete, und wenn sich das bestätigte, dann könne man mit Repressalien einschreiten."

im Bahnhof von Salzburg vorfand. Gleich der erste Blick ergab, daß die eigenen, den Einwänden Rosenbergs nachgebildeten Vorschläge anstelle der entsprechenden Ziffern im Entwurf des OKH fast wörtlich übernommen worden waren[53]. In dem Gefühl der Genugtuung darüber und außerdem noch angeregt von der Feststellung, daß der Befehl keine Unterschrift trug und daß darin vor allem auch keine „Vollzugsmeldungen" an Hitler bzw. an das OKW gefordert waren, entschloß sich der Chef L, selbst ein Begleitschreiben an die Oberkommandos von Heer und Luftwaffe zu unterzeichnen. Dabei leitete ihn vor allem der Gedanke zu verhüten, daß die in seinem Sinne höchst bedeutsam erscheinenden Umstände — keine Unterschrift, keine Meldungen über den Bereich des OKH hinaus — vielleicht noch nachträglich auffallen und zu Ergänzungen führen könnten. Außerdem war er auf diese Weise in der Lage, einen Satz hinzuzufügen, nach dem die Verteilung des schriftlichen Befehls „bis zu den Oberbefehlshabern der Armeen bzw. Luftflottenchefs" begrenzt werden sollte[54]. Seiner Meinung nach waren damit allen denen, die gleichen Sinnes mit ihm waren, noch weitere Handhaben geboten, den Befehl zu umgehen. Mit den eigenen Vorgesetzten — Keitel und Jodl — ist weder vorher noch nachher ein Wort über den ganzen Vorgang gewechselt worden.

Dies ist die ungeschminkte und, soweit bis heute zu übersehen, vollständige Geschichte der Entstehung des „Kommissarbefehls", an dessen Abfassung demnach weder der Chef der Abt. L, der damalige Generalmajor Warlimont, noch einer ihrer Offiziere anders als durch einen wesentlich abmildernden Beitrag Anteil gehabt haben[55]. Hinsichtlich der allgemeinen Zusammenhänge und des

53 Vgl. Abschnitt I, 3 des bei Jacobsen, Chronik, S. 572/573, veröffentlichten Befehls.

54 Vgl. Jacobsen, Chronik, S. 571.

55 Das Gericht im Nürnberger „OKW-Prozeß", das den Verfasser nicht nur u. a. wegen seiner Teilnahme an der Entstehung des Kommissarbefehls verurteilt, sondern in der Begründung auch noch ausgeführt hat, es lägen keinerlei Anhaltspunkte dafür vor, daß seine Beiträge die Härte des Befehls gemildert hätten, ist wohl auch in diesem Falle, wie in so manchem anderen, nicht in der Lage gewesen, die Zusammenhänge richtig zu erkennen. Selbst unter dieser Voraussetzung bleibt es aber schwer verständlich,

a) daß das Zeugnis des verstorbenen Generals d. Artl. Müller, des ehemaligen Generals z. b. V. des Ob d H und Verfassers des Entwurfs zum Kommissarbefehl, obwohl er sich im Zeugenstuhl dazu bekannt hatte, in der Urteilsbegründung gänzlich unerwähnt geblieben ist;

b) daß die handschriftlichen Vermerke Warlimonts auf dem OKH-Entwurf, die wie erwähnt, von dem stellv. amerikanischen Hauptankläger im Dezember 1945 als ausreichend zu einer völligen Entlastung angesehen worden waren, nicht beachtet worden sind;

c) daß die einleitenden Worte der Vortragsnotiz Warlimonts vom 12. Mai — „OKH hat einen Entwurf ... vorgelegt" — sich in der Urteilsbegründung durch Punkte ersetzt finden und der Inhalt des OKH-Entwurfs damit entgegen allem Augenschein Warlimont als Verfasser zugeschrieben worden ist;

d) daß die Teile II und III seiner Vortragsnotiz überhaupt nicht wiedergegeben, geschweige denn gewürdigt worden sind.

Verhaltens der Beteiligten kann dieses Beispiel auch für den einen oder anderen Fall ähnlich zu bewertender späterer Befehle Hitlers gelten. Ebenso aber wie schon damals seine Richtlinien über die Kriegsgerichtsbarkeit im Osten ohne Mitwirkung der Abt. L von anderen Dienststellen des OKW in Berlin bearbeitet worden sind und auch Jodl nur in gelegentlichen Gesprächen mit Keitel einen persönlichen Einfluß darauf genommen hat, so sind dem militärischen Stabe im Hauptquartier außer vielleicht der engsten Umgebung auch weitere wesentliche Vorgänge dieser Art entweder völlig unbekannt geblieben oder erst in der fertigen, von Hitler gezeichneten Befehlsfassung zugänglich gemacht worden[56].

Gleiches gilt auch für den weiteren Ablauf der Ereignisse um den Kommissarbefehl, mit dem in der Folge nur der innerste Kreis und auch dieser nach allem Wissen des Verfassers nur noch zweimal befaßt worden ist[57]. Am 26. September 1941, also etwa nach dreimonatiger Feldzugsdauer, ließ Jodl ein vom 23. September datiertes Schreiben des OKH, in dem es – wiederum nur mit der Unterschrift des Generals Müller – hieß, daß die Fronterfahrungen „eine Überprüfung der bisherigen Behandlungsweise der Kommissare zweckmäßig erscheinen ließen", mit dem handschriftlichen Vermerk zurückgehen: „Der Führer hat jede Änderung der bisher erlassenen Befehle für die Behandlung der polit. Kommissare abgelehnt."[58] Am 6. Mai 1942 sodann, auf den Tag genau ein Jahr nach dem ersten Befehlsentwurf des OKH, verzeichnet das dienstliche Tagebuch der Kriegsgeschichtlichen Abteilung des OKW den Eintrag: „Um die Neigung zum Überlaufen und zur Kapitulation eingeschlossener sowjetrussischer Truppen zu steigern, befiehlt der Führer, daß den sowjetischen Kommandeuren, Kommissaren und Politruks zunächst versuchsweise in solchen Fällen die Erhaltung ihres Lebens zugesichert werden kann."[59]

56 Hierzu gehören beispielsweise alle Anordnungen aus dem Bereich des Kriegsgefangenenwesens und u. a. auch der sogenannte „Nacht- und Nebel-Erlaß".

57 Die Vorgänge, die sich nach verschiedenen Berichten teils noch vor Beginn, teils in den ersten Wochen und Monaten des Feldzugs innerhalb des OKH und zwischen diesem und einzelnen Frontbefehlshabern um den Kommissarbefehl abgespielt haben sollen, können hier unerwähnt bleiben, da sie dem Hauptquartier bzw. dem WFStab Abt. L nicht bekannt geworden sind. Es sei dazu aber auf die Einträge im Tgb. Halder 1941 verwiesen:

17. August: „Gen. Müller z. b. V.: ... Behandlung gefangener Kommissare (werden zum größten Teil erst in den Gefangenenlagern festgestellt)".

21. Sept.: „General von Thoma ... Verhalten der Truppe gegen Kommissare pp. (werden nicht erschossen)."

In der Wiedergabe der Berichte zahlreicher anderer Besucher der Front und der hohen Stäbe im Frontbereich, die im Tgb. Halder aus dieser Zeit großen Raum einnehmen, wird der Kommissarbefehl überhaupt nicht erwähnt.

58 Vgl. Nürnberg Dok. NOKW 200.

59 Nürnberg Dok. PS-1807. Hierzu sei erläuternd bemerkt, daß dem Verfasser der Notiz, dem verstorbenen General Scherff, allem Anschein nach ein Hör- oder Schreibfehler unterlaufen ist, indem er statt „Funktionären" das Wort „Kommandeuren" niedergeschrieben hat. Als „Politruks" wurden die niederen Grade der Truppenkommissare bezeichnet.

Mit dieser Äußerung Hitlers, die—nach der Erinnerung—persönlichen Vorstellungen des Feldmarschalls von Kluge zugeschrieben wurde, galt der Kommissarbefehl auch der Form nach als aufgehoben[60]. Muß es inzwischen als erwiesen gelten, daß der Befehl trotz aller Gegenbemühungen in den ersten Wochen des Ostfeldzugs stellenweise befolgt worden ist, wenn auch dem Hauptquartier niemals eine Meldung darüber vorgelegen hat, so kann andererseits kaum ein Zweifel bestehen, daß der Befehl in Wirklichkeit spätestens mit Beginn der schweren Winterkrise Anfang Dezember 1941 jede praktische Bedeutung verloren hatte.

Aber auch für die Frühzeit des russischen Feldzugs kann es wohl keinen überzeugenderen Beweis dafür geben, in welch geringem Umfang der Befehl im Kampf- und Besatzungsbereich der Wehrmacht ausgeführt worden ist, als die Tatsache, daß sich unabsehbare Zahlen von Kommissaren jeder Art und Stufe schon im Hochsommer 1941 in den Kriegsgefangenenlagern befanden. Dem Chef L ist diese Feststellung damals allerdings ebenso unbekannt geblieben wie der Weg, auf dem Hitler davon erfahren haben muß, und besonders auch seine offenbar daraufhin erlassene „Anordnung für die Behandlung sowjetischer Kriegsgefangener."[61]

Dieser neue Befehl, der allem Anschein nach im wesentlichen bezweckte, das im Frontgebiet Versäumte nunmehr durch „Aussonderung" der Kommissare und Funktionäre in den Gefangenenlagern nachzuholen, ist in der Nachkriegszeit von einigen als Bestandteil des ursprünglichen Kommissarbefehls gedeutet worden. Das ist nicht richtig. Vom Standpunkt der Urheberschaft und der Abfassung her gesehen, waren es einzig und allein Hitler selbst und der unglückliche Chef OKW—dieser als Befehlsempfänger—, die in ihren Dienststellen und ihren Personen einen solchen Zusammenhang repräsentieren. Auch der Kreis der Empfänger war in beiden Fällen völlig verschieden; der eine Befehl richtete sich an die Front-Kommandostellen, der andere an die Dienststellen der Wehrmacht für das Kriegsgefangenenwesen. Selbst diese schaltete Hitler aber — wahrscheinlich nach seiner Erfahrung mit der Fronttruppe — als ausführende Organe aus und ließ sie in dem neuen Befehl lediglich anweisen, die Lagertore dem Zugriff der Schergen Himmlers zu öffnen. Fronterfahrungen ganz anderer Art, nämlich die Erkenntnis, daß auch die rechtswidrige Behandlung der Kommissare in den Lagern alsbald auf seiten des Gegners bekannt geworden war und diese für sich und ihre Truppe nur den Schluß daraus zogen, bis zur letzten Patrone zu kämpfen, haben dann wohl dazu geführt, daß auch der Be-

60 Wenn überhaupt noch entsprechende Anordnungen für notwendig gehalten worden sein sollten, dürften sie mündlich vom OKH ergangen sein (kein Vermerk im Tgb. Halder).

61 Aus einem Nürnberger Dokument, das Gegenvorstellungen des Admirals Canaris gegen diesen Befehl enthält, ist als Datum seiner Herausgabe der 8. Sept. 1941, als bearbeitende Stelle das Allg. Wehrmachtamt des OKW ersichtlich. Der Befehl selbst scheint nicht erhalten zu sein.

fehl für die Gefangenenlager im Juni 1942, wenn auch nicht aufgehoben, so doch wesentlich eingeschränkt worden ist.

Eines sei noch zum Abschluß dieses Kapitels düsterer Erinnerung gesagt: Die selbst von militärischer Seite oft gehörte Wendung, in Nordafrika oder auch in Italien habe das deutsche Heer „anständig gekämpft" – eine Wendung, die ein entsprechend negatives Urteil über das Heer im Osten einschließt –, bedeutet eine völlig unverdiente Herabsetzung der Masse des Heeres. Ganz abgesehen von dem Austausch zahlreicher Divisionen zwischen Ost und Süd, sollte es viel eher heißen, daß der deutsche Soldat des zweiten Weltkriegs auch im Osten trotz unerhörter Belastungen – von eigener „höchster Stelle" wie von seiten des Feindes – seine traditionelle Haltung zu wahren gewußt hat.

B. Zeit vom Feldzugsbeginn bis zur Winterkrise

Das neue Feld-Hauptquartier

Anders wie 1940 im Westen, wartete Hitler den Ablauf der Ereignisse nach dem Grenzübertritt des Heeres in der Morgenfrühe des 22. Juni noch etwa 36 Stunden ab, ehe er die Verlegung des Hauptquartiers nach Ostpreußen befahl. Erst vom Mittag des nächsten Tages an, der in der Sowjet-Union zum ersten Mobilmachungstag erklärt wurde, befanden sich die verschiedenen „Staffeln" der obersten deutschen Führung mit Flugzeug und Sonderzug auf dem Wege nach Osten. Unter ihnen fuhr die Feldstaffel der Abt. L – in unveränderter Zahl und Zusammensetzung – um 14.45 Uhr mit unbekanntem Ziel von Berlin-Grunewald ab und erreichte am nächsten Morgen 3.45 Uhr im „Forst Görlitz", einige Kilometer östlich der Stadt Rastenburg, ihren Bestimmungsort.

Nur wenige hundert Meter entfernt von der Ausladestelle, dem Haltepunkt einer Nebenbahn, nahm der neue Sperrkreis II den Stab auf. Hinter hohen Drahtverhauen, von der Straße aus nicht sichtbar, waren dort rund um ein einfaches Waldgasthaus, sonst Ausflugsort der Rastenburger Bevölkerung, einige Holzbaracken aufgestellt worden, in denen sich der größere Teil der Arbeitsräume befand. Für ihre Maße, Zahl der Fenster und innere Ausstattung schien die Vorschrift für die Berliner Ministerien zugrunde gelegt worden zu sein. Viel erstaunlicher noch war jedoch eine halb in die Erde versenkte Anlage, die, einem langen Schlafwagen ähnlich, Tür neben Tür weitere Arbeitsräume und die Quartiere für die Offiziere enthielt, – für den Chef L sogar einen Doppelraum. Hellgetönte Holzverschalungen verdeckten überall die betonierten Wände; eingebaute Schränke, gekachelte Wasch- und Badezellen mit fließendem Wasser, ständige Heizung und elektrische Anlagen jeglicher Art vollendeten das Bild eines „Feld"-Hauptquartiers, das solcher Bezeichnung kaum noch entsprach. Als erster entfloh dieser Katakombe nach wenigen Nächten der Abteilungschef und richtete sich zunächst in dem Sonderzuge ein, der auf dem nahen Bahnhof stehen blieb, später in dem alten Gasthaus, in dem fürs erste auch die Pächter noch wohnten und außerdem ein einfaches Offiziersheim untergebracht war. Andere Angehörige der Abt. L folgten bald nach und zogen in die Arbeitsbaracken um.

Außer der Feldstaffel des Stabes waren im Sperrkreis II noch Teile des sogenannten „Führer-Begleitbataillons" des Heeres untergebracht, das die Wachen stellte, und dessen Kommandeur auch die Geschäfte des Lager-Kommandanten führte. Man sah und wußte nur wenig voneinander, war aber jedenfalls in diesem Revier des Hauptquartiers ganz unter sich, ohne alle wehrmachtfremden Elemente.

Auf der anderen Seite der Straße, einen knappen Kilometer nach Osten, befand sich der Sperrkreis I mit Hitler und seinem Gefolge aus „Staat, Partei und Wehrmacht", zu dem von militärischer Seite neben den Adjutanten wieder nur Keitel, Jodl und außerdem der neu hinzugetretene „Historiograph", Obstltn. d.G. Scherff, gehörten. Dort gab es ebenfalls einige Holzbaracken, die als Besprechungsraum, als „Kasino" und zu wirtschaftlichen Zwecken dienten. Dagegen wohnte und arbeitete man allgemein in oberirdischen Betonbunkern, die jeweils zwei oder auch mehrere kleine Räume enthielten. Neu angelegte Fahrstraßen und Wege durchzogen die ganze, von dichten Baumbeständen geschützte Anlage. An ihrem äußersten nördlichen Ende, die Fenster — weil er die Sonne scheute — wie immer nur nach Norden zu, lagen Baracke und Bunker Hitlers. Von ihm stammte auch die Bezeichnung „Wolfschanze", unter der die Polen den Lagerbereich noch heute als Sehenswürdigkeit zeigen.

Das Hauptquartier des OKH lag etwa eine Fahrstunde entfernt in den Wäldern um Angerburg. Auch Göring mit seinem Stabe befand sich in der Nähe. Wie es aber als kennzeichnend für die Führungsverhältnisse an oberster Stelle gelten kann, daß der Chef L in mehr als drei Jahren nicht einmal am Ort des OKL gewesen ist, während mit dem Hauptquartier des Heeres — dienstlich und außerdienstlich — zu jeder Zeit eine lebhafte Verbindung bestand, so drängt sich hier auch noch ein in anderer Hinsicht typischer Vergleich in die Erinnerung ein: Wenn die Spitzen des Heeres zur „Wolfschanze" kamen, so brachte sie ein kleiner, grauer Eisenbahnwagen ältester Bauart herüber, der sicher nur noch für den Verkehr auf dieser „Vizinalbahn" tauglich war; fuhr aber Göring vor, dann sperrte ein in Licht und Farben rauschender Dieselzug von mindestens 3–4 modernsten Lang-Wagen, mit weißgekleidetem Personal besetzt und mit allen Bequemlichkeiten ausgestattet, den eingleisigen Schienenstrang auf eine Strecke von 100 und mehr Metern. — Das Oberkommando der Kriegsmarine blieb in Berlin, stellte auch erst in einem der folgenden Monate einen Admiral als ständigen Vertreter ab, der ebenfalls im Sperrkreis I unterzog.

Befand man sich in der „Wolfschanze" zunächst in ungewöhnlicher Nähe der erst aufbrechenden Front, so ließ doch die Abgelegenheit des Ortes kaum ein

Empfinden der Zugehörigkeit zu dem großen militärischen Geschehen wie seiner Zeit im Westen aufkommen. Selbst bei ersten Wagenfahrten „nach vorn" traf man in der Weite des Raumes nur auf Splitter der Truppe. Bald aber reichte auch der „Storch" nicht mehr aus, um dem Chef L nach der Gewohnheit des Westfeldzugs die Möglichkeit zu geben, am Fronterleben teilzuhaben. Es blieb nur übrig, auf eine Reisemaschine umzusteigen, mit der es dann jedoch innerhalb der wenigen verfügbaren Stunden nur selten möglich war, am vorgesehenen Ort zu landen und die gewünschte Fühlung zu gewinnen. Zweierlei Eindrücke kehrten aber bei diesen Flügen immer wieder: Das unverkennbare Gefälle an der Landesgrenze, das viel klarer, als ein Blick auf die Karte es je erkennen konnte, das ostpreußische Kulturland mit seinen gepflegten Höfen, mit den durchforsteten Wäldern, den sauberen Feldern und Weiden, mit seinen baumbestandenen Straßen und Wegen und nicht zuletzt dem geordneten System der Flüsse und Seen wie ein scharfer Strich von dem allgemeinen Landschaftsbild bei den östlichen Nachbarn trennte, und – militärisch bedeutsamer – die Öde der schier unabsehbaren Ebene gen Osten hin, in der sich Mann und Pferd der marschierenden Infanteriedivisionen fast zu verlieren schienen.

Je weiter sich die Front mit den gepanzerten und motorisierten Verbänden an der Spitze schnell nach Osten entfernte, um so einsamer wurde es in dem Walde bei Rastenburg. Die Möglichkeiten zu Flügen an die Fronten, von denen einer damals noch zum Korps Dietl unter dem Nordkap führte, wurden immer seltener, da angesichts der Entfernungen mehrere Tage und Nächte dazu notwendig waren, es auch kaum irgendwo Unterkünfte gab und solche längeren Abwesenheiten natürlich eine besondere Genehmigung erforderten, die Jodl nach wie vor nur widerstrebend erteilte. Um nicht zwischen Beton und Baracken zu ersticken, suchte und fand man aber auch andere, weniger kriegsnahe Wege, so wenn es im noch dämmerigen Morgen einige Male in der Woche mit Oberst Momm, dem bekannten Turnierreiter, damals Adjutant im Stabe, zu dem Gestüt Rastenburg hinunterging, wo ausgewählte Hengste Gelegenheit gaben, sich im Sattel frisch zu erhalten. Auch zu Fuß bot die nähere Umgebung des Lagers, hatte man die Draht- und Minensperren erst hinter sich, mit den Seen und Wäldern der aus längerer Friedensdienstzeit vertrauten ostpreußischen Landschaft manche Möglichkeiten der Erholung, die in den meist ruhigen, frühen Nachmittagsstunden genutzt werden konnten. Auch auf den Gütern der Umgebung, u. a. bei den Dohnas und Dönhoffs, die dann später teils nach dem 20. Juli 1944, teils beim Einbruch der Russen ein furchtbares Schicksal ereilen sollte, war der eine oder andere bald ein dankbarer Gast am einfachen Abendtisch[62].

62 Wegen der symptomatischen Bedeutung für die inneren Verhältnisse des Hauptquartiers sei in diesem Zusammenhang erwähnt, daß eine solche Einladung, die dem Chef L von dem mit einem höheren SS-Rang ausgestatteten Vertreter des Ausw. Amts im Hauptquartier übermittelt worden war, in letzter Stunde abgesagt

Dem dienstlichen Tagesprogramm geschah durch solcherlei Ablenkung in jenen ersten Monaten, die zudem im Zeichen des Erfolges standen, keinerlei Abbruch. Nach üblichen Mustern bestand weiterhin ein wesentlicher Teil der Tätigkeit bei der Feldstaffel der Abt. L nur darin, regelmäßig die Morgen- und Abendmeldungen von Heer, Marine und Luftwaffe, aus Ost und West, aus Nordafrika, dem Balkan und dem übrigen Bereich des Mittelmeers, dazu — detaillierter noch — von den „OKW-Kriegsschauplätzen" zu sammeln und zu sichten und sie samt den zugehörigen, von Zeichnern des Stabes auf den neuesten Stand gebrachten „Lagekarten" durch Kurier an den Chef WFStab hinüberzuschicken. Im eigenen Bereich und „drüben", um Hitler, schlossen sich daran die Lagebesprechungen an, im Sperrkreis I auch abends, ohne daß nach wie vor — außer Jodl — ein Offizier des WFStabes zu den dortigen Besprechungen zugezogen wurde. Eine weitere Routine-Aufgabe für den Chef L bildete im allgemeinen jeden Abend die Unterrichtung des Kriegstagebuchführers über die wichtigsten Tagesereignisse, oft verbunden mit einem sehr freimütigen Meinungsaustausch über Ansichten und Aussichten.

Als Neuerung kam damals hinzu, daß die Gruppe Heer der Abt. L, vom Abteilungschef beifällig aufgenommen, es sich angelegen sein ließ, den Morgenmeldungen jeweils eine sogenannte „Kurzbeurteilung" der Lage nachzusenden. Diese Äußerungen verfolgten den doppelten Zweck, die Gedanken und Absichten des OKH als der für die Führung der Operationen letztlich allein berufenen Stelle dem Chef WFStab vor der mittäglichen Lagebesprechung mit Hitler täglich von neuem nahezubringen und außerdem vielleicht mit Jodl endlich in eine generalstabsmäßige Form der Zusammenarbeit im eigenen Stabe zu gelangen. Der Versuch schlug jedoch in beiderlei Hinsicht fehl. Schon nach wenigen Wochen erklärte er dem Chef L, er könne auf die Beurteilungen gern verzichten; viel wesentlicher sei es ihm, wenn dafür gesorgt würde, daß die Lagekarten keine Fehler enthielten. — Diese Bescheidung, die schon ihrer Form nach, wie ihm auch bedeutet wurde, nicht viel weniger als verletzend war, enthüllte im Grunde nur erneut den unveränderten Anspruch der „obersten Führung", vertreten allein durch Hitler-Jodl, auch auf den weiten Schlachtfeldern des Ostens autoritär zu verfahren und das eigene Besserwissen jedweder Beratung voranzustellen. Für Geist und Arbeitsweise im Stabe war die Folge, daß es oft tagelang nicht zu einem mündlichen Vortrag des Chefs L, ja nicht einmal zu einer Begegnung, geschweige denn etwa zu einem außerdienstlichen Zusammensein mit Jodl kam; umgekehrt blieb für ihn der Sperrkreis II lange Zeit hindurch ein unbekanntes, kaum je betretenes Gehege seines „Arbeitsstabes".

wurde, weil er, wie sich später herausstellte, erst dann erfahren hatte, daß Himmler den Angehörigen der SS jeden außerdienstlichen Verkehr mit Warlimont verboten hatte, und zwar mit der Begründung, daß der Chef L mehrfach eine SS-feindliche Einstellung bewiesen habe (s. dazu u. a. oben, Kap. 3 Anm. 1).

Die Aufgaben der Abt. L, die außerhalb des eigentlichen Führungsgebiets lagen und vorwiegend von den in Berlin verbliebenen Arbeitsgruppen zu erledigen waren — Organisation, Wehrmacht-Ersatz- und Rüstungsfragen, Zusammenarbeit mit den obersten Reichsbehörden — hatten inzwischen angesichts der Ausdehnung des Kriegstheaters erheblich zugenommen. Der Schriftverkehr wickelte sich über Kuriere ab, denen jeden Mittag ein Flugzeug und jede Nacht ein Schnellzugspaar zwischen Rastenburg und der Reichshauptstadt zur Verfügung stand. Auf den gleichen Wegen hielten auch die Verbindungsoffiziere, die von den wichtigsten Ämtern und Abteilungen des OKW — Ausland-Abwehr, Rüstung, Propaganda — der Feldstaffel der Abt. L angehängt worden waren, die Fühlung mit ihren Heimatdienststellen aufrecht. Ihrerseits nutzten diese, soweit die Amts- und Abteilungschefs nicht selbst gelegentlich in der „Wolfschanze" erschienen[63], ihre Vertretungen bei der Abt. L, um ihre Tätigkeit mit den Absichten der Führung in Einklang zu halten. Da der Chef WFStab für die meisten Aufgaben dieser Art kaum Interesse bezeigte, hatte sich dafür schon seit längerem ein besonderer Dienstweg entwickelt, der an ihm vorbei von der Abt. L unmittelbar zu dem Chef OKW führte. Ausgenommen von dieser Gewohnheitsregel blieben jedoch — und dies kann im Hinblick auf spätere Bekundungen Jodls in Nürnberg nicht scharf genug betont werden — alle solche Fragen aus dem Bereich des WFStabes, die von Hitler selbst ausgingen oder seiner Entscheidung bedurften. Das aber waren gerade diejenigen, die in Nürnberg zur Anklage standen[64].

Schon die Belastung der Nachrichtenverbindungen, die neben allem Verkehr der militärischen Führungsstellen einschließlich des täglichen Wehrmachtberichts auch noch den Bedürfnissen der dem Hauptquartier angeschlossenen Behörden von Staat, Partei und Presse zu dienen hatten, legte damals dem Beobachter erneut die Frage nahe, ob ein Feld-Hauptquartier der obersten

63 Die Besuche der Amts- und Abteilungschefs in der „Wolfschanze" galten in der Hauptsache dem Chef OKW, der seinerseits die Verbindung mit seinen Dienststellen auch durch regelmäßige Reisen nach Berlin aufrechterhielt (vgl. Görlitz, Keitel, S. 266). Bei dem Chef L im Sperrkreis II erschienen bei solchen Anlässen regelmäßig der Chef der Wehrm. Rechtsabt., Min. Dir. Lehmann, der Chef des Wirtsch. und Rüstungsamts, General Thomas, der Chef der Wehrm. Presse und Prop. Abt., General von Wedel, der Chef des Amtes Ausland-Abwehr, Admiral Canaris, dagegen niemals der Chef des Allg. Wehrm. Amts, General Reinecke, mit dessen Dienstbereich auch kaum irgendwelche Beziehungen bestanden. Canaris, fast regelmäßig begleitet von seinen drei Abt.Chefs, kam, wie er häufig sagte, „um sein Herz auszuschütten", ohne daß es jedoch zu mehr als nur einer in Andeutungen geführten Aussprache über die beiderseitigen Besorgnisse kam.

64 Vgl. hierzu die Aussage Jodls nach IMT-Band XV, S. 342 („Es hat sich nun seit dem Jahre 1941 der Brauch herausgebildet, daß ich mit meiner Operationsabt. (?) dem Führer unmittelbar die gesamten operativen Dinge vortrug, während der Feldm. Keitel unter Benutzung meiner Qu.-Abt. — also eine Art persönlicher Arbeitsstab — alle übrigen Aufgaben übernahm"), die aber schon vor diesem Gericht durch Dokumente und Zeugen auf ihren wirklichen Gehalt zurückgeführt worden ist. S. auch den Anhang A dieses Buches, Dok. Nr. 3.

deutschen Führung nicht viel mehr Nach- als Vorteile mit sich brachte. Auch die Beobachtung, daß die Kurierzüge zwischen Berlin und Rastenburg Nacht für Nacht eine stets größere Zahl von Offizieren, Beamten und Parteifunktionären hin und her beförderten, ließ die Lage des Hauptquartiers mit der längeren Dauer des Rußland-Feldzuges immer exzentrischer — in jeder Hinsicht — erscheinen. Ihre letzte und eindeutige Antwort erfährt diese Frage aber wohl aus der Tatsache, daß Hitler sich in Ostpreußen sozusagen in einem windstillen Winkel zwischen der bald schwer ringenden Hauptfront und den Flammenstürmen des Bombenkrieges gegen die deutschen Städte befand, ohne daß er oder die Nächsten seiner Umgebung je von einer der beiden Seiten einen eigenen, unmittelbaren Eindruck erhielten.

Rückschauend kann danach kaum ein Zweifel bestehen, daß ein „Feld-Hauptquartier" in solcher Lage nicht nur seinen Sinn verloren hatte, sondern höchstwahrscheinlich von verderblichem, kriegsverlängerndem Einfluß gewesen ist. Der Mann, der alle politische und militärische Macht in Deutschland noch immer mehr in seinen Händen zu vereinigen trachtete und dazu große Teile Europas in den besetzten Gebieten oder den Ländern der Verbündeten beherrschte, gehörte spätestens mit dem Beginn der Winterkrise im Dezember 1941 nach dem Muster aller anderen kriegführenden Staaten samt seinem Hauptquartier in die Landeshauptstadt oder doch in deren nächste Nähe. Nach menschlichem Ermessen hätten er und seine Berater dann, solange es noch nicht zu spät war, vermutlich weniger die Neigung verspürt, jede einzelne Division an der Ostfront zu führen, um so mehr sich aber gezwungen gesehen, die Wirklichkeiten der Lage in ihrer Gesamtheit zu erfassen. Stattdessen baute man die „Wolfschanze" im Laufe der drei Jahre zu einer „Festung" mit immer tiefer gestaffelten Drahtverhauen und Minensperren aus, in der die Betonklötze wie auf Land gesetzte Aufbauten alter Schlachtkreuzer herausragten, und ließ unter dem „Berghof", wohin immer wieder für kürzere oder längere Zeit übergesiedelt wurde, unterirdische Gänge und Räume von ungekannter Ausdehnung entstehen. Bei Winniza in der Ukraine, bei Soissons in Frankreich, um das Gut Ziegenberg im Raume Nauheim-Gießen und zuletzt noch bei Breslau wurden außerdem mit unschätzbaren Kosten weitere umfangreiche Hauptquartierbauten angelegt, die, von Winniza abgesehen, nur für kürzeste Zeit oder gar nicht bezogen worden sind. Als dann im Januar 1945 Berlin endlich zum ständigen Sitz Hitlers wurde, hatten jede vernunftgemäße Führung und auch jede echte Führungsmöglichkeit längst ihr Ende gefunden.

Die oberste Führung im Wandel der Lage

Zu der Zeit, als sich das Hauptquartier in Ostpreußen einzurichten begann, war schon fast ein Jahr vergangen, seitdem Hitler es als sein Konzept verkündet hatte, England auf dem Umweg über die „Niederwerfung" Sowjet-

Rußlands zum Frieden zu zwingen. „Wenn – Englands – Hoffnung auf Rußland wegfällt", hatte er im Juli 1940 noch weiter gefolgert, „fällt auch Amerika weg" und mit diesem Ausblick, ergänzt noch durch die späteren Richtlinien zu „Vorbereitungen für die Zeit nach Barbarossa"[65], das politische und strategische Feld abgesteckt, in dem sich die oberste Führung des Sommers 1941 zu bewegen gedachte.

Das deutsche Hauptquartier und sein militärischer Stab sind den weitreichenden Aufgaben, die sich bei solchen Zielen für eine echte Wehrmachtführung reichhaltig genug eröffneten, auch in der Folge nur fallweise näher nachgegangen. Weit im Vordergrund stand für Hitler und nicht minder für seinen Chef WFStab das tägliche Geschehen des Ostfeldzugs. Statt sich jedoch damit zu begnügen, den Ablauf im Zeichen des strategischen Leitgedankens zu überwachen und notfalls durch neue Richtlinien zu beeinflussen, setzten schon nach wenigen Wochen die gewohnten Übergriffe in den Verantwortungsbereich des Heeres wieder ein. Verschärfend damit einhergehend, deutete sich auch bald jene andere verhängnisvolle Entartung in der Führungstätigkeit des Hauptquartiers an, die binnen kurzem alles strategische Denken dem verbissenen Ringen um „jeden Fußbreit" russischen Bodens unterordnen sollte.

Die hauptsächlichsten Gründe für diese Verirrungen – Hitlers grenzenloses Mißtrauen und unbedingter Autoritätswille, die groben Mängel seines autodidaktischen Feldherrntums und dabei besonders das Unvermögen, den militärischen Grundlehren den Vorrang vor seinem Wunschdenken politisch-, wirtschaftlicher und prestige-gebundener Art zuzugestehen – traten in dem Feldzug gegen Rußland deutlicher noch als früher hervor. Von seiner ständigen Umgebung im Sperrkreis I und deren Glauben an die seherische Richtigkeit seines Handelns eher gefördert als gehemmt, fand er sich auch in sachlicher Hinsicht noch deswegen weiter in seinem selbstherrlichen militärischen Gehabe bestätigt, weil er in Norwegen und Nord-Finnland ohne die Zwischeninstanz des OKH in der örtlichen Führung ganz nach seinem Belieben schalten und walten konnte. Dem WFStabe entstanden auf diesen „OKW-Kriegsschauplätzen" indessen immer mehr Aufgaben, denen der Stab allein schon seiner Struktur wegen nach wie vor nicht gewachsen sein konnte, und die ihn überdies noch mehr seiner eigentlichen Berufung als Wehrmachtinstanz entzogen. Weder diese Erkenntnis jedoch noch die Summe der anderen, zunehmend schweren Störungen, die sich aus der fortschreitenden Auflösung der Befehlsorganisation des Heeres ergeben sollten, haben Hitler verhindern können, auch auf diesem Gebiet seinen eigenen Weg weiterzugehen.

Erste Phase

Die erste Phase des Ostfeldzugs 1941, die man etwa auf 2–3 Wochen, bis in den frühen Juli hinein, berechnen mag, war noch von seltener Einmütigkeit

65 Nach Tgb. Halder 31. Juli 1940 und Text, S. 148.

in den beiden entscheidenden Lagern der Führung, beim OKW und OKH, gekennzeichnet. Die großen Erfolge der Grenzschlachten und der schnelle Raumgewinn, wenigstens bei Mitte und Nord, verleiteten selbst arge Zweifler, ähnlich zu denken oder doch zu hoffen wie der Chef des Generalstabs des Heeres, der am 3. Juli in sein Tagebuch schrieb:

> „Im ganzen kann man also schon jetzt sagen, daß der Auftrag, die Masse des russischen Heeres vorwärts Düna und Dnjepr zu zerschlagen, erfüllt ist. Ich halte die Aussage eines gefangenen russischen Kom. Generals für richtig, daß wir ostwärts von Düna und Dnjepr nur noch mit Teilkräften zu rechnen haben, die allein stärkemäßig nicht in der Lage sind, die deutschen Operationen noch entscheidend zu hindern. Es ist also wohl nicht zu viel gesagt, wenn ich behaupte, daß der Feldzug gegen Rußland innerhalb 14 Tagen gewonnen wurde. Natürlich ist er damit noch nicht beendet. Die Weite des Raumes und die Hartnäckigkeit des mit allen Mitteln geführten Widerstandes wird uns noch viele Wochen beanspruchen."[66]

Diesem Tagebuchvermerk Halders, der rückschauend manches Erstaunen hervorrufen mag, sei hier gleich eine Äußerung Winston Churchill's zur Seite gestellt, der in geheimer Sitzung des Unterhauses am 25. Juni 1941 gesagt haben soll: „In wenigen Monaten oder vielleicht früher schon können wir der schrecklichsten Invasion ausgesetzt sein, die die Welt jemals gesehen hat."[67] Hiernach hielt auch der britische Regierungschef anscheinend nicht nur einen baldigen Sieg der deutschen Waffen im Osten für gegeben, sondern betrachtete gleichfalls, ganz im Sinne Hitlers, das deutsche Vorgehen gegen Rußland als einen Umweg zu dem „Fangstoß" gegen England.

Hitler selbst erklärte am 4. Juli vor seiner engeren Umgebung: „Praktisch hat er – der Russe – den Krieg schon verloren" und rühmte sich, wie gut es sei, „daß wir die russischen Panzer und Luftwaffe gleich zu Anfang zerschlagen haben. Die Russen", meinte er weiter, „können sie nicht mehr ersetzen"[68]. Bei dieser mit dem Heere im großen übereinstimmenden Beurteilung der Lage beschränkte er in jenen frühen Wochen seine Mitwirkung an der Führung im Osten lediglich auf einiges Drängen und Nörgeln, mit dem er von dem OKH bald eine schnellere und vollständigere Abschließung der großen „Kessel" forderte, bald, ganz wie ehedem im Westen, seiner „Angst" um die Flan-

66 Vgl. auch die daran anschließenden Erwägungen Halders über die weiteren Aufgaben der Kriegführung gegen England „für den Zeitpunkt, in dem die Kriegführung im Osten aus dem Bereich der Zertrümmerung der feindlichen Wehrmacht in den Bereich der wirtschaftlichen Lahmlegung des Feindes übergeht".

67 Nach de Mendelssohn, a. a. O., S. 347.

68 Diese Äußerung ist gleichfalls den „Nürnberger Dokumenten" in der Veröffentlichung von de Mendelssohn entnommen, der sich dazu im besonderen auf eine „Sammelmappe Barbarossa" (S. 364 ff.) bezieht. Diese „Sammelmappe" ist anscheinend von General Jodl oder einem seiner Adjutanten geführt, für das Kriegstagebuch der Abt. L s. Z. aber nicht zugänglich gemacht worden. Alle bis S. 205 hier folgenden Zitate und Einzelheiten, soweit nicht anders gekennzeichnet, sind dieser Quelle entnommen.

ken weit vorgedrungener Panzerkeile Ausdruck gab[69]. Eine ähnliche Zurückhaltung übte Hitler auch gegenüber der Luftwaffe, zumal diese nach den ersten „operativen" Einsätzen auf Flugplätze und andere Ziele in der Tiefe des russischen Raumes im allgemeinen nur noch zu „taktischen" Aufgaben im engen Einvernehmen mit dem OKH und den Heeresgruppenkommandos Verwendung fand.

Während somit der scheinbar schnell und glücklich verlaufende Feldzug auch in diesem Falle wieder einer obersten Wehrmachtführung und ihrem Stabe kaum eine Möglichkeit zu einer sinnvollen Führungstätigkeit bot, war Hitler, genau so voreilig wie s. Z. im Westen, bereits darauf bedacht, sogleich einige weittragende Folgerungen in die Tat umzusetzen. Nach Aussprache mit dem Ob d H erteilte er dem Chef OKW schon in den ersten Julitagen ins einzelne gehende Richtlinien für die künftige „personelle und materielle Rüstung" und im besonderen das „Panzerprogramm" des Heeres. Kurz zusammengefaßt, verlangte er in zwei daraufhin erlassenen Befehlen,

das Heer in seiner zahlenmäßigen Stärke „wesentlich" zu verringern, ausgenommen die Panzer-Divisionen, die bis zum 1. Mai 1942 auf 36, und die mot. Divisionen, die bis zum gleichen Zeitpunkt auf 18 Verbände erhöht werden sollten, — in beiden Fällen einschließlich der Waffen-SS;

die Kriegsmarine auf Rüstungsmaßnahmen zu beschränken, „die unmittelbar der Kriegführung gegen England und eintretendenfalls gegen Amerika dienen" konnten;

die Luftwaffe jedoch „in großem Umfang zu verstärken".

Besonders kennzeichnend für die feste Zuversicht in den weiteren Ablauf des russischen Feldzugs waren ebenfalls die zusätzlichen Anordnungen, die im wesentlichen besagten,

daß die im Osten verfügbaren Panzerstärken auch weiterhin genügen müßten und — neben 2 in der Heimat zurückgehaltenen Divisionen — selbst jeder Nachschub an Panzern von der Genehmigung Hitlers abhängig gemacht wurde;

daß die Neufertigung von Waffen, Munition und Gerät für das Heer „sofort beginnend", den künftigen, herabgesetzten Stärken anzu-

69 Vgl. z. B. Tgb. Halder 24., 25., 27. Juni 1941. Am folgenden 3. Juli läßt Halder seinem wieder wachsenden Unwillen über „die üblichen Nebengeräusche aus dem Führerhauptquartier" noch die folgenden bemerkenswerten Sätze folgen: „Diese Besorgnis — um die Flanken — ist natürlich taktisch nicht unberechtigt. Aber dafür sind ja die Armeeführer und Kdn. Generale da. Das Vertrauen auf die ausführenden Organe, was eine unserer stärksten Führungsseiten ist, kennt man an oberster Stelle nicht, weil man sich der Kraft einer gemeinsamen Ausbildung und Erziehung des Führerkorps nicht bewußt ist." Am 10. Juli schreibt Halder bei einem ähnlichen Anlaß noch, und auch das gehört zu dem Bilde des Hauptquartiers: „Nachdem es nicht gelingt, den noch schlafenden Führer an den Fernsprecher zu bekommen, rufe ich Keitel an und setze ihm die Gedanken auseinander."

passen, darüber hinausgehende Aufträge an die Industrie zurückzuziehen seien, — ausgenommen Panzer, Pak und Tropenausrüstung (diese für 4 Pz.Div.);

daß gleichfalls das „Pulver- und Sprengstoff-Programm" unter Zurückstellung des Heeresbedarfs auf die Luftwaffe (Bomben und Flak) abgestellt werden müsse.

Es sollte sich nur allzu bald erweisen, daß diese Befehle dem Stand der Dinge in strategischer Hinsicht ebenso weit vorgriffen, wie sie andererseits noch dazu beigetragen haben, den weiteren Verlauf des Ostfeldzugs schwer zu beeinträchtigen[70].

Zweite Phase

Noch während die Rüstungsrichtlinien Hitlers zur Fortsetzung des Krieges gegen die englische Weltmacht im mündlichen und schriftlichen Meinungsaustausch der Abt. L mit den Dienststellen der Oberkommandos ihre endgültige Form erfuhren, war man bei den täglichen Lagebsprechungen im Sperrkreis I bereits mit der zweiten Phase des Ostfeldzugs beschäftigt. In diesen Gesprächen, getragen im wesentlichen von Hitler und Jodl, stand von vornherein die Frage im Mittelpunkt, die im Dezember des vorangegangenen Jahres im Grunde ungelöst geblieben war: „Eindrehen von starken Teilen der Schnellen Truppen nach Norden", wie Hitler es nach wie vor wollte, um zunächst Leningrad und Kronstadt zu besetzen und das Baltikum völlig zu säubern, oder aber nach den Plänen des Heeres die gesammelte Kraft der Wehrmacht zur Wegnahme von Moskau als des Zentrums der russischen Widerstandskraft zusammenzuhalten. Die Möglichkeit, „beide Ziele gleichzeitig anzugehen", die, wie es in der Weisung „Barbarossa" geheißen hatte, „nur ein überraschend schnell eintretender Zusammenbruch der russischen Widerstandskraft ... rechtfertigen ... könnte", wurde trotz der überaus günstigen Beurteilung der Lage merkwürdigerweise nicht mehr erwähnt. Dagegen trat nun, gefördert durch das weite Zurückhängen der Front südlich der Prijpet-Sümpfe, noch die vordem nur im engsten Kreise geäußerte Alternative in die Erörterungen jener Tage ein, auch ein Einschwenken aus der Mitte nach Süden in Betracht zu ziehen[71].

70 Die Befehle sind s. Z. gemeinsam von den Gruppen Op/Heer und Org. der Abt. L bearbeitet und unter der Bezeichnung „Panzerprogramm im Rahmen der Umrüstung des Heeres" (13. Juli) und „Richtlinien für personelle und materielle Rüstung auf Grund der Weisung 32" (14. Juli) ausgegeben worden (letztere gedruckt bei Hubatsch, S. 136). Nach näherer Überprüfung der Ersatz- und Rüstungslage wurden die Zahlen für Pz. und mot. Divisionen in einer Verfügung des OKW/WFStab/L vom 8. Aug. 1941 im Einvernehmen mit dem OKH auf 30 bzw. 15 herabgesetzt. Gleichzeitig wurden 49 — von insgesamt 163 — Inf.Div. zur Auflösung in Aussicht genommen.

71 S. oben, Anm. 9.

General Jodl suchte seiner Gewohnheit entsprechend auch in diesem Falle keinerlei Beratung oder Rückhalt bei seinem Stabe, obwohl er schon am 4. Juli meinte, daß die bevorstehende „Entscheidung ... vielleicht die schwerste ... dieses Krieges sein werde", und er sich zudem nach manchen Anzeichen aus der Zeit vorher und nachher offenbar selbst nicht schlüssig war. In dem Wissen um die ganz anders gerichteten Meinungen beim Heere schien er aber diesmal auch nicht gewillt, die Verantwortung als Allein-Berater Hitlers zu tragen. Er handelte daher im Gegensatz zu seinem Verhalten bei anderen Anlässen ganz im richtigen Sinne seiner Stellung, indem er das OKH rechtzeitig in die weitere Aussprache einzubeziehen suchte. „Es kommt der Moment heran", so lautet ein darüber erhaltener Vermerk vom 5. Juli, „wo der Entschluß über die Weiterführung der Operationen, insbesondere über den weiteren Ansatz der Panzergruppen, gefaßt werden muß. Da dieser Entschluß für den Krieg entscheidend, vielleicht überhaupt der einzige entscheidende Entschluß in diesem Kriege sein wird, hält es General Jodl für notwendig, daß der Ob d H, bevor er weitere Aufgaben festlegt, seine Auffassung und seine Absichten mit dem Führer bespricht."[72]

Beim Heere hatte man zu dieser Zeit anscheinend noch keinen Anlaß gesehen, eine Frage wieder aufzunehmen, die, wie man mehr noch als im Dezember 1940 hoffen mochte, ihre Lösung durch den weiteren Gang der Ereignisse von selbst finden werde. So vermerkte Halder beispielsweise nach dem Besuch Hitlers zu seinem Geburtstag am 30. Juni, daß man „im Norden" unter Heranziehung von Panzerverbänden aus der H.Gr. Mitte vielleicht „reinen Tisch" machen könne, bis die Masse der Inf. Divisionen in den Raum um Smolensk zu dem entscheidenden Stoß auf Moskau versammelt sein würde. Auch ein zeitweiliges Eindrehen nach Süden zog der Chef des Generalstabs des Heeres im Anschluß an einen Vortrag bei Hitler vom 8. Juli in Betracht, wenn er einige Tage später dem Ob d H gegenüber ausführte: „Ich hänge durchaus nicht an dem Gedanken des Weitereilens der beiden Pz.Gruppen der H.Gr. Mitte nach Osten. Ich kann mir sehr wohl vorstellen, daß Hoth — Pz.Gr. 3 — mit erheblichen Teilen nach Norden ... und Guderian — Pz. Gr. 2 — nach Süden eindrehen muß, um ... vielleicht sogar ... bis in den Bereich von Kiew herunterzustoßen. ... Voraussetzung dafür ist aber in jedem Falle, daß Hoth und Guderian erst einmal nach Osten durchbrechen und sich die Bewegungsfreiheit erkämpfen."[73]

Schienen hiernach noch Möglichkeiten geboten, um zwischen den divergierenden Ansichten einen Ausgleich zu finden, ohne daß man beim OKH des-

72 Trotz des zweimal gebrauchten Wortes „Krieg" ist anzunehmen, daß stattdessen der russische „Feldzug" gemeint gewesen ist. Merkwürdigerweise enthält das Tgb. Halder nichts über diese Anregung, die auch höchstwahrscheinlich nicht an den Ob d H gerichtet war, wie de Mendelssohn angibt, sondern gewohnheitsgemäß an den Chef der Op.Abt. des Heeres, Oberst Heusinger.

73 Tgb. Halder 30. Juni bzw. 12. Juli 1941.

wegen das eigentliche Ziel – Moskau – auch nur zeitweilig aufgegeben hätte, so führte die sich in den nächsten Tagen mehr und mehr versteifende Lage zu einer deutlichen Verschärfung der Gegensätze. Einhergehend damit, tauchte aber auch in geradezu beispielhafter Weise einer der Grundfehler Hitler'scher Führung wieder auf, nämlich bis ins einzelne befehlen zu wollen, ohne die Voraussetzungen ausreichend zu übersehen. Schon am 14. Juli finden sich dazu bei Halder die Worte: „Das ewige Hereinreden des Führers in Dinge, deren Zusammenhang er nicht kennt, wächst sich zu einer Plage aus, die unerträglich wird." Vom zweiten Juli-Drittel ab haben diese Verhältnisse, sich gegenseitig fortwährend steigernd, zu einem Meinungsstreit geführt, der mehr und mehr das ganze Hauptquartier in seinen Bann schlug und erst in den letzten Augusttagen durch Hitlers Befehle nach außen hin beendet werden sollte.

Die erste OKW-Weisung des Ost-Feldzugs, die am 19. Juli unter der Nr. 33 erging, konnte einigermaßen mit den Vorschlägen in Einklang gehalten werden, wie sie die Spitzen des Heeres einige Tage vorher mündlich an Hitler herangetragen hatten. Noch ehe aber die neuen Bewegungen angelaufen waren, ließ der Oberste Befehlshaber ohne weitere Konsultation des OKH am 23. Juli eine „Ergänzung zu der Weisung 33" folgen, mit der er seinen Willen wohl endgültig durchzusetzen glaubte. Nicht nur Kiew, sondern Charkow und der untere Don, Kaukasien und die Krim sollten nunmehr die Ziele im Süden sein, während die H.Gr. Nord vom OKH darauf eingestellt werden müsse, nach der binnen kurzem erwarteten Erledigung ihres Auftrags „starke Teile ... einschließlich der Pz.Gruppe 3 ... in die Heimat" zurückzuführen! In ähnlicher Weise war für die Luftwaffe vorgesehen, nach Abschluß der Kämpfe um Smolensk einige Sturzkampfgruppen nach Finnland zu verlegen, um die Lage des Korps Dietl am Nordkap zu erleichtern. „Dadurch soll auch", so hieß es in strategischer Ausweitung des Gedankenflugs noch weiter, „der mögliche Anreiz für England, seinerseits in die Kämpfe an der Polarküste einzugreifen, beseitigt werden". Nachdem vermutlich schon Jodl zu diesem Auseinanderlaufen der Kräfte nur widerstrebend seine Hand geliehen hatte, blieben auch die gleich anschließenden, mündlichen Vorstellungen des Heeres ohne Erfolg. „Er – Hitler – hat sich seine Ziele ... gesetzt und bleibt dabei, ohne Rücksicht auf Feind und andere Einwände", schrieb Halder und fuhr noch fort: „v. Bock wird also seine Panzergruppen abgeben und mit Infanterie allein auf Moskau losziehen. Im übrigen interessiert im Augenblick Moskau gar nicht, sondern nur Leningrad." Noch vergeblicher als Halders Einwände mußte es natürlich bleiben, wenn Brauchitsch, von einer Frontreise zurückkehrend, sich damit begnügte, Keitel anzurufen und sich dabei lediglich gegen die baldige Ausführung der Weisung Hitlers wendete, da „die Voraussetzungen dafür nicht gegeben" seien[74].

74 Vgl. a) die Angaben bei de Mendelssohn, a. a. O., über den Vortrag Brauchitsch-Halder bei Hitler am 13. Juli und über die Weisung Nr. 33 (Hubatsch, S. 140). Die Luftangriffe, die dieser Weisung zufolge auf Moskau gerichtet werden sollten,

Erst der weiter zunehmende Widerstand der Roten Armee auf fast der ganzen Front ebenso aber wie der dringende Auffrischungsbedarf der gepanzerten und motorisierten Verbände ließen auch Hitler in den nächsten Tagen einlenken. Dabei ging es aber nicht ohne „langatmige, teilweise erregte Auseinandersetzungen über versäumte Umfassungsgelegenheiten" gegenüber den Spitzen des Heeres ab. Außerdem nahm Hitler nun noch vermehrt die Truppenführung selbst in die Hand, indem er erklärte, „der Russe sei mit operativen Erfolgen nicht zu schlagen, weil er sie einfach nicht anerkenne. Daher müsse er Stück für Stück in kleiner, taktisch zu wertenden Umfassung zerbrochen werden." „Ich sehe in dieser Gedankenbildung" schrieb Halder dazu, ohne die Berechtigung der Erkenntnisse Hitlers ganz zu bestreiten, „den Anfang des Versandens der bisherigen schwungvollen Operationen"; selbst die Drohung des Stellungskriegs wollte er schon heraufziehen sehen[75].

Seine „Einwände bezüglich der Bedeutung von Moskau" fand der Chef des Generalstabs des Heeres auch bei diesem Anlaß von Hitler „ohne wirksamen Gegenbeweis einfach abgelehnt."[75] Jodl, wie immer, auch bei diesen Besprechungen mit dem Heere als einziger Vertreter des WFStabes anwesend, hatte jedoch offenbar in ihrem Verlauf oder in den anschließenden Erörterungen allein mit Hitler eine weiche Stelle gefunden und nahm die nächste Gelegenheit wahr, sich auch seinerseits für den Vorstoß auf Moskau auszusprechen. Nicht die feindliche Hauptstadt wegzunehmen, gab er dabei als den maßgeblichen Beweggrund an, sondern seine Überzeugung, daß auf diesem Wege „die einzige", noch bedeutsame Kräftegruppe des Feindes zu erwarten und zu schlagen sei. Dieser Argumentation setzte Hitler noch einmal seine kriegswirtschaftlich begründeten Einwände entgegen, die es notwendig machten, baldigst das Industrie- und Kohlenbecken des Donez und die kaukasischen Ölreviere „in die Hand zu bekommen". Am nächsten Tage war er dann aber, nicht zuletzt wahrscheinlich unter dem Eindruck neuer, ungünstiger Lagemeldungen bei Mitte und Nord plötzlich doch bereit, zunächst auf die weiträumigen Operationen im Süden zu verzichten.

Während Halder am Abend dieses 28. Juli beim Ob d H noch einmal gegen „die Unsinnigkeit der nunmehr beschlossenen Operation" wetterte, die „zu einem Auseinanderlaufen der Kräfte und einem Stehenbleiben an der entscheidenden Stelle auf Moskau" führen werde, ging man im WFStabe, wahrhaft erleichtert, sogleich daran, den Umschwung der Ansichten Hitlers in einer

hatten mit der operativen Zielsetzung des Feldzugs nichts zu tun, sondern waren als Vergeltung für russische Bomben auf Bukarest und Helsinki bezeichnet. Der Einsatz der Luftwaffe hat auch weder damals noch später und weder gegen Moskau noch gegen Leningrad, das nach der OKW-Weisung Nr. 35 vom 6. September (Hubatsch, S. 150) unter „Großangriffe" genommen werden sollte, irgendwelche operativ ins Gewicht fallenden Erfolge erzielt.

b) Tgb. Halder 23. Juli 1941, teilweise veröffentlicht bei Jacobsen, Chronik, S. 260.

75 Vgl. den erweiterten Auszug aus Tgb. Halder 26. Juli 1941 bei Jacobsen, Chronik, S. 260/261.

neuen Weisung – Nr. 34 – festzuhalten. „Die Entwicklung der Lage in den letzten Tagen", hieß es einleitend darin, das Auftreten starker feindlicher Kräfte vor der Front und in den Flanken der H.Gr. Mitte, die Versorgungslage und die Notwendigkeit, den Pz.Gruppen 2 und 3 etwa zehn Tage Zeit zur Auffrischung ihrer Verbände zu geben, zwingen dazu, die ... weitergehenden Aufträge und Ziele vorerst zurückzustellen." Nach den näheren Bestimmungen der Weisung sollten nunmehr die nördliche ebenso wie die südliche Heeresgruppe weiterhin mit ihren eigenen Kräften auskommen, während sich die Mitte unter Beibehalt der vollen Stärke an Panzerverbänden vorübergehend auf Verteidigung zu beschränken hätte. „Diese Lösung", schrieb daraufhin Halder, „befreit jeden denkenden Soldaten von dem fürchterlichen Albdruck der letzten Tage, in denen man durch die unnachgiebige Haltung des Führers ein völliges Versanden der Ostoperation greifbar vor sich sah. Endlich einmal wieder ein Lichtblick!"[76]

Billigerweise wird man zugestehen müssen, daß dieser Erfolg über Hitlers Maßlosigkeiten in erster Linie der Lage und den anderen eingangs der Weisung 34 angeführten Umständen zuzuschreiben war. Daneben ist aber selbst noch in der Erinnerung ein Rest von Genugtuung darüber lebendig, daß der Chef WFStab endlich einmal in einer Front mit dem OKH stand und daß auch Jodl es war, der letzten Endes mit dem ihm eigenen Instinkt für den rechten Augenblick den Durchbruch zu einer besseren Einsicht Hitlers erzielt hatte. Mehr als die Voraussetzung für eine Wiederaufnahme der Offensive in Richtung Moskau war damit allerdings vorerst noch nicht erreicht.

Die einstweilige Beruhigung sollte auch bald neuen Zweifeln an der Beständigkeit der Entschließungen weichen, als Hitler bei den Besuchen, die er in den anschließenden Tagen den H.Gr. Kommandos abstattete, wieder mehrfach – und seiner Art entsprechend, sicher nicht ohne die Absicht, den Standpunkt des OKH von unten her zu untergraben – für seine eigenen Pläne und Gedanken warb. Nachdem er schon am 21. Juli im Norden bei Feldmarschall von Leeb Moskau als einen „nur geographischen Begriff" abgewertet und nebenbei den „slawischen Volkscharakter" als neuen Faktor in seiner Rechnung auf einen baldigen Zusammenbruch der Sowjets erwähnt hatte, wies er am 4. August bei der H.Gr. Mitte dem Angriff auf Moskau erst die dritte Stelle in der Rangordnung seiner Pläne zu. Allem voran käme es vielmehr darauf an, den Russen „die lebenswichtigen Gebiete" wegzunehmen, – in erster Linie Leningrad mit der Ostseeküste und der ausgedehnten Industrie, darunter der vermeintlich alleinigen Produktionsstätte für schwere Panzer, – in zweiter Linie das Donez-Gebiet mit Charkow, die „Gesamtbasis der russischen Wirtschaft", deren Verlust den „sicheren Zusammenbruch der gesamten Wirtschaft des Feindes" zur Folge haben werde. Dabei entschlüpfte

76 Tgb. Halder 30. Juli 1941; Weisung Nr. 34 ist bei Hubatsch, S. 145, veröffentlicht.

ihm auch das Eingeständnis – übrigens als Vorwurf gegen den militärischen Nachrichtendienst gemeint –, daß er „den Entschluß zum Angriff gegen Rußland nur wesentlich schwerer" gefaßt haben würde, wenn er vorher über die Mengen an Panzern und Flugzeugen beim Gegner besser unterrichtet gewesen wäre. Ähnlich äußerte er sich am 6. August bei der H.Gr. Süd des Feldmarschalls von Rundstedt, während der Ob d H bei seiner Vorsprache im Hauptquartier an dem zwischen den beiden Frontbesuchen liegenden Tage noch den Eindruck bestätigt fand, daß Hitler für Moskau gewonnen sei![77]

Bei diesen verschiedenartigen Nachrichten, die alle beim Chef des Generalstabs des Heeres zusammenliefen, und wohl auch in der Absicht, das neu gewonnene Einvernehmen weiter auszubauen, hatte Halder am 7. August nach ungemessener Zeit wieder einmal eine Aussprache zu zweit mit dem Chef WFStab. Ausgehend von der Grundfrage, „Wollen wir den Feind schlagen oder wirtschaftliche Ziele verfolgen" – wozu Jodl meinte, „der Führer hält wohl beides gleichzeitig für möglich" –, entwickelte Halder dort seine Gedanken dahin, daß man für Leningrad nichts ausgeben dürfe, was man für Moskau brauche. Dagegen müsse „die Frage Moskau oder Ukraine oder Moskau und Ukraine nach der Seite des und beantwortet werden", weil „... sonst die Kraftquelle des Feindes nicht vor dem Herbst zum Versiegen" zu bringen sei. Auch dazu brauche es aber im Süden keiner zusätzlichen Kräfte; vielmehr müsse alles „für weiträumige, entscheidende Ziele treffende Operationen" – gemeint in erster Linie Moskau – zusammengehalten werden. Halder verließ Jodl in der Überzeugung, ihn in der Unterstützung der Ansichten des Heeres noch bestärkt zu haben[78].

Der weitere Verlauf war zunächst durchaus geeignet, diese Meinung zu bestätigen. Als erste Folge legte Jodl am 10. August Hitler eine von der Abt. L in voller Übereinstimmung mit der Operationsabteilung des Heeres erarbeitete Lagebeurteilung vor, in der es, sinnfällig ergänzt durch Karte und Kräftevergleich, gleich eingangs hieß, daß der Feind vor der Mitte der Front am stärksten sei und daß sich daher die Vernichtung dieser Feindgruppe, gefolgt von der Inbesitznahme Moskaus, als das wichtigste Ziel anbiete. Die verlockenden Operationsmöglichkeiten aus der Mitte zu den benachbarten Heeresgruppen hinüber müßten demgegenüber zurücktreten oder doch auf einen späteren Zeitpunkt verschoben werden. Mit den „Fußarmeen" in der Mitte, den Panzergruppen auf den Flügeln, könne der Angriff in Richtung Moskau Ende August beginnen.

Tatsächlich gelang es auf diese Weise, Hitler zu einer „Ergänzung der Weisung Nr. 34" zu bewegen, die, am 12. August erlassen, den Angriff auf Moskau, wenn auch unter zahlreichen, teilweise schwer erfüllbaren Bedingungen endlich freigab. Im besonderen sollte die H.Gr. Mitte erst „nach völligem

77 Vgl. Tgb. Halder 5. August 1941.
78 Vgl. Jacobsen, Chronik, S. 262.

Beseitigen der Flankenbedrohungen" und außerdem erst zu einem Zeitpunkt antreten dürfen, wenn die Operationen gegen Leningrad, nunmehr auf die Abschließung der Stadt beschränkt, gesichert seien. Das „Ziel muß dann sein", hieß es im übrigen in einer richtigeren Würdigung der sowjetischen Hauptstadt — vorher „nur ein geographischer Begriff" —, „das gesamte Staats-, Rüstungs- und Verkehrszentrum um Moskau dem Gegner noch vor Eintritt des Winters zu entziehen und ihn damit an der Erneuerung seiner geschlagenen Wehrmacht und der geordneten Führung des Staatsapparates zu verhindern." Die H.Gr. Süd wurde nach dem Siege bei Uman nach dieser Weisung, wie Halder es gewollt hatte, für fähig befunden, die weitgesteckten Ziele — Krim, Donezgebiet und sogar Batum — allein mit ihren eigenen Kräften zu erreichen[79].

Kaum hatte der WFStab wenigstens soviel für eine aussichtsreiche Fortsetzung der Ostoperationen zu sichern vermeint, als einige Tage später örtliche Rückschläge bei der H.Gr. Nord, obwohl Halder ebenso wie das H.Gr.Kdo. sie für belanglos hielten, zur „schweren Unruhe an oberster Stelle" und, darauf folgend, zu neuen, unmittelbaren Eingriffen Hitlers führten. Mangels anderer Reserven sollten nach seinen Anweisungen an das OKH nunmehr einzelne Panzerdivisionen der H.Gr. Mitte sofort nach Norden abgehen, um den Einbruch bei Staraja Russa zu beseitigen. Wiederum fehlten dabei in geradezu drastischer Weise die vielerwähnten „Voraussetzungen". So bezeichnete Feldmarschall von Bock die Befehle Hitlers als eine „unmögliche Zumutung", da die in Betracht kommenden Pz. Divisionen teils ihr Gerät auseinander genommen hätten und deshalb gar nicht marschfähig seien, teils aber auch für die Abwehraufgaben der H.Gr. Mitte nicht ohne weiteres entbehrt werden könnten. Der Chef des Generalstabs des Heeres richtete indessen seine ganze Aktivität auf seinen Oberbefehlshaber, der jedoch, offenbar des Streitens müde, „höheren Entscheidungen nicht vorgreifen" wollte und es schließlich dabei bewenden ließ, daß „man die Sache mit Jodl besprechen . . . solle"[80].

Angesichts dieser fortdauernden Unschlüssigkeit an den obersten Stellen griff nunmehr die Operationsabteilung des Heeres unter Heusinger, sicher nicht ohne Wissen Halders, zu dem ungewöhnlichen Mittel, eine „Denkschrift" über die Weiterführung der Operationen aufzustellen, die zunächst nur für den Ob d H bestimmt war, während die Abt. L des WFStabes unter Warlimont am gleichen Tage, dem 18. August, eine neue Beurteilung der Lage an Jodl einreichte[81]. In beiden Schriftstücken bemühten sich Angehörige der mittleren Altersgeneration des Generalstabs, die „Jungtürken", mit allen Argumenten, die sich für die einen hauptsächlich aus der Lage im Osten, für die an-

79 Die „Ergänzung der Weisung Nr. 34" ist im vollen Wortlaut bei Hubatsch, Weisungen, S. 148 veröffentlicht; ihre Seite 1 ist auf Tafel 7 abgedruckt.

80 Vgl. Tgb. Halder 15. und 16. Aug. 1941.

81 Letztere ist bei de Mendelssohn, a. a. O., im Wortlaut wiedergegeben.

deren außerdem aus der deutschen Gesamtlage ergaben, nochmals für das Ziel Moskau einzutreten und dazu erneut nachzuweisen, daß die H.Gr. Süd und Nord für die ihnen zugedachten anderen Aufgaben in sich selbst stark genug seien.

Ob und wie Jodl die Vorlage seines Stabes genutzt hat, ist nicht mehr erinnerlich. Der Ob d H sandte die „Denkschrift" seiner Operationsabteilung weiter an Hitler und ließ ihren Verfasser außerdem beim Chef WFStab in der Wolfschanze vorsprechen. In der „freien Gestaltung", die Heusinger seinem Buchbericht durchweg zugrunde gelegt hat, finden sich in die Wiedergabe dieser Gespräche vom 20. August einige Wendungen eingeflochten, die über den vorliegenden Anlaß hinaus allgemeine Bedeutung für die „Atmosphäre" des Hauptquartiers beanspruchen können. So läßt er Jodl neben dem schon bekannten Für und Wider der sachlichen Gründe u. a. sagen:

> „Im übrigen scheut er — Hitler — sich instinktiv, den gleichen Weg wie Napoleon zu gehen. Moskau hat etwas Unheimliches für ihn. Er befürchtet dort einen Kampf auf Leben und Tod mit dem Bolschewismus."
>
> Darauf Heusinger: „Und gerade deswegen wollen wir diese Richtung wählen. Wir müssen die lebendigen Streitkräfte des Gegners schlagen. Darauf kommt es an, dann fällt uns alles Übrige von selbst zu."
>
> Und wieder Jodl: „So sagen Sie. Nun will ich Ihnen sagen, was der Führer erwidert: es bietet sich im Augenblick eine viel bessere Aussicht, die lebendigen Streitkräfte des Russen zu schlagen. Sie stehen mit der stärksten Gruppe ostwärts Kiew" ...

Heusinger, der dann noch auf den Winter hinwies, der zuerst im Nord- und Mittelabschnitt hereinbreche, im Süden dagegen erst später, erzielte auf seine Bitte um Unterstützung der „Denkschrift" schließlich das Zugeständnis Jodls:

> „Ich werde tun, was ich kann. Aber Sie müssen mir zugeben, daß auch die Gründe des Führers überlegt und nicht so ohne weiteres zu entkräften sind... Man darf ihn nicht zwingen wollen, etwas gegen seine innere Überzeugung zu tun. Sein Instinkt war meistens richtig. Das kann man doch nicht leugnen!"
>
> „Leider nicht immer!" schließt Heusinger seine Darstellung ab. „Ich erinnere an Dünkirchen. Und wir fürchten, daß auch diesmal ein entscheidender Augenblick verpaßt wird."[82]

Allem Anschein nach hatte Hitler dann die „Denkschrift" des OKH schon im Gespräch mit Keitel und Jodl verworfen, als die beiden Generale des OKW nach altem, wenn auch lange nicht mehr angewendetem Brauch am 21. August bei Halder im Lager Angerburg erschienen, um ihn für die Auffassung Hitlers zu gewinnen oder wenigstens die Gegensätze zu mildern. In die Enge getrieben, soll Jodl sich bei dieser Aussprache schließlich, ähnlich wie schon Heusinger gegenüber, darauf zurückgezogen haben, daß er keine sachlichen Ein-

82 S. Heusinger, a. a. O., S. 7 und S. 132—135.

wände gegen den Standpunkt des Heeres vorbringen könne, „aber der Führer habe einen 6. Sinn". Das war offenbar nur ein anderer Ausdruck für die gleiche, rationalen Gründen nicht zugängliche Auffassung, die sich früher mehrfach in dem bedingungslosen Glauben an das „Genie des Führers" geäußert hatte. Halder kommentiert denn auch nur trocken, daß demgegenüber „logische Gegenvorstellungen nutzlos" bleiben müßten[83].

Noch am Abend des gleichen Tages sah sich Jodl genötigt, Hitlers neue und nunmehr endgültige Befehle in eine schriftliche Anordnung an das OKH zu fassen. „Der Vorschlag des Heeres für die Fortführung der Operationen im Osten vom 18. August", begann dieses Schreiben, „stimmt mit meinen Absichten nicht überein". Zusätzlich zu der anschließend wiederholten Feststellung, daß nicht Moskau, sondern im Süden die Krim, das Donezgebiet und „die Abschnürung der russischen Ölzufuhr aus dem Kaukasusraum", im Norden die enge Abschließung von Leningrad und die Vereinigung mit den Finnen die wichtigsten, noch vor Erreichen des Winters zu erreichenden Ziele seien, trat neu die Forderung hinzu, „die operativ selten günstige Lage ... unverzüglich ... zu einer konzentrischen Operation mit den inneren Flügeln der Heeresgruppen Süd und Mitte" gegen die sowjetische 5. Armee im Raum um Kiew auszunutzen. Die H.Gr. Bock, vom OKH als die machtvolle Trägerin des Angriffs Richtung Moskau vorgesehen, wurde mit den ihr danach verbleibenden Kräften weiter auf Abwehr angewiesen, bis, wie es die letzte Ziffer des Befehls noch einmal ausdrücklich besagte, alle in der „Ergänzung zur Weisung Nr. 34" genannten Vorbedingungen zu dem Aufbruch gegen Moskau erfüllt sein würden. — „Die verlockenden Operationsmöglichkeiten aus der Mitte" hatten über den Grundgedanken der ganzen Ostoperation gesiegt[84]!

Diese „Führerweisung", schrieb Halder spontan, als sie ihn tags darauf im Lager Angerburg erreichte, „ist entscheidend für das Ergebnis dieses Feldzuges." Zu solcher niederdrückenden Einsicht kamen im Laufe desselben Tages aber auch noch die Bitternisse, die Hitler dem ObdH und seinem Generalstabschef als Antwort auf die „Denkschrift" in einer von ihm selbst verfaßten „Studie" verabreichte. Nach fast vollendeten zwei Kriegsjahren belehrte er darin die Spitzen des Heeres im besonderen über das Wesen der „Schnellen Verbände", die ähnlich wie die Luftwaffe als „operative Waffen in der Hand der obersten Führung" genutzt werden müßten. Der Reichsmarschall, fuhr er mit aller Schärfe eines denkbar unberechtigten Vergleichs fort, habe diesen Grundsatz für die Luftwaffe „konsequent und restlos durchgesetzt", während es dem Heere anscheinend nicht gelungen sei, die gleichen Ge-

83 Tgb. Halder 21. Aug. 1941. Nach dem Kriege dachte auch Jodl offenbar nüchterner, als er vor dem IMT in Nürnberg erklärte: „Wenn er — Hitler — sich aber innerlich klar war, oder wenn er spontan einen Entschluß gefaßt hatte, dann war jede Diskussion zu Ende."

84 Gedruckt bei Jacobsen, Chronik, S. 265/266.

danken „überall ohne weiteres begreiflich zu machen und durchzusetzen." Dem Ob d H blieb auch der Vorwurf nicht erspart, daß er es an der nötigen „Führung" fehlen lasse, — gemeint, wie späterhin noch oft mit eigenem Ohr vernommen, daß er den ihm untergebenen Frontbefehlshabern einen unangebracht starken Einfluß auf die Führung einräume. Wiederum ließ Halders Reaktion in seinem Tagebuch vom gleichen 22. August es an Kraft und Deutlichkeit nicht fehlen:

> „Ich halte die durch die Eingriffe des Führers entstandene Lage für das OKH für untragbar", schrieb er. Es kann weder für den Zickzack in den Einzelanordnungen des Führers ein anderer die Verantwortung übernehmen als er persönlich, noch kann das bisherige OKH, das im vierten siegreichen Feldzug steht, seinen guten Namen mit den nunmehr getroffenen Anordnungen beflecken. Dazu ist die Art der Behandlung des Ob d H unerhört. Ich habe daher dem Ob d H vorgeschlagen, um seine Enthebung vom Amt zu bitten und meine Enthebung gleichzeitig zu beantragen."

Er mußte aber auch gleich hinzusetzen:

> „Ob d H lehnt das ab, weil es praktisch doch nicht zur Niederlegung des Amtes käme, also nichts geändert würde."

Ein letzter Versuch, Hitler vielleicht doch noch umzustimmen, wurde schließlich auf Betreiben Halders dem General Guderian zugedacht. Die Berichte über den Ablauf dieser Begegnung, die am 23. August im Hauptquartier „Wolfschanze" stattgefunden hat, stimmen nur insoweit überein, als Guderian sich bei seinem Vortrag — von seiten des OKH sicher als ehestens erfolgversprechend angesehen — Hitler und seiner Umgebung als alleiniger Vertreter des Heeres gegenüber sah. Wie aber auch immer die Unterredung verlaufen sein mag[85], an dem Willen Hitlers änderte sie nichts mehr. Dagegen kam es, noch ehe in den nächsten Wochen die „Schlacht um Kiew" zu dem bekannten großen — taktischen — Erfolg führte, am 30. August in einem Gespräch unter vier Augen zu einer „Aussöhnung" zwischen Hitler und dem Ob d H, die Brauchitsch vor allem auf den verletzenden Inhalt der Hitler'schen „Studie" beziehen wollte. Für den Miterlebenden kann jedoch kein Zweifel bestehen, daß Hitler, dem ritterliches Gebaren, auch wenn er es selbst einmal vortäuschte, viel eher als sittliches Gebrechen und Zeichen der Schwäche galt, dieses Ende nur als einen neuen Triumph über seine Widersacher im Heere angesehen hat[86].

Mit dem vorläufigen Abschluß der Gegensätze über die Fortführung des Ostfeldzugs, die den WFStab wiederum weit über Gebühr in den Verantwor-

85 Vgl. Tgb. Halder 23. Aug. 1941, wonach Guderian seinerseits von Hitler umgestimmt worden sei, und die eingehende, anderweitige Darstellung bei Guderian, a. a. O., S. 179—182.

86 Vgl. Tgb. Halder 30. Aug. 1941.

tungsbereich des Heeres hineingezogen hatten, war auch der Zeitpunkt gekommen, um die Pläne und Aussichten der deutschen Kriegführung im strategischen Rahmen neu zu überprüfen. Nachdem schon die Weisung Nr. 33 vom 19. Juli den für jene Zeiten ungewöhnlichen Hinweis enthalten hatte, „im Westen und im Norden ... auf die Abwehr englischer Angriffe gegen die Kanalinseln und die norwegische Küste bedacht“ zu sein, mußten nunmehr vor allem die hochfliegenden offensiven Pläne, die wenige Monate vorher für die „Zeit nach Barbarossa“ aufgestellt worden waren, der Lageentwicklung im Osten angepaßt werden. Dabei erwiesen sich auch die schon eingeschränkten Vorschläge, die das OKH Ende Juli in diesem Zusammenhang vorgelegt hatte, nämlich die Termine für den doppelseitigen Angriff gegen Ägypten – von Syrien und der Cyrenaika her – auf das Frühjahr 1942 zu verschieben, dagegen an der Wegnahme von Gibraltar für den Herbst 1941 festzuhalten[87], als inzwischen überholt.

Aus diesen Erkenntnissen und vermutlich – wenn auch nicht nachweisbar – aus weiteren, den täglichen Gesprächen mit Hitler entnommenen Richtlinien Jodls ist Ende August 1941 im WFStabe Abt. L die „vom Führer gebilligte Denkschrift des OKW über die strategische Lage im Spätsommer 1941“ entstanden. Als strategischer Markstein wurde in dieser Studie der Grundsatz aufrechterhalten, daß trotz voraussichtlich längerer Dauer der Zusammenbruch Rußlands „unter Einsatz aller an anderen Fronten entbehrlichen Kräfte erzwungen werden“ müsse, ehe das unveränderte letzte Ziel, „England niederzuwerfen und zum Frieden zu zwingen“, angegangen werden könne. Auch im günstigsten Falle allerdings, hieß es weiter, würden „Kräfte des Heeres und der Luftwaffe für entscheidende Operationen im Mittelmeer, im Atlantik und auf dem spanischen Festland kaum vor Frühjahr 1942“ verfügbar sein. Als Folge aus dieser Lage sei in der Zwischenzeit mit einer versteiften Haltung der neutralen Mächte, die u. a. einen Durchmarsch durch die Türkei gegen deren Willen, wie früher in Betracht gezogen, nicht mehr zulasse, und mit einer zunehmend auflebenden Initiative Englands zu rechnen. Manche Anzeichen, wie das eben gemeldete Festsetzen britischer Truppen im südlichen Iran und der ständige Ausbau der englischen Schlüsselpositionen im Raum beiderseits des Suez-Kanals, deuteten bereits darauf hin, daß England es sich zum Ziel gesetzt habe, nach Möglichkeit gemeinsam mit den Ver. Staaten von Amerika, die europäische Stellung Deutschlands vom Mittelmeer her aus den Angeln zu heben. Auch ohnedies werde schon seit geraumer Zeit die Lage der „Achsenmächte“ in Nordafrika wegen der gefährlich steigenden Verluste bei den Transporten über See und der dadurch hauptsächlich erzwungenen Verschiebung der Wegnahme von Tobruk immer schwieriger. Angesichts dessen, daß die militärischen Machtmittel des Reichs bis auf weiteres im Osten gebunden bleiben würden, sei gegen die drohende Entwicklung in diesem Bereich, so etwa

87 Nach Playfair, a. a. O., Bd. II, S. 260/261 (deutsche Quelle nicht ermittelt).

hieß es abschließend, ein hoher politischer Einsatz notwendig, auch wenn die Interessen Italiens dahinter zurücktreten müßten[88].

Für den Mittelmeerraum haben die Warnungen dieser „Denkschrift" im weiteren Verlauf einige, wenn auch unzulängliche Verbesserungen erbracht. Dagegen sollte die Ausschaltung Sowjet-Rußlands, die hier wohl zum letzten Male als Vorstufe zu dem Endkampf gegen die britische Weltmacht erscheint, binnen kurzem zur alles beherrschenden, von Hitler blindwütig verfolgten Aufgabe der deutschen Wehrmacht werden.

Dritte Phase

Die „Schlacht um Kiew" bezeichnete gegen Ende August den Beginn der Zeitspanne, die aus der Sicht des deutschen Hauptquartiers als die dritte Phase des Ostfeldzugs von 1941 gelten kann. Bei den neuen großen Erfolgen, die damals wiederum auf allen Schlachtfeldern Rußlands erzielt wurden, und besonders in dem Streben, Moskau doch noch vor dem Winter zu erreichen, herrschte in diesen kurzen Monaten eine Einmütigkeit vor, die es nicht mehr zu wesentlichen Eingriffen Hitlers kommen ließ. So bezieht sich beispielsweise die einzige OKW-Weisung dieser Zeit zum Ostfeldzug — Nr. 35 vom 6. September — in ihren einleitenden Worten ausdrücklich auf die Übereinstimmung mit dem Vortrag des Oberbefehlshabers des Heeres[89].

Die Besorgnis des OKH, daß der richtige Zeitpunkt zu dem feldzugentscheidenden Stoß auf Moskau verpaßt sei, war damit allerdings keineswegs behoben[90]. Ebensowenig stimmte man dort — und auch im Sperrkreis II des Hauptquartiers — den Siegesfanfaren nach der „Doppelschlacht von Wjasma-Briansk" zu, mit denen Hitler verkünden ließ, daß „die militärische Entscheidung im Osten gefallen und Rußland erledigt sei"[91]. Erst als im Anschluß an die „Schlammperiode" kurz nach Mitte November auch der neue Aufbruch der H.Gr. Mitte gegen Moskau noch einige verheißungsvolle Fortschritte erzielen konnte, dürfte die optimistische Beurteilung der Lage — bei aller Sorge um die ungeheure Anspannung der Truppe — durchweg die Oberhand gewonnen haben. Als ein unvergeßliches Zeichen steht es jedenfalls in der Erinnerung, daß in jenen Tagen der Oberquartiermeister I des Heeresgeneralstabs, der damalige Generalleutnant Paulus, in der Baracke der Abt L erschien,

88 Nach der gleichen Quelle wie zu Anm. 87 trägt die Denkschrift das Datum des 28. August 1941. Im Tgb. Halder ist nach Empfangsbestätigung am 9. der wesentliche Inhalt unter dem 13. Sept. wiedergegeben (daraus die Zitate); vgl. auch Jacobsen, Chronik, S. 266 ff.

Der Iran war am 25. August 1941 im Süden von den Engländern, im Norden von den Russen unter dem Vorwand von Umtrieben einer deutschen „5. Kolonne" gewaltsam besetzt worden.

89 Vgl. Hubatsch, Weisungen, S. 150.

90 Vgl. z. B. Heusinger, a. a. O., S. 136 ff. mit dem Bericht über die Stimmung im OKH Ende Oktober 1941.

91 Durch den Reichspressechef am 9. Okt. 1941.

um mit dem Abteilungschef und mit Oberst von Loßberg vorsorglich die Richtlinien für die Zeit nach der Einnahme Moskaus zu erörtern. Dabei wurden Ziele weit jenseits der russischen Hauptstadt genannt. Nur die notwendigsten Truppen sollten in der „Frontzone" überwintern, ein H.Gr.Kdo den Befehl über die gesamte Ostfront übernehmen, große Teile des Heeres ebenso wie die anderen hohen Befehlsstellen zurückgezogen werden[92].

Einen ersten auch stimmungsmäßig schweren Einbruch in diese Lage – nach außen und innen – bedeutete es, als die H.Gr. Süd am 29. November Rostow nach achttägiger Besetzung vor russischem Angriff wieder räumen mußte und ihr verdienter Oberbefehlshaber, Feldmarschall von Rundstedt, anschließend kurzerhand entlassen wurde. In einem Fernschreiben an Hitler hatte er beantragt, entweder den Befehl, daß die Truppe sich noch vorwärts des deckenden Mius-Abschnitts wieder zu stellen habe, „aufzuheben oder jemand anders mit der Führung der Heeresgruppe zu beauftragen". Zwei Stunden später erhielt Heusinger in tiefer Nachtstunde auf seine Anfrage bei Jodl, ob der Befehl nun zurückgenommen worden sei, die Antwort: „Keineswegs, der Führer hat den Befehl nicht geändert. Rundstedt ist seines Postens enthoben, Reichenau mit der Führung der Heeresgruppe beauftragt." In Heusingers zweimal wiederholtem „Unmöglich! Das ist doch unmöglich!" lief das Ferngespräch aus. Den Ob d H hatte man gar nicht erst gefragt. Dagegen sah Hitler sich schon am nächsten Nachmittag genötigt, Reichenau zuzugestehen, was er Rundstedt versagt hatte[93].

Die weiteren, viel schwereren Folgen einer verzettelten, „improvisierten" Führung, wie Hitler sie im großen und im kleinen vorexerzierte, sollten nicht mehr lange auf sich warten lassen.

Bei der Sonderaufgabe des WFStabes, auf den „OKW-Kriegsschauplätzen" zusätzlich die Rolle des Chefs des Generalstabs und der Operationsabteilung des Heeres zu übernehmen, stand im Sommer 1941 Nord-Finnland mit seinen 2 deutschen und 1 finnischen Armeekorps[94] zunächst im Vordergrund. Ihr Befehlshaber, Generaloberst von Falkenhorst, wurde von Zeit zu Zeit auf die gleiche Art mit Führungs-Weisungen des OKW versehen, wie es gegenüber den Oberkommandos der Wehrmachtteile üblich war. Falkenhorst war damit sicherlich ein weiterer Spielraum zu selbständigem Handeln belassen als den Armeebefehlshabern im festen Gefüge des Heeres. Andererseits erwiesen schon nach kurzer Zeit allein die mangelhaften Ergebnisse, daß einer opera-

92 Vgl. Tgb. Halder 19. Nov. („Fernziele Jaroslawl–Rybinsk, möglichst auch Wologda, sollen bleiben, wenn Nachschub und Wetter es erlauben") sowie 29. Nov. und 1. Dez. 1941.

93 Nach der Darstellung bei Heusinger, a. a. O., S. 144/145; vgl. auch Tgb. Halder aus jenen Tagen sowie Görlitz, Keitel, S. 283/284.

94 In Mittel- und Süd-Finnland führte das finnische Oberkommando selbständig in loser Fühlung mit dem OKH.

tiven oder gar taktischen Truppenführung durch das OKW die wichtigsten Voraussetzungen in noch viel höherem Maße fehlten, wenn das OKH dabei ausgeschaltet war. Auch mit dem Versuch, die Weisungen an den Befehlshaber in Nord-Finnland diesen Erfahrungen gemäß durch eingehende Durchführungsbestimmungen zu ergänzen, konnte das fehlende Zwischenglied des OKH als Führungs- und Heimstätte aller Heerestruppen nicht ersetzt werden[95].

Der OKW-Kriegsschauplatz Nr. 1 wurde schon während des Ostfeldzugs bald wieder Norwegen und ist es auch über lange Zeiten hin geblieben. In Hitlers Augen stets durch Landungen gefährdet und daher ständig auf alle nur denkbare Weise zu verstärken, mußte für Norwegen ein Aufwand an Arbeit der Führung, an Truppen und Leistungen jeglicher Art vollbracht werden, der nicht einmal durch Pläne der Gegenseite je gerechtfertigt worden ist.

Ohne die offenkundigen Nachteile dieser sonderbaren Führungsorganisation zu beachten, aber auch ohne Widerspruch von irgendeiner Seite zu finden, begann Hitler vom Frühsommer 1941 an mehr und mehr, den WFStab auch für alle anderen Kriegsschauplätze außer dem Osten als sein Führungsorgan im unmittelbaren Verkehr mit den örtlichen Befehlshabern des Heeres zu benutzen. Auf dem Balkan und in seinen weiten Nebengebieten von der Ägäis und

95 Vgl. a) den Befehl vom 13. Aug. 1941, der, ausgehend von dem Besuch des Chefs L bei Falkenhorst und Dietl, mit den Worten beginnt: „Der Führer hat nach Vortrag Chef L über die Lagebeurteilung bei AOK Norwegen entschieden ..., den Angriff mit dem Ziel Murmansk wiederaufzunehmen";

b) die OKW-Weisung Nr. 36 vom 22. Sept. (Angriff auf Louhi und auf Murmansk einstellen, auf Kandalakscha wieder aufnehmen, „noch vor Einbruch des Winters wenigstens den westlichen Teil der Fischer-Halbinsel ... nehmen");

c) die OKW-Weisung Nr. 37 vom 10. Okt. 1941: „Nachdem die Masse der sowjetischen Wehrmacht auf dem Hauptkriegsschauplatz zerschlagen oder vernichtet ist, liegt kein zwingender Grund mehr vor, russische Kräfte in Finnland durch Angriff zu fesseln," — gefolgt von der Anordnung, „alle Vorbereitungen zu treffen, um — schon im Winter beginnend — im nächsten Jahre endgültig Murmansk, die Fischer-Halbinsel und die Murman-Bahn zu nehmen".

d) die „Besonderen Anordnungen" vom 5. Okt. 1941, die in dem Umfang und der Vielseitigkeit der zu regelnden Fragen besonders deutlich die Überforderung des WFStabes mit ihm wesensfremden Aufgaben zeigen:

Sicherung der Versorgung mit Lebensmitteln für Mann und Pferd sowie mit Treibstoffen durch rechtzeitige Zufuhr und beständige Lagerung

Zuweisung von Baracken und Heizmaterial für die Winterunterkünfte und Lagerhäuser

Ausnutzung des Schiffsraums für Erztransporte als Rückfracht

Ermächtigung zum Ankauf von LKW in Schweden

Mittel zum Bau von Feldbahnen

Winterbekleidung.

In diesem Zusammenhang sei besonders betont, daß nach mehrfachen, schon im Spätsommer 1941 einsetzenden Notizen im Tgb. Halder an der rechtzeitigen Vorsorge des OKH für die Winterbekleidung des gesamten Ostheeres kein Zweifel bestehen kann.

e) die „Durchführungsbestimmungen" Nr. 1 und 2 zur Weisung Nr. 37 vom 7. und 21. November 1941, sämtlich bis auf a) gedruckt bei Hubatsch, Weisungen, S. 154—168.

Kreta bis hinauf nach Dalmatien war es der „Wehrmachtbefehlshaber Südost", der seine Befehle für die Befriedung des Landes gegen die bald allenthalben ausbrechenden Unruhen, später auch zur Verteidigung der Festland- und Insel-Küsten auf diesem Wege empfing und seinerseits die Pläne zur Bekämpfung des Aufstands bis in alle Einzelheiten über den WFStab zur Genehmigung vorzulegen hatte[96]. In diesem Zusammenhang entwickelte sich in der Folge eine besonders enge Fühlung des Chefs L mit den Bulgaren. Obwohl nur mit einigen Besatzungsdivisionen in Mazedonien und Thrazien aktiv am Kriege beteiligt, war man sich in Sofia der lauernden Gefahren am Rande des europäischen Kriegstheaters stets bewußt und suchte daher in der Beurteilung der Lage ebenso wie zur Verstärkung der Abwehrkraft des Landes wiederholt Rückhalt und Hilfe beim WFStabe. Ein lebhafter Verkehr verband das deutsche Hauptquartier auch mit Agram, wo der „Bevollmächtigte Deutsche General", der Österreicher Glaise von Horstenau, nichts unversucht ließ, um das unselig regierte, in sich zerrissene Land befrieden zu helfen und außerdem die in den Zeiten der Donaumonarchie besonders bewährte militärische Leistungskraft der Kroaten für die deutsche Sache dienstbar zu machen. Eine nur lose Verbindung bestand dagegen mit den Slowaken, den Ungarn und Rumänen, die sämtlich mehr oder weniger starke Kontingente für den Ostfeldzug gestellt hatten und daher in der Hauptsache auf das OKH angewiesen waren, ohne daß jedoch klare Abgrenzungen vorlagen.

Als ein OKW-Kriegsschauplatz besonderer Art kam von Herbst 1941 an der Mittelmeerraum hinzu, wo nominell die Italiener den Oberbefehl innehatten. Die in Nordafrika dominierende Führerpersönlichkeit Rommels ebenso wie die Schwächen der rückwärtigen Verbindungen über See brachten es aber mit sich, daß Hitler einen ständig sich steigernden Einfluß auf die Entwicklung suchte. Auch hierzu bediente er sich, ohne daß der Übergang vom OKH auf das OKW je befohlen worden wäre, bald nur noch des WFStabes.

Im Mittelmeerraum war es auch, wo die Gefahren der Lage für die „Achsenmächte", wie schon in der „Denkschrift" von Ende August ausgeführt, am frühesten sichtbar wurden. In dem Bestreben jedoch, alle Kräfte des Heeres und der Luftwaffe gegen Sowjetrußland zusammenzuhalten – gleich wie die Kriegsmarine auch weiterhin keine U-Boote von den Hauptverkehrswegen im Nord-Atlantik abziehen wollte – war Hitler, im Einverständnis mit dem Chef WFStab und auch noch gehemmt wegen der italienischen Empfindlichkeiten, schließlich nur durch die täglichen Meldungen über die schweren Schiffs- und Ladungsverluste zu weiteren Hilfsmaßnahmen zu bewegen. Erst am 13. September rang er sich zu dem Befehl durch, daß die Seekriegsleitung – nun aller-

96 Vgl. Hubatsch, Weisungen, S. 117 (Weisung Nr. 29), S. 122 ff. (Weisung Nr. 31 samt den „Durchführungsbestimmungen" vom 15. Juni und 16. Sept. 1941) sowie S. 175 mit dem Befehl vom 15. Dez. 1941, nach dem „nicht mehr als 2 deutsche Divisionen zur Sicherung der für uns bedeutsamen Gebiete" auf dem Balkan verbleiben sollten.

dings „mit höchster Beschleunigung" — 6 U-Boote in das Mittelmeer verlegen sollte, denen nicht lange darauf weitere 15 folgten. Gleichzeitig wies er die Luftwaffe an, daß das X. Fliegerkorps — noch immer mit der Masse auf Kreta — anstelle seiner bis dahin vorangestellten Angriffstätigkeit „gegen feindliche Schiffe ... und gegen die englische Versorgung in Ägypten" es als seine neue Hauptaufgabe anzusehen habe, den Schutz der eigenen Transporte nach Nordafrika zu gewährleisten. Wie jedoch häufig bei Befehlen, die er nicht selbst erwirkt hatte, wußte Göring durch nachträgliche Vorstellungen bei Hitler auch diese Anordnung dahin einzuschränken, daß nur „für besonders wichtige Transporte von Italien nach Tripolis" der italienische Geleitschutz zu „überlagern" sei. Außerdem verfügte er noch ausdrücklich, daß „eine Verlegung des X. Fliegerkorps nach Sizilien" zu dem Zweck, von dort aus gegen den wesentlichsten Stützpunkt der britischen See- und Luftangriffe, die Insel Malta, vorzugehen, „nicht in Frage" komme[97].

Erst nach dem vermeintlich endgültigen Sieg über Sowjet-Rußland bei Wjasma und Brjansk, und während inzwischen der Schiffsverkehr über das Mittelmeer fast völlig zum Erliegen gekommen war[98], gelang es dem Drängen der Abt. L, an dem sich weiterhin versagenden Chef WFStab vorbei zunächst Keitel und durch ihn dann Ende Oktober 1941 Hitler zu vorbereitenden Anordnungen und Anfang Dezember schließlich zu dem Befehl für die Verlegung eines Luftflottenkommandos — unter Kesselring — und noch eines zweiten, starken Fliegerkorps (II.) in das Mittelmeer zu bewegen. Auch dieses weitere Zögern, das nun dem Osten starke Fliegerkräfte gerade wenige Tage vor dem Zusammenbruch der eigenen Offensive auf Moskau entzog, hatte wiederum seine Ursache hauptsächlich in der Rücksicht Hitlers auf das Prestige Mussolinis[99].

Im Gegensatz zu Mittelmeer und Nordafrika war es im Westen Hitlers eigene Initiative, die am 20. Oktober 1941 — nach der schon im Juli vorangegangenen Warnung — zu einem OKW-Befehl über „Ausbau und Verteidigung der englischen Kanalinseln" führte. Wenn eingangs dieser Richtlinien auch „englische Unternehmungen gegen das von uns besetzte Westgebiet ... in größerem Ausmaß nach wie vor — als — unwahrscheinlich" bezeichnet wur-

97 Vgl. Bespr. Ob d M 25. Juli und 17. Sept. 1941; die Befehle selbst scheinen im Wortlaut bisher nicht veröffentlicht worden zu sein.

98 Vgl. z. B. Tgb. Halder 9. Nov. 1941: „Torpedierung der 51. Schiffsstaffel. Sämtliche mit deutschen Geräten für die Panzergruppe Afrika belegten Schiffe sind von englischen Überseewasserschiffen versenkt."

99 Vgl. den Befehl vom 29. Okt. und die OKW-Weisung Nr. 38 vom 2. Dez. 1941, letztere bei Hubatsch, Weisungen, S. 169 ff., sowie neben dem Briefwechsel Hitler—Mussolini vom 29. Okt. bzw. 6. Nov. 1941, in dem die deutsche Hilfe nur verschleiert angekündigt und ebenso zurückhaltend angenommen wird, die bezeichnende Bemerkung im Tgb. Ciano 9. Nov. 1941: „Unter diesen Umständen — gemeint, den schweren Schiffsverlusten — haben wir kein Recht, uns darüber zu beklagen, wenn Hitler Kesselring schickt, um das Kommando im Süden zu übernehmen."

den, so hieß es doch im weiteren, daß „unter dem Druck der Ostlage und aus politischen und propagandistischen Gründen jederzeit mit englischen Einzelunternehmungen, insbesondere mit dem Versuch des Engländers gerechnet werden müsse, seine für unseren Geleitschutzverkehr wichtigen Kanalinseln wieder in Besitz zu nehmen".

Mit diesem Befehl leitete Hitler gleichfalls für die besetzten Westgebiete, ohne daß es auch hier besonders ausgesprochen worden wäre, den Übergang der Führungstätigkeit vom OKH auf den WFStab ein. Im übrigen sollte aus der Anordnung zur Befestigung der Kanalinseln, die sich u. a. bis auf Zahl und Art der Küstenbatterien, auf die Betonpanzeranlagen und ihre Wandstärken – in Millimetern ausgedrückt – erstreckte und dazu monatliche Meldungen über die Fortschritte des Ausbaues forderte, im Laufe der Jahre – ebenso wie später für den gesamten Atlantikwall – eine Sammlung von Karten kleinsten Maßstabes entstehen, die Hitler von Mal zu Mal selbst durchprüfte und unter eigenem Verschluß hielt. Auf seine Anweisung hin mußte auch eines Tages der für die Einzeichnungen verantwortliche Offizier disziplinarisch bestraft werden, weil eine Flakbatterie auf den Kanalinseln zu viel oder zu wenig angegeben war.

Im Gegensatz zu der tausendfältigen Kleinarbeit, die mit allen diesen Aufgaben verbunden war und auch durch eine allmähliche Verstärkung der „Gruppe Heer" in der Abt. L keinen Ausgleich erfuhr, fand sich der WFStab um die gleiche Zeit durch einen anderen Auftrag noch einmal in seiner eigentlichen Aufgabe bestätigt: Auf Hitlers eigenen Entschluß war im Dezember 1941, und zwar noch vor der Wende im Osten, ein Befehl vorzubereiten, nach dem die von der Wehrmacht „beherrschten Eismeer-, Nordsee- und Atlantik-Küstenbereiche ... im Endziel zu einem „neuen Westwall" auszubauen" waren. Der strategische Zweck dieser Anlage sollte es sein, „bei möglichst geringem Einsatz ständig festgelegter Feldtruppen mit Sicherheit jedes Landungsunternehmen auch stärkster Kräfte abwehren zu können". Die Dringlichkeitsfolge des Ausbaus setzte Norwegen wiederum an die Spitze. Es folgten die belgisch-französischen Küsten, von denen auf Grund des Einvernehmens zwischen dem WFStab/Abt. L und den Oberkommandos der Wehrmachtteile den Abschnitten zwischen Schelde- und Seine-Mündung, südlich Brest und von Quiberon bis zur Gironde der erste, den „vorspringenden Teilen der Normandie und Bretagne" der zweite Vorrang zuerkannt war. An dritter Stelle schlossen sich die niederländische und „die west- bzw. nordjütische" Küste Dänemarks, an letzter die Deutsche Bucht an. Die Befestigungen der Ostseeküsten sollten dagegen abgebaut, lediglich die Zugänge an den Belten sicher gesperrt bleiben[100].

100 Der Befehl ist erst unter dem Datum des 14. Dez. 1941 ausgegeben, aber schon 2 bis 3 Wochen vorher von Hitler in Auftrag gegeben worden (anscheinend bisher nicht veröffentlicht).

Es ist Hitlers spätere „Festung Europa", die hier schon in ihren Grundzügen sichtbar wird. In seiner damaligen ersten Anlage beruhte jedoch der Plan zu dem nie auch nur entfernt vollendeten Bollwerk noch, wie die Behandlung der Ostsee deutlich ergibt, auf der Annahme, mit Sowjet-Rußland in absehbarer Zeit fertig zu werden. Überdies herrschte wahrscheinlich sogar der Gedanke vor, mit dem Ausbau der Küsten in erster Linie dem künftigen Angriffskrieg von Luftwaffe und U-Booten gegen England eine sichere, Landkräfte sparende Basis zu errichten. Ging aber trotzdem schon aus dieser Anordnung ein beträchtlicher Wandel der Ansichten über den weiteren Verlauf und die voraussichtliche Dauer des Krieges hervor, so sollte die Befestigung der besetzten West-Küsten schon in den nächsten Tagen und Wochen noch eine ganz andere, wesentlich erweiterte und vertiefte Bedeutung erhalten. Im Lichte späterer Entwicklung gesehen, steht der Befehl am Anfang des Zeitraums, in dem sich die deutsche Kriegführung – im ganzen betrachtet, und ob bewußt oder nicht – in die strategische Defensive gedrängt fand.

TEIL IV

In der Zeit des Umschwungs der Kriegslage

Dezember 1941 bis November 1942

Kapitel 1

Überblick

Mit der Wende im Osten, wo die Rote Armee nach ihren Erfolgen bei Rostow in den ersten Dezembertagen 1941 auch an den übrigen Fronten fast über Nacht die Initiative an sich reißen konnte, sah sich das deutsche Hauptquartier Erschütterungen ausgesetzt, die bis dahin nicht ihresgleichen gehabt hatten. Selbst der Rückzug in Nordafrika, der in denselben Tagen die Armee Rommel in einer merkwürdigen zeitlichen Übereinstimmung auf ihre Ausgangsstellungen von März 1941 am Rande der Syrte zurückfallen ließ, fand in diesen Wirren nur geringe Beachtung. Es dauerte aber auch ohnehin noch etwa bis Mitte Dezember, ehe Hitler nach ersten Versuchen, die Augen vor der neuen Wirklichkeit zu verschließen, die drohende Katastrophe im Osten in ihrer ganzen Schwere erkennen wollte, – gerade lange genug, um ihn im Anschluß an den japanischen Überfall auf Pearl Harbor noch am 11. Dezember den Ver. Staaten von Amerika den Krieg erklären zu lassen.

Nach diesem selbstherrlichen Entschluß, dem wiederum keinerlei Beratung von seiten der Wehrmacht vorangegangen war, stand nun der Zweifronten-Krieg in seiner schwersten Form bevor. Hatte Hitlers Kriegsplan bislang vorgesehen, Rußland als „militärischen Machtfaktor" binnen weniger Monate auszuschalten, um dann mit der gesammelten Kraft der Wehrmacht auch im Westen ein Ende zu machen, so konnte man jetzt nur noch darauf ausgehen, einer Umklammerung der in ihrem Kriegspotential weit überlegenen Gegner aus Ost und West zuvorzukommen. Gewiß stellte es sich als erste Aufgabe, die schwere Krise der Ostfront zu überwinden. Nicht minder wichtig und dringend mußte es aber sein, den Kriegsplan insgesamt den neuen Verhältnissen anzupassen. Was stattdessen nach Hitlers „improvisierten" Entschlüssen geschah, sollte im November 1942 mit der Einschließung der 6. Armee in Stalingrad und – wiederum fast zur gleichen Zeit – dem Niedergang der Armee Rommel in Nordafrika seine fast unvermeidliche Quittung finden.

Nicht nur im strategisch-operativen Felde liegen in diesem Jahre die Spuren der Hitler'schen Führung klar zutage. Je untrüglicher vielmehr die Zeichen eines endgültigen Umschwungs der Kriegslage sichtbar wurden, desto mehr war er auch im inneren Bereich darauf bedacht, die oberste Befehlsorganisation der Wehrmacht nach Form und personeller Besetzung noch weiter zu schwächen und sie sich dadurch vollends gefügig zu machen. Die Splitter, die bei diesem Zerfall übrig blieben, sammelte er zur Mehrung seiner unumschränkten Macht zumeist in den eigenen Händen, um daraus nach seiner Art auch auf diesem Gebiet das Chaos zu bereiten.

Kapitel 2

Die Winterkrise 1941/42

Plötzliche Wende

Während der Oberste Befehlshaber der Wehrmacht am 2. Dezember 1941 noch auf einem schnellen Flug zur 1. Pz.Armee im Süden der Ostfront den vermeintlichen Versäumnissen der Führung nachspürte, die zu dem Rückzug von Rostow geführt hatten – übrigens unter völligem Übergehen des OKH, aber auch ohne irgendeine persönliche „Schuld an den Ereignissen" feststellen zu können[1] –, häuften sich beim Heere Meldungen und Nachrichten eines vorher nie gekannten Inhalts: Die Kraft der Truppe, hieß es gleichzeitig von den Heeresgruppen Mitte und Nord, sei am Ende; einen geschlossenen Angriff, setzte die H.Gr. Mitte, die eben noch selbst im Angriff auf Moskau gestanden hatte, hinzu, werde man an keiner Stelle mehr aufzuhalten vermögen; Kältegrade von 30–35° lähmten die Truppe und ihre Waffen; die Folgen der drohenden „Gefahr, schwer geschlagen zu werden", seien unabsehbar; sogar von einer „Vertrauenskrise ernster Art", und dies bei den Elite-Divisionen der Pz.Armee Guderian, war die Rede, während der Feldmarschall von Bock gleichzeitig auch von „Spannungen mit den Armeeführern" berichtete, die ein Eingreifen des Ob d H erforderten[2].

Nicht alle diese und ähnliche Nachrichten, die dem OKH meist von den Oberbefehlshabern und ihren Generalstabschefs über Fernsprecher zugingen, dürften das deutsche Hauptquartier in gleichem Wortlaut erreicht haben[3]. Daß aber Feldmarschall von Brauchitsch und der Chef seines Generalstabs bemüht gewesen sind, Hitler ein ungeschminktes Bild der Lage zu vermitteln, steht außer jedem Zweifel. Über einen „Führervortrag" vom 6. Dezember konnte

1 Vgl. Tgb. Halder 2. u. 3. Dez. 1941.

2 Vgl. Tgb. Halder 3. bis 9. Dez. 1941.

3 Vgl. z. B. Tgb. Halder 3. Dez. 1941: „Heusinger, Besprechung der an OKW bezüglich der Gesamtlage vorzulegenden Unterlagen", dazu aber auch in den nächsten Tagen mehrere Vermerke über Ferngespräche Halders mit Jodl.

Halder bezeichnenderweise jedoch nur berichten: „Er (Hitler) läßt sich auf zahlenmäßige Betrachtung des Stärkeverhältnis nicht ein" und hält daran fest, daß die eigene „Überlegenheit durch die Tatsache der Gefangenenzahlen pp. gegeben" sei. Halders übrige Einträge von diesem Tage zeigen auch in anderer Weise, daß Hitler es noch weit von sich wies, der Lage gebührend Rechnung zu tragen. Nur die Notwendigkeit einer „Auffrischung der Truppe" wollte er anerkennen, daneben aber allenthalben noch seine eigensten Ziele weiter verfolgen, so u. a. im Süden die Besetzung des Donezbeckens und die Vorbereitung der Wegnahme des Ölgebiets von Maikop, im Norden die Vereinigung mit den Finnen. Tags darauf folgt dann ein fast verzweifelt zu nennender Ausbruch Halders mit den seinem Tagebuch anvertrauten Sätzen:

> „Die Erfahrungen dieses Tages sind wieder niederschmetternd und beschämend. Ob d H ist kaum mehr Briefträger. Der Führer verkehrt über ihn hinweg mit den Ob der Heeresgruppen. Das Schrecklichste aber ist, daß die Oberste Führung den Zustand unserer Truppen nicht begreift und eine kleine Flickschusterei betreibt, wo nur große Entschlüsse helfen können."

Im Hauptquartier Hitlers setzte sich eine bessere Einsicht bis zum 8. Dezember immerhin soweit durch, daß in der OKW-Weisung Nr. 39 die ersten Folgen aus der neuen Lage gezogen werden konnten. Mit dem Befehl „zu sofortiger Einstellung aller größeren Angriffsoperationen und zum Übergang zur Verteidigung", der mit dem „überraschend früh eingebrochenen Winter ... und den dadurch eingetretenen Versorgungsschwierigkeiten" begründet wurde, bestätigte die Weisung allerdings nur den Zustand, den der Feind schon Tage vorher erzwungen hatte. Wesentlich war jedoch, daß Hitler es nach den weiteren Anordnungen dem OKH überließ, die nunmehr einzunehmenden Abwehrfronten nach eigenem Befinden in „kräftesparenden" Linien festzulegen. Er schränkte diese Bewegungsfreiheit allerdings durch den Zusatz wieder ein, daß operativ oder wehrwirtschaftlich für den Gegner bedeutsame Räume behauptet werden müßten, und daß im übrigen Rückverlegungen der Front, ohne vom Feind dazu gezwungen zu werden, nur nach Ausbau rückwärtiger Stellungen erlaubt sein sollten. Auch die Voraussetzungen für die Wiederaufnahme größerer Angriffsoperationen im Jahre 1942 müßten erhalten bleiben. Die unerledigten offensiven Absichten für die nächste Zeit erschienen in der Weisung lediglich als „Sonderaufgaben", vermehrt aber noch durch den Befehl zur Wegnahme von Sewastopol. Für den Ersatz der Verluste sollte das Heer im wesentlichen auf das Auskämmen rückwärtiger Dienste angewiesen sein. Ein weiterer Zuwachs an Kräften wurde nur durch einen Austausch mit Divisionen aus dem besetzten Westen vorgesehen, der hierzu während des Winters „eine Schwächung ... in Kauf nehmen" müsse. Andere Reserven waren nicht vorhanden[4].

4 Vgl. Hubatsch, Weisungen, S. 171 ff. — An Verlusten verzeichnet Tgb. Halder am 30. Nov. 1941: „Gesamtverluste des Ostheeres (ohne Kranke) 743 112 = 23,12 %, bei durchschnittlicher Stärke des Ostheeres von 3,2 Millionen." „Fehlstellen im Ost-

Zieht man in Betracht, daß die neuen Anordnungen, strategisch gesehen, nicht viel weniger als die Bankrotterklärung des Hitler'schen Kriegsplans vom Juli 1940 bedeuteten – von den Studien und Entwürfen des Sommers 1941 ganz zu schweigen –, so wird man feststellen dürfen, daß der Chef WFStab und seine Mitarbeiter mit dieser Weisung, besonders unter dem Nachhall der eben erst verklungenen Siegesfanfaren zu dem vermeintlich endgültigen Erfolg über Sowjetrußland, das im Augenblick äußerst Mögliche erreicht hatten. Das OKH schloß sich denn auch in einem Operationsbefehl vom gleichen Tage den Richtlinien widerspruchslos an und gab dabei einleitend sogar der Meinung Ausdruck, daß die bei Beginn des Feldzugs bezeichneten Ziele erreicht worden wären. Nur allzu bald sollte sich allerdings herausstellen, daß Hitler in seinem „fanatischen" Willen, das Gewonnene zu halten und jedwede Bewegungsfreiheit zu unterbinden, alle von ihm selbst eben verkündeten Grundsätze verleugnete. Aber auch ohnedies war der Front, die sich bei der klirrenden Kälte plötzlich um die gewohnte Überlegenheit gebracht sah, mit der Weisung weder sogleich noch auch auf nähere Sicht geholfen. Für die schon im Angriff weit über Gebühr beanspruchte Truppe stand vielmehr erst die Zeit noch bevor, in der frühere und spätere Fehler, aber auch zu weit getriebene Wagnisse der oberen Führung – nicht etwa allein Hitlers und des OKW – ihre letzte Kraft beanspruchen sollten.

Der Kriegseintritt Japans und der USA

Vielleicht war es mehr als allem anderen der erfolgreichen Kriegseröffnung Japans gegen die Ver. Staaten von Amerika in diesen gleichen Tagen zuzuschreiben, wenn das deutsche Oberkommando über die Wende des Krieges im Osten *zunächst* ohne stärkeres Aufhebens hinwegging. Ein Freudentaumel erfaßte vielmehr, soweit man sehen konnte, das gesamte Hauptquartier bis in den Sperrkreis II hinein und ließ nur den Einsamen, der auch in dieser Stunde weiter zu sehen glaubte, noch einsamer werden. Irgendwelche dienstliche Anordnungen im Zusammenhang mit dem überraschenden Kriegseintritt des Verbündeten im Fernen Osten blieben jedoch aus. Nicht einmal den Zweck der Reise erfuhr man, als Hitler mit seiner engeren Umgebung, darunter den Generalen Keitel und Jodl, gleich anschließend nach Berlin aufbrach. Erst am 11. Dezember mittags, als er vor dem Reichstag schon den Ver. Staaten von Amerika in aller Öffentlichkeit den Krieg erklärt hatte, begab sich das folgende, denkwürdige Ferngespräch:

> Jodl, von Berlin aus anrufend zu Warlimont, der gerade mit einigen Offizieren des Stabes zu Tische saß und die neueste Wendung besprach: „Sie

heer 340 000 = Hälfte der Gefechtsstärke der Infanterie. Kompanie-Gefechtsstärken 50–60 Mann. ... In der Heimat sind nur noch 33 000 Mann bereit ... Kraftfahrzeuge: Es laufen höchsten 50 %."

haben gehört, daß der Führer soeben den Kriegszustand mit Amerika verkündet hat?"

Warlimont: „Ja, und zwar zu unserer äußersten Überraschung."

Jodl: „Es ist nun die Aufgabe des Stabes zu prüfen, nach welcher Seite, Fernost oder Europa, die Ver. Staaten voraussichtlich zuerst die Masse ihrer Kräfte wenden werden. Erst danach werden weitere Entschlüsse zu fassen sein."

Warlimont: „Gewiß, diese Prüfung scheint auch mir sehr notwendig. Da ein Krieg gegen die Ver. Staaten bisher aber nicht in Betracht kommen sollte und wir daher über keinerlei Unterlagen zu dieser Untersuchung verfügen, wird der Auftrag nicht so ohne weiteres zu erfüllen sein."

Jodl: „Sehen Sie zu, was Sie machen können. Wenn wir morgen zurück sind, können wir das Nähere besprechen."

So und nicht anders verlief für das Hauptquartier der Beginn der deutschen Kriegführung gegen Amerika, die im Mai 1945 an der Elbe enden sollte.

In der schon früher erwähnten „Weisung über Zusammenarbeit mit Japan" vom 5. März 1941 war es als „gemeinsames Ziel der Kriegführung" bezeichnet worden, „England rasch niederzuzwingen und die USA dadurch aus dem Kriege herauszuhalten"; auch in der Folge hatte Hitler gegenüber dem Ob d M, dem nach der gleichen Weisung die „Abstimmung" der beiderseitigen — ganz auf den Seekrieg beschränkten — Operationspläne zufallen sollte, bei jeder Gelegenheit betont, daß alles vermieden werden müsse, was den Ver. Staaten, selbst noch nach Roosevelt's „Schießbefehl", den Anlaß geben könnte, in den Krieg einzutreten[5]. Trotzdem hätte der Chef eines WFStabes, der seine Aufgabe nicht vorwiegend darin suchte, als ein zweiter Heeresgeneralstabschef zu wirken, sicherlich gut daran getan, seinen Stab beizeiten mit den nun aufgeworfenen Fragen zu beschäftigen. Vielleicht hätte er dann mit dem dabei gesammelten Material, anknüpfend an Hitlers eigene Abneigung, auch sogar insoweit Einfluß auf die Entschließungen gewinnen können, daß ein Eingreifen der Ver. Staaten in den Krieg in Europa wenigstens noch nach allen Möglichkeiten hinausgeschoben worden wäre.

Unter den gegebenen Umständen bedeutete die Kriegserklärung Hitlers an die Ver. Staaten nicht viel mehr als eine leere Geste[6]. Dasselbe galt von dem „Deutsch-italienisch-japanischen Abkommen ... über die gemeinsame Kriegführung", das er noch am Tage der Reichstagsrede von seinem Außenminister unterzeichnen ließ. Auch die Gedanken, die er selbst wenig später, am 3. Ja-

5 Vgl. u. a. Dönitz, 10 Jahre und 20 Tage, S. 189, 193, 195. Im Tgb. Halder findet sich aus der vorhergehenden Zeit lediglich folgende Notiz vom 26. April 1941: „O Qu IV: Wenn Amerika jetzt in den Krieg eintritt, wäre zu rechnen nur mit dem Friedensheer, das sind höchstens 5 Divisionen, 2 Pz. Divisionen, 1 Batl. Fallschirmer, 1—2 Div. des Marinekorps, 30 Kampfstaffeln, 10 Aufklärungsstaffeln, 20 Jagdstaffeln."

6 Eine Ausnahme bildete der U-Bootkrieg, der binnen kurzem an die ostamerikanischen Küsten getragen wurde und dort reiche Beute fand — vgl. Dönitz, a. a. O., S. 195 ff.

nuar 1942, dem japanischen Botschafter, General Oshima, auseinandersetzte, waren nur aus einer Wunsch-Strategie geboren. Wollte er doch dabei aus der Tatsache, „daß ... wohl zum ersten Male in der Geschichte ... zwei so gewaltige Militärmächte – Japan und Deutschland –, die weit voneinander entfernt lägen, gemeinsam im Kampfe stünden", die Folgerung ziehen, daß „diese Position die Möglichkeit gäbe, bei genauer Abstimmung der militärischen Operationen eine Hebelwirkung in der Kriegführung zu erzeugen, die gewaltige Rückwirkungen auf den Feind haben müsse, da dieser dadurch gezwungen würde, seine Schwerpunkte immer wieder zu verlagern und auf diese Weise seine Kräfte hoffnungslos zu verzetteln. Er glaube nicht, daß die Ver. Staaten noch den Mut hätten, Angriffsoperationen im ostasiatischen Raum zu führen." Ribbentrop blieb es überlassen, das bei der nun im Osten gegebenen Lage Nächstliegende zu sagen, wenn er meinte, „daß Japan vielleicht im Mai in der Lage sein würde, Rußland anzugreifen". Auch Oshima hielt es für eine natürliche Folge, „daß Japan eines Tages Rußland schlagen müsse", wenn die „Neuordnung in Ostasien" vollendet werden solle. Demgegenüber blieb Hitler jedoch dabei, „daß es für Deutschland das Wichtigste sei, daß Japan den angelsächsischen Mächten nicht unterliege. ... Auch für uns sei England der Hauptfeind. Den Russen würden wir sicherlich nicht unterliegen."[7]

Im WFStabe kam man alsbald, übereinstimmend mit dem Amt Canaris, wenn auch ohne zuverlässige Grundlagen, zu der Überzeugung, daß die Amerikaner es darauf anlegen würden, in erster Linie Deutschland aus dem Felde zu schlagen. Die Zeit für ein Auftreten stärkerer US-Kräfte im europäisch-afrikanischen Bereich hielt man aber bis auf weiteres noch nicht für gekommen. Die höhere Kriegsbereitschaft Japans, so urteilte man außerdem, würde sich zunächst zugunsten der „Achsenmächte" auswirken, besonders wenn die Japaner, wie zu erwarten, bereit sein sollten, trotz ihres Nicht-Angriffspakts mit Moskau starke russische Kräfte im Fernen Osten zu binden.

Am 18. Januar 1942 unterzeichneten der Chef OKW und die Bevollmächtigten der italienischen und japanischen Stabschefs gleichen Ranges in Berlin „Die militärischen Vereinbarungen zwischen Deutschland, Italien und Japan", die dem politischen Abkommen von Dezember folgten. Schon aus der Bezeichnung als „Geheime Reichssache", die von militärischer Seite nicht angewendet wurde, geht eindeutig hervor, daß das Dokument unter Leitung des Auswärtigen Amts, und zwar höchstwahrscheinlich in der Militär-Kommission des Drei-Mächte-Pakts entstanden ist. Da dieses Organ der „Achse", wie erwähnt, über die Absichten der deutschen Kriegführung nicht einmal unterrichtet werden durfte, kam den „Vereinbarungen" nur insofern eine praktische Bedeutung zu, als darin gewisse Abgrenzungen für den Handelskrieg zur See und die Grundsätze für eine Zusammenarbeit allgemeiner militärischer Art, wie beispielsweise im Nachrichtendienst, in Versorgungs-, technischen und Rüstungsfragen ent-

7 Vgl. Jacobsen, Chronik, S. 282 und 288.

halten waren. Einer Angabe strategischer Zielsetzungen war man durch eine großzügige Aufzählung aller in Betracht kommenden Kriegsgebiete rund um den Erdball aus dem Wege gegangen. Als Gegner traten nur England und die Ver. Staaten auf, Rußland blieb unerwähnt[8].

Der WFStab hat an diesem Schriftstück, das die schon im Verhältnis zu Italien übliche Verschleierung und Unaufrichtigkeit nun auch Japan gegenüber fortsetzte, weder mitgewirkt noch es nur zu Gesicht bekommen. Die deutsch-japanischen militärischen Beziehungen beschränkten sich in der Folge auf gelegentliche Besuche japanischer Offiziere im deutschen Hauptquartier, wo Hitler selbst den Botschafter, General Oshima, empfing, während Keitel und Jodl sich mit den Begleitern beschäftigten. Den Sperrkreis II, die eigentliche militärische Arbeitsstätte des Hauptquartiers, hat kein japanischer Offizier je betreten.

Fünfzehn Monate später, im April 1943, war auch Hitler zu neuen Einsichten über das Verhältnis zu Japan gelangt. Bei der Lagebesprechung vom 5. April 1943 entwickelte sich darüber das folgende Gespräch:

> „Jodl: Die Japaner sind überzeugt, daß im Jahre 1943 der Schwerpunkt auf dem europäischen Kriegsschauplatz bleibt.
>
> Hitler: Wir freuen uns nicht so sehr.
>
> Jodl: Die Räumung von Guadalcanar (durch die Japaner) ist geglückt.
>
> Hitler: Man darf nichts darauf geben, was die Japaner sagen. Ich glaube kein Wort davon.
>
> Jodl: Man darf ihnen nicht glauben, weil das die einzigen Leute sind, die mit wirklichem Bewußtsein und treuester Miene einem irgend etwas erzählen.
>
> Hitler: Sie lügen einem die Hucke voll, und ihre ganzen Darstellungen sind auch alle auf etwas berechnet, was sich hinterher als Täuschung erweist. ...
>
> Was haben die Japaner in der kurzen Zeit erreicht! Wenn man sich das vorstellt! Daß Japan nicht mehr als 30 Inf. Divisionen aufstellen kann, ist lächerlich. Japan hat mehr Einwohner als Deutschland. ... Sie können 120 Divisionen aufstellen. Man weiß auch nicht, wieviel sie in Wirklichkeit haben. ...
>
> Das einzige, was für die eine Frage ist, die ich nicht beurteilen kann, ist das Problem der Panzer. Haben sie einen modernen Panzer oder nicht? ...
>
> Ein Adjutant: Über Panzer haben sie ebensowenig etwas verlautbart wie über Flugzeuge.
>
> Hitler: Sie haben auch nichts über Schiffe gesagt, und plötzlich waren sie mit den schwersten Schiffen da, die es auf der ganzen Erde gibt. Sie haben nichts über Flugzeugträger gesagt, und auf einmal stellt sich heraus, daß sie die meisten Flugzeugträger haben. ...
>
> Sie sagen kein Wort. Ich sage auch kein Wort. ...
>
> Wenn sie wirklich etwas vorhaben, werden wir nie etwas erfahren. Und wenn sie darauf hinweisen, daß sie im Süden eine Operation haben, möchte

8 Veröffentlicht bei Jacobsen, Chronik, S. 291 ff.

ich eher schließen, daß sie im Norden etwas machen, als daß sie unten im Süden etwas machen."[9]

In dieser Unterhaltung blieb manches Verdienst der Japaner um die gemeinsame Kriegführung unerwähnt. Dazu gehörte beispielsweise die Entlastung für den Kriegsschauplatz im Mittelmeer, wo der Abzug stärkerer Teile der britischen Flotte und Luftstreitkräfte nach Fernost es Rommel im Verein mit den eigenen Verstärkungen an U-Booten und Flugzeugen ermöglichte, schon gegen Ende Januar 1942 die Engländer binnen kurzem wieder auf das westliche Vorfeld von Tobruk zurückzuwerfen. Auch die Beladung deutscher „Blockadebrecher" in japanischen Häfen mit Rohstoffen, besonders Kautschuk, und ebenso manche Hilfe auf ihrer Weiterfahrt haben einen wesentlichen, wenn nicht unentbehrlichen Beitrag für die Fortsetzung des Krieges in Europa bedeutet. Dagegen ist es trotz vielfacher Bemühungen auf diplomatischen Wegen nicht gelungen, eine japanische Unterstützung irgendwelcher Art im Kampf gegen die Sowjets zu erreichen[10]. Die Russen haben diese Vertragstreue bekanntlich schlecht gelohnt, als sie sich noch 1945 im Schlußabschnitt des Krieges dem konzentrischen Angriff auf Japan von der Mandschurei her anschlossen.

Organisatorische und personelle Veränderungen in den Spitzen der Wehrmacht

Bei der Rückkehr Hitlers aus Berlin hatte die Krise der Ostfront einen Grad erreicht, der ehestens durch den Tagebucheintrag Halders vom 15. Dezember 1941 abends gekennzeichnet sein mag: „Sehr ernste Besprechung mit Ob d H über die Lage. Er ist sehr niedergeschlagen und sieht keinen Ausweg mehr, um das Heer aus der schwierigen Lage zu retten." Mochte dieses Urteil des Feldmarschalls von Brauchitsch auch wesentlich durch seinen schlechten Gesundheitszustand beeinflußt sein, der ihn schon zehn Tage vorher zu dem Entschluß geführt hatte, seinen Abschied zu nehmen[11], so sah sich doch nunmehr auch das Hauptquartier aufs höchste alarmiert. Eine der ersten Folgen ware eine Reihe von personellen und organisatorischen Veränderungen, darunter die

9 Fragment des Stenogramms vom 5. April 1943 (im Auszug).

10 Vgl. z. B. KTB der Kriegsgeschichtlichen Abt. des OKW 29. April 1942 (im folgenden „KTB Scherff"): „Unterredung des deutschen Botschafters in Tokio mit dem japanischen Außenminister Togo ... Zu der Anregung des deutschen Botschafters, bei der schwierigen Lage der Sowjetunion habe ein Vorstoß gegen Wladiwostok und Baikalsee entscheidende Bedeutung, da er zur völligen Liquidierung der S.U. führen könne, habe der Außenminister nicht Stellung genommen."

11 Vgl. Tgb. Halder 5. und auch 1. Dez. 1941, also noch vor Beginn der Krise, wo es heißt: „Der Gesundheitszustand des Ob d H ist unter der Einwirkung der dauernden Aufregungen wieder besorgniserregend", sowie Heusinger, a. a. O., S. 151, der aus eigenem Erleben „den völlig gebrochenen Eindruck" schildert, den Brauchitsch schon Anfang Dezember auf ihn gemacht habe. S. auch Görlitz, Keitel, S. 287.

unvergleichlich wichtigste, daß Hitler am 19. Dezember auch den Oberbefehl über das Heer übernahm, — nicht etwa als vorübergehende Notmaßnahme, sondern um ihn bis zu seinem Ende beizubehalten.

Den Feldmarschall von Brauchitsch, der fast vier Jahre an der Spitze des Heeres gestanden hatte, ließ Hitler am gleichen Tage ohne eine abschließende Auszeichnung oder andersartige Ehrung gehen. Die Gedanken, die ihn zu dieser ungewöhnlichen Form der Entlassung bewogen haben werden, hat Goebbels unzweideutig genug ausgesprochen, wenn er am 20. März 1942 nach einem seiner — seltenen — Besuche des Hauptquartiers unter schlichter Umkehrung der Tatsachen in seinem Tagebuch vermerkte:

> „Großer Teil der Schuld — an der im Dezember drohenden Katastrophe — bei Brauchitsch. Der Führer hat für ihn nur Ausdrücke der Verachtung. Ein eitler, feiger Wicht, der nicht in der Lage war, die Situation überhaupt zu überschauen, geschweige sie zu meistern. Er hat den ganzen Feldzugsplan, der vom Führer kristallklar entworfen worden war, durch sein dauerndes Dazwischenreden und durch seinen dauernden Ungehorsam vollkommen verkitscht und verdorben. Der Führer hatte den Plan, der zum Siege führen mußte. Hätte Brauchitsch alles das getan, was von ihm verlangt wurde und er eigentlich auch tun mußte, dann ständen wir im Osten heute anders. ... Der Führer hat gar nicht die Absicht gehabt, nach Moskau zu gehen. Er wollte den Kaukasus abschneiden und damit das Sowjetsystem an der empfindlichsten Stelle treffen. Aber Brauchitsch und sein Generalstab haben das besser gewußt. Brauchitsch hat immer nach Moskau getrieben. Er wollte Prestigeerfolge statt sachliche Erfolge. Der Führer schildert ihn als einen Feigling und Nichtskönner. Auch den Westfeldzugsplan hat er zu verkitschen versucht, aber hier hat der Führer rechtzeitig eingreifen können."

Um den propagandistischen Zweck dieser Darstellung zu erkennen, mag der Hinweis genügen, daß Goebbels schon seit längerem über den „Argwohn im Volke" und den Stimmungsrückgang beunruhigt war, den die Entlassung Brauchitschs nach sich gezogen hatte[12]. Zusammen mit dem weiteren unwahren Vorwurf, daß der Ob d H auch die Schuld daran trage, wenn die Winterbekleidung nicht rechtzeitig an die Front gelangt sei[13], mußte hiernach die kaum überwundene verzweifelte Lage des Ostheeres dazu herhalten, um dem traditionellen hohen Ansehen des Heeres und seiner führenden Offiziere im deutschen Volke zu vermeintlichem Nutz und Frommen der „Partei" einen nachhaltigen Stoß zu versetzen. Man bewahrte sich außerdem durch solche Entstellung der Wirklichkeit vielleicht noch einmal vor weiterer Verbreitung der Erkenntnis, daß die seit Jahr und Tag ständig wiederholten Warnungen der „Generale" vor Hitlers abenteuerlicher Kriegspolitik sich trotz aller vorübergehenden Erfolge letzten Endes als nur allzu berechtigt erwiesen[14].

12 Vgl. z. B. sein Tagebuch 24. Jan. 1942: „Hat Stimmung getroffen."

13 Vgl. Tgb. Halder 19. Dez. 1941 in Verbindung mit Teil III, Kap. 4, Anm. 95 (unter d).

14 Daß es Goebbels um mehr ging, als nur die Entlassung von Brauchitsch zu rechtfertigen, ergibt sich auch aus seinen weiteren Tagebucheinträgen vom 20. und

Auf dem wichtigsten Gebiet, dem der Führung, bedeutete im Dezember 1941 der Entschluß Hitlers, sich selbst an die Spitze des Heeres zu setzen, kaum mehr als die Bestätigung eines schon bestehenden Zustandes. Es ist infolgedessen auch wohl nur zum Schein über andere mögliche Nachfolger gesprochen worden[15]. Weithin bekannt geworden ist in diesem Zusammenhang schon damals jene Aussage Hitlers von historischer Bedeutung, der Generaloberst Halder später aus seiner Erinnerung die Worte geliehen hat: „Das bißchen Operationsführung kann jeder machen. Die Aufgabe des ObdH ist es, das Heer nationalsozialistisch zu erziehen. Ich kenne keinen General des Heeres, der diese Aufgabe in meinem Sinne erfüllen könnte. Darum habe ich mich entschlossen, den Oberbefehl über das Heer selbst zu übernehmen."[16]

Die Parallele dieser Vorgänge zu denen um den 4. Februar 1938, als Hitler den de facto-Oberbefehl über die Wehrmacht für sich in Anspruch genommen hatte, ist nicht zu übersehen. Mit dem untrüglichen Gespür für die Mehrung der eigenen und die Zerstörung jeder anderen Macht trat er erneut in die sich bietende Bresche. In seiner maßlosen Selbstüberschätzung, die ihn später noch auf fast allen anderen Stufen der Heeresführung, bis zu Bataillon und Kompanie hinunter, tätig werden lassen sollte, hat ihn sicher nicht der geringste Zweifel berührt, daß er alles viel besser machen würde. Des Beifalls seiner engeren Umgebung konnte er dabei auch jetzt wieder sicher sein; soll doch Jodl noch im November 1943 auf Vorstellungen Guderians, Hitler zur Abgabe des

21. März 1942, wo es u. a. heißt: „Man hat doch jetzt über die Führung der deutschen Wehrmacht ganz andere Ansichten als etwa nach der Frankreich-Offensive. Harten Belastungen und schweren seelischen Krisen sind die aus dem Generalstab hervorgegangenen hohen Offiziere in keiner Weise gewachsen. Das haben sie ja auch nicht gelernt. Sie sind zu wenig an preußischen Vorbildern geschult worden, und vor allem die ersten Erfolge dieses Krieges haben sie zu sehr mit dem Gedanken vertraut gemacht, daß alles auf Anhieb gelingen würde und sich kaum irgendwo ernste Schwierigkeiten zeigen würden" (vgl. auch Hitlers „Tischgespräche", S. 137). — Nach einer Aussprache mit Göring fügt Goebbels seinem Tagebuch noch hinzu: „Über die Wehrmacht sind wir vollkommen einer Meinung. Göring hat für die feigen Generäle nur Worte tiefster Verachtung. ... Gfm. Keitel ist diesen Dingen nicht mit der genügenden Schärfe entgegen getreten. Er ist vielleicht auch zum großen Teil schuld daran, daß der Feldzugsplan im Osten nicht richtig geklappt hat. Er hat die Befehle des Führers nur schlotternd in das OKH hineingetragen. Brauchitsch ist nicht allein schuld." Schließlich schreibt Goebbels noch die folgenden Sätze nieder, die er dem verblendeten Idealisten General Schmundt, dem Chef-Adjutanten der Wehrmacht bei Hitler, in den Mund legt: „Schmundt beklagt sehr die Indolenz (sic!) einer Reihe von höheren Offizieren, die den Führer nicht verstehen wollen, z. T. auch nicht verstehen können. Sie berauben sich damit, wie General Schmundt sagt, des schönsten Glücks, das ein Zeitgenosse überhaupt heute erleben kann, nämlich einem Genie zu dienen."

15 Vgl. dazu Text, S. 75 betr. Feldm. von Reichenau, und Heusinger, a. a. O., S. 152, wo außerdem noch Rundstedt und Dietl genannt werden.

16 Bor, Gespräche, S. 214. Ob sich hinter diesen Wendungen auch die Ablehnung eines etwaigen Anspruchs Görings oder gar Himmlers, die Führung des Heeres zu übernehmen, verborgen hat, mag dahingestellt bleiben; vgl. auch dazu Heusinger, a. a. O., S. 152.

Oberbefehls zu bewegen, „in eisiger Ablehnung" geantwortet haben: „Wissen Sie einen besseren Obersten Befehlshaber als Adolf Hitler?"[17] Vor allem aber drängt sich dieser Vergleich auf: Wie der Gesamt-Wehrmacht zu Anfang 1938 mit Hitlers Übernahme des Oberbefehls der ihr allein zugehörige Kopf verloren gegangen war, und wie die oberste militärische Führung seitdem ihre einheitliche, auf Sachkenntnis und Erfahrung gestützte Vertretung gegenüber der politischen Instanz verloren hatte, so erging es nunmehr auch dem Heere. An Haupt und Gliedern setzte sogleich die große Auflösung ein. „Es kommt ihm — Hitler — anscheinend ... nur auf zwei Gebiete an", so schildert General Heusinger später aus seinem Erleben, übereinstimmend mit der eigenen Erfahrung, den bis Ende Dezember 1941 entstandenen Zustand,

> „das der eigentlichen Führung und das des Personalamtes. Damit hat er die wichtigsten Dinge in der Hand. Für die Ausbildung, die Organisation, das Ersatzheer, die Militärverwaltung, die Inspektionstätigkeit innerhalb der einzelnen Waffengattungen und die Erziehung trägt zur Zeit niemand die Verantwortung. Keitel soll den größten Teil dieser schwierigen Aufgaben übernehmen, gewissermaßen als Vertreter Hitlers... Er wird bald nicht mehr wissen, ob er als Chef des Oberkommandos der Wehrmacht oder als stellvertretender Oberbefehlshaber des Heeres regiert... Den Rest wird der Chef des Generalstabes mitbetreuen müssen. Diese Aufteilung zersplittert endgültig die Führung... Das Chaos der Spitzengliederung wird immer größer."[18]

Doch nicht genug damit, beschränkte Hitler, der schon in den vorangegangenen Monaten eingerissenen Arbeitsweise folgend, nunmehr den Generalstab des Heeres endgültig und allein auf die Führungsaufgaben im Osten. Was bis dahin — außer in Norwegen und in Nord-Finnland — noch als ein Abweichen von der Regel gelten konnte, wurde von ihm als Oberbefehlshaber des Heeres, wenn auch nach wie vor ohne ausdrückliche Anordnung, zum System erhoben. Das bedeutete aber nicht nur die Auflösung der Einheit des Heeres, führungsmäßig versinnbildlicht vor allem darin, daß niemand außer Hitler mehr über die Masse der Heereskräfte und damit vor allem auch über Reserven und Kräfteverschiebungen von einem Kriegsschauplatz zum anderen verfügen konnte, sondern ebenso auch eine gesteigerte Entfremdung des WFStabes von seiner eigentlichen, die gesamte Kriegführung umfassenden Aufgabe. „Aus der Ebene des richtungweisenden Führungsorgans", sollte Heusinger später richtig schreiben, war der Stab „in diejenige der Wehrmachtteile herabgestiegen"[19].

17 Guderian, a. a. O., S. 294.

18 Heusinger, a. a. O., S. 154 ff. Dem Feldmarschall Keitel wurde für die von ihm zu übernehmenden Aufgaben des Ob d H, über deren Abgrenzung niemals volle Klarheit erreicht worden ist, ab Mitte Januar 1942 der General Buhle, bis dahin Chef der Organ. Abt. des OKH, zur Verfügung gestellt, dessen Dienststellenbezeichnung als „Chef Heeresstab beim Chef OKW" allein schon dem wachsenden Durcheinander deutlichst Ausdruck verleiht. Vgl. auch Görlitz, Keitel, S. 319 ff.

19 A. a. O., S. 155.

Die andere, gerade in der aufs äußerste angespannten Lage so viel näher liegende Lösung, nämlich die Führungsstäbe des OKW und des OKH, die nunmehr beide unmittelbar von Hitler abhängig waren, mit einander zu verschmelzen, ist auch in diesem Zeitpunkt gar nicht erst erwogen worden. Wohl hat Jodl dem Verfasser damals bedeutet, daß Hitler mit dem Gedanken umgegangen sei, ihn – Jodl – anstelle Halders zum Chef des Generalstabs des Heeres zu ernennen, und daß er sich glücklich schätze, dieser Berufung entgangen zu sein. Eine Vereinigung der beiden Ämter in einer Hand aber wäre den innersten Tendenzen, die Hitler mit seiner Art der Machtverteilung verfolgte, geradezu entgegengesetzt gewesen. Noch viel weniger hätte er es auch nun, nachdem er selbst den Oberbefehl über das Heer übernommen hatte, in Betracht gezogen, dem Generalstab des Heeres nach dessen alten, aber keineswegs aufgegebenen Plänen zum Kern eines Wehrmacht-Generalstabs zu machen und ihn damit in den großen Führungsfragen auch über Kriegsmarine und Luftwaffe zu stellen. Es ist ein rein militärisches Denken, wenn Heusinger mit vielen anderen meint, daß damals die Gelegenheit dafür „günstiger denn je" gewesen wäre.[19] Hitler wollte gar nicht die Einheit, sondern die Vielheit, es sei denn die Einheit in seiner eigenen Hand. Entgegen früheren Äußerungen war er neuerdings aber auch nicht einmal mehr bereit, die hohe fachliche Leistung des Heeresgeneralstabs anzuerkennen, wenn er beispielsweise anläßlich des Wechsels im Oberbefehl ebenso bösartig wie ungerecht bemerkte: „Das Heer arbeitet zu schematisch. Hinweis auf Luftwaffe. Ganz anders vom Reichsmarschall erzogen."[20] In viel höherem Maße noch verabscheute er den im Heeresgeneralstab verkörperten Geist nüchterner, verantwortungsbewußter Arbeit.[21] Schließlich war es aber auch damals nicht anders wie ehedem und immer späterhin, daß dieser Mann bei aller seiner sonstigen Rücksichtslosigkeit sich nämlich scheute, dem „Reichsmarschall" oder dem Ob d M irgendeine Form der Unterordnung unter das Heer zuzumuten.

Unabhängig von diesen Vorgängen trat am 1. Januar 1942 auch eine Neuordnung innerhalb des WFStabes in Kraft, die zwar an dessen Stellung und Arbeitsweise nichts änderte, hier aber doch wegen der neuen Dienstbezeichnungen erwähnt werden muß. Die „Abteilung Landesverteidigung" als solche hörte auf zu bestehen; ihr Chef hieß in der Folge „Stellvertretender Chef WFStab". Die Leiter der ihm unterstellten drei Arbeitsgruppen für Operationen wurden als „1. GenSt. Offz. Heer – bzw. Luftwaffe" – und „1. Admiralstabsoffizier" im WFStab bezeichnet, ihre Dienststellen ebenso wie diejenigen für die organisatorischen und Quartiermeister-Aufgaben gleichzeitig in den Rang von „Abteilungen" erhoben.

20 Tgb. Halder 19. Dez. 1941.

21 Vgl. auch hierzu Heusinger, der selbst a. a. O., S. 165, Hitler zu seinem Adjutanten u. a. sagen läßt: „Die Generalstabsoffiziere denken mir zu viel. Sie sehen die Dinge zu kompliziert. Auch Halder. Es ist gut, daß ich die Mitverantwortung des Generalstabs abgeschafft habe."

Spitzengliederung der Wehrmacht

Tabelle 2

Stand Jahreswende 1941/42

Einteilung nach Kriegsschauplätzen unter Aufspaltung der Heeresführung

Die oberste Führung
Oberkommando der Wehrmacht
(OKW)

„Der Führer und Oberste Befehlshaber der Wehrmacht"
Chef des Stabes des OKW (Chef OKW): Keitel

Chef des Wehrm.Führ.Stabs (Chef WFStab): Jodl
Stellv. Chef WFStab: Warlimont

Gesamtführung; außerdem unmittelbar unterstellt die Kriegsschauplätze und die auf ihnen eingesetzten Verbände des Heeres

in Norwegen (Wehrm.Befh. Norwegen: von Falkenhorst) — seit April 1940
in Nord-Finnland (Geb.A.O.K. 20: v. Falkenhorst, Dietl u. a.) — seit Juni 1941
im Balkan (Wehrm.Befh. Südost: List, Löhr u. a.)
in Nordafrika (Dt.-ital. Panzer-Armee: Rommel)
im Westen (OB West: von Witzleben, von Rundstedt u. a.)

Der Oberbefehlshaber des Heeres:
von Brauchitsch
ab 19. Dez. 1941: Hitler
Generalstab des Heeres, Chef:
Halder

Nur noch östlicher Kriegsschauplatz

Seekriegführung
Wie Tab. 1

Chef des Stabes d.Skl. ab Juni 1941:
Fricke

Luftkriegführung
Wie Tab. 1

Als Urheber dieser Umstellungen, die einem Kenner der Verhältnisse bei militärischen Stäben nur als ein weiteres Beispiel jener weitverbreiteten Entwicklung erscheinen werden, die von den Amerikanern scherzhaft als „empire-building" bezeichnet wird, muß sich der Verfasser selbst bekennen. Zu seiner Entlastung sei jedoch gesagt, daß es ihm neben eigenen Interessen mindestens ebenso nahelag, seinen nächsten Mitarbeitern, fast sämtlich Obersten des Generalstabs, die ihrem Rang entsprechenden Dienststellungen zuerkennen zu lassen. Als Nachteil der Neuerung erwies es sich, daß eine Sammelbezeichnung für die wichtigste Gruppe des WFStabes, wie sie bisher unter dem Namen der „Abt. L" bestanden hatte, nunmehr entfallen war. Stattdessen wurde in der Folge gelegentlich die Bezeichnung „engerer WFStab" oder „Arbeitsstab Jodl" – dies hauptsächlich von ihm selbst – angewendet. Ein ungleich größerer Nachteil sollte dem Verfasser nach dem Kriege jedoch daraus entstehen, daß seine neue Dienstbezeichnung ihn vor fremdländischen Augen als mit wesentlich höherer Verantwortung im Vergleich zu derjenigen eines Abteilungschefs belastet erscheinen ließ.

Als Hitler durch Jodl von diesen Veränderungen erfuhr, scheint er nur insoweit ein Interesse daran bekundet zu haben, als er forderte, den Oberst d. G. von Loßberg, den „1. GenSt. Offz. Heer im WFStabe", durch einen anderen Offizier zu ersetzen. Als Grund für dieses überraschende Verlangen stellte sich heraus, daß er Loßbergs kritisches Hervortreten während seiner eigenen kläglichen Schwäche-Anwandlungen zur Zeit des Norwegen-Feldzugs noch nicht vergessen hatte. Von den übrigen Leistungen dieses hervorragenden Generalstabsoffiziers, der sich auch später gerade in bedrängten Lagen besonders bewährt hatte, war Hitler ebensowenig bekannt wie von aller sonstigen Tätigkeit in *seinem* „militärischen Arbeitsstabe". Keiner der dazu berufenen hohen Vorgesetzten setzte sich auch für Loßbergs Verbleiben ein. Man war eben nicht nur in einem „zivilen Hauptquartier"; auch von seinesgleichen fand man sich in zunehmendem Maße viel mehr als nur durch die Sperrkreiszäune getrennt. – Nachfolger Loßbergs wurde im Austausch der Stellungen Mitte Januar 1942 der Oberst i. G. Frhr. Treusch von Buttlar-Brandenfels, bis dahin 1. Generalstabsoffizier beim AOK Norwegen. Auch er hat sich in einer über fast drei Jahre währenden Zusammenarbeit als ein vorzüglicher Offizier und Kamerad erwiesen.

Im Spiegel der Hitlerschen Lagebesprechungen

Hitlers Übernahme des Oberbefehls über das Heer brachte, zumal unter dem Druck der schweren Krise, auch für die täglichen Lagebesprechungen im Hauptquartier einen wesentlichen Wandel mit sich. Gleich am 19. Dezember hatte Halder in seinem Tagebuch u. a. noch vermerkt: „Neue Arbeitsmethoden: Täglicher Vortrag mit Transportchef, Nachrichtenchef, Gen. Quartiermeister" und – wenn auch nicht besonders erwähnt – dem Chef der Operationsabteilung, General Heusinger[22]. Diese Anordnung war an sich eine mehr oder weniger selbstverständliche Folge aus der von Hitler neu übernommenen Verantwortung. Auch Generaloberst Halder hat nach eigenen Eindrücken damals einen neuen Anlauf genommen, um über alle, besonders auch persönlichen Spannungen hinweg das neue, unmittelbare dienstliche Verhältnis zu Hitler im Interesse des Heeres so weit wie irgend möglich zu pflegen und zu nutzen. Die immanenten, gegensätzlichen Kräfte sollten sich jedoch binnen kurzem als die weit stärkeren erweisen.

Zunächst war es der äußere Ablauf der, von Hitler und seiner ständigen Umgebung — bewußt oder auch unbewußt — nach der bis dahin geübten Routine beibehalten, sich dem gutwilligen Streben Halders entgegenstellte. Nach wie vor nämlich hatte der Generalstab des Heeres schon in den frühesten Morgenstunden seine Lagemeldungen schriftlich an den Sperrkreis II zu übermitteln; nach wie vor auch wurden sie dort mit den Meldungen von den übrigen Kriegsschauplätzen zusammengestellt und von Jodl als Unterlage zu seinem eigenen Lagevortrag bei Hitler benutzt. Dabei beschränkte sich der Chef WFStab für den Osten, der bisherigen Übung folgend, darauf, die Lage nur in großen Zügen, gestützt auf eine Karte im Maßstab 1 : 1 Million, zu schildern. Indes konnte — und *wollte* er auch sicherlich weiterhin — nicht verhindern, daß sich daraus, ebenso wie aus den regelmäßigen abendlichen oder nächtlichen Besprechungen allein im Kreise des Hauptquartiers, kritische und weiterplanende Erörterungen entwickelten, die tief in den Bereich der *Heeres*führung auf dem östlichen Kriegsschauplatz übergriffen. Erst im Anschluß an den einleitenden Teil der mittäglichen Lagebesprechung erschien Halder mit seinen Begleitern und trug nun seinerseits die Lage im Osten an Hand von großen Karten 1 : 300 000, in besonderen Fällen auch noch kleineren Maßstabs im *einzelnen* vor. Dabei stieß er dann, genau wie bei den früheren, auf besondere Anlässe beschränkten Vorträgen fast regelmäßig auf schon vorgefaßte Meinungen und Entschlüsse, die seine Aufgabe trotz seiner sehr viel eingehenderen Kenntnis der Lage und aller zugehörigen Umstände ungemein erschwerten[23].

22 Wurde am 23. Dez. auf Halders Vorschlag von Hitler zum Generalmajor befördert.

23 Generaloberst Halder hat sich während der ihm noch verbleibenden 9 Monate als Chef des Generalstabs des Heeres mit diesen Verhältnissen abgefunden. Er hat es auch hingenommen, daß die allein die Ostfront betreffenden Befehle Hitlers zu der Sommeroffensive 1942 vom WFStab bearbeitet und herausgegeben worden sind. Erst sein Nachfolger ab Ende September 1942 (Zeitzler) hat sich, wie später noch zu zeigen sein wird, mit Erfolg gegen die Tätigkeit Jodls in den Lagebesprechungen und bei der Befehlserteilung für den Osten aufgelehnt, ist dabei dann aber — mit Hitlers Zustimmung — in den umgekehrten Fehler verfallen, den WFStab *gänzlich* aus der Führung im Osten, also auch soweit die übrigen Kriegsschauplätze darin verwirkt waren, auszuschalten. General Jodl war sich offenbar nicht mehr dieser Zusammenhänge, wohl aber der wegen seiner Haltung vielfach gerade aus seinem Stabe gegen ihn erhobenen Vorwürfe bewußt, als er in arger Verwechslung der persönlichen und zeitlichen Gegebenheiten vor dem IMT in Nürnberg im Anschluß an die Schilderung des vorher gültigen Zustandes ausgesagt hat (Bd. XV, S. 407):

Aber auch abgesehen davon, mußte der Chef des Generalstabs des Heeres sich wie ein Besucher am fremden Ort vorkommen. Verkörperte Halder bei seinem Vortrag nach Wissen und Urteil, nach Sprache und Haltung die besten Traditionen des Generalstabs, so gefiel Hitler sich demgegenüber in der Rolle des Volkstribunen. Halders Begleitung, stets in der Minderzahl, stand nach militärischem Brauch zu näheren Auskünften auf ihren Fachgebieten sozusagen im Hintergrund bereit; Hitler hingegen sah sich von den immer zahlreicheren Mitgliedern seiner Maison militaire umgeben — unter ihnen neuerdings auch ein Vertreter der Waffen-SS —, die in dem jahrelangen, ständigen Zusammenleben die „militärische Haltung" mehr oder weniger abgelegt hatten: so Keitel, der grundsätzlich nur auf ein Stichwort, oft nicht einmal auf eine Redepause Hitlers wartete, um ihm unterschiedslos mit Wort und Geste beizupflichten[24]; so auch Jodl, der — wenigstens eine Hand immer in der Hosentasche — bei strittigen Fragen meist das Schweigen als den besseren Teil vorzog, wenn er auch gelegentlich für Halders Standpunkt eintrat; vor allem jedoch einige der anderen „Beisteher", die, ohne Verantwortung, wie sie meist waren, Hitler vielfach nach Versammlungsart mit Anmerkungen und Zwischenrufen bedienten und dafür immer einer beifälligen Aufnahme sicher sein konnten.

Bis zur physischen Unerträglichkeit aber mußte außerdem auf Halder — und nicht nur auf ihn allein — der Redefluß Hitlers wirken, in dem Altes und Neues, Wichtiges und Unwichtiges, sich ständig wiederholend, in hemmungslos dahinrauschendem Strom die nächstliegenden, konkreten Fragen und Vorschläge hinwegschwemmte. Dazu kamen häufig ebenso langatmige Ferngespräche mit den oberen Heeresbefehlshabern der Front, sei es daß diese sich in Kenntnis der Zeit der Lagebesprechungen bemühten, von Hitler dringende Entscheidungen zu erhalten[25], oder daß er seinerseits anrief in der vagen Erwartung, von ihnen günstigere Berichte als von Halder zu erfahren. Auch Minister, Staatssekretäre oder andere nicht-militärische Sachverständige, meist aus dem Bereich des Verkehrswesens, wurden auf kurzen Abruf aus Berlin in die Lagebesprechung beordert, um von Hitler, der wohl glaubte, auf solche Weise die absolute Einheit der Führung zu demonstrieren, befragt, belehrt und bedroht

„Und völlig änderte sich dieser Zustand, als zu Beginn des Jahres 1942 der Führer selbst den Oberbefehl über das Heer übernahm. ... Aber es ist doch selbstverständlich, daß der Führer als Oberster Befehlshaber der Wehrmacht nicht mit Hilfe von Jodl Befehle an sich selbst als Oberbefehlshaber des Heeres geben und diese Befehle dann mit Hilfe von Generaloberst Zeitzler ausführen konnte. Infolgedessen trat die Trennung ein" ...

Auch aus dieser Aussage tritt trotz aller ihrer Irrtümer als einzige Realität das ganze Durcheinander der „Spitzengliederung" hervor.

24 Vgl. dazu die beispielhaft treffende Darstellung bei Heusinger, a. a. O., S. 176 ff., sowie einzelne der weiter unten im Text wiedergegebenen Stenogramme der Lagebesprechungen.

25 Vgl. als Beispiel Tgb. Halder 8. Jan. 1942 (Ferngespräche mit Feldm. von Kluge).

zu werden. Stunden und Aber-Stunden gingen täglich darüber hin, die für die Verantwortlichen unter den Teilnehmern einen ebenso großen Verlust an eigener Arbeitszeit, aber mehr noch an Reserven innerer Kraft mit sich brachten[26].

Die schwerste Last dürfte es aber für Halder zweifellos bedeutet haben, an der Art der Führung des Heeres mitwirken zu sollen, die Hitler nunmehr, alle Hemmungen abstreifend, zu praktizieren begann. Wie schon bei der H.Gr. Süd in den Tagen von Rostow, so stellte er es ab Mitte Dezember für den gesamten östlichen Kriegsschauplatz als ersten und einzigen Grundsatz heraus, dort, wo die Front im Angriff zum Stehen gekommen war, zu halten und keinen Schritt zu weichen, – noch schärfer ausgedrückt in der Devise: „Jeder Mann muß, wo er ist, sich verteidigen."[27]

Die Berechtigung, ja die Notwendigkeit einer solchen Forderung als allgemeine oder operative Richtlinie in der damaligen Lage[28] konnte und kann auch heute – zumal im Vergleich mit jener Bemerkung Brauchitschs über die Ausweglosigkeit der Lage – nicht bestritten werden. Es ist weiterhin sicher richtig, daß der Name Hitlers hinter dieser Anordnung, wie die Dinge damals lagen, dazu beigetragen hat, den letzten Soldaten zu erreichen und bei der Mehrzahl, sei es aus Angst oder Begeisterung, auch die letzten Kräfte zu wecken. Auf der anderen Seite kann jedoch kein Zweifel bestehen, daß die Überspannung des Grundsatzes, wie Hitler sie gegen jede Vernunft exerzierte, die Ursache ungeheuerer, nie wieder gutzumachender Verluste geworden ist. Trotz des fast täglich wiederholten, hartnäckigen Einspruchs gegen solche einer Heeresführung nicht angemessene Starrheit des Befehlsverfahrens sah der Chef des Generalstabs sich damals nach seinen eigenen Worten allmählich „zum Vorsteher des Hitler'schen Führungsbüros für den östlichen Kriegsschauplatz" absinken[29]. Er wurde damit auf den gleichen Weg gedrängt, den General Jodl mit seinem „Arbeitsstab" zum Gespött des Heeres freiwillig eingeschlagen hatte. Den bewährten Generalen der Front aber versagte die Führungsart Hitlers den in jeder Lage unentbehrlichen Spielraum bei der Anwendung operativer Grundsätze im taktischen Bereich. „Die Generale haben genau so zu gehorchen wie der kleine Musketier. . . Ich führe, und da haben sich alle bedingungslos unterzuordnen. . . Ich trage die Verantwortung! Ich allein und niemand anders! Mit Stumpf und Stil werde ich jede andere Auffassung ausrotten", erging sich Hitler ein über das andere Mal in den Lagebesprechungen jener Zeit[30].

26 Vgl. auch die Darstellung bei Heusinger, a. a. O., S. 188.

27 Tgb. Halder, 20. Dez. 1941.

28 Vgl. die zahlreichen Hinweise im Tgb. Halder aus jenen Wochen, wie z. B. „ein sehr schwerer Tag", „Tag wilder Kämpfe" u. a.

29 Bor, Gespräche, S. 81.

30 Nach Heusinger, a. a. O., S. 163.

Im Zuge dieser Entwicklung lag auch eine neue gegen den Generalstab gerichtete Personalpolitik, nach der Feldmarschall von Bock schon am 18. Dezember den Oberbefehl über die H.Gr. Mitte „krankheitshalber" an den Feldmarschall von Kluge abtreten mußte. Wenige Tage darauf, am 22. Dezember, sah sich sogar Guderian nach dem Versuch, Hitler in mündlichem Vortrag über die Folgen der starren Befehlsführung aufzuklären, für alle Zeit des Krieges seines Kommandos enthoben. In der Folge nahmen dann diese Äußerungen einer schrankenlosen Gewaltherrschaft auch noch schimpfliche Formen an, indem beispielsweise der General Förster als Kommandierender General kurzerhand „abgesetzt" und Generaloberst Hoeppner, der Befehlshaber der 4. Pz.-Armee, wegen „Ungehorsam und Feigheit" aus der Wehrmacht ausgestoßen wurde. Vom 15. Januar 1942 stammt der lapidare Vermerk Halders: „v. Leeb bittet um Ablösung. – Strauß kann nicht mehr, – v. Reichenau Schlaganfall."[31]

Wie Leeb und Guderian, haben auch andere Generale des Heeres, die, statt wie früher regelmäßig von Brauchitsch in ihren Befehlsstellen aufgesucht zu werden, nunmehr allzu häufig in das entfernte ostpreußische Hauptquartier fliegen mußten, ganze Tage hindurch mit Hitler über die Anpassung seines Grundsatzes starrer Abwehr an die jeweiligen Frontverhältnisse gerungen[32]. Ein Erfolg blieb ihren Vorstellungen jedoch durchweg um so mehr versagt, als die Front sich von Ende Januar 1942 an aus eigener Kraft wieder zu festigen begann. Aus dieser Entwicklung, die seine Grundsätze scheinbar voll bestätigte, hat Hitler dann die verhängnisvolle Folgerung gezogen, sein Prinzip der Verteidigung im weiteren Verlauf des Krieges immer und überall zum einzig gültigen Richtsatz in der Defensive zu erheben. Für die Propaganda aber galt fortan das Wort von Goebbels: „Der Führer allein hat im vergangenen Winter die Front gerettet."[33]

31 Ergänzend sei zu diesen Personalveränderungen noch bemerkt:
Feldm. von Bock (vgl. auch Tgb. Halder 21. Dez.) wurde einen Monat später (18. Jan. 1942) als OB der H.Gr. Süd noch einmal für ein halbes Jahr zurückgeholt.
Zu der Entlassung Guderians vgl. auch seine eigene Darstellung a. a. O., S. 240 ff., Tgb. Halder 25. Dez. und Heusinger, a. a. O., S. 154.
Gen.d.Pi. Förster, Kdr.Gen. VI. A.K., früher Inspekteur der Pioniere und Festungen, stand bei Hitler schon seit den Zwistigkeiten über den Ausbau des Westwalls im Jahre 1938 „in Ungnade". Die überstürzte Form seiner Entlassung wird aus Tgb. Halder 29. Dez. deutlich: „Im Führerhauptquartier dramatische Besprechungen am Telefon mit Richthofen, der (als General der Flieger) nach Absetzen Försters ... vorübergehend die Führung des Korps übernehmen muß."
Zu der Entlassung Hoeppners vgl. Tgb. Halder 8. Jan. und besonders die nach eigener Erinnerung dem Hergang fast wortgetreu entsprechende Darstellung bei Heusinger, a. a. O., S. 162/163.

32 Vgl. z. B. Tgb. Halder 13. Jan. (keine Einigung bei Aussprache zwischen Hitler und Feldm. von Leeb); 21. Jan. („den ganzen Tag über beim Führer zusammen mit Feldm. von Kluge ... Rückkehr vom Führer 1.00 Uhr morgens").

33 Tgb. Goebbels 21. März; vgl. auch Tgb. Ciano 29. April 1942: „Ribbentrop vor allem spielt sein Propagandastück ... die russische Kälte ist durch Hitlers Genie besiegt worden. Das ist wohl der stärkste Tabak, der mir jemals serviert wurde."

Seit Ende Dezember 1941 war auch der Verfasser zur regelmäßigen Teilnahme an den mittäglichen Lagebesprechungen Hitlers bestellt worden. Zweck seiner Anwesenheit sollte es nach der Anordnung Jodls lediglich sein, die jeweils aufkommenden Fragen und Entscheidungen, soweit sie den WFStab angingen, gleich anschließend weiter zu verfolgen und ihn selbst auf diese Weise zu entlasten[34]. Einige Zeit später konnte Warlimont es jedoch, hauptsächlich unter Hinweis darauf, daß einer seiner Untergebenen, der 1. Admiralstabsoffizier, täglich die Lage zur See vortrug, durchsetzen, daß Jodl ihm einen Teil des Lagevortrags überließ. Dabei war es für den Stellv. Chef WFStab wie auch für andere aufmerksame Beobachter im hohen Maße auffällig, daß Hitler sich regelmäßig nur an Jodl wendete, wenn ihn der Bericht Warlimonts zu irgendwelchen Rückfragen oder Forderungen veranlaßte, und auch nur Jodl bei Namen nannte.

Für den Stellv. Chef WFStab ergab sich aus der neuen Ordnung ein außerordentlich gefüllter Ablauf der ersten Tageshälfte. Nach Abschluß der schriftlichen Morgenmeldungen, mit denen die Erledigung anderer vordringlicher Fragen einherging, leitete er anschließend die auf 11 Uhr vorverlegte Lagebesprechung im Kreise seiner eigenen nächsten Mitarbeiter, die stets auch Anordnungen vielfacher Art mit sich brachte. Von dort ging es im Wagen hinüber in den Sperrkreis I, um Jodl in gedrängter Kürze mit den letzten Nachrichten zu versehen. Der Teilnahme an der Lagebesprechung bei Hitler, die zu jener Zeit häufig bis zu drei Stunden und länger dauerte, folgte dann, in den eigenen Sperrkreis zurückgekehrt, die Ausgabe der dringlichsten Anweisungen an die nächsten Mitarbeiter, meist in ganz knapper, schriftlicher Form, die häu-

34 Auch in diesem Zusammenhang hat den General Jodl in mehrfacher Hinsicht das Gedächtnis im Stich gelassen, als er vor dem IMT in Nürnberg ausgesagt hat (Bd. XV, S. 326):

„Diese Lagebesprechung war gleichzeitig die Befehlsausgabe. Der Führer entschied auf Grund des Vortrages sofort, was für die nächsten Tage zu befehlen war."

(Anm. d. Verfassers: Tatsächlich war Hitler, wie noch mehrfach zu zeigen sein wird, kaum jemals zu bewegen, selbst die dringlichsten Entscheidungen „sofort" zu treffen, schon gar nicht aber „für die nächsten Tage". Was er schließlich entschied, war nur allzu oft inzwischen durch die Ereignisse schon überholt; vgl. auch Tgb. Halder 8. Jan. 42: „Beim Führer beginnt wieder das Tauziehen. Kein Entschluß" ... und zahlreiche Stellen bei Manstein, „Verlorene Siege".)

„Ich arbeitete nun so", fuhr Jodl in seiner Aussage, die schon in anderem Zusammenhang angeführt worden ist (Teil II, Kap. 2, Anm. 4), fort, „daß, wenn ich mit meinem Vortrag zu Ende war, ich in einen Nebenraum ging; dort entwarf ich sofort die Fernschreiben und Befehle für die nächsten Tage und las sie noch im Entwurf und noch während des Lagevortrags dem Führer vor, um seine Genehmigung einzuholen. Warlimont nahm sie dann mit zu meinem Stabe, wo sie abgesetzt wurden.

Das gleiche gilt für den Feldmarschall Keitel, der ähnlich arbeitete."

(Anm. d. Verf.: Bei fast 2¾jähriger Teilnahme an der Lagebesprechung ist es, wenn überhaupt jemals, möglicherweise in ganz wenigen Einzelfällen zu einem solchen Verfahren, das im übrigen auch allen Grundsätzen und Notwendigkeiten der Befehlserteilung hoher Kommandostellen zuwiderläuft, gekommen. Für den tatsächlichen Hergang s. die Darstellung im Text.)

fig noch im Laufe des gleichen Tages in Fernschreiben nach draußen oder in Befehlsentwürfen und Vortragsnotizen an den Chef WFStab ihren Niederschlag fanden. Den zweiten, ruhigeren Teil des Tages leitete ein spätes Mittagessen ein, dem sich, wenn irgend möglich, nach wie vor ein Gang durch die nahen Wälder, begleitet von dem einen oder anderen Vertrauten des Stabes, anschloß. Oft genug löste sich dann die ganze Spannung der vergangenen Stunden, vor allem die immer wiederkehrende seelische Erschütterung über das Erleben der stundenlangen Nähe Hitlers, und zwar seiner Person ebenso wie seiner Führungsmanier, in deutlichen Worten[35]. Während jener Krisenwochen kam dabei die Rede auch häufig auf Caulaincourt und die von ihm überlieferten Gespräche mit Napoleon auf der Fahrt von Moskau nach Paris im Winter 1812/13, die damals im Generalstab viel gelesen und lebhaft erörtert wurden. – Der spätere Nachmittag und der Abend waren mit den übrigen Aufgaben des Stabes bis an den Rand gefüllt. Aus solchem Tagesablauf – und auch dies scheint, weil nicht ohne Auswirkungen geblieben, erwähnenswert – ergab sich ein Rhythmus, der demjenigen im Sperrkreis I geradezu entgegengesetzt war; hatte man doch dort, von dem unablässig tätigen Feldmarschall Keitel abgesehen, durchweg die Gewohnheiten Hitlers angenommen, d. h. man schlief bis in den späten Vormittag hinein und machte dafür die Nacht zum Tage.

35 Als Einzelheit, wenn auch auf die Dauer nicht ohne Bedeutung, sei hierzu noch erwähnt, daß Hitler, der keine fremde Sprache kannte, die fremdländischen Bezeichnungen und Namen in einer die Ohren verletzenden Verstümmelung aussprach, wie z. B. „Ünited Press" (mit dem Ton auf dem „Ü"), „Tschemberlein" für Chamberlain, „Eisenh-o-wer" (o=o, w=w), und auch dabei in seiner ständigen Umgebung Nachahmung und „Gefolgschaft" fand.

Kapitel 3

Neuer Aufbruch

Strategische Grundlagen

Inmitten der Anspannung aller Kräfte zur Abwehr des sowjet-russischen Ansturms hatten im deutschen Hauptquartier Zuversicht und Wille, die Initiative im Osten, spätestens mit Wintersende, wieder zu gewinnen, niemals aufgehört[1]. In erster Linie war natürlich Hitler selbst Träger und Propagandist dieses Gedankens. So hatte er schon in der Unterredung vom 3. Januar 1942 dem japanischen Botschafter – und hier sogar einmal den wirklichen Plänen entsprechend – auch erklärt, „sein Ziel sei, sobald das Wetter günstig würde, die Offensive in Richtung des Kaukasus wieder aufzunehmen. Diese Stoßrichtung sei die wichtigste; man müsse an das Öl und an Iran und den Irak herankommen. Wenn man erst einmal dort stünde, so hoffe er, daß man auch der Freiheitsbewegung der arabischen Welt zum Durchbruch verhelfen könne. Natürlich würde er außerdem alles daran setzen, Moskau und Leningrad zu vernichten." Auch für Nordafrika und die Armee Rommel, der bei den Plänen gegen den Mittleren Orient weiterhin die Rolle des von Süden angreifenden Zangenarmes zufallen sollte, sagte Hitler dem japanischen Botschafter eine baldige Besserung der Lage voraus[2]. Im Ausklang der Krise schlug er dann in seiner Rede zum Heldengedenktag in Berlin Mitte März schon sehr viel stär-

1 In diesem Zusammenhang scheint die Feststellung bemerkenswert, daß schon damals die „Stimmung" in den hohen Stäben der Wehrmacht von Parteiseite überwacht wurde. So schreibt Goebbels in seinem Tagebuch vom 21. Jan. 1942, daß er den Verb. Offz. des OKW zum Prop. Min. beauftragt habe, ihm „die Schuldigen der defaitistischen Stimmung im OKW und OKH" – gemeint bei den Stellen in Berlin – für einen schriftlichen Bericht an Hitler anzugeben. Drei Tage später vermerkt er an gleicher Stelle eine „Unterredung mit General Schmundt über Zustände im OKW. Der Führer hat ihn (Schmundt) eigens nach Berlin geschickt", fügt er hinzu, „um hier nach dem Rechten zu schauen"; am 25. Jan. folgt der Eintrag „Aussprache mit Canaris über schlechte Haltung einiger OKW- und OKH-Offiziere".

2 Vgl. Jacobsen, Chronik, S. 288 (s. auch oben, Kap. 2, Anm. 7).

kere Töne an und forderte ein weiteres Mal die Hybris heraus, indem er ankündigte, „die Sowjets würden im kommenden Sommer zerschmettert werden. Eine Rettung gäbe es für sie nicht mehr. Der Sommer sei insofern das entscheidende Stadium der kriegerischen Auseinandersetzung. Die Bolschewisten würden so weit zurückgedrängt werden, daß sie den Kulturboden Europas nicht mehr berühren könnten."[3]

Man muß diese wilden Willensbekenntnisse, die sich auch in den Lagebesprechungen, je länger desto häufiger wiederholten, in ihrem ganzen Fanatismus begreifen, um die Erklärung dafür zu finden, daß andere Ziele für die weitere Kriegführung damals von Hitler weder erwogen noch an ihn herangetragen worden sind. „Halder", so schreibt Heusinger rückblickend auf jene Tage – und hier zweifellos ohne „freie Gestaltung" der tatsächlichen Vorgänge –, „prüfte lange Zeit den Gedanken, ob wir nicht im Osten endgültig zur Defensive übergehen müßten, da eine nochmalige Offensive über unsere Kraft gehe. Aber einmal kann man mit Hitler garnicht darüber reden, und was sollte dann werden? Lassen wir den Russen zu Atem kommen und nimmt die Bedrohung durch Amerika zu, dann geben wir die Initiative an die Feinde ab und werden sie nie wieder gewinnen. So bleibt uns nichts anderes übrig, als noch einmal den Versuch zu wagen, trotz aller Bedenken."[4] Mit diesen letzten Sätzen ist gleichzeitig klargestellt, daß man auch im Generalstab des Heeres, ebenso wie im WFStabe, das Ziel des Kriegsplans für das Jahr 1942 nach alter strategischer Regel darin sah, mit dem einen Gegner in irgendeiner Form fertig zu werden, ehe der andere seine ganze Kraft entfalten konnte. Insoweit deckte sich demnach – notgedrungen – auch die militärische Rechnung mit dem wirren Gemisch politischer, weltanschaulicher und wirtschaftlicher Ideen, die der Hitler'schen Strategie zugrunde lagen, ohne aber, wie noch zu zeigen sein wird, in Weg und Ziel mit ihm übereinzustimmen.

Auch in dieser Lage hätte ein Wehrmachtführungsstab, der sich nicht nur als militärischer Arbeitsstab Hitlers betrachtete und seinen Ehrgeiz nicht nur darin suchte, Doppelarbeit in der Führung des Heeres zu leisten, es zweifellos als seine wichtigste Aufgabe ansehen müssen, wenigstens die Möglichkeit noch anderer Lösungen zu prüfen. Ohne sich in Spekulationen zu verlieren, mag es hier genügen, an die Aussichten zu erinnern, die noch immer ein großzügiger Ausgleich mit Frankreich bieten konnte. Sie mußten neuerdings sogar besondere Bedeutung gewinnen, wenn man sich darauf besann, daß Deutschland es nunmehr mit den beiden stärksten Seemächten der Welt zu tun hatte. Ihren Seeverkehr und ihre Tonnage von Stützpunkten auf französischem Hoheitsgebiet aus mit einer ständig vermehrten Zahl von U-Booten und sämtlichen dazu geeigneten Verbänden der Luftwaffe vernichtend zu treffen, hätte

3 Vgl. Tgb. Goebbels 17. März 1942.
4 A. a. O., S. 186 (Sperrungen nicht im Original).

– manchen damaligen und auch heutigen Urteilen zufolge – alliierte Landungen auf europäischem und nordafrikanischem Boden zumindest auf lange Zeit hinausschieben und damit gleichfalls die Entfaltung einer überlegenen alliierten Luftmacht über dem Kontinent stark beeinträchtigen können. Aber auch die Rote Armee im Osten, die in hohem Maße von der Zufuhr der Westmächte über See abhängig war, würde durch eine Verlegung des strategischen Schwergewichts auf den See- und Luftkrieg im Atlantik wahrscheinlich bis auf weiteres zu größeren Operationen nicht in der Lage gewesen sein, zumal wenn es gelang, die Japaner wenigstens auf diesem Gebiet zu einer gemeinsamen Kriegführung zu gewinnen.

Das alles ist nicht geschehen, ja nicht einmal angeregt worden. In seiner militärischen Umgebung beherrschte Hitler inzwischen – fast physisch fühlbar und trotz aller inneren Auflehnung – selbst das Werk der Gedanken, und zwar um so stärker, je mehr der einzelne – räumlich und zeitlich – in seine Nähe und in die Routine des Tagesablaufs im Hauptquartier gezwungen war. Es fehlte hierzu aber auch an Initiative bei den Oberbefehlshabern von Kriegsmarine und Luftwaffe, die nach wie vor am WFStabe vorbei ihren Zugang zu Hitler fanden, sei es daß sie sich endlich einmal untereinander verständigt oder aber ihre leitenden Stabsoffiziere den Weg zu eingehender Beratung mit dem Chef WFStab gefunden haben würden. Stattdessen hatten Raeder und Göring es unter dem Druck der Krise ohne Widerspruch hingenommen, daß die Richtlinien für die Rüstung der Wehrmacht in einem vom WFStabe (Org. Abt.) gemeinsam mit dem Wirtschafts- und Rüstungsamt des OKW bearbeiteten Befehl Hitlers vom 10. Januar 1942, „übereinstimmend mit der veränderten Lage", wieder zu Gunsten des Heeres abgeändert und die Programme für Kriegsmarine und Luftwaffe auf die dann noch verbleibenden Rohstoffreste verwiesen worden waren[5]. Über Görings Ansichten konnte Goebbels in seinem Tagebuch am 31. März 1942 im Anschluß an die banalen Sätze: „Jetzt kommt es darauf an, diesen Krieg siegreich zu Ende zu führen; wann das gelingen wird, das weiß kein Mensch" lediglich berichten, der „Reichsmarschall" sei „in seinen Prognosen außerordentlich vorsichtig". Über die Marine und ihr Planen aber bricht wenig später der ganze Zorn Halders herein, wenn er am 12. Juni 1942 nach einer Unterredung mit dem Chef des Stabes der Seekriegsleitung seinem Tagebuch die Sätze anvertraut:

> „Das Bild der Kriegslage, wie es sich die Seekriegsleitung macht, weicht von unserer nüchternen Betrachtung der Dinge weit ab. Die Leute träumen

5 Der Befehl („Nr. 1/42 g.Kdos. OKW/WFStab/Org.- Wi Rü Amt") scheint bisher nicht veröffentlicht worden zu sein. Bemerkenswert ist darin u. a. auch der Satz, daß die Aufstellung neuer Verbände der Waffen-SS, für die zusätzliches deutsches Material benötigt würde, nicht in Frage komme. Die gänzliche Nichtachtung dieser seiner eigenen Anordnung jedoch durch Hitler selbst hat sicherlich noch besonders dazu beigetragen, daß auch die übrigen Bestimmungen von allen sonstigen Interessenten zum Nachteil des Heeres nach Kräften umgangen worden sind.

> in Kontinenten. Sie nehmen auf Grund der bisherigen Erfahrungen mit Heer ohne weiteres an, daß es nur von unserem guten Willen abhängt, ob und wann wir auf dem Landweg über den Kaukasus nach dem Persischen Golf oder aus der Cyrenaika über Ägypten nach dem Suezkanal durchstoßen. Man spricht von Landoperationen über Ital.-Afrika nach der afrikanischen Ostküste und Südafrika. Die Probleme des Atlantik werden mit Überheblichkeit, die des Schwarzen Meeres mit ... Leichtsinn behandelt. ... Es wird viel leeres Stroh gedroschen."[6]

Hitlers Wille blieb hiernach um so leichter unbestritten.

Wege und Ziele im Osten

Neben der selbstherrlichen Bestimmung des weiteren Kriegsplans nahm Hitler in seiner neuen Eigenschaft als Ob d H von dieser Zeit an auch die Anlage der Operationen voll und ganz in seine eigene Hand. Was bei der Vorbereitung der früheren großen Feldzüge lediglich in Richtlinien, Kritik und mehr oder minder bedeutsamen Beiträgen bestanden hatte, wurde nunmehr in fester Bindung und Befehl weit über jedes im deutschen Heere bewährte Maß hinaus bis ins einzelne bestimmt und festgelegt.

Schriftliche Anordnungen des OKW und OKH, die beide am 12. Februar 1942, wenn auch zunächst nur zum Zweck der Irreführung des Gegners, ergingen, und mehr noch ein etwas späterer Befehl des OKM zu Vorbereitungen im Schwarzen Meer[7] lassen erkennen, daß die Grundzüge der Hitler'schen Pläne den obersten Stellen der Wehrmacht schon in jenen Tagen bekannt waren. Bereits am 20. März konnte auch Goebbels in seinem Tagebuch vermerken: „Für den kommenden Frühling und Sommer hat der Führer wiederum einen ganz klaren Plan. Seine Ziele sind der Kaukasus, Leningrad und Moskau. ... Offensive mit verheerender Wucht in Abschnitten."

In einer Sonderbesprechung im Hauptquartier am 28. März nachmittags, zu der die Adjutantur aus Gründen der Geheimhaltung nur einen ganz kleinen Kreis aus den höchsten Stäben von Wehrmacht, Heer und Luftwaffe einberufen

6 Für den eigenen Bereich der Kriegsmarine sei in diesem Zusammenhang aber auch auf den kurz vorher (im Februar) glänzend gelungenen Durchbruch der Schlachtschiffe Scharnhorst und Gneisenau und des Kreuzers Prinz Eugen von Brest durch den Kanal in die heimischen Gewässer verwiesen. Zeitlich vorgreifend ist hier außerdem die „Lagebesprechung der Skl." vom 20. Oktober 1942 über „Stand und Aussichten des U-Bootkrieges" zu erwähnen, veröffentlicht bei Jacobsen, Chronik, S. 341 ff., in der für diesen späteren Zeitpunkt die eingehend belegte Meinung vertreten wird: „Es besteht die Aussicht, daß die seeabhängigen Angelsachsen, wenn alle Mittel des Kampfes, der Technik, der Überraschung und der List angewendet werden, aus ihrer beengten Lage nicht wieder hochkommen und durch fortgesetzte zermürbende Schläge niedergekämpft werden."

7 Bisher anscheinend sämtlich nicht veröffentlicht; der OKW-Befehl trägt das Zeichen Nr. 55328/42 g.Kdos. Chefs. WFStab/Op., derjenige des OKM 1/Skl. I—275/42 g.Kdos. Chefs. und das Datum des 23. Febr. 1942.

hatte, legte der Chef des Generalstabs des Heeres sodann die Aufmarschabsichten für den Sommerfeldzug, wie sie sich bis dahin aus den ihm erteilten mündlichen Anweisungen ergeben hatten, im einzelnen dar[8]. Sie mögen hier kurz dahin gekennzeichnet sein, daß Hitler, unbeirrt von den Mißerfolgen der Zwischenzeit, zu seiner Grundidee von Dezember 1940 und Sommer 41 zurückgekehrt war, indem er wiederum die Entscheidung auf den äußeren Flügeln der weitgedehnten Front suchen wollte. Ein Unterschied ergab sich nur insofern, als die Einsicht in die abgesunkenen und nicht wieder voll aufzufüllenden Stärken des Heeres ihn zwang, ein Ziel nach dem anderen anzugehen, beginnend mit dem Südabschnitt, dem Kaukasus. Moskau schied als Angriffsziel – entgegen dem Tagebuchvermerk von Goebbels – vorläufig ganz aus.

Widerspruch wurde von keiner Seite laut. Trotzdem stand aber das Unbehagen des Chefs des Generalstabs des Heeres, der sich schon vorher wiederholt ebenso gegen den merkwürdigen, staffelförmigen Ansatz bei Beginn der Offensive wie gegen die divergierenden Angriffsrichtungen in ihrem weiteren Verlauf, besonders aber gegen das überspannte Ausmaß der Operationen nach Breite und Tiefe gewendet hatte, fast fühlbar im Raum[9]. Vielleicht war dies auch ein Grund mehr dafür, daß der Chefadjutant der Wehrmacht tags darauf bei Halder im Lager Angerburg erschien, um ein weiteres Mal seine beweglichen Klagen über das mangelnde „Vertrauensverhältnis zum Führer" vorzubringen. Die Generalstabsoffiziere des Heeres, so etwa soll Schmundt sich dabei geäußert haben, müßten viel mehr von der Größe Hitlers überzeugt und unbeirrbar in seine geistige Gefolgschaft eingereiht werden. Demgegenüber konnte Halder darauf verweisen, daß niemand Vertrauen fordern dürfe, der nicht auch selbst zu Vertrauen bereit sei; das Mißtrauen Hitlers gegen den Generalstab werde seit langem bis in dessen unterste Kreise empfunden. Wenige Wochen später findet sich auch bei Halder der Eintrag „Bei OKW – gemeint zweifellos, in der nächsten Umgebung Hitlers – ist wieder einmal große Hetze gegen den Generalstab."[10]

Auch der Chef WFStab, der an der Entwicklung der Operationspläne Hitlers kaum unbeteiligt gewesen sein kann, hat einige Wochen später gegenüber dem ihm völlig ergebenen Obstltn. d. G. Scherff, Hitlers „Beauftragten für die

8 Vgl. Tgb. Halder 28. in Verbindung mit 8., 18. und 21. März 1942 (Vorbesprechungen Halders mit dem Gen.Qu. und dem Chef der Op.Abt.).
Der Verfasser war zunächst nicht zur Teilnahme an dieser Sonderbesprechung befohlen und konnte Jodl erst durch nachdrückliche Vorstellungen im Hinblick auf das Ansehen seines eigenen Stabes dazu bewegen, die Zulassung durchzusetzen.

9 Vgl. auch Heusinger, a. a. O., S. 176 ff.

10 Vgl. Tgb. Halder 29. März (Ergänzungen nach Erinnerungen Halders) und 24. Juni 1942. Die anschließend daran erwähnte „unglückselige Angelegenheit Reichel" deutet auf den a. a. O. in den vorhergehenden Tagen mehrfach erwähnten Abschuß eines Flugzeuges hin, bei dem trotz wiederholter Verbote und Warnungen „wichtigste Befehle über Angriffe ... anscheinend in Feindeshand gefallen" waren (20. Juni).

Kriegsgeschichtsschreibung"[11], immerhin geäußert, daß die Operation „Blau", wie der Deckname inzwischen hieß[12], „im Hinblick auf die schwachen Kräfte der Heeresgruppen Mitte und Nord ein großes Risiko bedeute, falls der Russe einen entschlossenen Vorstoß auf Smolensk unternehme. Es erschien ihm jedoch fraglich", setzte er dann hinzu, „ob der Russe hierfür genügend Kräfte und Wagemut besitze. Der Führer sei mit ihm der Ansicht, daß infolge der deutschen Südoperation die russischen Kräfte ebenfalls automatisch (sic!) nach dem Süden abgezogen werden würden."[13]

Seinem Stellvertreter und den nächstbeteiligten Offizieren seines Stabes gegenüber hatte sich Jodl – auch in diesem Falle unter Verzicht auf jede nähere oder gar kritische Aussprache – mit der Forderung begnügt, die Absichten des Heeres, wie sie am 28. März vorgetragen und von Hitler gebilligt worden waren, nach üblicher Art in einer OKW-Weisung zusammenzufassen. Unter den gegebenen Verhältnissen legte es der Stab in diesem Falle besonders darauf an, den Inhalt der Weisung auf „Aufträge" zu beschränken und alle unnötigen Bindungen des OKH zu vermeiden. Dieser Versuch schlug jedoch in das Gegenteil um. Hitler ließ die Gelegenheit nicht vorübergehen, sich in der Rolle des ObdH, wie er sie verstand, zu bestätigen, und erklärte bei der Vorlage des „Entwurfs" durch den Chef WFStab am 4. April, er werde „die Weisung selbst durcharbeiten". Schon am nächsten Tage konnte dann sein „Historiograph" mit unverhohlenem Stolz vermerken: „Der Führer hat den Entwurf zur Weisung 41 stark durchkorrigiert und mit wesentlichen, von ihm selbst verfaßten Teilen versehen. ... Hauptsächlich der Teil, der die Hauptoperation betrifft, ist vom Führer neu gefaßt worden."[14] Das Dokument dieser Fleißarbeit, datiert vom 5. April, das der Öffentlichkeit zugänglich ist[15], dürfte mit

11 Scherff wurde am 17. Mai 1942 von Hitler mit diesem neuen Titel bedacht. Gleichzeitig wurde seine Aufgabe auch auf das Heer ausgedehnt. Er wohnte allen militärischen Besprechungen Hitlers bei. Seine Dienststelle befand sich in Berlin.

Über weitere Zusammenhänge mag der folgende Vermerk aus dem Tgb. Goebbels vom 5. Mai 1942 Aufschluß geben:

„Obstltn. Scherff aus dem FHQu schickt mir eine Zusammenstellung von Aussprüchen großer Deutscher über das Wesen des Genies. ... außerordentlich geschickt gemacht. Scherff hat sie dem Führer zum Geburtstag (20. April) geschenkt. Aussprüche ... für die Beurteilung der gegenwärtigen Lage außerordentlich beruhigend. Sie machen in ihrer Gesamtheit fast den Eindruck einer Apotheose des Führers. Eine bessere Rechtfertigung seines Wesens, seiner Persönlichkeit und seines Handelns kann man sich überhaupt nicht vorstellen."

12 Den ursprünglichen Decknamen „Siegfried" hatte Hitler, der nach „Barbarossa" immer davor scheute, große Namen aus der deutschen Sage und Geschichte mit dem Risiko militärischer Operationen zu verbinden, am 5. April gestrichen. Am 30. Juni wurde der Deckname, diesmal aus der Sorge, er könnte auf der Gegenseite bekannt geworden sein, in „Braunschweig" abgeändert.

13 Vgl. KTB Scherff 10. Mai 1942.

14 Nach KTB Scherff 4. und 5. April 1942.

15 Vgl. Hubatsch, Weisungen, S. 183 ff. Am gleichen Tage erging noch ein weiterer vom WFStab bearbeiteter Befehl, unterzeichnet von Keitel, mit besonders strengen Bestimmungen zur Sicherung der Operationsabsichten vor Verrat und fahrlässiger Behandlung.

seinen mehrfachen Wiederholungen und seiner Länge, mit der Vermischung von operativen Richtlinien und allbekannten Grundsätzen der Führung, mit seinen unklaren Formulierungen im wesentlichen und seinen Umständlichkeiten im einzelnen, nicht zuletzt aber durch seine Sprache und Ausdrucksweise auch einen Nicht-Soldaten den Unterschied zu der in jahrzehntelanger Schule geprägten Form des deutschen Generalstabs erkennen lassen.

Die europäischen Verbündeten, von denen nach der Weisung nun endlich „alle verfügbare Kräfte ... herangezogen" werden sollten, hatte der Chef OKW in den vorangegangenen Wochen im Auftrage Hitlers in ihren Hauptstädten aufgesucht. Es war auch gelungen, von den Italienern und den Ungarn je eine starke Armee, von den Rumänen in Ergänzung ihrer schon im Osten kämpfenden Verbände sogar noch zwei weitere Armeen zugesagt zu erhalten[16]. Wie aber der WFStab schon an diesen Reisen und ihren Vorbereitungen Keitels nicht beteiligt war, so blieben auch die wesentlichen weiteren Vereinbarungen, abgesehen von Fragen verwaltungsmäßiger Art, dem Generalstab des Heeres überlassen. Hitler, der in diesem Falle auf den persönlichen Briefwechsel mit den Staats- oder Regierungschefs verzichtet hatte, beschränkte sich in der Folge auf die Forderung, daß die verbündeten Kontingente im Rahmen ihrer Armeen unter deren eigener Führung zusammengehalten werden sollten. Außerdem war schon in der Weisung vom 5. April bei der Bestimmung der Frontabschnitte für die Verbündeten, wenn auch in verhüllter Sprache, Vorsorge dafür getroffen worden, daß die Ungarn und Rumänen, beide Verbündete des Reichs, unter sich aber feindliche Brüder, durch das Einschieben der Italiener in ihrer Mitte weit von einander getrennt bleiben würden. Ihnen allen fielen im übrigen nur defensive Aufgaben zu, für die sie noch durch deutsche Eingreifreserven und vor allem auch durch deutsche Panzerabwehrwaffen zu verstärken waren. Als grundsätzliche Richtschnur verkündete Hitler schließlich aus Anlaß dieses erstmaligen Zusammenwirkens in einer geschlossenen Front bei einer Lagebesprechung jener Zeit noch: „Fanatische Loyalität gegenüber den Verbündeten sei das Geheimnis, um sie bei der Stange zu halten."[17]

In den nächsten beiden Monaten, in denen im Osten die erfolgreichen Kämpfe auf der Krim, gekrönt durch die Eroberung Sewastopols und den Wiedergewinn des Raumes um Charkow mit den letzten Vorbereitungen für die „Operation Blau-Braunschweig" einhergingen, trat für den WFStab wieder jener aus früheren Zeiten geläufige Zustand ein, daß er sich von diesen wesentlichsten Ereignissen der Kriegführung kaum mehr als durch die Sammlung der Tagesmeldungen berührt fand. Ausgenommen davon war lediglich General Jodl, der bei seiner Tätigkeit ebensowenig noch zwischen Wehrmacht- und Heeresaufgaben unterschied wie Hitler selbst. Er entfernte sich auf diese

16 Vgl. Görlitz, Keitel, S. 299 ff.

17 KTB Scherff 5. Juni 1942.

Weise auch, ohne sich dessen offenbar recht bewußt zu werden, immer weiter von seinem eigenen Stabe und bildete stattdessen mit den übrigen Offizieren im Sperrkreis I eine eigene Gruppe, die sich durch das ständige Zusammensein bei den dienstlichen Anlässen, bei den Mahlzeiten und gelegentlichen nächtlichen „Kasino"-Sitzungen, nicht zuletzt aber durch den genius loci eng miteinander verbunden fand. Unter ihnen trat neben Scherff bald General Buhle, der „Chef Heeresstab beim Chef OKW", hervor, der es auch seinerseits verstanden hatte, an Keitel vorbei schnell ein unmittelbares Verhältnis zu Hitler zu gewinnen[18].

Die Teilung nach „Haupt-" und „Nebenstab" wurde auch beibehalten für die Anlage des neuen Hauptquartiers, das damals in der Ukraine bei Winniza entstand. Vom Sperrkreis II zogen Hitlers Adjutanten dazu lediglich den Oberst Momm heran, der seine Aufgabe auch diesmal in bewährter Fürsorglichkeit für alle, vom General bis zum letzten Mann, zu lösen verstand.

Die „OKW-Kriegsschauplätze"

Auf den sogenannten OKW-Kriegsschauplätzen sah es der WFStab als eine seiner vordringlichsten Aufgaben an, die Befehlsverhältnisse neu zu regeln mit dem Ziel, jede dieser Fronten unter einen einheitlichen Oberbefehl zu stellen. Entsprach eine solche Gliederung schon den natürlichen organisatorischen Grundformen einer Wehrmachtführung, so kam im Jahre 1942 hinzu, daß bei den weltweiten Ausmaßen, die der Krieg angenommen hatte, vom deutschen Hauptquartier aus vernünftigerweise nicht anders wie „am langen Zügel", d. h. durch operative Richtlinien geführt werden konnte und durfte. Auch die weiterhin geringen Kräfte des WFStabes ließen es notwendig erscheinen, möglichst viele Vollmachten an die Frontenbefehlshaber zu übertragen und damit gleichzeitig das fast unübersehbar gewordene Gestrüpp der Kompetenzen und Befehlslinien, besonders auf den einstweilen „ruhenden" Kriegsschauplätzen beizeiten zu ordnen[19]. Von einer Neuregelung in Norwegen empfahl es sich allerdings, von vornherein abzusehen, da Hitler

18 Außer Scherff und Buhle war zu der engeren Umgebung Hitlers am 13. April 1942 noch als „ständiger Vertreter des Ob d M im FHQu" der damalige Vizeadmiral Krancke hinzugetreten. Alle diese Offiziere, ebenso wie ihre Gehilfen und Adjutanten, gehörten zum Sperrkreis I.

19 Neben dem Heere unterhielten auch Kriegsmarine und Luftwaffe auf diesen Kriegsschauplätzen eigene Befehlsstellen, die im Range denjenigen des Heeres gleichgestellt, alle voneinander unabhängig und nicht einmal in der Verteidigung des Gebiets an einen einheitlichen Befehl gebunden waren. Außerdem „regierten" auf eigenen Dienstwegen noch hinein, um nur die wichtigsten zu nennen:
der Chef des Heeresstabs beim Chef OKW in Rüstungsfragen,
der Generalquartiermeister des Heeres für die Verwaltung der rückwärtigen Gebiete,
der „Reichsführer SS" für die zahlreichen Sonderinteressen der Waffen-SS.

die Verhältnisse dort nach seinen eigenen Richtlinien von 1940 für bestens geordnet hielt und auch die personelle Besetzung der führenden Stellen – einschließlich des „Reichskommissars" Terboven – eine Neugliederung aussichtslos machte. Nord-Finnland schied als vorwiegend land-orientierter Kriegsschauplatz ebenfalls aus, während es in Nordafrika das nach allen Seiten ausstrahlende Prestige Rommels erübrigte, das Koalitionsverhältnis zu den dort führenden Italienern durch Neuerungen im eigenen Bereich zu belasten.

Aber auch für die übrigen Kriegsschauplätze oder bestzten Gebiete, also den Westen in seiner ganzen Ausdehnung von der Nordspitze der Niederlande bis an die Pyrenäen und den riesigen Komplex der südosteuropäischen und Balkanländer bis hinunter in die Ägäis und nach Kreta, ist es damals und auch späterhin nie gelungen, einen wirklich einheitlichen Oberbefehl durchzusetzen. Ebenso sind die Befugnisse Kesselrings im Mittelmeergebiet trotz seiner Ernennung zum „Oberbefehlshaber Süd" lange Zeit hindurch tatsächlich auf die Führung der Luftflotte 2 beschränkt geblieben. Hochtönende Dienststellen-Bezeichnungen wie diese und ähnliche – z. B. „Sturmdivisionen" für noch gar nicht im Kampf erprobte Neuaufstellungen, „Brigaden" für verstärkte Bataillone u. a. – waren durchaus Hitlers Sache; Vollmachten hingegen behielt er lieber – und mehrte er noch immer – für sich selbst. So konnte damals wohl im Westen die Bezeichnung „Oberbefehlshaber West" – seit Anfang März der wieder zurückberufene Feldmarschall von Rundstedt –, ähnlich wie früher schon auf dem Balkan „Wehrmachtbefehlshaber Südost", eingeführt werden, ohne daß aber den so benannten führenden Heeresdienststellen – dem H.Gr.Kdo D in Paris und dem H.Gr.Kdo E in Saloniki – echte Befehlsrechte über den Rahmen der ihnen unterstellten Heeresverbände hinaus zuerkannt wurden. Auch hier war es neben der immer gegenwärtigen Scheu dem Großadmiral Raeder oder gar Göring gegenüber letzten Endes zweifellos der Revolutionär in dem Mann an der Spitze des Reichs, der, nachdem er eben erst ein einheitliches Oberkommando des Heeres über alle Kriegsschauplätze hinweg zerschlagen hatte, auch keine einheitlich geführten Kraftkörper der Wehrmacht auf den einzelnen Kriegsschauplätzen entstehen lassen wollte.

Der Chef WFStab dürfte diese tieferen Gründe erkannt und sich nicht zuletzt deswegen allen Vorstellungen seines Stabes über die militärischen Notwendigkeiten einer strafferen Befehlsorganisation versagt haben. Er nahm es auch hin, daß er für die Aufgaben, die ihm selbst und seinem Stabe nunmehr auf den OKW-Kriegsschauplätzen zufielen, allein im Mai 1942 zu verschiedenen Malen die Hilfe Hitlers in Anspruch nehmen mußte. Scherff hat das u. a. in den Sätzen festgehalten:

> „Der Führer befiehlt, daß dem OKW als seinem militärischen Arbeitsstabe alle für die Führung der Wehrmacht notwendigen Unterlagen und Beiträge auf Anforderung ohne Vorbehalt zu überlassen sind",

und nur etwas später:

> „Die Oberkommandos der Wehrmachtteile werden darauf hingewiesen, daß sie über die Kräfte der dem OKW taktisch unmittelbar unterstehenden Kommandobehörden nur mit Zustimmung des Führers anderweitig verfügen können."[20]

Diese Zustände, die auch einmal mehr die unverändert schwache Stellung des WFStabes drastisch beleuchten, wurden gegen die spätere Zeit des Krieges hin, als im Westen, im Süden und Südosten die Wellen des feindlichen Ansturms gegen die „Festung Europa" anbrandeten, durch neue Eingriffe Hitlers und immer unklarere Unterstellungsverhältnisse nur noch weiter verschlimmert.

Ebenso wie die Befehlsorganisationen insgesamt, so fand auch die Kommandoführung an den Küsten durch eine OKW-Weisung – Nr. 40 vom 23. März 1942 – eine höchst unbefriedigende Regelung. Was der WFStab noch an einheitlicher Führung bei der Abwehr feindlicher Landungen in der Formulierung der – lange Zeit umstrittenen – Richtlinien gesichert zu haben glaubte, wurde wenige Tage später durch „Zusätze" des OKM zu Gunsten eines Übergewichts der Kriegsmarine in entscheidendem Maße verändert. Diese Auslegung setzte sich auch entgegen allen Einwänden des WFStabes und der – sogenannten – Oberbefehlshaber auf den OKW-Kriegsschauplätzen, besonders der im Westen und in Norwegen, mit Hitlers Billigung durch. Auf seine Anweisung mußte der Chef OKW am 5. Dezember 1942 schließlich einen Nachtragsbefehl unterzeichnen, durch den im Nahbereich der Küsten eine geteilte Kommandoführung, wie von der Kriegsmarine gefordert, anerkannt wurde: Abwehr auf dem Wasser und alle Vorbereitungen dazu unter alleinigem Befehl der „Küstenkommandanten", d. h. Seeoffizieren, die ihre Befehle nur von den Dienststellen der Kriegsmarine empfingen; anschließend Abwehr an Land unter Befehl der Kommandeure des Heeres[21]. Bei allen übrigen Schwächen der Küstenverteidigung ist der praktische Beweis nicht erst erbracht worden, daß diese Regelung, die zeitlich und räumlich unanwendbare Trennungslinien mit sich brachte, ein typisches Mißgebilde mehr in dem Chaos der deutschen Befehlsorganisation bedeutete.

Auf die Kampfhandlungen in Nordafrika, die einzigen Landoperationen größeren Ausmaßes, die zu jener Zeit im Bereich der OKW-Kriegsschau-

20 KTB Scherff 14. und 28. Mai 1942; das Wort „taktisch" scheint hier fehl am Platze, sollte aber angesichts der Art der Hitler'schen Führung noch ehestens der späteren Entwicklung entsprechen.

21 Die Weisung Nr. 40 samt dem Nachtragsbefehl vom 5. Dez. 1942 ist bei Hubatsch, Weisungen, S. 176 bzw. 182, veröffentlicht; im Gegensatz zu der Ankündigung in dem letztgenannten Befehl, daß „in nächster Zeit" neue, eingehende Richtlinien Hitlers zu erwarten seien, wurde die Weisung Nr. 40 noch am 3. Okt. 1943 unverändert für Italien in Kraft gesetzt und galt ebenso noch zur Zeit der „Invasion" im Juni 1944.

plätze im Gange waren, hatte das deutsche Hauptquartier zu Anfang des Jahres 1942 keinerlei Einfluß genommen. Der plötzliche Aufbruch Rommels zu neuem Vorgehen nach Osten war vielmehr für Hitler in Ostpreußen gleicherweise wie für Mussolini in Rom völlig überraschend gekommen. Erst im späteren Verlauf, als Rommel sich genötigt sah, über die widerstrebenden italienischen Dienststellen hinweg die heimische Hilfe für sein weiteren Offensivpläne nachzusuchen, — als Kesselring der Erfüllung seines Auftrags, die Anlagen des britischen Stützpunkts Malta „auszuschalten", nach monatelangen Bombenangriffen nahe zu sein glaubte und die Insel auch zur See von aller Zufuhr abgeschnitten war, trafen Hitler und Mussolini Ende April mit ihren nächsten Beratern in Berchtesgaden zusammen, um Zeitplan und Ziele der weiteren Kriegführung im Mittelmeerraum für den Sommer 1942 festzulegen.

Wiederum sollten auf Tage und Stunden beschränkte Beratungen, die zudem viel zu spät kamen und bei denen beide Seiten auch noch, wie immer, mit verdeckten Karten spielten, die sorgfältige Vorarbeit eines nach wie vor fehlenden gemeinsamen Stabes der Verbündeten ersetzen. Grundlagen wie Ergebnisse der Besprechungen, denen von seiten des WFStabes nur Jodl beiwohnte, waren in diesem Falle aber noch besonders dadurch belastet, daß die Italiener die Wegnahme Maltas allen anderen Zielen voranstellten, ohne jedoch mit ihren eigenen Kräften allein oder auch nur zu einem bestimmten Zeitpunkt dafür bereit zu sein, während man auf deutscher Seite nicht einmal im eigenen Lager einig war: Rommel drängte, ohne zu wissen, wie es um Malta stand, auf Wiederaufnahme seiner Offensive gegen den Suez-Kanal, da ihm sonst ein englischer Angriff zuvorkommen würde; Kesselring meinte, man könne — ja, müsse — Malta gleich im Auslauf des Luftbombardements im Handstreich nehmen; Hitler schließlich, der wie früher, so auch jetzt wieder an den Erfolg einer Landung auf Malta nicht glauben wollte, neigte schon deswegen viel mehr dem Angriff nach Ägypten zu. Vielleicht zeitweilig schwankend geworden, vielleicht auch nur zum Schein stimmte er dann einem Kompromißvorschlag zu, der vorsah, die Armee Rommel spätestens an der libysch-ägyptischen Grenze anzuhalten, um Mitte Juli, äußerstenfalls Mitte August — in beiden Monaten zur Vollmondzeit — zu dem Landungsangriff auf Malta bereit zu sein.

Schon zehn Tage später jedoch, bald nach dem 10. Mai, als Kesselring seinen Zerstörungsauftrag gegen die Inselanlagen als erfüllt meldete, gab Hitler Göring, der ebenfalls den Angriff auf Malta nicht wollte, freie Hand, um Teile der Luftflotte 2 nach dem Osten zu verlegen, und erklärte außerdem noch, daß mit dem Abzug weiterer Fliegerkräfte aus dem Mittelmeer gerechnet werden müsse, wenn sich im Westen oder in Norwegen die geringsten Gefahrzeichen bemerkbar machten[22]. Diese und wiederholte andere „sehr skeptische" Äußerungen über seine eigene Entscheidung, soweit sie Malta betraf, ließ dem

22 Vgl. auch KTB Scherff 3. Juni 1942.

WFStabe – kaum drei Wochen nach der Abrede mit den Italienern – eine endgültige Klärung um so dringlicher erscheinen, als inzwischen schon ausgewählte deutsche Sturmtruppen samt den entsprechenden Angriffsmitteln auf Sizilien zusammengezogen wurden. Wie häufig bei solcher Unschlüssigkeit, entschied Hitler zunächst nur, den verantwortlichen Befehlshaber, hier den in Fallschirmoperationen bewährten General d.Fl. Student, in das Hauptquartier nach Ostpreußen zu mündlichem Bericht heranzuholen. In seinem Vortrag am 21. Mai zeigte sich Student von einem Erfolg fest überzeugt und wurde auch von dem Chef des Generalstabs der Luftwaffe, Jeschonnek, rückhaltlos unterstützt, obwohl beiden die ablehnende Einstellung Görings kaum unbekannt sein konnte. In die gleiche Richtung drängten mit der Kriegsmarine weiterhin die deutschen und italienischen Stellen in Rom, wo sogar inzwischen – erstmalig während des Krieges – ein von beiden Verbündeten beschickter Malta-Stab an die Arbeit gegangen war.

Das alles hinderte Hitler jedoch nicht, noch in Gegenwart Students und höchst aufgebracht durch die den seinen zuwiderlaufenden Ansichten, sämtliche Pläne und Abreden kurzerhand über den Haufen zu werfen. Für Jodl, der bis dahin eine betonte Zurückhaltung bewahrt hatte, war es damit auch zu spät, wenigstens noch das Für und Wider in seinem Stabe erneut prüfen zu lassen, geschweige denn, daß die Italiener vor diesem für ihren Mittelmeer-Kriegsschauplatz wichtigsten Entschluß noch einmal gehört oder auch nur davon unterrichtet worden wären. Ohne jede nähere Untersuchung brachte Hitler als neue Argumente lediglich vor, daß man den Nachschub für Nordafrika später, wenn Rommel erst wieder an der libysch-ägyptischen Grenze stehe, an Malta vorbei nach Tobruk leiten könne; man brauche also Malta gar nicht und solle den Landungsangriff – dies zur Täuschung der Italiener – nur noch „geistig vorbereiten". Damit war auch der Befehl des OKW, der anschließend an die Abmachung von Berchtesgaden am 4. Mai für die weitere Kriegführung im Mittelmeer erlassen worden war, in seinen wesentlichen Teilen hinfällig, wenngleich die Vorbereitungen, ebenfalls zur Irreführung des Verbündeten, vorläufig weiter fortgesetzt wurden[23].

Schienen nach alledem auch im Frühjahr 1942 die Voraussetzungen zu einer weitzielenden, offensiv gerichteten Strategie für Nordafrika und den östlichen Bereich des Mittelmeerraums – mit oder ohne Malta – ebenso unsicher wie im Sommer zuvor, so erwuchs dem WFStabe für die anderen OKW-Kriegsschauplätze noch die Aufgabe, alle früheren Pläne und Befehle im Lichte der neuerlichen Entwicklung der Weltlage eingehend zu überprüfen. Dabei war auf der einen Seite von der fortdauernden Bindung der Masse der Wehrmacht

23 Der Befehl, anscheinend bisher nicht veröffentlicht, trägt die Bezeichnung OKW Nr. 5579/42 g.Kdos.Chefs.WFStab/Op. Einzelangaben und Zitate dieses Abschnitts nach KTB Scherff, 15., 18., 21. und 30. April, 1., 4., 7., 20. und 21. Mai 1942. Für eine eingehende Darstellung der Vorgänge s. den Beitrag des Verfassers zu „Entscheidungsschlachten des 2. Weltkrieges", „Die Entscheidung im Mittelmeer 1942".

im Osten, auf der anderen von der ständig wachsenden Angriffsbereitschaft der Westgegner, nicht minder aber auch von der zunehmenden Zurückhaltung Spaniens und dem Verzicht Hitlers auf eine Verständigung mit Frankreich auszugehen. Unter diesen Umständen blieb für den Bereich des westlichen Mittelmeers trotz der Besorgnisse, die bei der Lagebesprechung am 25. April über „englisch-amerikanische Landungsmöglichkeiten in Franz.- und Spanisch-Marokko und auf der Iberischen Halbinsel" laut geworden waren, nichts anderes übrig, als in einer OKW-Weisung – Nr. 42 vom 29. Mai 1942 – die Ziele im Vergleich zu den früheren Absichten weit zurückzustecken. Da im besonderen an eine Wegnahme Gibraltars nicht mehr zu denken war, konnte für den Fall eines Zugriffs der Alliierten auf Nordafrika lediglich noch die Besetzung von Inner-Frankreich als Gegenmaßnahme aufrechterhalten werden, – auch dies aber nur in Form einer Improvisation, je nach den beim Ob West im gegebenen Zeitpunkt verfügbaren Kräften und unter Beteiligung der Italiener für die französische Mittelmeerküste und Korsika. Gegenüber einer Landung in Spanien oder Portugal glaubte man den Ob West noch imstande, den Südrand der Pyrenäen und anschließend auch die Häfen an der nordspanischen Küste in Besitz zu nehmen, – in Wahrheit ein kaum mehr zu erfüllender Auftrag, zumal eine vorbereitende Fühlungnahme mit Spanien unterbleiben sollte[24].

Zur Stärkung der Abwehrbereitschaft im Westen hielt es der WFStab nach einer Prüfung durch den Stellv. Chef an Ort und Stelle für ausreichend, die bis dahin vernachlässigten Küsten der Niederlande in das Gesamtsystem der Verteidigung unter dem Ob West einzubeziehen[25]. Gegen Mitte Juni begann Hitler dann aber, in der bei ihm gewohnten, sich täglich steigernden Manier „starke Besorgnis vor Landungsversuchen" an den atlantischen Küsten zu äußern, wobei er auch einen „Masseneinsatz von Fallschirmtruppen" erwarten wollte. Hatte er sich bei solchen Vermutungen zunächst noch auf den allgemeinen Hinweis beschränkt, daß ausreichende Kräfte von Heer und Luftwaffe im Westen verbleiben und auch eine „Reserve an U-Booten" bereitgehalten werden müßten, so genügte ihm am 26. Juni schon eine Nachricht über das „Zusammenziehen kleiner Seefahrzeuge an der englischen Südküste", um sofortige Verstärkungen anzuordnen und sogar die Überführung seiner „Leibstandarte" und noch einer weiteren gepanzerten SS-Division unmittelbar vor dem bevorstehenden Beginn der Ost-Offensive in Aussicht zu nehmen[26].

Auch in Norwegen hatte Hitler den ganzen Winter hindurch nicht aufgehört, auf Verstärkungen zu drängen, die dem Osten Zehntausende von

24 Vgl. KTB Scherff 25. April 1942; Weisung gedruckt bei Hubatsch, Weisungen, S. 189.

25 Vgl. KTB Scherff 18. und 26. April 1942.

26 Vgl. KTB Scherff 25. und 26. Juni 1942.

Kämpfern entzogen[27]. Auf dem Balkan schließlich, der im Gegensatz zum Vorjahr als Sprungbrett in Richtung auf den Mittleren Orient sowohl aus Mangel an Kräften als auch wegen der zunehmend unsicheren Haltung der Türkei nicht mehr in Betracht kam, begann damals die nie mehr zu beendende Reihe der „Banden-Unternehmen" mit dem Ziel, die Ruhe im Inneren wiederherzustellen, ehe die Küstenverteidigung auch dort in den Vordergrund treten würde. Eine Reise des Stellv. Chefs WFStab durch einen Teil der Aufstandsgebiete um die Wende April—Mai verschaffte dem WFStab einen näheren Einblick in die Verhältnisse und damit die notwendigsten Grundlagen für die weitere Befehlserteilung, die sich Hitler sogar im Kampf gegen die „Banden", wie schon erwähnt, selbst vorbehielt[28].

Als ein aufschlußreiches und in gewisser Hinsicht abschließendes Dokument über Arbeit und Haltung des WFStabes jener Zeit des „neuen Aufbruchs" sei hier noch die Zusammenstellung über die „Wehrkraft 1942" angeführt, die unter dem Datum des 6. Juni mit der Unterschrift des Stellv. Chef abgeschlossen worden ist[29]. In aller Offenheit sind darin neben einigen Fortschritten die Mängel und nicht wiedergutzumachenden Ausfälle in der personellen und materiellen Rüstung der Wehrmacht aufgezeigt, die kurz vor Ende des dritten Kriegsjahres für alles weitere Handeln einer verantwortlich denkenden Führung von entscheidender Bedeutung sein mußten. Wenn es aber schon zweifel-

27 Nach dem im folgenden erwähnten Bericht „Wehrkraft 1942" wurde allein im Winter 1941/42 „die Kampfkraft der in Norwegen eingesetzten Kräfte durch Neubildung der 3. Geb.Div., Aufstellung von 20 Festungs-Bataillonen und zahlreichen Küstenbatterien und durch volle personelle Auffüllung wesentlich verstärkt".

28 Vgl. z. B. KTB Scherff 5. April und 2. Mai 1942.

29 Das Dokument ist erstmals bei Jacobsen, Chronik, S. 309—333, veröffentlicht. Einige bemerkenswerte Angaben daraus sind:

Heer: Fehlstellen des Ostheeres am 1. Mai 1942 625 000 Köpfe; volle Auffüllung der Verluste des Winters ist nicht möglich.
Pz.Divn. der H.Gr. Mitte und Nord werden nur über je 1 Pz.Abt. (d. h. rund 40—50 Pzkw.) verfügen.
Im August 1942 muß mit Spannungen auf dem Munitionsgebiet gerechnet werden, die sich auf die Führung auswirken können; Aushilfen aus Beständen des Ob West.
Bewegungsfähigkeit durch die hohen Ausfälle an Kfz. und Pferden, die nicht gedeckt werden können, wesentlich beeinträchtigt. Entmotorisierungsmaßnahmen nicht zu umgehen.
In der Heimat z. Z. keine Reserven mehr.

Kriegsmarine: Im allgemeinen günstige Beurteilung (von OKM teilweise bestritten).

Luftwaffe: Zahlen der einsatzbereiten Flugzeuge im Durchschnitt auf 50—60% des Standes vom 1. Mai 1941 abgesunken.
Bei der Flakartillerie stark erhöhte Bestände, aber Mangel an Personal.

Ersatzlage: Die Einstellung des Geburtsjahrgangs 1923 in die Wehrmacht im April 1942 bedeutet einen zeitlichen Vorgriff von 1½ Jahren.

Rüstung: Die Mineralölversorgung wird im laufenden Jahre eine der schwächsten Stellen der Wehrkraft sein und die Operationsfreiheit aller drei Wehrmachtteile ebenso wie die Rüstungswirtschaft und die Lieferungen an die Verbündeten (Italien) beeinträchtigen.

haft ist, ob der Oberste Befehlshaber der Wehrmacht die umfassende Analyse überhaupt zu Gesicht bekommen hat, da Jodl für diesen Bereich der Wehrmachtführung nach wie vor nur geringes Interesse zeigte und Keitel kaum gewagt haben dürfte, damit hervorzutreten, so beweist Hitlers Handeln in aller Folge jedenfalls deutlich genug, daß er auch noch viel härtere Tatsachen seinem „fanatischen" Willen unterzuordnen suchte.

Größter Engpaß bei den Metallen für Pzkw., Flugzeuge, U-Boote, Kfzge. und Nachrichtengerät.

Zusammenfassung: Wehrkraft geringer als im Frühjahr 1941. Ausgleich zu erwarten durch höhere Einbußen des (Ost-)Gegners, überlegene deutsche Führung und soldatische Einzelleistung, Güte der Waffen, verstärkte Panzerabwehr. Damit Überlegenheit gesichert, wo Kräfte schwerpunktmäßig zusammengefaßt werden.

Kapitel 4

Auf dem Wege in die größere Krise

Die Anfänge

Die Ereignisse, die dem Beginn des eigentlichen Sommerfeldzugs im Osten in der zweiten Junihälfte 1942 vorangingen – die Halbinsel Krim fast ganz im eigenen Besitz, das für die neue Offensive wichtige Sprungbrett um Charkow-Isjum unter Vernichtung starker Kräfte des Gegners gewonnen, dazu Rommels triumphaler Sieg über Tobruk und die britische 8. Armee – waren in Hitlers Augen nur allzu geeignet, seine Erwartungen auch in den weiteren Ablauf des Jahres zu rechtfertigen.

Was Nordafrika anging, hatte der deutsche Oberste Befehlshaber nunmehr leichtes Spiel, seine im stillen längst getroffene Entscheidung gegen den Landungsangriff auf Malta auch Mussolini aufzunötigen. In einem Briefwechsel, der selbst in dieser drängenden Lage das hauptsächliche Verbindungsmittel darstellen mußte, begnügte er sich zur Rechtfertigung seines Entschlusses „die geschichtliche Stunde" und „die Göttin des Schlachtenglücks" zu berufen, die für den erfolgreichen Feldherrn, wenn nicht im Augenblick des Sieges festgehalten, „oft nie wieder" erreichbar sei. In solchem Überschwang verhallte der Chor der warnenden Stimmen, den in diesem Falle hauptsächlich das Comando Supremo in Rom zusammen mit Kesselring stellte, ungehört. Mit wenigen Worten wurde auch Jodl abgefunden, der, gestützt auf ein Memorandum seines Stabes mit „allen Gründen für und wider" die Wegnahme Maltas, es noch einmal unternahm, an die vor kaum zwei Monaten gemeinsam mit den Italienern gefaßten Pläne zu erinnern. Im übrigen hatte Rommel, nach der Erstürmung Tobruks zum Feldmarschall ernannt, weitere Befehle gar nicht erst abgewartet, sondern aus eigenem Entschluß die Verfolgung des geschlagenen Gegners auf Kairo und den Suez-Kanal bereits fortgesetzt. Völlig überraschend für ihn selbst ebenso wie für das deutsche – weniger für das italienische – Hauptquartier zeichnete sich dann schon in den ersten Julitagen vor den Höhen von El Alamein die Krise ab, an deren Ende der Verlust von ganz Nordafrika stehen sollte[1].

Im Osten wollte Hitler aus den großen Erfolgen auf der Krim und bei Charkow-Isjum den voreiligen Schluß ziehen, daß der russische Widerstand im Vergleich zum Vorjahr wesentlich schwächer geworden sei. In der vermeintlichen Aussicht, daß hiernach auch die Sommeroffensive insgesamt ihre Ziele „leichter und schneller" erreichen werde, meinte er, die dazu vorgesehenen Panzerverbände gar nicht erst alle verwenden zu brauchen, und ging gleich zu weiteren Plänen über, in denen nunmehr auch die „spätere Operation auf Moskau" wieder auftauchte[2]. In den Stäben des OKW und OKH herrschte trotz aller Genugtuung über die ungebrochene deutsche Angriffskraft, wie sie sich nach dem schweren Winter in den jüngsten Entwicklungen kundtat, eine weniger zuversichtliche Stimmung. Mußte nicht die Aussicht, so fragte man sich in erster Linie, rechtzeitig im Westen bereit zu sein, immer mehr schwinden, nachdem es wieder Ende Juni geworden war, ehe die Sommeroffensive in Gang kam? Und weiter: Sah Hitler diese strategischen Zusammenhänge überhaupt noch klar genug, oder drohte nicht vielmehr der Krieg gegen den Bolschewismus zunehmend zum Selbstzweck zu werden? Gelegentliche Äußerungen bei den Lagevorträgen klangen jedenfalls ähnlich dem, was Goebbels schon im März 1942 aus seinen Unterredungen im Hauptquartier nach Aufzählung der Ziele „Kaukasus, Leningrad und Moskau" niedergeschrieben hatte:

> „Sind diese Ziele", so heißt es dort, „von uns realisiert, dann will er — Hitler — Anfang Oktober unter allen Umständen Schluß machen und rechtzeitig in die Winterquartiere gehen. Eventuell hat er die Absicht, eine riesenhafte Verteidigungslinie auszubauen und dann den Ostfeldzug auf sich beruhen zu lassen... Eventuell hundertjähriger Krieg ... wie England gegenüber Indien."[3]

Abgesehen von diesen Utopien, die politisch wie militärisch und wirtschaftlich undurchführbar sein mußten, wurde man in den Generalstäben der Initiative aber auch deswegen nicht recht froh, weil sie letzten Endes unter dem Zwang des selbst-auferlegten Zwei-Frontenkrieges stand. Ebensowenig konnte man sich weiterhin mit der von Risiken überladenen Anlage der Operationen aus dem Geiste Hitlers abfinden. Da es aber nach wie vor — jedenfalls unter den beiden Generalen des WFStabes — nicht einmal das Ventil einer offenen

1 Für eine eingehende Darstellung dieser Vorgänge s. den Beitrag des Verfassers „Mittelmeer 1942" zu den „Entscheidungsschlachten des 2. Weltkriegs"; zu den Zitaten und den übrigen Einzelangaben vgl. Ciano, Catastrofe, und KTB Scherff, beide 22. Juni 1942, sowie Heusinger, a. a. O., S. 193.

2 Vgl. KTB Scherff 25. Juni 1942.

3 Nach Tgb. Göbbels 20. März; Hitler sah es nach eigener Erinnerung in diesem Zusammenhang auch als eine Daueraufgabe für die Angehörigen der SS vor, sie als „Wehrbauern" an einer fernen östlichen Grenze anzusiedeln.

Aussprache über solche Zweifel und inneren Konflikte gab, Jodl vielmehr gemeinsam mit der gesamten näheren Umgebung Hitlers nur die Miene unbedingter Zuversicht aufsetzte, blieb den Nachgeordneten nicht viel mehr übrig als zu erwarten, daß die weitere Entwicklung entweder Hitler recht geben oder aber die nötigen Korrekturen und Beschränkungen erzwingen werde. Der Gedanke, daß der Weg in eine noch viel größere Krise als im Winter zuvor führen könne, stellte sich dagegen nicht ein. Tatsächlich hat denn auch erst die nicht vorherzusehende Art und Weise, in der Hitler sich, überheblich und unbelehrbar wie nie zuvor, als Oberbefehlshaber des Heeres zu betätigen begann, die schwere Krise des zweiten russischen Winters 1942/43 in entscheidendem Maße herbeigeführt.

Sommer 1942

Der Beginn der neuen großen Sommeroffensive am 28. Juni 1942 stellte Hitler erstmals vor den ganzen Umfang der neuen, selbstangemaßten Aufgabe, große Heereskörper in einer äußerst gewagten Angriffsoperation als Oberbefehlshaber des Heeres führen zu sollen. Der „Blick für operative Möglichkeiten" und der „Instinkt in strategischen Fragen", die der Wehrmacht manche Impulse gegeben hatten und die ihn nach dem gelegentlichen Urteil zeitgenössischer Historiker vor den ihn umgebenden „Fachleuten" ausgezeichnet haben sollen, konnten nun nicht mehr genügen. Jetzt erst stand die eigentliche Bewährung dieser Anlagen, die auch sonst manchem Laien eigen sind, bevor; jetzt erst mußte die Aufgabe gemeistert werden, die bis dahin den „Fachleuten" überlassen geblieben war, die frei im Raume schweifenden Gedanken mit den gegebenen Verhältnissen, vor allem den beiderseitigen Kräften und den Faktoren von Raum und Zeit, in Einklang zu bringen.

Es kann zweifelhaft erscheinen, ob Hitler diese Unterschiede überhaupt in das Bewußtsein eingedrungen sind. Die nächstliegende Folge, sich und seine weitzielenden Pläne erst noch in der beim OKH vor allen großen Operationen üblichen Weise in Kriegsspiel und Planübungen zu prüfen und näher vorzubereiten, hat er jedenfalls gar nicht in Betracht gezogen. Vielleicht glaubte er, statt dessen mit einer kurzen Besprechung seiner leitenden Gedanken auskommen zu können, zu der er am 1. Juni, ohne den Chef des Generalstabs zuzuziehen, die H.Gr. Süd aufsuchte. Die äußeren Umstände der Führung — Meldewesen, Lagevorträge, Befehlsformen — blieben gleichfalls unverändert und auf die gewohnte Ordnung und Routine beschränkt. Ebenso hielt es Hitler mit seiner nunmehr unmittelbaren Verantwortung für Wohl und Wehe des Heeres im Osten für vereinbar, Wochen und Monate auf dem Berghof zuzubringen, ohne den Chef des Generalstabs des Heeres, der mit allen Teilen in Ostpreußen zurückblieb, während dieser Zeiten mehr als etwa einmal in der Woche zum Vortrag zu sehen. Einzig die mündlichen Besprechungen mit den führenden Generalen der Ostfront, die dazu ihre Befehlsstellen meist gerade in Krisenlagen für ganze Tage verlassen mußten, fanden von dieser Zeit an etwas häufiger statt.

Soll mit alledem nicht gesagt sein, daß Hitler die Aufgaben der Heeresführung bewußt – und auch gemessen an der ihnen zugewendeten Zeit und Aufmerksamkeit – vernachlässigt hätte, so liegt doch der natürliche Unterschied zwischen ihm und einem militärischen Oberbefehlshaber, der sich ein ganzes soldatisches Leben lang auf eine so große Berufung vorbereitet und ihr allein zu dienen hat, klar zutage. Einem Hitler konnte aber auch, einmal abgesehen von den vielfach fehlenden Kenntnissen in den Grundsätzen der Führung, nicht nur der Überfülle seiner übrigen Ämter, sondern mehr noch seines Wesens wegen der volle Inhalt der Aufgabe, die er übernommen hatte, gar nicht bewußt werden. Vom Feinde nahm er lediglich an, was ihm gefiel, und weigerte sich oft genug sogar, das Nicht-gefallende nur anzuhören. Raum und Zeit bedeuteten ihm nach wie vor kaum mehr als vage Begriffe, die einem zielbewußten Willen nicht im Wege stehen durften. Die Leistungsfähigkeit der Truppe, über die zu urteilen er sich als Soldat des ersten Weltkrieges mehr als irgendeiner seiner Berater berufen fühlte, bildete wohl den Gegenstand immer wiederkehrender, stundenlanger Erörterungen, wurde letzten Endes jedoch im ganzen und im einzelnen beiseite geschoben und übergangen. Der Grundsatz, am entscheidenden Orte Schwerpunkte des eigenen Kräfteaufwands zu bilden, scheiterte, wie schon im strategischen, so nun auch in seinem operativ-taktischen Handeln an der ängstlichen Vorsorge, sich nirgendwo eine Blöße zu geben. Gegenüber unerwarteten Lagen aber fand sich derselbe Mann, der mit seinen plötzlichen, abenteuerlichen Entschlüssen lange Zeit hindurch eine ganze Welt in Atem gehalten hatte, außerstande, rechtzeitig die dringlichsten Entscheidungen zu treffen. Andererseits war er aber nur immer weniger noch bereit, auch die höchsten Truppenführer durch Direktiven auf längere Sicht zu selbständigem Handeln im Rahmen des Ganzen zu ermächtigen. Viel mehr noch als im eigenen Hauptquartier fehlte ihm dazu eine der wesentlichsten Voraussetzungen aller militärischen Führung, das Wissen um die Persönlichkeiten und das daraus erwachsende Verstehen und Vertrauen[4].

Die Folgen dieser Verhältnisse und Eigenheiten der Hitler'schen Heeresführung werden von jener Zeit an immer deutlicher sichtbar:

> Aufträge, die nicht in erster Linie nach militärischen Notwendigkeiten, sondern mindestens im gleichen Maße nach politischem Prestige und wirtschaftlichen Bedürfnissen orientiert waren und damit den Raumgewinn und -besitz an die Spitze stellten, –
>
> denen weiterhin vielfach schon von vornherein die nötigen Mittel fehlten, –

4 S. auch Halders Urteil nach Teil III, Kap. 4, Anm. 69.

die jedoch in einem Starrsinn ohnegleichen „bis zum letzten Mann und zur letzten Patrone" verfolgt wurden, auch wenn die Truppe längst überfordert, die Reserven verbraucht und das Ende in der Katastrophe vorauszusehen war;

Entscheidungen, die, fast immer verspätet getroffen, in fataler Weise von den Ereignissen überholt wurden, –

die infolgedessen dem Gegner immer mehr das Gesetz des Handelns überließen –

und so zum Verlust einer Position nach der anderen führten;

Befehlsformen, die jede selbständige Regung erstickten, –

in denen der ewige Besserwisser, höchst zufrieden mit sich selbst, Divisionen und Bataillone hin und her bewegte und darüber ganze Armeen verlor;

im persönlichen Bereich schließlich das Fehlen jeder Selbstkritik und an ihrer Stelle ein argwöhnisches Nörgeln und Wüten gegen alle, durch das dem Heere nach und nach die besten Köpfe genommen und die verdienten Generale noch der Nachwelt als Feiglinge und Verräter überantwortet wurden.

Unter solchen Umständen kündigten sich Spannung und Unbehagen schon wenige Tage nach Beginn der Offensive an, als nach einem kurz vorangegangenen neuen Besuch Hitlers bei der H.Gr. Süd die verworrene Lage an der für alle weiteren Bewegungen entscheidend wichtigen Durchbruchsstelle bei Woronesch die ersten schweren Mißhelligkeiten mit sich brachte. „Beim Führervortrag", schrieb Halder am 6. Juli, „wieder große Szene über die Führung der Heeresgruppe". Später ließ er noch die Bemerkung folgen:

> „Im Laufe des Tages verschiedene Ferngespräche mit v. Bock (diese sehr unerquicklich), mit dem Führer, mit Keitel (OKW) und mit v. Sodenstern – dem Chef des Generalstabs des HGr.Kdos Süd –, immer wieder um die gleichen Fragen. Dieses Durcheinandertelephonieren in Dingen, die man ruhig überlegen und dann klar befehlen sollte, ist qualvoll. Am unerträglichsten ist die urteilslose Rederei von Keitel."

Schon eine Woche später war es dann so weit, daß als erster der Feldmarschall von Bock, der Befehlshaber an der Angriffsfront, unter „Äußerungen höchsten Unwillens" ein zweites Mal abgelöst wurde, während sein Generalstabschef nur durch das Dazwischentreten Halders vor dem gleichen Verdikt bewahrt werden konnte. Wie Hitler dabei zur Begründung auch einen früheren „unglücklichen Vorschlag" der H.Gr. heranzog, der nicht einmal ausgeführt worden war, so hat er später nie aufgehört, das Zögern Bocks bei Woronesch als den Urgrund des Mißlingens der gesamten Offensive anzuprangern.[5]

5 Vgl. Tgb. Halder 13. Juli in Verbindung mit 5. Juli 1942.

Bis Mitte Juli waren die Angriffsbewegungen so weit gediehen, daß die Stäbe des OKW und OKH am 16. in das neue Hauptquartier bei Winniza in der Ukraine übersiedelten. Der Generalstab des Heeres kam in Anlehnung an den Stadtbereich unter; Hitler mit dem OKW-Stabe bezog auch dort, einige Kilometer nordöstlich von Winniza, ein Waldlager, das von ihm selbst mit dem Decknamen „Werwolf" belegt wurde. Die Sperrkreise I und II fanden sich in dem lichten Wald nur wenige hundert Meter voneinander entfernt, dieser in Baracken, jener in Blockhütten untergebracht. Die Sicherungen schienen gegenüber denen in Ostpreußen kaum verstärkt. Die Bevölkerung war in Stadt und Land verblieben und legte allenthalben ein freundliches Verhalten an den Tag. Auch auf einsamen Gängen durch die Wälder ringsum und beim Schwimmen im nahen Bug — beides wohl nur von den Angehörigen des Sperrkreises II in kurzer Freizeit geübt — ist es nie zu Zwischenfällen gekommen. Dagegen hat die brütende Hitze, die bei sommerlich wolkenlosem Himmel über dieser Landschaft lag und Hitler, wie man hörte, ganz besonders zusetzte, wahrscheinlich das Ihrige zu den Zwischenfällen und Entladungen beigetragen, die in den folgenden Wochen und Monaten einen noch nicht erlebten Höhepunkt erreichen sollten.

In Nordafrika hatte sich Rommel gerade in jenen Tagen unter Verzicht auf alle hochfliegenden Pläne entschließen müssen, vor den Höhen von El Alamein zur Verteidigung überzugehen. In seiner bedrängten Lage neigte er sogar zum sofortigen Rückzug auf die libyschen Grenzstellungen, während Hitler schon damals den kaum 60 km breiten Streifen zwischen der ungangbaren Kattara-Senke und der Mittelmeerküste als die bei weitem beste aller Stellungen im nordafrikanischen Umkreis ansah. Ehe dann der Stellv. Chef WFStab — auch hier aus eigenem Entschluß und ohne besonderen Auftrag — Ende Juli auf dem frontnahen Gefechtsstand der Panzer-Armee eintraf, um sich aus persönlichem Augenschein ein Bild der Lage zu verschaffen, war Rommel — in seltener Übereinstimmung mit dem italienischen ebenso wie dem deutschen Hauptquartier — wieder auf die offensive Zielsetzung eingeschwenkt. Warlimont, der auf dem Hinflug in Bukarest, in Saloniki und Athen mit verbündeten und eigenen hohen Befehlsstellen Aussprache gehalten und sich auf dem Rückflug bei dem italienischen Oberkommando in Rom eines weiteren allgemeinen Einvernehmens im Mittelmeerbereich versichert hatte, konnte, in der Ukraine wieder angelangt, seine Eindrücke bei der nächsten Lagebesprechung im Sperrkreis I selbst berichten. Die Nachsicht, die Rommel damals noch zuteil wurde, ließ Hitler auch in Ruhe eine aus dem Erleben belegte Schilderung der schwierigen Lage hinnehmen, der sich die deutsch-italienische Panzerarmee in deckungsloser Wüste gegenüber einem zu Lande, zur See und in der Luft material- und munitionsmäßig inzwischen stark überlegenen Gegner ausgesetzt sah. Ein Ausbruch der Ungeduld blieb in diesem Falle Göring vorbehalten, der durch Hitlers Zuruf: „Hören Sie das, Göring, Bombenteppiche in der

Wüste" noch besonders gereizt, gleich anschließend mit zischenden Scheltworten auf den Stellv. Chef WFStab eindrang und sich solche Meldungen und Urteile über die Luftlage von einem „Laien" schärfstens verbat.

Je größer Hitler die Anfangserfolge der Ost-Offensive einschätzte, um so mehr meinte er im Westen mit Landungsangriffen der Alliierten zur Entlastung ihres russischen Verbündeten rechnen zu müssen. Sah sich hiernach der Chef des Generalstabs schon am 6. Juli – bedauernd und warnend zugleich – zu dem Vermerk genötigt, daß „der Führer – wie schon einige Tage vorher angekündigt – die SS/AH (Leibstandarte), die für den Angriff der 1. Pz.Armee sehr wesentlich wäre, aus diesem Grunde nicht freigeben" wolle, so hatte sich Hitler nach üblicher Art weitere drei Tage später derart in seine Auffassungen hineingesteigert, daß er kategorisch forderte, diese kampfstarke Division, die als eine der wenigen Führungsreserven hinter dem Schwerpunktflügel der Hauptangriffsfront stand, samt noch anderen namhaften Verstärkungen nach dem Westen zu fahren. Einen vorläufigen Höhepunkt erreichte die allen Regeln einer oberen Führung widersprechende Art der Kräftedispositionen schließlich, als Hitler am 23. Juli gegen den lebhaften Widerspruch Halders und – in diesem Falle – auch Jodls befahl, die Pz.Gren.Div. „Großdeutschland", einen Eliteverband des Heeres, im Angriff anzuhalten und ebenfalls für den Abtransport nach dem Westen vorzubereiten[6].

Diese und weitere Vorgänge ähnlicher Art[7] ergeben gleichzeitig ein Bild von den tiefgreifenden Unterschieden in der Beurteilung der Lage an der Offensiv-

6 Der die „Leibstandarte" betreffende (nicht veröffentlichte) Befehl trägt das Zeichen OKW/WFStab 551213/42 g.Kdos.Chefs., die andere Anordnung ist in der OKW-Weisung Nr. 45 vom 23. Juli 1942, gedruckt bei Hubatsch, Weisungen, S. 196 ff., enthalten. Die übrigen Angaben im Text stützen sich auf Tgb. Halder 6. Juli und eigene Erinnerungen. Vgl. auch Heusinger, a. a. O., S. 197.

Bemerkenswert ist in diesem Zusammenhang noch,

a) daß in dem erstgenannten Befehl die Normandie nächst der engeren Kanalküste und dem Abschnitt Dieppe–Le Havre als eine der vermutlich meistbedrohten Küstenfronten genannt wird;
b) daß sich am 19. August 1942 überraschend der eintägige Überfall britisch-kanadischer Truppen bei Dieppe ereignete, zu dessen Abwehr jedoch die schon vor dem 9. Juli im Westen stehenden Kräfte vollauf ausreichten;
c) daß die Div. „Großdeutschland" später zu Abwehraufgaben im Osten (H.Gr. Mitte) umdirigiert wurde.

Hingewiesen sei außerdem auf Tgb. Halder 15. August 1942: „Neue Aufträge des Führers über permanenten Ausbau der Westküstenbefestigungen (unmögliche Forderung)."

7 Schon bei dem Stoß von Woronesch den Don abwärts waren die 9. und 11. Pz.-Div. an die H.Gr. Mitte abgegeben worden (vgl. Tgb. Halder 19. Juli und 12. August). Von der 11. Armee, die gemäß OKW-Weisung Nr. 43 vom 11. Juli 1942 (Hubatsch, Weisungen, S. 192) nach Säuberung der Krim mit der Masse über die Straße von Kertsch übersetzen und in der aussichtsreichen Richtung beiderseits des unteren Kaukasus vorgehen sollte, wollte Hitler nach eigenem Entschluß neuerdings (vgl. Tgb. Halder 18. und 19. Juli) nur noch geringe Teile und auch diese erst zu einem späteren Zeitpunkt für die Kaukasus-Operation verwenden, die Masse jedoch gleich zu dem Angriff auf Leningrad abbefördern (vgl. auch hierzu die OKW-Weisung Nr. 45).

front im Osten, die das Denken und Handeln im Hauptquartier damals weit überwiegend in Anspruch nahmen. Wollte Hitler in dem riesigen Raumgewinn, der am 24. Juli von Woronesch den mittleren und unteren Don hinunter bis westlich Stalingrad und Rostow reichte, den Erfolg der Offensive schon so gut wie gesichert sehen und dem weiteren Vorgehen in der Hauptsache den Charakter einer Verfolgungsoperation beilegen[8], so wartete man im Generalstab des Heeres ebenso wie im WFStab erst noch auf den echten, großen Sieg; schien der Gegner sich doch bislang nirgendwo gestellt zu haben, wie auch die Gefangenen- und Beutezahlen denkbar gering blieben.

Auf diesem Hintergrund schwerwiegender Gegensätze in der Hauptsache, die jedoch nur andeutungsweise Ausdruck fanden, nahmen die sich häufenden Mißhelligkeiten über einzelne Führungsfragen um so schwerere Formen an. So schrieb Halder am 18. Juli:

> „Beim Führervortrag wird heute das, was ich gestern vorgeschlagen habe, und was gestern in wenig freundlicher Weise zugunsten einer sinnlosen Zusammenballung gegen Rostow auf dem Nordufer des Don abgelehnt wurde, plötzlich gutgeheißen und ein allerhöchster Befehl ausgegeben, in dem das Überschreiten des Don auf breiter Front gefordert und die Einleitung der Schlacht von Stalingrad verlangt wird."

In gleicher Sache folgt am 23. Juli der Tagebuchvermerk:

> „Führervortrag: Nachdem er selbst gegen meinen Willen am 17. Juli die Zusammenballung von schnellen Verbänden auf Rostow befohlen hat ..., ergibt sich nun auch für das Laienauge eine sinnlose Zusammenballung von Kräften schneller Verbände in Rostow und ein Verhungern des wichtigen äußeren Flügels ... Vor beidem habe ich eindringlich gewarnt. Nun, wo das Ergebnis mit Händen zu greifen ist, Tobsuchtsanfall mit schwersten Vorwürfen gegen die Führung."

Anschließend geht Halder über das Einzelereignis auf das Ganze über, wenn er nur einen knappen Monat nach Beginn der Offensive weiter schreibt:

> „Die immer schon vorhandene Unterschätzung der feindlichen Möglichkeiten nimmt allmählich groteske Formen an und wird gefährlich. Es wird immer unerträglicher. Von ernster Arbeit kann nicht mehr die Rede sein. Krankhaftes Reagieren auf Augenblickseindrücke und völliger Mangel in der Beurteilung des Führungsapparats und seiner Möglichkeiten geben dieser sog. ‚Führung' das Gepräge."

Am 29. Juli kommt der Chef des Generalstabs mit den Worten:

> „Große Aufregung ... Unerträgliche Schimpferei über fremde Fehler, die nur Ausführung der von ihm — Hitler — selbst gegebenen Befehle sind"

8 Vgl. dazu auch die einleitenden Wendungen der OKW-Weisung Nr. 44 betr. Finnland vom 21. Juli 1942 bei Hubatsch, Weisungen, S. 194 ff.

noch ein weiteres Mal auf die „Zusammenballungen" bei Rostow zurück, die Hitler, seiner Art entsprechend, an diesem Tage erneut — und beileibe nicht zum letzten Male — vorgebracht haben wird.

Schon tags darauf öffnet sich dann das Szenarium der streiterfüllten Lagebesprechungen, wenn auch noch für niemanden in seiner ganzen, späteren Schwere erkennbar, der verhängnisvollen Entwicklung, die zu der Katastrophe um Stalingrad führen sollte. Auch hier geht das Stichwort von Halder aus, wenn er, verbunden mit einem scharfen Hinweis auf das charakteristische Verhalten Jodls, schreibt:

> „Beim Führervortrag wird General Jodl das Wort erteilt, der mit großen Tönen verkündet, das Schicksal des Kaukasus werde bei Stalingrad entschieden. Daher Abgabe von Kräften der H.Gr. A zu B — die H.Gr. Süd war inzwischen in A und B aufgespalten — notwendig. ... Damit wird in neuer Aufmachung ein Gedanke serviert, den ich dem Führer vor 6 Tagen vorgetragen habe, wo aber von der illuminierten Gesellschaft des OKW diesen Gedanken niemand begriffen hat."

Die Bedeutung, die hiernach übereinstimmend dem Raume um Stalingrad beigemessen wurde, war tatsächlich bis zu einem gewissen Grade eine neue Erkenntnis; hatte Hitler doch in seinen ursprünglichen Plänen die Stadt nur als „Rüstungs- und Verkehrszentrum" bewertet, das es zum Flankenschutz der in den Kaukasus gerichteten Hauptoperation rechtzeitig abzusichern gelte[9]. Erst im weiteren Verlauf war es allmählich zur allgemeinen Überzeugung geworden und dann in der OKW-Weisung Nr. 45 „zur Fortsetzung der Operation Braunschweig" vom 23. Juli auch als Befehl ausgesprochen, daß allein die volle Einnahme des Raumes um Stalingrad eine ausreichende Sicherung für alle weiteren Bewegungen verbürgen könne. Nicht die Weisung Nr. 45 war also hiernach, wie es dem Verfasser entgegen weitverbreiteten Ansichten scheinen will, die Ursache dafür, wenn die Kräfte nun auseinander zu fallen und sich in den weiten Räumen zwischen dem Schwarzen und dem Kaspischen Meere zu verlieren drohten. Die Anlage zu dieser Entwicklung rührte vielmehr schon von Wort und Ziel der grundlegenden Pläne Hitlers zu der höchst fragwürdigen Operation her, mag auch die Weisung erst die divergierenden Richtungen bei dem weiteren Vorgehen besonders scharf ins Licht gerückt haben[10]. Falls es hierzu noch eines besonderen Belegs bedürfte, so zeigt diesen

9 Vgl. die in Kap. 3, Anm. 15 angeführte Weisung Nr. 41 vom 5. April 1942, besonders Abschn. I, Allgemeine Absicht, wo lediglich der Durchbruch in den Kaukasus als Ziel gesetzt ist, während Stalingrad erstmals weit hinten im Abschn. II C unter „Führung der Operationen" erwähnt wird.

10 Auch die Weisung Nr. 45 war, wie im Hinblick auf die entgegenstehende, in Kap. 2, Anm. 23 vermerkte Aussage Jodls in Nürnberg besonders hervorgehoben sei, obwohl nur mit dem Osten befaßt, wieder von WFStab bearbeitet worden. Vgl. hierzu auch den oben im Text angezogenen Tagebuchvermerk Halders. Beide Belege ergeben, daß der Generalstab des Heeres sich dadurch, daß der Chef WFStab unterschiedslos Hitler auch in dessen Eigenschaft als Ob d H für die Ostfront beriet und beeinflußte, fast noch schärfer als früher gebunden fand.

eindeutig das Tagebuch des Generalstabschefs des Heeres vom 16. Juli, also eine Woche vor Ausgabe der OKW-Weisung Nr. 45, in den Worten:

> „Besprechung mit Gehlen (Chef der Abt. Fremde Heere Ost) und Heusinger; Gedankenbildungen für bevorstehende Schlacht bei Stalingrad. Wir werden noch, während wir die Schlacht bei Rostow nördlich und südlich des Don durchschlagen, die Schlacht bei Stalingrad vorbereiten müssen, vielleicht sogar in sie eintreten."

War man sich hiernach an den maßgebenden Stellen offenkundig über die Bedeutung Stalingrads als Angelpunkt der gesamten weiteren Operation einig geworden, so blieb doch genügend Konfliktstoff übrig, da Hitler trotzdem daran festhielt, alle seine anderen Ziele – d. h. die gesamte Nord- und Ostküste des Schwarzen Meeres, die Sperrung der Ossetischen und Grusinischen Heerstraße über den Kaukasus „möglichst auf den Paßhöhen", die Westküste des Kaspischen Meeres mit Baku und die untere Wolga von Astrachan bis Stalingrad, um nur diese, der Weisung Nr. 45 folgend, zu nennen – mehr oder weniger in einem Zuge zu erreichen. Die Konflikte wurden noch ständig umso schwerer, als das „Momentum" der Offensive ab Mitte August aus Mangel an Kräften und Bewegungsmitteln sichtlich zu erlahmen begann, Hitler jedoch, statt sich in die gegebenen Grenzen zu fügen, nun erst recht nach allen Seiten zugleich drängte[11]. Dabei ging er außerdem in noch vermehrtem Maße dazu über, das, was Heeresgruppen und Armeen nicht mehr erreichten, durch eigenes Herum-Manövrieren mit einzelnen Divisionen erzwingen zu wollen.

Die mit Zündstoff überladene Atmosphäre in der Hitze des ukrainischen Hauptquartiers erfuhr um diese Zeit noch eine weitere Steigerung dadurch, daß die verbündeten Armeen am mittleren Don sich als nur wenig kampffähig erwiesen, vor allem aber die russischen Entlastungsangriffe gegen die H.Gr. Mitte im Raume von Rshew bedrohliche Formen angenommen hatten. Feldmarschall von Kluge, der Oberbefehlshaber Mitte, forderte daher bei seinem Erscheinen in „Werwolf" am 8. August nachdrücklichst, die ihm aus der Angriffsfront überlassenen Panzerdivisionen (9., 11.) zur Bereinigung dieser Lage zu verwenden. Demgegenüber beharrte Hitler starrsinnig darauf, die beiden Divisionen zur angriffsweisen Abflachung des – aus der Winterkrise zurückgebliebenen – Bogens von Ssuchinitschi zu verwenden und damit, wie er meinte, auch eine Plattform für den späteren Vorstoß auf Moskau zu gewinnen. Von allem Gerede unbeirrt, hielt ihm Kluge schließlich die unvergessen gebliebenen Worte entgegen: „Dann übernehmen Sie, mein Führer, aber auch die Verantwortung" und ging davon. So beispielhaft und vorbildlich

11 Der Verfasser war um diese Zeit u. a. bei höheren Heeresstäben im östlichen Kaukasus (Pjatigorsk), die sich mit den Vorbedingungen für einen Übergang nach Transkaukasien beschäftigten; vgl. auch Tgb. Halder 9. August 1942: „Gen. Heusinger, Operationsmöglichkeiten im Irak durch Iran."

dem Verfasser damals diese Antwort und Haltung seines ehemaligen verehrten Kommandierenden Generals erscheinen wollten, so bewahrten sie Kluge doch keineswegs davor, zwei Wochen später, wiederum in das Hauptquartier befohlen, mit dem Fehlschlag des Unternehmens „wegen des Ansatzes der Kräfte" belastet zu werden[12].

War bei Ssuchinitschi auf solche Weise nur eine weitere schwärende Druckstelle entstanden, so sollte die inzwischen unhaltbar gewordene Lage bei Rshew noch zu einem Nachspiel mit historisch bedeutsamen Folgen führen. Als nämlich Halder zwei Tage später, bei der Mittagsbesprechung am 24. August, erneut darum vorstellig wurde, der bei Rshew kämpfenden 9. Armee die erforderliche Bewegungsfreiheit zum Ausweichen auf verkürzte, ihren schwindenden Kräften angepaßte Linien zu geben, kam es zu einem Zusammenstoß, der dem deutschen Heere kurz darauf und nur dreiviertel Jahre nach dem Ausscheiden seines Oberbefehlshabers auch den Chef des Generalstabs, den eigentlichen Planer der erfolgreichen Feldzüge, nehmen sollte. „Sie kommen nur immer mit dem gleichen Vorschlag des Zurückgehens", warf ihm Hitler, in seinem Kardinalführungsgrundsatz getroffen, sichtbar gereizt vor und ließ, einmal im Zuge, wieder alle möglichen Verunglimpfungen folgen, in die er bei diesem Anlaß sogar die kämpfende Truppe einbezog. „Von der Führung", so endete er schließlich seine Tirade, „verlange ich die gleiche Härte wie von der Front." Mit erhobener Stimme gab Halder darauf zur Antwort: „Ich habe sie, mein Führer. Aber da draußen", fuhr er, nun auch selbst höchst erregt, unter allgemeiner äußerster Spannung fort, „fallen die braven Musketiere und Leutnants zu Tausenden, nur weil die Führung nicht den einzig möglichen Entschluß durchführen darf und ihr die Hände gebunden werden." Hitler, einen Schritt zurücktretend, maß Halder mit einem langen, haßerfüllten Blick und stieß dann heiser hervor: „Generaloberst Halder, was erlauben Sie sich mir gegenüber für einen Ton. Sie wollen mir klar machen, wie es dem Mann an der Front zumute ist? Was haben Sie überhaupt an der Front erlebt? Wo waren Sie im ersten Weltkrieg? Und Sie wollen mir vorwerfen, ich verstünde die Front nicht. Ich verbitte mir das! Das ist unerhört!"

Die Teilnehmer der Lagebesprechung stoben betroffen auseinander. Bei Rshew ging der blutige Kampf um längst wertlos gewordenen Bodenbesitz unverändert weiter. Zwischen den beiden Männern aber, die sich wie Feuer und Wasser unterschieden, war der endgültige Bruch nicht mehr aufzuhalten[13].

12 Vgl. Tgb. Halder 7. und 22. sowie Aufz. KTB WFStab 14., 16., 19. und 22. Aug. 1942; das übrige nach eigenem Erleben.

13 Zitate nach Heusinger, a. a. O., S. 200/201, der vermutlich den Wortwechsel, der genau der eigenen Erinnerung entspricht, gleich hinterher schriftlich festgehalten hat; das übrige nach eigenen Eindrücken. Vgl. auch Tgb. Halder und Aufz. KTB WFStab, beide 24. August 1942.

Von der August-Septemberwende an mehrten sich allenthalben, von den fernsten Fronten bis in das ukrainische Hauptquartier, die verschiedenartigsten Vorgänge, die — im einzelnen und in ihrer Gesamtheit — als Sturmzeichen gedeutet werden mußten.

Der Luftkrieg über der Heimat war schon seit dem ersten schweren Angriff auf Köln Ende Mai 1942 in ein Stadium eingetreten, das mit der Überzahl der feindlichen Bomber und der Überlegenheit ihrer Angriffsmittel die schwersten Befürchtungen für die Zukunft erweckte[14].

In Nordafrika mußte Rommel die Offensive, die er nach langem Planen und Zögern am 30. August abends eingeleitet hatte, bereits am 1. September hauptsächlich wegen der starken feindlichen Überlegenheit in der Luft abbrechen und zwei Tage später auf die Ausgangsstellungen vor El Alamein zurückgehen. Sollte der erneute Übergang zur Verteidigung auch keinen endgültigen Verzicht auf die alten, weiten Ziele bedeuten, so war man sich doch im deutschen Hauptquartier mehr als in Rom darüber klar, daß nun zunächst die Briten — unter ihrem neuen Befehlshaber, General Montgomery — am Zuge sein würden. Die Abwehr dieses bevorstehenden Angriffs schien allerdings ebenso gewiß wie die Überzeugung, daß keine Verteidigungsstellung dazu besser geeignet sein könne als die vor El Alamein.

An eine Wegnahme Maltas, das, wieder aufgelebt, den Nachschub über See mehr denn je gefährdete, war nicht mehr zu denken. Beim Comando Supremo bereitete man sich stattdessen vor, zum Schutze des nordafrikanischen Kolonialbesitzes notfalls Tunesien zu besetzen, während Hitler, immer noch in dem Gedanken befangen, auf solche Weise ganz Franz. Nordafrika der Bewegung de Gaulle's in die Arme zu treiben, dringend vor einem vorzeitigen Zugriff warnen ließ. Seine Sorgen im Südraum richteten sich, besonders nachdem Rommel wieder in der Verteidigung festlag, viel mehr auf Kreta — wohin noch eine der besten Inf. Divisionen des Heeres (22.) überführt werden mußte — und auf die unruhigen nördlichen Randgebiete des Ost-Mittelmeers, in denen er nach wie vor hauptsächlich den äußeren Schutzgürtel für das rumänische Ölgebiet sah[15].

Hitlers Besorgnisse um den Westen, die mit dem — propagandistisch weit übertriebenen — Abwehrerfolg bei Dieppe keineswegs beendet waren, sondern

14 Vgl. dazu KTB Scherff 31. Mai und 3. Juni 1942, wo erstmals ein nachhaltiger Konflikt Hitlers auch mit der Führung der Luftwaffe und besonders der Art ihrer „Siegesmeldungen" für den täglichen Wehrmachtbericht in Erscheinung tritt. Dazu Hitler: „Ich kapituliere nie vor einer harten Wirklichkeit, aber ich muß klarsehen, um die richtigen Folgen ziehen zu können."

15 Vgl. die Befehle vom 14. Sept. und 13. Okt. 1942 unter den Zeichen OKW/WFStab/Op. Nr. 003142/42 g.Kdos. bzw. 551743/42 g.Kdos.Chefs. (nicht veröffentlicht) sowie die Aufz. KTB WFStab 17. und 20. Sept. 1942 und den Beitrag „Mittelmeer 1942" in „Entscheidungsschlachten des 2. Weltkriegs".

sich neuerdings auch noch auf die Küsten südlich der Loire-Mündung ausdehnten, führten dazu, noch weitere Verbände nach Frankreich zu verlegen. Mangels anderer Reserven stand dazu jedoch nur noch das Ersatzheer mit seinen Rekruten-Divisionen zur Verfügung. Damit wurde eine Entwicklung eingeleitet, deren abträgliche Folgen in Bewaffnung, Beweglichkeit und Kampferfahrung noch bei Abwehr der Invasion im Juni 1944 fortbestanden. Bemerkenswerterweise war aber auch in den neuen Anordnungen die Normandie wiederum als wahrscheinliches Landungsziel genannt[16].

Norwegen zehrte, ohne bedroht zu sein, immer weiter an den schrumpfenden Kräften und Mitteln jeglicher Art.

In Finnland schwanden die Aussichten, noch im Herbst 1942, wie befohlen, in einem gemeinsamen deutsch-finnischen Angriff die Murmansk-Bahn zu unterbrechen und damit die immer bedeutsamere Zufuhr westlichen Kriegsgeräts nach Rußland wenigstens auf diesem Wege abzuschneiden, zusehends dahin. Allein schon die wichtigste Voraussetzung, die Einnahme von Leningrad, von Hitler in seinem Offensivplan 1942 „spätestens für September" vorgesehen, konnte vernünftigerweise nicht mehr als erfüllbar gelten, nachdem auch dort der Gegner Ende August die Initiative ergriffen hatte und die – inzwischen von der Krim in den äußersten Norden hinaufgefahrenen – Divisionen der Armee Manstein sich eine nach der anderen in der Abwehr verzehrten. Für Hitler, der im Hauptquartier bei Winniza noch am 23. August mit dem Oberbefehlshaber Nord, Feldmarschall von Küchler, und tags darauf mit Manstein die Aufgaben festgelegt hatte – „Tempo 1: . . . Verbindung mit den Finnen suchen (über die Karelische Landenge), Tempo 2: Leningrad besetzen und dem Erdboden gleichmachen" (!) – bedeutete die ungünstige Entwicklung in erster Linie „ein Bild willenloser Führung". Auch General Jodl, obwohl mit den Verhältnissen bei Leningrad nicht im geringsten näher vertraut, stimmte in diese Verurteilung ein und unterstützte es auf solche Weise noch, wenn Hitler einmal mehr die Gesamtheit „der obersten Heeresstellen" mit Vorwürfen wie „geistiger Hochmut, Unbelehrbarkeit und Unfähigkeit, das Wesentliche zu erkennen", bedachte.

Mit der Übertragung des alleinigen Kommandos in dem entscheidenden Abschnitt an Manstein und der Ausschaltung des OB Nord, dessen Person und stets unbeirrbarer, sachlicher Art des Vortrags er eben erst scheinbar sein Vertrauen bekundet hatte, griff Hitler dann selbst in die Führung bei Leningrad ein. Als hauptsächliche Mittel sollten ihm dabei eine einzige Geb. Division, die eigentlich für Finnland bestimmt gewesen war, und ganze vier „Tiger"-Panzer dienen, die ersten, die an den Fronten erschienen. Der kurz darauf folgende Vermerk im Kriegstagebuch des WFStabes, „ein Tiger ist bereits kaputt", zeigt deutlich, wie man im Stabe über solche Erwartungen Hitlers in die vermeintlich schlachtenentscheidende Wirkung zahlenmäßig un-

16 Vgl. Aufz. KTB WFStab 3., 4. und 9. Sept. 1942.

zureichender „neuer Waffen“ dachte, – ganz abgesehen davon, daß, wie sich bald herausstellte, die Brücken im Kampfgebiet das Gewicht dieser Panzer nicht trugen. Eine „Weisung“, die der WFStab unter der Nr. 47 noch für die Wegnahme von Leningrad vorbereiten mußte, stellte Hitler anläßlich der Vorlage des Entwurfs am 3. September bis auf weiteres zurück. – Dabei ist es dann auch geblieben; der zweite Teil der Sommeroffensive war somit schon aufgegeben, ehe er begonnen hatte[17].

Bei der H.Gr. Mitte nahm indessen neben dem fortgesetzten schweren Druck auf die Front auch die Bandentätigkeit im Hinterland in einem Maße zu, daß der WFStab in einer besonderen „Weisung“ mit der Unterschrift Hitlers – Nr. 46 vom 18. August 1942[17a] – einen erneuten Anlauf nahm, um der Bewegung Herr zu werden. Kurz darauf muß es aber auch gewesen sein, daß Keitel und Jodl dem Stellv. Chef WFStab bei der Lagebesprechung mitten in seinen etwa alle 14 Tage erstatteten Bericht über den „Bandenkrieg“ hinein mit lebhaften Gesten bedeuteten, kurz abzubrechen. Auch in der Folge wurde dann von diesem Vortrag abgesehen, offenbar um Hitler nicht länger damit zu belästigen.

Bei weitem die schwersten Stürme über dem Hauptquartier brauten sich jedoch ausgehend vom Süden der Ostfront zusammen. Schon am 16. August hatte Halder bei der Mittagsbesprechung unter Vorweisen einer alten, irgendwo erbeuteten russischen Karte auf die Ähnlichkeiten der Lage hingewiesen, in der 1920 die Rote Armee, auch damals geführt von Stalin, überraschend über den unteren Don zwischen Stalingrad und Rostow, vorgebrochen war und die „Weißen Garden“ Wrangels auf diesem Wege entscheidend geschlagen hatte. Hitlers Interesse war sofort geweckt, fand aber zunächst nur in der Absicht Ausdruck, baldmöglichst eine deutsche Pz. Division (22.) als Stütze hinter die in dem gefährdeten Abschnitt stehende italienische 8. Armee zu verlegen. Kurz darauf bestimmte er zwei Inv.Divisionen, davon eine sogar wiederum dem eigenen Offensivflügel entnommen, für die gleiche Aufgabe. Das wesentlichste Mittel aber gegen die Gefahr einer sich womöglich wiederholenden russischen Initiative gleicher Art suchte er – insoweit ganz zu Recht – in der schleunigen Einnahme von Stalingrad und den damit freiwerdenden Kräften[18].

Auch an diesem Brennpunkt der Kämpfe gab es jedoch schon seit einiger Zeit, abgesehen von dem Vorstoß an die Wolga nördlich der Stadt, nur noch örtlich begrenzte Fortschritte. Hitlers zunehmende Ungeduld darüber fachte am 28. August, von seinen Organen über die Stimmung im Hauptquartier wie

17 Betr. den Auftrag Murmansk-Bahn vgl. die OKW-Weisung Nr. 44 vom 21. Juli, zu den übrigen Angaben die Aufz. KTB WFStab 23.–30. Aug. und 2.–5. Sept. 1942, außerdem Tgb. Halder 30. Aug. und Manstein, a. a. O., S. 292 ff.

17a Gedruckt bei Hubatsch, Weisungen, S. 201.

18 Vgl. Aufz. KTB WFStab 16., 22. Aug. und 16. Sept. sowie Tgb. Halder 15. und 16. Sept. 1942.

immer bestens unterrichtet, Göring noch weiter an, indem er mit allem Pomp seines gelegentlichen Auftritts bei den Lagebesprechungen eine Meldung des Nahkampffliegerführers bei Stalingrad, des Generals Frhr. von Richthofen, wiedergab, „daß von starken feindlichen Kräften dort keine Rede sein könne. Die Luftwaffe habe bei der Aufklärung nach Norden Mühe gehabt, in dem deckungslosen Gelände überhaupt feindliche Kräfte zu entdecken." Selbst Hitler wollte diese Nachricht nicht ganz glaubwürdig erscheinen. Trotzdem kam sein Mißtrauen deutlich genug in der Anordnung zum Ausdruck, daß die höheren Befehlsstellen der H.Gr. B näher an die kämpfende Front heran zu verlegen seien. Auch im übrigen blieb, wie in der Folge mehrfach zu hören war, ein Rest von diesem „Querschuß" zurück, ausreichend, um die allgemeine Spannung weiter zu erhöhen[19].

Ein noch viel größeres Ärgernis nahm Hitler um die gleiche Zeit daran, daß die Fortschritte im Kaukasus seinen Erwartungen nicht im geringsten entsprachen. Halders kurzer Notiz vom 21. August, „Beim Führer große Aufregung", und seinen anschließenden, sich täglich wiederholenden Vermerken über eine mehr oder weniger „unveränderte Lage" folgte am 30. August der Satz im Kriegstagebuch des WFStabes:

„Der Führer ist mit der Entwicklung der Lage bei der H.Gr. A sehr unzufrieden."

Schon tags darauf fand sich Feldmarschall List, der Oberbefehlshaber A, zu mündlichem Bericht nach Winniza beordert. Angesichts der würdigen Ruhe jedoch, mit der er die Lage der Heeresgruppe darstellte, schien alle Mißbilligung verflogen. In seiner Gegenwart begnügte Hitler sich damit, noch einmal die zahlreichen Ziele bei Fortsetzung der Offensive aufzuzählen, darunter allein im Nahbereich der Front drei „Schwerpunkt"-Pässe über den westlichen Kaukasus als Zugänge zur Schwarzmeerküste, und in der Tiefe des Kampfraumes das Ölgebiet von Grosny und die Wolgamündung bei Astrachan. „Nur" die Wegnahme von Baku war er bereit, „gegebenenfalls auf das nächste Jahr" zu verschieben. – Mit diesen Aufträgen beladen, aber ohne daß ihm irgendwelche nennenswerten neuen Kräfte oder Mittel in Aussicht gestellt worden wären, trat Feldmarschall List nach einem Mittagsmahl in kleinem Kreise, bei dem Hitler sich in seiner Blockhütte sogar als ungewöhnlich freundlicher Gastgeber erwies, den Rückflug nach Stalino an.

In den nächstfolgenden Tagen steigerte sich dann trotz einiger Fortschritte, darunter der Einnahme des lange umkämpften Hafenplatzes Noworossijsk, die Ungeduld Hitlers wieder so weit, daß er am 7. September den General Jodl, den er sonst kaum von seiner Seite ließ, zur H.Gr. A entsandte, um ein weiteres Mal auf Beschleunigung zu drängen. Aus dem Bericht, den der Chef WFStab, noch am gleichen Abend zurückkehrend, Hitler erstattete, sollte sich

19 Nach den Aufz. KTB WFStab 16., 23., 27. und 28. Aug. 1942, ergänzt durch eigene Erinnerungen.

dann die schwerste Krise ergeben, die das deutsche Hauptquartier in seinem inneren Bestand bis dahin und auch weiterhin bis in die letzten Monate des Krieges erschüttert hat. Daß Jodl – entgegen Hitlers Vorwürfen – feststellte, der Feldmarschall List habe sich streng an die ihm erteilten Instruktionen gehalten, – daß der Chef WFStab auch die Auffassungen der Heeresgruppe über die weiterhin möglichen Maßnahmen teilte, – daß er sich schließlich, und nunmehr selbst aufbrausend, dagegen verwahrte, nur als Befehlsübermittler entsandt und dabei von List umgestimmt worden zu sein, das alles brachte Hitler auch Jodl gegenüber zum ersten Mal aufs äußerste in Harnisch[20].

Der Verfasser hat den Vorgängen nicht beigewohnt, sie jedoch von Jodl gleich am nächsten Tage zusammen mit den daraus folgenden Anordnungen Hitlers erfahren und fand sich auch selbst in die weitere Entwicklung einbezogen. Das ganze Wesen und Wirken des Hauptquartiers schien wie gelähmt. Hitler verließ sein sonnenloses, dunkles Blockhaus angeblich nur noch bei Dunkelheit und auch dann nur auf verborgenen Wegen. Der Lageraum, die Stätte seiner täglichen, stundenfüllenden Reden und aller Spannungen der vergangenen Tage und Wochen, lag verödet. Die Lagebesprechungen fanden nur noch in Hitlers enger Wohnhütte statt, beschränkt auf die geringste Zahl der unentbehrlichen Berichterstatter und bar aller sonstigen Formen – oder auch Formlosigkeiten. Kein Wort mehr als notwendig wurde gesprochen, die Stimmung war eisig. Bei den Mahlzeiten, die Hitler in den Feldhauptquartieren seit dem Frankreichfeldzug zweimal täglich gemeinsam mit den Mitgliedern des Sperrkreis I eingenommen hatte, zeigte er sich nicht mehr; sie sind auch in der alten Form – im Gegensatz zu den Lagebesprechungen – nie wieder aufgenommen worden. Den Stuhl Hitlers im Speiseraum, der eine Zeitlang leer blieb, nahm später Bormann ein. Innerhalb 48 Stunden erschienen im Hauptquartier 10–12 Reichstagsstenographen, wurden in Uniform gesteckt, von Hitler selbst vereidigt und nahmen in der Folge jeweils zu zweit an allen militärischen Besprechungen teil.

Den Feldmarschall List ließ Hitler am 9. September über Keitel und Halder wissen, daß er sein Kommando niederlegen möge; die Führung der Heeresgruppe A übernahm er noch am gleichen Abend selbst! Auch dem Chef des Generalstabs des Heeres hatte Keitel bei diesem Anlaß zu bedeuten, daß seine Stelle binnen kurzem anderweitig besetzt werden würde. Außerdem ging noch die Rede um, daß der Chef OKW durch Kesselring und der Chef WFStab durch Paulus, den Befehlshaber der 6. Armee, abgelöst werden sollten, dies letztere jedoch erst nach der Einnahme von Stalingrad. Beide Generale des

20 Vgl. – auch zu dem folgenden Text – Aufz. KTB WFStab 7., 8., 9. und 15. sowie Tgb. Halder 8., 9., 12. Sept. 1942. Die Darstellung über den Zusammenstoß Hitler/Jodl bei Heusinger, a. a. O., S. 198, ist irrtümlich auf August 1942 datiert und weicht auch in den sachlichen Zusammenhängen ab, kommt aber in der Schilderung der Atmosphäre und der Haltung der Beteiligten der Wirklichkeit zweifellos sehr nahe.

OKW fanden den Anlaß geeignet, um gegen ihre sonstige Gewohnheit Warlimont ins Vertrauen zu ziehen. Keitel, dem trotz seiner bedingungslosen „Gefolgschaftstreue" und obwohl er an den Vorgängen gänzlich unbeteiligt war, die gleiche verächtliche Behandlung wie Jodl zuteil wurde, stellte dem Stellv. Chef WFStab unter vier Augen die Frage, ob er es mit seiner Selbstachtung noch länger vereinbaren könne, in seiner Stellung zu bleiben, — eine Frage, die er sich gewiß und so lautete auch die Antwort — nur selbst beantworten konnte. Jodl seinerseits bekannte sich dazu, daß er fehlerhaft gehandelt habe: Man dürfe einem Diktator keine von ihm verschuldeten Irrtümer nachweisen, da man sonst das Selbstvertrauen, die stärkste Stütze seiner Person und seines Handelns, beeinträchtige. Nach diesem Bekenntnis zu Hitler, wie Jodl ihn offenbar noch immer sah, folgte dann aber auch der Satz: „Mag er sich nur einen Nachfolger für mich unter den Generalen des Heeres suchen! So zuverlässige Nationalsozialisten wie Scherff — den „Historiographen" — und mich wird er jedenfalls nicht wieder finden." Seinem Stellvertreter galt dann noch das weitere Wort: „Bleiben Sie den Lagebesprechungen bis auf weiteres fern; es ist zu bedrückend, das zu erleben."[21]

Der Verfasser hat Hitler unter diesen Umständen damals einige Wochen lang nicht mehr zu Gesicht bekommen. In der damit gewonnenen Distanz wollten ihm die Vorgänge von immer größerer Bedeutung für das Ganze erscheinen. Die volle Erkenntnis fiel ihm aber, wie er glaubte, erst zu, als er einige Zeit später wieder zu den Lagebesprechungen befohlen wurde. Beim Eintritt in die Blockhütte von Hitler statt eines Grußes nur mit einem langen, haßsprühenden Blick gemessen, überkam ihn plötzlich der Gedanke: Dieser Mann hat sein Gesicht verloren; er hat eingesehen, daß sein todbringendes Spiel dem Ende zu geht, daß Sowjetrußland auch im zweiten Anlauf nicht niederzuwerfen sein wird, und daß der Zweifrontenkrieg, in frevelhafter Willkür von ihm entfesselt, nunmehr das Reich erdrücken muß. Darum, so liefen die Gedanken weiter, wird ihm auch die weitere Gegenwart der Generale, die allzu oft Zeugen seiner Fehler und Irrtümer, seiner Illusionen und Phantasien gewesen sind, unerträglich erscheinen, darum will er sich plötzlich von ihnen trennen, darum andere Helfer um sich sehen, deren Glauben an ihn ebenso unbelastet wie unerschütterlich sein soll.

Der Druck einer sich unaufhaltsam verschlechternden Lage, die besonders auch weder Kesselring noch Paulus an ihren Plätzen im Mittelmeer und bei Stalingrad entbehrlich erscheinen ließ, ist dann wohl der wesentliche Grund dafür gewesen, daß die beabsichtigten personellen Veränderungen auf den Chef des Generalstabs des Heeres beschränkt blieben. Ohne weitere Rangerhöhung oder sonstige Auszeichnung fand Generaloberst Halder sich am

21 Vgl. dazu auch Heusinger, der a. a. O., S. 187, aus anderem Anlaß schreibt: „Er (Hitler) glaubt an seine Sendung wie ein Prophet und meint, in höherem Auftrag zu handeln ... Dieser Glaube an sich selbst und seine Berufung ist die Quelle seiner Kraft" usw. sowie das außerordentlich treffende Stimmungsbild a. a. O., S. 205 ff.

24. September verabschiedet. „Meine Nerven verbraucht, auch seine nicht mehr frisch. Wir müssen uns trennen", vermerkt Halder über den letzten Empfang in seinem Tagebuch, — diesem Dokument, in dem die großen Traditionen des preußisch-deutschen Generalstabs trotz aller Widerwärtigkeiten noch ein letztes Mal einen weithin beispielhaften Ausdruck gefunden haben. Die gänzlich andersgearteten Grundsätze, die Hitler nunmehr in der Führung des Heeres verfolgen wollte, konnten kaum schärfer gefaßt werden als in seinen weiteren, von Halder noch kurz wiedergegebenen Worten: „Notwendigkeit der Erziehung des Generalstabs im fanatischen Glauben an die Idee. Entschlossenheit, auch im Heere seinen Willen restlos durchzusetzen."[22]

Für die Aufgabe des Generalstabschefs in diesem neuartigen Rahmen hatte Hitler, wie inzwischen zur allseits größten Überraschung bekannt geworden war, den General Zeitzler ausersehen. Man wird diesen Ursprung seiner Berufung im Auge behalten müssen, um die Lage recht zu verstehen, in die sich Zeitzler samt seinem Amt, anders als Halder, von vornherein gestellt fand, vor allem aber auch um seine völlige Abkehr von Hitler gebührend zu würdigen, die nach etwa eineinhalbjähriger Dienstleistung im Juni 1944 zu seiner Entlassung führen sollte[23].

Zeitzler, bis zum Frühjahr 1939, wie früher schon vermerkt, langjähriger 1. Generalstabsoffizier des Heeres in der Abt. Landesverteidigung des OKW und damit — als Untergebener Jodls — einer der eifrigsten Streiter für die einheitliche Führung der Wehrmacht, hatte sich als Chef des Generalstabs höherer Panzerkommandostellen in allen großen Feldzügen des Krieges ungewöhnliche Erfahrungen und Verdienste erwerben können. Noch mehr war es wohl auf seine Freundschaft mit Schmundt, dem Chefadjutanten der Wehrmacht, zurückzuführen, daß auch Hitler, der sonst von Generalstabsoffizieren, selbst in Chefstellungen, kaum Notiz nahm, Zeitzler kannte und ihn sogar gegen alle Gewohnheit einige Male allein, d. h. ohne seinen jeweiligen Befehlshaber, zum Vortrag empfangen hatte.[24] Mitte April 1942 war Zeitzler, wiederum auf Vorschlag Schmundts, aber auch schon als ausdrückliche Wahl Hitlers, zum Chef des Generalstabs beim Ob West ernannt worden und hatte dazu den besonderen Auftrag mitbekommen, das Besatzungsheer im Westen für die kommende Abwehr an den Küsten der „Festung Europa" nachdrücklichst aufzurütteln. Über die ebenso umsichtige wie emsige Art, mit der er dieser Aufgabe nachging, hielt er das Hauptquartier durch Kopien von

22 An anderer Stelle (vgl. Erfurth, „Geschichte des Deutschen Generalstabs", S. 281) hat Halder die Ausführungen Hitlers noch, wie folgt, ergänzt: „Bei den noch bevorstehenden Aufgaben des Heeres handle es sich nicht so sehr um fachliches Können als vielmehr um die Glut des nationalsozialistischen Bekennens."

Vgl. auch die ähnlichen Wendungen, die Heusinger, a. a. O., S. 210, aus seinem anschließenden Gespräch mit Hitler wiedergegeben hat.

23 Das Urteil Shirer's in „The Rise and Fall of the Third Reich", S. 918, „little more than the Führer's office boy", ist ebenso unsachlich wie ungerechtfertigt.

24 Vgl. z. B. Tgb. Halder 4. Jan. sowie KTB Scherff 29. Juni 1942.

„Grundsatz-" und „Einzelbefehlen" ständig auf dem laufenden. Ihren Höhepunkt erreichte diese ungewöhnlich mitteilsame Tätigkeit anläßlich des Überfalls bei Dieppe am 19. August 1942, der nicht zuletzt infolge der Berichte Zeitzlers auch in den Veröffentlichungen des Hauptquartiers weit über Gebühr aufgebauscht, auf der anderen Seite aber auch wieder durch seine Hand in vorbildlicher Weise für die Küstenabwehr ausgewertet wurde.

Es ist daher durchaus glaubwürdig, wenn von einem Augen- und Ohrenzeugen berichtet wird, daß Hitler einige Tage nach Dieppe und dem schweren Zusammenstoß mit Halder von sich aus den Wunsch geäußert habe, als Chef des Generalstabs des Heeres künftig „einen Mann wie diesen Zeitzler" an seiner Seite zu sehen, – einen Generalstabsoffizier, den er immer zu allem bereit und optimistisch gestimmt gefunden habe, der in den schwierigsten Lagen nie um eine Aushilfe verlegen gewesen sei und die „ewigen Bedenken" Halders nicht kenne. Wahrscheinlich hätte es schon bei diesem Stand einer weiteren Einflußnahme zu Zeitzlers Berufung gar nicht mehr bedurft, als unerwartet Göring gemeldet worden sei. Von seinem Vertrauensmann im Hauptquartier auch in diesem Falle zwischen Tür und Angel noch eiligst über die gerade anstehenden Fragen unterrichtet, sei der „Reichsmarschall" dann gleich mit den Worten in den Lageraum gekommen: „Mein Führer, ich habe schlaflose Nächte wegen Ihres ständigen Ärgers mit diesem Halder. Sie müssen ihn ablösen, und ich weiß auch einen Nachfolger, der Ihnen alle Sorgen ersparen wird: Zeitzler, der ist der richtige Mann für Sie."[25]

Der neue Chef des Generalstabs des Heeres bekräftigte gleich in seiner Begrüßungsansprache an die Generalstabsoffiziere des OKH die Erwartungen, die mit seiner Berufung verbunden gewesen waren insofern, als er dabei u. a. sagte:

> „Ich verlange von jedem Generalstabsoffizier: ...
> Er muß an den Führer und seine Führung glauben. Er muß diesen Glauben auf seine Untergebenen und seine Umgebung ausstrahlen bei jeder Gelegenheit.
> Wer diesen Forderungen nicht entspricht, den kann ich nicht brauchen im Generalstab" ...[26]

Im übrigen konnte Zeitzler, mit seiner Amtsübernahme zum General der Infanterie befördert, seine Zeit zunächst ganz den Aufgaben widmen, die die

25 Der Gewährsmann, ein hochgestellter, ehemaliger Offizier der Kriegsmarine, der die Szene selbst miterlebt hat, braucht hier nicht genannt zu werden, um einen Vorgang zu belegen, der lediglich zur weiteren Kennzeichnung der Verhältnisse im deutschen Hauptquartier wiedergegeben wird.

26 Nach Heusinger (als Zuhörer), a. a. O., S. 212. Die übrigen Forderungen Zeitzlers waren rein militärischer Natur und enthielten nichts Neues.
Eine ähnlich lautende Anordnung hat Zeitzler nach der Erinnerung des Verfassers damals auch an die Generalstabsoffiziere bei den Frontkommandostellen des Heeres gerichtet. Das Aufsehen darüber war groß und nachhaltig.

anhaltenden, schweren Kämpfe im Osten von ihm forderten, da Hitler samt den nächsten Begleitern es gerade damals für richtig hielt, seinen Platz im Hauptquartier mit einem etwa einwöchigen Aufenthalt in Berlin zu vertauschen. Wenn auch der tägliche Meldeapparat in der Reichskanzlei – über die Nachrichtenlinien des Sperrkreis II aus der Ukraine – im großen und ganzen unverändert weiterlief, so war doch dieser „Klimawechsel", den ihm wohl die besorgte Umgebung nach allen Erschütterungen der vergangenen Wochen anempfohlen haben dürfte, mit seinen usurpierten Pflichten als Oberbefehlshaber des Heeres und außerdem noch der H.Gr. A im fernen Kaukasus schlecht vereinbar.

Bei der nach seiner Rückkehr wieder einsetzenden Routine im Tagesablauf des Hauptquartiers schied Hitler bei den Lagebesprechungen noch auf längere Zeit hinaus die „Böcke von den Schafen". Zeitzler galt seine äußerste Freundlichkeit in Miene und Ton, die dann auch von Göring und – wie wohl allgemein im näheren Umkreis der Großen üblich – von dem übrigen „Hofstaat" übernommen wurde, während Jodl sich nur allmählich aus dem Schatten der „Ungnade" wieder herausarbeiten konnte. Angesichts dieser Verhältnisse ist es gar nicht erst dazu gekommen, daß der Chef WFStab etwa die Gelegenheit erkannt oder gar genutzt hätte, um nunmehr endlich, nachdem auch der neue Chef des Generalstabs des H e e r e s ihm in Dienstalter nachstand, eine Art „Rat der Generalstabschefs" zu bilden und damit der Führung der Wehrmacht wenigstens in dieser Stufe ein festeres Gerüst zu geben. Wahrscheinlich war er sich auch nur allzusehr bewußt, daß, selbst wenn Zeitzler zugestimmt hätte, weder Hitler noch auch die Oberbefehlshaber von Kriegsmarine und Luftwaffe eine solche „Nebenregierung" geduldet haben würden.

Auf der anderen Seite konnte es nicht verwundern, daß Zeitzler das ihm entgegengebrachte allgemeine Wohlwollen und vielleicht auch die Schwäche in der Stellung Jodls wahrzunehmen suchte, um die Doppelgleisigkeit der Führung im Osten zu beseitigen und verlorene Positionen für den Generalstab des Heeres zurückzugewinnen. In konkrete Formen übertragen, mußte das bedeuten, die ständige Einflußnahme Jodls und des WFStabes auf den ureigentlichen Bereich der H e e r e s führung sowohl im Osten als auch auf den „OKW-Kriegsschauplätzen" zu beenden. Vielleicht wäre auf diese Weise sogar die willkommene Bereinigung der obersten Führungsorganisation der Wehrmacht erreicht und für den WFStab der Weg frei geworden, um Kopf und Hände den Aufgaben einer wirklichen Wehrmachtführung vorzubehalten.

Es liegen keine Anhaltspunkte dafür vor, daß Zeitzler diese Probleme der „Spitzengliederung", die ihm von seiner langjährigen Tätigkeit an der Seite Jodls in der Abt. L nur allzu geläufig waren, in einer Aussprache mit dem Chef WFStab aufgegriffen hätte. Seiner Art nach dürfte es ihm auch näherliegend erschienen sein, in der Frage der Mitwirkung Jodls an der Führung im Osten gleich auf praktische Weise reinen Tisch zu machen. Ohne wahrscheinlich dazu des Ratschlags eines – sozusagen neutralen – Angehörigen des Hauptquartiers noch zu bedürfen, wird er den einfachsten Weg zu seinem Ziele darin erkannt haben, in Zukunft die Reihe der Vorträge bei der mittäglichen Lagebesprechung selbst zu eröffnen und, wenn immer möglich, auch zu der „Abendlage" zu erscheinen. Überdies führte er noch die Neuerung ein, die Erwägungen über die weiteren Pläne und Absichten im Osten in besonderer Aussprache allein mit Hitler — und den Stenographen — zu erörtern. Diese Entwicklungen, die zwar nicht von einem Tage auf den anderen, aber allem Anschein nach widerspruchslos vonstatten gingen, machten die bis dahin regelmäßigen Vorträge Jodls über den Osten überflüssig und setzten so auch den Gelegenheiten zu den — seit der Sudetenkrise 1938 — geübten Übergriffen in die Heeresführung insoweit ein Ende[27].

In seinem anderen Bemühen, das darauf hinauslaufen mußte, die Einrichtung der „OKW-Kriegsschauplätze" abzuschaffen, und auch dort die vollen Gerechtsame des Heeres wiederherzustellen, ist Zeitzler das Einverständnis Hitlers, wenn es überhaupt bis zu einer Anfrage gekommen sein sollte, versagt geblieben. Dieser Mißerfolg hat dann wohl, wie zu vermuten, dazu beigetragen, daß er in der Ausschaltung des WFStabes vom Osten immer weiter ging und u. a. beispielsweise den Generalstabsoffizieren der Heeresoperationsabteilung ausdrücklich verbot, dem WFStabe irgendwelche Auskünfte zu geben. Da Jodl sich entgegen allen wiederholten Vorstellungen seines Stellvertreters damit abfand und auch seinerseits den Umdruck der täglichen Lageberichte des Generalstabs des Heeres, ergänzt durch den mündlichen Vortrag Zeitzlers bei den Lagebesprechungen, für ausreichend hielt, fanden sich Chef und Stab der Wehrmachtführung binnen kurzem selbst von solchen Entschlüssen und Entscheidungen im Osten ausgeschaltet, die für die anderen Kriegsschauplätze oder auch für die Kriegführung insgesamt von größter Bedeutung sein mußten[28].

27 Als Beispiel dafür, bis zu welchen taktischen Einzelheiten die Mitwirkung Jodls an der Führung im Osten ging, sei noch aus der letztvorausgegangenen Zeit auf die Aufz. KTB WFStab 21. Aug. (Entsendung eines Verbindungsoffiziers des WFStabes „mit Aufträgen des Generals Jodl zum II. Geb.Korps" im Kaukasus) und 30. Aug. 1942 (Entsendung des 1. GenSt. Offz. Heer des WFStabes auf die Krim, um auf ein beschleunigtes Übersetzen über die Straße von Kertsch zu drängen) hingewiesen.

Zu den Neuerungen Zeitzlers bei den Lagebesprechungen usw. vgl. Aufz. KTB WFStab 10.—13. Okt. 1942, wo das Fehlen näherer Angaben für diese Tage und die Folgezeit mit Zeitzlers „Ressorteifersucht" (im Hinblick auf den WFStab) begründet wird, ohne daß diese Bemerkung aber den wirklichen Motiven Zeitzlers voll gerecht würde.

28 Erst Oktober 1942 und mit der Amtsübernahme Zeitzlers ist hiernach der Zustand eingetreten, den General Jodl in seiner Aussage vor dem IMT auf die Zeit der Übernahme des Oberbefehls über das Heer durch Hitler verlegen wollte (s. Kap. 2, Anm. 23).

Es sei hier aber auch gleich festgestellt, daß es nicht bestätigt werden kann, wenn Heusinger, a. a. O., S. 255, auf einen etwas späteren Zeitpunkt bezogen, berichtet: „das OKW hält uns (den Generalstab des Heeres) ja mit aller Sorgfalt von seinen Kriegsschauplätzen fern." Die Tatsachen sind dem gegenüber:

a) Der Chef oder der Stellv. Chef WFStab haben im Gegensatz zu Zeitzler niemals auch nur andeutungsweise befohlen, daß dem GenStdH irgendwelche Aus-

Von gesunden, klarsichtigen Gedanken ausgegangen, endeten somit die Bestrebungen des neuen Generalstabschefs, gefördert von dem tatenlosen Zusehen Jodls, dahin, daß die oberste Führungsorganisation der Wehrmacht auf dem wichtigsten Gebiet — der Landkriegführung — endgültig in zwei nebeneinander stehende Stäbe zerfiel. Gleichzeitig mußte auf diese Weise auch die einheitliche Beratung des Obersten Befehlshabers der Wehrmacht und damit ebenso die eigentliche Aufgabe des WFStabes undurchführbar werden. Als alleiniger „Sieger" auf diesem Trümmerhaufen einer militärischen Spitzengliederung aber stand Hitler, der in der Folge — im buchstäblichen Sinne des Wortes — der einzig gleichmäßig Kundige auf sämtlichen Kriegsschauplätzen werden sollte[29].

Nicht zu Unrecht wird man allein schon deswegen diese weitere und letzte Stufe des Verfalls der obersten Führungsorganisation der Wehrmacht, die im übrigen schärfstens den von Jodl und Zeitzler in Friedenszeiten vertretenen Grundsätzen widersprach, zu den Sturmzeichen jener Zeit zu rechnen haben. Bereits die bald folgenden Tage von Stalingrad, um dies gleich hier mit allem Nachdruck vorwegzunehmen, sollten denn auch den Chef WFStab lediglich noch in einer Rolle sehen, die kaum über die eines Zuhörers hinausging, während ein vereinsamter Zeitzler Hitler allein gegenüberstand. In noch vermehrtem Maße galt dies für alle Ereignisse, die in der Folgezeit des Krieges den Osten und von dort her die gesamte deutsche Kriegführung bestimmt haben. Gewiß ist damit die Verantwortung der Generale des OKW auch für den Osten

künfte über die OKW-Kriegsschauplätze vorenthalten werden sollten oder nur dürften.

b) Die Heeresoperationsabteilung hat wenigstens bis September 1944 immer einen eigenen Bearbeiter für diese Kriegsschauplätze beibehalten.

c) Die Abt. Fremde Heere West, die für die Beurteilung der Feindlage auf sämtlichen OKW-Kriegsschauplätzen verantwortliche Dienststelle, ist trotz aller Gegenbemühungen des WFStabes immer im Verbande des Generalstabs des Heeres verblieben (vgl. auch Heusinger, a. a. O., S. 278 und Text, S. 292).

d) Die Oberbefehlshaber auf den OKW-Kriegsschauplätzen waren sämtlich, auch soweit sie der Luftwaffe angehörten, wie Löhr im Südosten und Kesselring später in Italien, gleichzeitig Heeresgruppen-Befehlshaber und standen als solche mit dem Generalstab des Heeres in ständiger Verbindung. Auch ihre Tagesmeldungen gingen regelmäßig im gleichen Wortlaut an den GenStdH wie an den WFStab.

Der GenStdH wäre hiernach, selbst wenn der WFStab eine gleiche Auskunftssperre über „seine" Kriegsschauplätze verhängt hätte wie Zeitzler über den Osten, ohne weiteres in der Lage gewesen, sich fortlaufend auf anderen Wegen über die Lage auf den OKW-Kriegsschauplätzen unterrichtet zu halten.

29 Von General Scherff einmal auf die Trennung der Stäbe und der Stabsarbeit in der obersten Führung angesprochen, soll Hitler sich dahin geäußert haben, diese Teilung sei auch ihm unerwünscht, sei aber unvermeidlich, weil er keinen General wisse, der allen vorliegenden Aufgaben gleichmäßig gewachsen sei. Dabei wollte er in Zeitzler mehr den ost-erfahrenen Taktiker, in Jodl den Berater für die weiter reichenden Fragen in der Küsten-Verteidigung der „Festung Europa" sehen. Abgesehen davon, daß diese Begründung an den tatsächlichen Verhältnissen vorbeiging, verbarg sich dahinter bei ihm in Wirklichkeit auch hier der bewährte Grundsatz „Divide et impera".

Spitzengliederung der Wehrmacht
Tabelle 3
Stand ab Herbst 1942
Militärische Alleinherrschaft Hitlers

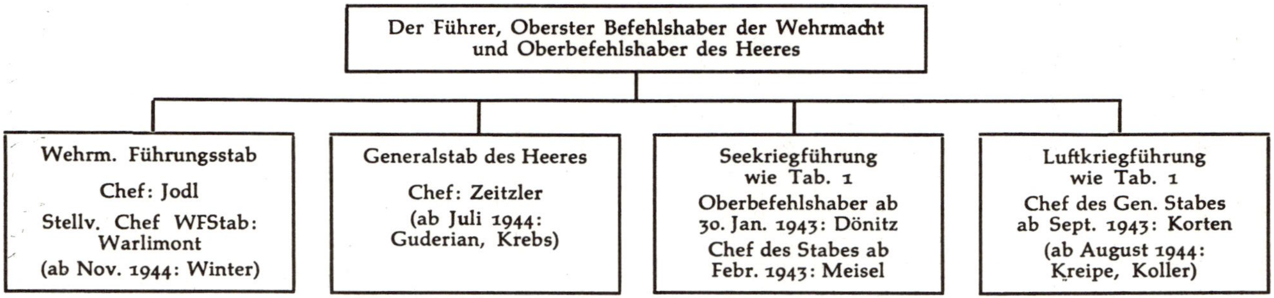

Alle Kriegsschauplätze außer Osten; dadurch Mitarbeit bei der Gesamtführung stark eingeschränkt	Östlicher Kriegsschauplatz

Anmerkungen:

1. Der WFStab blieb unter dem Chef OKW (Keitel) mit Hitlers Hauptquartier verbunden.
2. See- und Luftkriegführung blieben weiterhin geschlossen unter ihren Oberbefehlshabern.
3. In der Unterteilung des Heeres ergaben sich mit zunehmender Auflösung der ursprünglichen Gliederung neue Bezeichnungen, wie z. B.
   - Artillerie Division = Division ohne Infanterie
   - Armee Abteilung = schwache Armee
   - Kampfgruppe oder Gruppe = gemischter Verband in wechselnder Stärke, von mehreren Divisionen bis hinunter zu 1 Bataillon.
4. Die gegen Schluß des Krieges noch eingetretenen Veränderungen, sind, da ohne Bedeutung, nicht verzeichnet.

im weiteren Sinne nicht aufgehoben. Ebenso geschichtlich falsch und den wirklichen Verhältnissen zuwider ist es aber auch, dem „OKW", wie es leichthin überall geschehen ist und geschieht, in erster Linie und im einzelnen eine Verantwortung aufzubürden, die ihm tatsächlich seit jener Zeit genommen war[30].

In den ersten Wochen nach der Amtsübernahme konnte General Zeitzler, von allen Seiten begünstigt, sich ohne Zweifel als die stärkste Persönlichkeit unter den militärischen Beratern Hitlers betrachten. So wußte er auch bald Mittel und Wege zu finden, um das Hindernis der OKW-Kriegsschauplätze in der für ihn zunächst wesentlichsten Hinsicht dadurch „auf kaltem Wege" zu umgehen, daß er den von Hitler vorgesehenen Austausch abgekämpfter Ost- gegen frische West-Divisionen zur einseitigen Auffüllung des Ostens ausnutzte. Dabei kam es im Laufe der Zeit häufig genug dazu, daß Divisionen in den Osten herangeholt wurden, die weder dem Stand ihrer Ausrüstung noch gar ihrer Ausbildung nach als ost-verwendungsfähig gelten konnten, und daß der WFStab erst durch den Wehrmacht-Transportchef davon erfuhr, wenn sie schon auf dem Wege zur Verladung waren. Auf der anderen Seite blieben ebenso oft selbst wiederholte Befehle Hitlers unausgeführt, wenn es sich darum handelte, Verbände aus dem Osten, und sei es nur zur Auffrischung, nach dem Westen zu überführen. Bei aller Einsicht in die bedrängte Lage des Ostens und die im Herbst 1942 gewiß übersetzten Stärken im Westen bedeutete dieses Verfahren einen Raubbau an den geringen Reserven und zerstörte außerdem jede langfristige Planung.

Der WFStab hat damals beim Generalstab des Heeres auch keine Unterstützung gefunden, als es darum ging, den schwindenden Kräften des Ostheeres aus den überschüssigen Mannschaftsbeständen der beiden anderen Wehrmachtteile, im besonderen der Luftwaffe, auf dem kürzesten Wege frisches Blut zuzuführen. Zunächst allerdings ging man ganz in beiderseitigem Einvernehmen vor und erreichte es auch, daß der Chef OKW sich nach langem Drängen ermannte, Hitler einen Befehlsentwurf des WFStabes vorzulegen, nach dem die Kriegsmarine 10 000 oder 20 000, die Luftwaffe 50 000 Mann — die ursprünglich vorgeschlagenen doppelt so hohen Zahlen hatte Keitel auf dieses Maß heruntergesetzt — an das Heer abgeben sollten. Kaum war aber der Befehl ergangen, als der Chef des Generalstabs der Luftwaffe bei der nächsten Lagebesprechung im Hauptquartier an Warlimont mit der geflüsterten Frage herantrat, ob er etwa der Urheber dieser Anordnung sei. Auf die bejahende Antwort meinte Jeschonnek dann nur noch lächelnd: „Dann können Sie sich auf einiges gefaßt machen!" Kurz darauf erschien Göring, würdigte jedoch den Stellv. Chef

30 Es könnte kaum einen überzeugenderen Beweis für diese Feststellung geben als den, daß die Kriegstagebücher des WFStabes von 1943 an nur noch Auszüge aus den täglichen, umgedruckten Lageberichten des Generalstabs des Heeres wiedergeben und ab 1944 in den dann nach Kriegsschauplätzen getrennten Bänden einen Band „Osten" überhaupt nicht enthalten.

WFStab keines Wortes, sondern wandte sich mit allen Zeichen der Empörung gleich an Hitler selbst. Während dieser sich den Anschein gab, von nichts zu wissen, zeigte sich der Chef OKW sofort bereit, klein beizugeben, und erhob auch keinen Einspruch, als Göring mit metallischer Stimme jene bekannte Wendung herausschmetterte, er könne seinen nationalsozialistischen Jungens nicht zumuten, die graue – gemeint, die reaktionäre – Uniform des Heeres anzuziehen. Stattdessen wolle er gern luftwaffen-eigene Divisionen aufstellen, diese dann aber auch vom Divisionskommandeur bis zum letzten Mann ausschließlich mit Kräften der Luftwaffe besetzen.

Hier war es, wo die Geburtsstunde der unglücklichen „Luftwaffen-Felddivisionen" geschlagen hatte! Hitler stimmte, ohne auf seinen Befehl noch einmal zurückzukommen, sofort bei, verlangte allerdings von Göring die doppelte Anzahl von Mannschaften und verzichtete dafür auf Abgaben der Marine. Für Keitel war der Fall damit ohne weiteres entschieden, und der Stellv. Chef WFStab – Jodl tat wieder einmal, als wenn ihn die Sache nichts anging – fand mit seinen Protesten selbst beim Generalstab des Heeres keine Stütze mehr.

Trotz der erstaunlichen Schnelligkeit, mit der dann in kürzester Frist zehn und später noch einmal die gleiche Anzahl Divisionen von der Luftwaffe aufgestellt wurden, war dem Heere damit nicht entfernt in gleicher Weise gedient, als wenn der vorzügliche Mannschaftsersatz der Luftwaffe sogleich in die weiten Lücken der kampferprobten Verbände des Heeres geflossen wäre. Die Luftwaffen-Felddivisionen haben vielmehr Zeit ihres Bestehens trotz eines vorzüglichen Kampfgeistes unter ihren „Geburtsfehlern", in erster Linie einer unerfahrenen Führung, einer unzulänglichen Verbandsausbildung und einer teilweise ungeeigneten Ausrüstung gelitten. Ihre Lage besserte sich auch nicht dadurch, daß Hitler jedesmal besonders empfindlich reagierte und die Meldungen sogar als unglaubwürdig zurückwies, wenn ihm bei den Lagebesprechungen über das Versagen dieser Verbände in schweren Kämpfen berichtet wurde. Auch ihre Einreihung in das Heer, die im Herbst 1943 schließlich vom WFStab durchgesetzt wurde, konnte ihren Kampfwert nicht auf die Stufe des Durchschnitts der Heeresdivisionen heben. Noch weniger war dazu die Bezeichnung als „Sturmdivision" geeignet, die Hitler gerade diesen Verbänden mit Vorliebe beilegte.

Während die geringfügigen Verstärkungen, die ab Oktober teils aus dem Westen, teils aus den ersten Luftwaffen-Felddivisionen hinzukamen, der Offensive am Südflügel der Ostfront ebenso wenig zu noch mehr als örtlichen Erfolgen verhelfen konnten wie die zahlreichen taktischen Aushilfen, die Zeitzler zur Freude Hitlers unermüdlich zu erfinden wußte[31], rüstete das Hauptquartier

31 Vgl. z. B. Aufz. KTB WFStab 25. Okt. über Verwendung kleiner Einheiten der Kriegsmarine zur Unterstützung des Angriffs an der Nordwestküste des Schwarzen Meeres, 2. Nov. 1942 über Heranziehung der Pionierbataillone benachbarter Divisionen zu den Straßenkämpfen in Stalingrad und zahlreiche Stellen in den Stenogrammen der Lagebesprechungen.

Ende Oktober zur Rückkehr nach Ostpreußen. Die Angriffsziele – die im niederen Kaukasus und die am Terek, vor allem aber die in Stalingrad, wo der Kampf schon seit Wochen um Straßenzüge, um einzelne Industriewerke und Arbeitersiedlungen ging – blieben indessen unverändert bestehen. Bestehen blieben auch die Gefahren an zahlreichen anderen Abschnitten der Front, besonders am unteren Don, den inzwischen die rumänische 3. Armee an Stelle der Italiener besetzt hielt. Eine neue Bedrohung erhob sich in Nordafrika, nachdem dort am 23. Oktober der schwere britische Angriff gegen die Armee Rommel begonnen hatte. Vor diesem dunklen Hintergrund der deutschen Gesamtlage hob sich lediglich der U-Bootkrieg hell ab, der in Geleitzugkämpfen und Fern-Unternehmungen auf der Höhe seiner Erfolge stand. Der Stab der Wehrmachtführung hatte jedoch nach wie vor weder daran noch an dem stetigen Niedergang der Luftwaffe, der auch den U-Bootkrieg beeinträchtigte, einen irgendwie gearteten Anteil.[32, 33]

32 Zum U-Bootkrieg vgl. den schon in Kap. 3, Anm. 6 erwähnten Bericht der Seekriegsleitung vom 20. Okt. 1942; die Luftwaffe betreffend s. u. a. die Ausfälle Hitlers nach Aufz. KTB WFStab 25. Okt. 1942.

33 In den letzten Monat des Aufenthalts in Winniza fällt auch jener andere „verbrecherische Befehl" Hitlers vom 18. Okt., der in den Nachkriegsprozessen als „Kommandobefehl" weithin bekannt geworden ist. Es mag hier genügen, dazu festzustellen, daß der Hergang bei Entstehung dieses Befehls im allgemeinen demjenigen bei Entstehung des Kommissarbefehls entsprach. Als besondere Merkmale seien noch hervorgehoben:

Anstoß zu der Forderung Hitlers auf Erlaß eines solchen Befehls aus Vorgängen auf seiten des Gegners, die eine — völkerrechtlich zulässige — Repressalie zu rechtfertigen schienen;

daraus folgernd, Jodls Forderung an seinen Stab, einen Befehlsentwurf aufzustellen;

Verhandlungen des Stabes mit dem Amt Canaris (Völkerrechtsgruppe) und der Wehrm. Rechtsabteilung über Abgrenzung des Befehls im Rahmen des Kriegsrechts;

nach etwa 8—10 Tagen auf Drängen Jodls Abbruch dieser Bemühungen und Vorlage einer Vortragsnotiz an ihn, die zum großen Teil ungelöste Fragen und lediglich den ersten Ansatz zu einem Befehlsentwurf gegen „Agenten und Saboteure" enthielt;

Ablehnung dieses Teil-Entwurfs durch Jodl, der mit eigener Hand 5 neue Entwürfe aufstellte, die aber sämtlich von Hitler verworfen wurden;

Formulierung des Befehls durch Hitler selbst in Form eines Diktats an eine seiner Sekretärinnen.

Durch diese Feststellungen, die sich auf die im Nürnberger „OKW-Prozeß" vorgelegten Dokumente stützen, werden die Aussagen Jodls vor dem IMT in Nürnberg und besonders die darin enthaltenen Belastungen seines eigenen Stabes (vgl. IMT-Bd. XV, S. 349) in wesentlichen Teilen berichtigt (s. auch Teil III, Kap. 4, Anm. 64, und Anhang A, Dok. Nr. 3).

Nicht erst der Untergang in Stalingrad und – ein Vierteljahr später – in Tunis, sondern schon die Schläge des Gegners in West und Ost im November, dem Schicksalsmonat der jüngsten deutschen Geschichte, haben Hitler das Heft seiner Strategie endgültig aus den Händen geschlagen. Die Wende des Krieges zu Ungunsten Deutschlands, die damals aller Welt weithin sichtbar wurde, sollte freilich im Zentrum der deutschen Führung, vor allem von Hitler selbst, der den Schock der Septembertage wieder abgeschüttelt hatte, am wenigsten erkannt werden.

Von jedem einzelnen der drei schwerwiegenden Ereignisse, die zwischen dem 2. und 21. November 1942 über den Mittelmeer-Kriegsschauplatz und den Osten niedergingen, wurde das deutsche Hauptquartier völlig überrascht. Hatten sich für Hitler die Spannungen, die schon Wochen vorher fast greifbar in der Luft standen, nicht als ausreichende Warnung erwiesen, so blieb auch einer „Übersicht der Gesamtlage im Herbst 1942", die der WFStab damals aufzustellen hatte, jede Wirkung versagt. In diesem Memorandum, das auf der zweitägigen Eisenbahnfahrt von der Ukraine nach Ostpreußen am 31. Oktober/1. November 1942 durch die Hand des Stellv. Chefs WFStab seine letzte Form erhielt, hieß es für den Osten – mit der für diesen Kriegsschauplatz inzwischen gebotenen Zurückhaltung, aber noch deutlich genug –, daß die äußersten Grenzen der Leistungsfähigkeit der Wehrmacht und ihrer Verbündeten erreicht seien. Über den Weg des bevorstehenden Ansturms der Westmächte kam die eingehende Untersuchung zu dem Schluß, daß Franz. Nordafrika den günstigsten Ansatzpunkt eines Vorgehens gegen die „Festung Europa" bieten werde. Diese – keineswegs zum ersten Male vertretene – Ansicht, die zeitweilig auch vom OKM und von Hitler selbst geteilt worden war, konnte sich im Herbst 1942 allerdings nur auf allgemein militärpolitische und strategische Gedankengänge stützen. Ausreichende Unterlagen aus dem eigenen Nachrichtendienst fehlten dazu ebenso wie aus dem des italienischen Oberkommandos, dessen gleichartige und besser begründete Meinungen erst später bekannt wurden, ohne daß im übrigen in beiden Fälle der nahe Zeitpunkt der Landungen – befand sich doch die Landungsflotte schon im Anmarsch – richtig eingeschätzt worden wäre. Zu den Vorschlägen, die der Beurteilung des WFStabes angeschlossen waren, gehörte auch diesmal die dringende Empfehlung, die militärischen Gespräche mit den Franzosen wieder aufzunehmen[34].

34 Von der „Übersicht", die wie einwandfrei festgestellt, über die Schubladen Jodls und Keitels nicht hinausgelangt ist, ist bisher lediglich ein Bruchstück aufgetaucht, das einen – von dem Stellv. Chef WFStab nur teilweise verwerteten – Beitrag der Qu Abt. des Stabes vom 4. Oktober enthält und die Bezeichnung WFStab/Qu Nr. 551692/42 g.Kdos.Chefs. trägt; das übrige nach einwandfreier Erinnerung des Verfassers.

Die „Übersicht", die im Dezember noch einmal überarbeitet wurde (vgl. Aufz.

Gleich dem ersten Schlage, der das Hauptquartier am Tage nach der Rückkehr zur „Wolfschanze“ traf, der Meldung Rommels über die drohende Niederlage nach achttägiger Schlacht vor El Alamein, konnte Hitler nicht viel anderes als allein noch „eherne“ Worte entgegenstellen. Während Rommel dann am 2. November abends keinen anderen Ausweg zur Vermeidung einer völligen Vernichtung seiner Armee mehr sah, als aus eigenem Entschluß und entgegen allen Befehlen aus Rom und Rastenburg den Rückzug anzutreten, ging jener bekannte Funkspruch Hitlers an ihn durch den Äther, in dem es u. a. hieß:

> „Mit mir verfolgt das deutsche Volk in gläubigem Vertrauen auf Ihre Führerpersönlichkeit und auf die Tapferkeit der Ihnen unterstellten deutschen und italienischen Truppen den heldenhaften Abwehrkampf in Ägypten. In der Lage, in der Sie sich befinden, kann es keinen anderen Gedanken geben, als auszuharren, keinen Schritt zu weichen und jede Waffe und jeden Kämpfer ... in die Schlacht zu werfen... Trotz seiner Überlegenheit wird auch der Feind am Ende seiner Kraft sein. Es wäre nicht das erste Mal in der Geschichte, daß der stärkere Wille über die stärkeren Bataillone triumphierte. Ihrer Truppe aber können Sie keinen anderen Weg zeigen als zu siegen oder zu sterben.“[35]

Dieser Appell Hitlers, der Rommel den zunächst geordnet verlaufenen Rückzug noch einmal unterbrechen ließ und dadurch die schwersten Verluste zur Folge hatte, führte im Sperrkreis II noch ein Nachspiel eigener Art herbei. Der Funkspruch war dort am 2. November abends nicht mehr bekannt geworden. Es konnte daher um so eher verständlich erscheinen, daß der Offizier vom Dienst des WFStabes, der am 3. November gegen 3 Uhr früh die Meldung Rommels über den schon fünf Stunden vorher begonnenen Rückzug in Händen hielt, keine wesentliche Veränderung der Lage darin erkannte und es verabsäumte, wie für alle wichtigen Nachrichten vorgeschrieben, sogleich seine Vorgesetzten zu verständigen. Knapp 12 Stunden später verließ derselbe Offizier, ein über 50jähriger, im Dienst des WFStabes ebenso wie im bürgerlichen Leben hoch bewährter Major d. R., aschfahlen Gesichts Hitlers Wohnbaracke. Nur mit knapper Not war er der Erschießung — „innerhalb 10 Minuten“ — entgangen, weil Hitler sich hatte überzeugen müssen, daß entgegen seinem Verdacht ein abgekartertes Spiel zwischen dem Sperrkreis II und Rommel nicht vorlag. Stattdessen fand der Major sich in den Mannschaftsstand und zu einem „Bewährungsbataillon“ versetzt. Der Stellv. Chef WFStab, der nach selbstverständlichem militärischem Brauch — bis an die Stufen der Baracke Hitlers heran

KTB WFStab 1. Dez. 1942), war nach allem Wissen des Verfassers die letzte Beurteilung der Gesamtlage, in die der östliche Kriegsschauplatz noch einbezogen werden konnte.

35 In demselben Wortlaut u. a. wiedergegeben bei Jacobsen, Chronik, S. 352. Die „beträchtlichen Verstärkungen“, die in dem Funkspruch außerdem angekündigt wurden, waren in Wirklichkeit ebensowenig wie die nötigen Transportmittel verfügbar.

— alles versucht hatte, um die Verantwortung auf sich zu nehmen, wurde, ohne auch nur von Hitler gehört zu werden, strafweise „seiner Dienststelle enthoben“. Keitel, der schon den Zutritt Warlimonts zu Hitler verhindert hatte, erklärte ihm dazu nur sein Bedauern, daß er nun auf diese Weise ausscheiden müsse, nachdem er vorher so oft vergebens um eine anderweitige Verwendung gebeten habe. General Jodl blieb unbehelligt und beschränkte sich seinem langjährigen ersten Mitarbeiter gegenüber auf die Bemerkung: „Des Führers Wille ist für uns alle höchstes Gebot.“ Dagegen bewährte sich in dieser Lage Schmundt, der es erreichte, die Bestrafung des Majors d. R. wesentlich zu mildern und abzukürzen, ohne aber seine anschließende Verabschiedung verhindern zu können. An Warlimont, der gleich am 4. November abgereist war, teilte Schmundt schon am nächsten Tage über Fernsprecher mit, Hitler habe eingesehen, daß ihm „Unrecht geschehen“ sei, und ersuchte ihn dringend, ebenso wie am gleichen Nachmittag dann auch Keitel, auf seine Stelle zurückzukehren. Beiden konnte Warlimont nur erwidern, daß man ihm nach der Behandlung, die ihm widerfahren sei, zunächst wenigstens eine Bedenkzeit zubilligen möge[36].

Während Hitler sich in den nächsten Tagen mit den Entschlüssen Rommels nach näherer Erläuterung der Lage durch dessen eilends in das Hauptquartier entsandten Ordonnanzoffizier, einen im bürgerlichen Leben hohen Parteibeamten des Propaganda-Ministeriums, wohl oder übel abfand, haben ihn diese Vorgänge noch bis spät in das Jahr 1944 hinein beschäftigt. In immer wiederkehrenden Reden steigerte er sich dabei in die völlig irreale Vorstellung hinein, daß Rommel „vorn stehen bleiben“ mußte, „die einzige Möglichkeit, um alles zu retten“, und daß nur eine „unselige Verkettung der Umstände“ ihn — Hitler — verhindert hätte, selbst rechtzeitig einzugreifen. Die Worte seines eigenen vorausgegangenen Appells, die als Alternative zu dem schlechterdings unmöglichen „Siegen“ nur ein „Sterben“ übrig gelassen hatten, kümmerten ihn schon lange nicht mehr. Vor allem aber wollte er nicht erkennen, daß in der nordafrikanischen Wüste sich damals mit amerikanischer Hilfe die Bedingungen einer Materialschlacht durchgesetzt hatten, denen die „Achsen“-Verbündeten angesichts der katastrophalen Transportlage über See nicht im geringsten gewachsen sein konnten. Einige wenige schwere Panzer, die man zunächst auch nur in italienische Häfen bringen konnte, und der möglichst häufige Gebrauch von Worten wie „sofort“ und „Blitztransport“, die letzten Mittel Hitler'scher „Führung“, konnten demgegenüber nichts bedeuten. Auf der anderen Seite hatte Montgomery in seiner „Persönlichen Botschaft“ an die Soldaten der

36 Vgl. Aufz. KTB WFStab 3. Nov. 1942. Die auch dort erwähnte „Fürsprache“ des Generals Schmundt gründete sich, soweit sie Warlimont betraf, darauf, daß die Offiziere des Stabes, in dem allgemein Empörung über die Willkürakte Hitlers herrschte, dem General Schmundt nach der Abreise Warlimonts einen Stabsbefehl übergeben hatten, in dem der Stellv. Chef WFStab erst wenige Wochen vorher zu der sorgfältigsten und schnellsten Behandlung wichtiger Meldungen ermahnt hatte.

britischen 8. Armee nicht zuviel gesagt, wenn es darin hieß, daß diese Schlacht einmal als Entscheidungsschlacht in die Geschichte eingehen „und der Wendepunkt des Krieges sein werde“[37].

Den zweiten schweren Schlag bedeutete nur wenige Tage darauf die Landung in Franz. Nordafrika. Mit dem erstmaligen Erscheinen einer starken amerikanischen Armee am Rande des europäischen Kriegstheaters, mit dem Festsetzen des Gegners in einem Raum von höchster politischer und strategischer Bedeutung, mit dem Fehlen aller Vorbereitungen und auch jeglicher nennenswerten Kräfte und Mittel zur Abwehr sah sich das deutsche Oberkommando hier vor eine völlig neue Lage von außerordentlicher Tragweite gestellt.

Angesichts dieser Tatsachen mag sich manchem die Frage aufdrängen, ob nicht die Verantwortung dafür den Stab der Wehrmachtführung, der diese Entwicklung erkannt zu haben glaubte und erst noch eine Woche vorher sein Votum dahin abgegeben hatte, schwerer treffe als Hitler selbst. Mußte und konnte, so wird man weiter fragen wollen, der Stab nicht aus eigenem handeln, auch wenn seine Vorgesetzten versagten? — Als Antwort sei hierzu zunächst daran erinnert, daß gerade der Vertreter dieses Stabes die Verteidigung von Franz. Nordafrika seit den ersten Tagen und Stunden der Kollaborationsgespräche mit den Franzosen in den Vordergrund gestellt, Hitler jedoch alle diese Bemühungen immer von neuem zerschlagen hatte, — ein letztes Mal noch, als General Jodl bei der Lagebesprechung am 15. Oktober 1942 auf einige unsichere Nachrichten hin zu dem alten Vorschlag seines Stabes zurückgekommen war, den Franzosen zu gestatten, „ihre Kräfte in Nordafrika aus dem Mutterland zu verstärken.“ Entlastend für den Stab kann gleichfalls geltend gemacht werden, daß Hitler in den ersten Novembertagen — und mit ihm nun auch Jodl — trotz der starken Schiffsansammlungen in Gibraltar, trotz neuerlicher auf Franz. Nordafrika deutenden Warnungen Mussolinis und schließlich sogar noch angesichts der aufmarschierenden Armada am 7. November abends viele andere Ziele eines Landungsangriffs im Mittelmeer für möglich halten wollte, nur nicht den in jeder Hinsicht nächstliegenden Raum von Franz. Nordafrika. Selbständige, d. h. von Hitler unabhängige Vorbereitungen des WFStabes aber zu dem Zweck, einer alliierten Landung in Franz. Nordafrika mit Aussicht auf Erfolg zu begegnen, hätten angesichts der gegebenen politischen und militärischen Verhältnisse zu allen Zeiten völlig außerhalb seiner Reichweite gelegen.

37 In vollem Wortlaut (übersetzt) u. a. wiedergegeben bei Jacobsen, Chronik, S. 351.
Zu dem übrigen vgl. die eingehende Darstellung der Vorgänge mit den zugehörigen Belegen in dem Beitrag „Mittelmeer 1942“ zu den „Entscheidungsschlachten“. Die Zitate sind dem Fragment 46 vom 31. Aug. 1944 (insoweit nicht abgedruckt) entnommen. Einzelheiten finden sich auch in den Aufz. KTB WFStab 5.—7. Nov. 1942.

So kamen in diesem Falle alle die vielfach aufgezeigten Mängel der deutschen obersten Führung – von der starren politischen Haltung Hitlers und seinen vorgefaßten strategischen Ansichten, die auch damals immer nur die Bedrohung des Westens und Norwegens sehen wollten, von der unzulänglichen Verständigung mit den Verbündeten bis zu der Verkümmerung des eigenen Wehrmachtstabes – beispielhaft zusammen, um jede vernünftige militärische Vorbereitung gegen einen der ehestens zu erwartenden Züge des Gegners zu unterbinden.

Auch was sich stattdessen ereignete, kann in vielfacher Hinsicht als typisch für die verfahrenen Verhältnisse des Hauptquartiers gelten. Göring, der sich am 6. November abends ohne jede Fühlungnahme mit dem WFStabe zum Sprecher der Hitler'schen Ansichten gegenüber Kesselring im Rom machte, schloß dabei – auch entgegen dessen Einwürfen – Franz. Nordafrika als Landungsziel kurzerhand aus. Von den längst überbeanspruchten deutschen Fliegerverbänden ebenso wie von der kaum noch bewegungsfähigen italienischen Flotte wollte er dagegen verlangen, den feindlichen Geleitzug von inzwischen gezählten 190 Einheiten „ununterbrochen, bei Tag und bei Nacht, anzugreifen und zu vernichten". Hitler selbst ließ am 7. November, seinen Auffassungen entsprechend, den General von Rintelen zweimal in Rom vorstellig werden, um „alles in Tripolis und Benghasi zur ... Verteidigung einzurichten einschließlich Barrikaden". Noch in dieser Stunde ordnete er außerdem ein weiteres Mal Verstärkungen für die Insel Kreta am anderen Ende des Mittelmeers an.

Auf dem Höhepunkt der Spannungen bestieg er dann nach der mittäglichen Lagebesprechung, begleitet nur von der Besetzung des Sperrkreis I, seinen Zug, um quer durch Deutschland nach München zu fahren und sich dort gemeinsam mit den „alten Kämpfern" an einem verfälschten Bild der Kriegslage zu berauschen. Als schließlich die Nachrichten vom Beginn der Landungen in Franz. Nordafrika den Zug in der zweiten Nachthälfte auf einem einsamen Bahnhof in Thüringen erreichten, blieb ihm zunächst kaum etwas anderes zu tun übrig, als die seit Jahr und Tag vor den Kopf gestoßenen Franzosen an ihre früher einmal gegebene Zusicherung zu erinnern, ihre überseeischen Besitzungen gegen jeden Angreifer verteidigen zu wollen. Eigene Mittel zur Abwehr der Landungen, die von Casablanca bis zur algerisch-tunesischen Grenze reichten, standen, abgesehen von einigen U-Booten und Flugzeugstaffeln, nicht zur Hand. Trotzdem gingen Stimmen wie diejenigen des unter General Frhr. von Buttlar in Ostpreußen zurückgebliebenen Stabes, daß Nordafrika, nunmehr von zwei Seiten durch überlegene Kräfte bedroht, auf die Dauer nicht mehr zu halten sein werde, in dem üblichen Gewirr politischer, strategischer und prestige-gebundener Gedanken unbeachtet unter[38].

38 Für eine eingehende Schilderung auch dieser Vorgänge mit den zugehörigen Belegen sei gleichfalls auf den Beitrag „Mittelmeer 1942" zu den „Entscheidungsschlachten" verwiesen. Einzelheiten finden sich auch in den Aufz. KTB WFStab 4. bis 10. Nov. 1942.

General Warlimont erreichte die Nachricht am 8. November früh über Rundfunk in seinem Heim, gefolgt kurz darauf von einem Anruf aus Ostpreußen, daß er ausersehen sei, als Beauftragter des OKW nach Vichy zu gehen, um den Widerstand im westlichen Nordafrika gemeinsam mit dem französischen Oberkommando zu organisieren. Noch am Abend des gleichen Tages rief ihn dann ein Befehl für den nächsten Morgen – „mit Gepäck" – nach München, dem Standort des „Führerzuges". Dort stieß er erst nach einigem Suchen in dem scheinbar völlig leeren Zuge, der auf einem Gleis des Hauptbahnhofs mitten im allgemeinen Verkehr abgestellt war, auf Jodl, aber nur um zu erfahren, daß die Verhältnisse sich geändert hätten und Hitler nicht mehr mit den Franzosen rechne. Um so dringender sei es, daß Warlimont die Arbeit an seiner alten Stelle sofort wieder aufnehme, da außer den Adjutanten niemand zur Stelle sei und die Lage seine Kenntnisse und Erfahrungen unentbehrlich mache. Der Stab, inzwischen aus Ostpreußen abgerufen, könne erst in 48 Stunden eintreffen. – Dem Verfasser blieb nichts übrig, als sich dieser Notlage zu fügen, jedoch nicht ohne nachdrücklich darauf zu bestehen, daß er sobald wie möglich eine andere Verwendung erfahre.

Das Hauptquartier der deutschen Wehrmacht bot in diesen Tagen ein Spiegelbild der Irrungen und Wirrungen der äußeren Lage: Hitler, der in München im „Führerbau" in der Arcisstraße mit Ciano und Laval verhandelte, trat im Zuge nicht in Erscheinung; Keitel und Jodl fanden sich zwischen Arcisstraße und Hauptbahnhof hin- und hergezerrt; der Stellv. Chef WFStab, allein in einem engen Schlafwagenabteil, sammelte die sich überstürzenden Nachrichten und arbeitete die ersten Befehle aus, die auf die Bildung eines „Brückenkopfs" in Tunis und außerdem auf die Besetzung von „Restfrankreich" gerichtet sein sollten. Das Nachziehen des Stabes machte es im übrigen klar, daß Hitler nicht, wie ursprünglich beabsichtigt, gleich nach Ostpreußen zurückkehren, sondern die neue Lage in der Einsamkeit des „Berghofs" überdenken wollte[39].

Dort, fast 1000 Kilometer vom Generalstab des Heeres und mehr als 2000 vom Ort der Ereignisse getrennt, traf dann den Mann, der sich eben erst in einem Münchener Bierkeller als Herrscher über Stalingrad gerühmt hatte, in den Tagen vom 19. bis 21. November der dritte schwere Schlag dieser Wochen, die Einschließung der lange umkämpften Stadt durch die Russen. Was eigentlich seit vielen Wochen mit dem Durchbruch über den unteren Don – wenn auch mit dem Blick auf Rostow – erwartet worden war, was abzuwenden aber, solange man an den eigenen Absichten festhielt, die Mittel gefehlt hatten, das sollte nunmehr auch dort, ähnlich wie in Nordafrika, nachträglich und mit noch viel weniger zulänglichen Mitteln, wieder behoben werden. Eine einzige, schon stark mitgenommene deutsche Pz.Division, die im übrigen als Ar-

39 Die Angaben hierzu in den Aufz. KTB WFStab 12.–14. Nov. 1942 werden hierdurch teilweise auf Grund des eigenen Erlebens berichtigt.

meereserve längst im Strudel der Ereignisse fortgeschwemmt worden war, und die von Zeitzler erfundenen „Alarmeinheiten", ein letztes Aufgebot von Schreibern, Bäckern und Fahrern aus rückwärtigen Diensten, waren alles, was man der russischen Flut zunächst entgegenstellen konnte.

Auch diesem Ereignis gegenüber befand sich das deutsche Hauptquartier in der weit aufgelösten Form, wie sie bei den Aufenthalten Hitlers in Berchtesgaden üblich war: Er selbst, von Wehrmachtseite nur mit Adjutanten umgeben, auf dem „Berghof"; Keitel, Jodl und die übrigen militärischen Angehörigen des Sperrkreis I als Gäste des Ministers Lammers in der „Kleinen Reichskanzlei" am Rande des Ortes; der WFStab in seinem Sonderzug auf dem Bahnhof in Salzburg. Der in erster Linie zu Rat und Tat berufene Generalstab des Heeres aber saß in den masurischen Wäldern bei Angerburg, – dort in der Nähe auch das OKL, wenngleich sicher ohne seinen meist anderweitig beschäftigten Oberbefehlshaber. Am 21. November zog Jodl als Folge der Ereignisse den Stab näher an Berchtesgaden in die Jägerkaserne von Strupp heran, die – immer noch weit genug von der Kleinen Reichskanzlei entfernt – dem Stabe auch bei allen späteren Aufenthalten Hitlers auf dem „Berghof" als Unterkunft diente. Tags darauf siedelte das gesamte Hauptquartier wieder nach der „Wolfschanze" über.

„Der Führer ist hinsichtlich der Lage der 6. Armee – in Stalingrad – zuversichtlich", heißt es in den ersten Notizen zum Kriegstagebuch des WFStabes nach Wiederaufnahme der Lagebesprechungen in Ostpreußen. Auch die reibungslose Besetzung von „Rest-Frankreich" und der ohne Widerstand gelungene Aufbau eines Landekopfs ganz schwacher deutsch-italienischer Kräfte im Umkreis der Stadt Tunis trugen Ende November dazu bei, schnell wieder eine trügerische Sicherheit im deutschen Hauptquartier zu verbreiten. Blind für den völligen Umschlag der Gesamtlage ging unter dem Taktstock Hitlers allenthalben das taktische Flickwerk weiter[40].

40 Vgl. Aufz. KTB WFStab 19.–22. und 25. Nov. 1942, außerdem Heusinger, a. a. O., S. 217 ff. (wo allerdings fälschlicherweise als Hitlers Aufenthaltsort schon vor dem 22. November Rastenburg angenommen ist).